Das Beschlussverfahren zum Kündigungsschutz de lege lata
und de lege ferenda

Europäische Hochschulschriften
Publications Universitaires Européennes
European University Studies

**Reihe II**
**Rechtswissenschaft**

Série II Series II
Droit
Law

**Bd./Vol. 4338**

PETER LANG
Frankfurt am Main · Berlin · Bern · Bruxelles · New York · Oxford · Wien

Ulrich Becker

# Das Beschlussverfahren zum Kündigungsschutz de lege lata und de lege ferenda

## Zugleich eine rechtstatsächliche Untersuchung zum Beschlussverfahren gemäß §§ 126 ff. InsO

PETER LANG
Europäischer Verlag der Wissenschaften

**Bibliografische Information Der Deutschen Bibliothek**
Die Deutsche Bibliothek verzeichnet diese Publikation in der Deutschen Nationalbibliografie; detaillierte bibliografische Daten sind im Internet über <http://dnb.ddb.de> abrufbar.

Zugl.: Jena, Univ., Diss., 2005

27
ISSN 0531-7312
ISBN 3-631-54762-5



www.peterlang.de

***Meiner Familie***

## Vorwort

Die vorliegende Arbeit wurde im Sommersemester 2005 von der Rechtswissenschaftlichen Fakultät der Friedrich-Schiller-Universität Jena als Dissertation angenommen.

Zunächst gebührt mein Dank meinem Doktorvater Herrn Univ.-Prof. Dr. Hartmut Oetker, der die Arbeit angeregt und stets freundlich betreut hat. Auf vielfältige Weise hat er es verstanden, mich zu fordern, so dass die Arbeit in relativ kurzer Zeit vollendet werden konnte. Frau Prof. Dr. Monika Schlachter danke ich für die sehr zügige Erstellung des Zweitgutachtens.

Einen Schwerpunkt dieser Arbeit nimmt der empirische Teil ein, der auf einer postalischen Befragung von 1.621 Insolvenzverwaltern beruht. Im Rahmen der Vorbereitung dieses Teiles hat mich eine Reihe von Menschen unterstützt, denen ich hiermit meinen Dank aussprechen möchte. Insbesondere sind hier der Vizepräsident des Thüringer Oberlandesgerichts in Jena Herr Kotzian Marggraf, der ehemalige Präsident des Thüringer Landesarbeitsgerichts Herr Lennartz und der Richter am Amtsgericht Herr Eichner zu nennen. Außerdem danke ich allen, die an der Hauptuntersuchung und den vorangegangenen Pretests teilgenommen haben. In meinen Dank einbeziehen möchte ich auch den Thüringer Arbeitskreis für Unternehmens- und Insolvenzrecht e.V., der mich bei der Durchführung der Befragung finanziell unterstützt hat sowie das Team der Firma Foto Becker GmbH, das bei der logistischen Durchführung des Versandes geholfen hat.

Für das Korrekturlesen danke ich Frau Kathrin Müller und Frau Simone Oloff, und Herrn Carsten Fietz für die Unterstützung im Bereich Statistik und Datenanalyse.

Ein spezieller Dank gilt Gudrun, weil sie es geschafft hat, mich vor allem in der Phase der endgültigen Fertigstellung zu motivieren, obwohl ich mit anderen Dingen vollkommen ausgelastet war und die Gefahr bestand, dass ich das Ziel der Veröffentlichung aus den Augen verliere.

Ganz besonders großer Dank gebührt natürlich meinen Eltern, meinem Bruder und meinen Großeltern. Ohne ihre Unterstützung und Motivation wäre diese Arbeit nicht entstanden. Ohne zu zögern stand mir meine Familie ideell und materiell stets zur Seite, hat Launen hingenommen und mich in so vielerlei Hinsicht unterstützt, dass ein Dankeschön allein kaum ausreicht. Daher widme ich diese Arbeit meiner Familie.

Frankfurt am Main, im Dezember 2005 Ulrich Becker

**Inhaltsverzeichnis – Gliederung der Arbeit**

**Tabellenverzeichnis**

**Abbildungsverzeichnis**

## § 1 – Einleitung und Gang der Untersuchung

Im Jahr 2003 wurden in der Bundesrepublik Deutschland 39.320 Unternehmensinsolvenzen registriert.[1] Im Vergleich zu 2002 bedeutet dies eine Steigerung um 4,6 % und absolut die höchste Zahl überhaupt.[2] Der Insolvenzantrag eines Schuldnerunternehmens ist immer Ausfluss einer betrieblichen Krise, die zu Zahlungsunfähigkeit oder Überschuldung bzw. drohender Zahlungsunfähigkeit führt, §§ 16 ff. InsO. Als Ursache der betrieblichen Krise können häufig überhöhte Personalkosten in der Form einer zu hohen Beschäftigtenzahl oder zu hoher Pro-Kopf-Aufwendungen angesehen werden,[3] wobei die Gründe hierfür wiederum vielschichtig sind.[4]

Die Vermeidung der Insolvenz muss an der Krisenursache ansetzen. Denn entscheidend für eine Sanierung – gleich ob durch Reorganisation des Schuldners oder eine sog. übertragende Sanierung – ist im weitesten Sinne die grundlegende Verbesserung betrieblicher Schwachstellen und die Änderung der Aufbau- und Ablauforganisation zur Stärkung der Wettbewerbsfähigkeit[5]. Liegt die Krisenursache in einer verfehlten Personalpolitik, wird ein Unternehmen nur dann wirtschaftlich attraktiver, wenn diese verfehlte Personalpolitik korrigiert wird, was häufig nur durch die Reduzierung der Personalkosten auf ein betriebswirtschaftlich sinnvolles Maß erreicht werden kann.

Personalanpassungsmöglichkeiten sind daher bei einer wirtschaftlichen Schieflage von entscheidender Bedeutung. Die Möglichkeiten – respektive Änderungs- oder Beendigungskündigungen – unterliegen jedoch erheblichen Einschränkungen. Die Beschränkungen des Kündigungsschutzgesetzes zur sozialen Rechtfertigung betriebsbedingter Kündigungen, die Regelung des § 613a BGB zum Betriebsübergang, die Anzeige- und Beratungspflichten und die Besonderheiten innerhalb der Sozialauswahl bei Massenentlassungen sowie die Beteiligungsrechte des Betriebsrats führen dazu, dass eine Vielzahl von Kündigungen nicht oder nur mit erheblichem Zeit- und Kostenaufwand (Prozesskosten, Abfindungen etc.) möglich sind. In der Rechtsprechung haben sich Unsicherheiten bezüglich des konkreten Ausgangs eines Kündigungsrechtsstreits entwickelt, was zu

---

1 Quelle: Statistisches Jahrbuch 2004, S. 549.

2 Vgl. die Übersicht bei *Foerste*, Insolvenzrecht, S. 2.

3 *Grunsky*, Zwangsvollstreckungs- und Konkursrecht, S. 42; *Franke*, KTS 1983, 37, 40.

4 Vgl. dazu: *Fechner* in: Hess/Fechner/Freund/Körner, Sanierungshandbuch, C. III. Rn. 97: falsche Personalplanung; Besserungshoffnungen, die dazu verleiten, Personal zu halten; fehlendes Durchsetzungsvermögen der Unternehmensleitung; fehlende Konfliktbereitschaft; falsche Entlohnungspolitik; ungünstige Personalstruktur, die Kündigungen erschwert; Kündigungen, die aus juristischen Gründen unwirksam blieben.

5 *Ritter*, Unternehmenssanierung, S. 32.

Verzögerungen verbunden mit weiterlaufenden Lohnkosten, Kosten der Rechtsdurchsetzung und möglicherweise im Raum stehenden Abfindungen führt.[6] Mangels hinreichend schneller Rechtssicherheit versucht der Unternehmer Sanierungen nicht und „wählt“ den Weg in die Insolvenz.

Die genannten Personalanpassungsbeschränkungen erfahren in einem eröffneten Insolvenzverfahren eine Reihe von Erleichterungen. § 113 InsO ermöglicht besondere Kündigungsfristen, §§ 120 ff. InsO regeln Kündigungsmöglichkeiten von Betriebsvereinbarungen und Sonderregelungen zu den Rechten des Betriebsrats bei Betriebsänderungen und schließlich finden sich in den §§ 125 ff. InsO Kündigungserleichterungen in Form des Interessenausgleiches mit Namensliste und des Beschlussverfahrens zum Kündigungsschutz. Die Regelungen der §§ 125 ff. InsO mit ihren Besonderheiten sollten nach dem Willen des Gesetzgebers eine erhebliche Sanierungserleichterung bringen. Insbesondere durch das Beschlussverfahren nach §§ 126 ff. InsO wurde dem Insolvenzverwalter eine Möglichkeit gegeben, mit Hilfe derer er Personalanpassungen schnell, rechtssicher und vor allem einheitlich durchführen können sollte. Die genannten Regelungen greifen aber nur, wenn sich der Insolvenzverwalter für eine Sanierung des Unternehmens entscheidet. Die Beantwortung der Frage, ob ein Unternehmen weitergeführt oder stillgelegt wird, hängt vor allem vom Vergleich von Fortführungs- und Liquidationswert, mithin der Gegenüberstellung des Ertragswertes mit dem Ertragswert der im Unternehmen gebundenen Ressourcen in ihrer bestmöglichen alternativen Verwertung, ab.[7] Obwohl bzw. weil der Insolvenzverwalter durch § 1 InsO zur optimalen Masseverwertung verpflichtet ist, überwiegt in der insolvenzrechtlichen Praxis die Liquidation, d.h. die Stilllegung des Betriebes.[8] Dies bedeutet regelmäßig den vollkommenen Abbau von Arbeitsplätzen.

Der Gesetzgeber hat also für Sanierungen in der Insolvenz zumindest theoretisch Instrumentarien zur Verfügung gestellt. Da ein Insolvenzverfahren aber neben der hohen Wahrscheinlichkeit der Stilllegung auch mit weitreichenden Folgen verbunden ist, wie z.B. dem Verlust der Verwaltungs- und Verfügungsrechte gem. § 80 Abs. 1 InsO oder die rein faktischen (nachteiligen) Wirkungen bei Vertragspartnern, wenn die Insolvenz öffentlich bekannt gemacht wird, (§ 9 InsO), drängt sich die Frage auf, ob die Regelungen der Insolvenzordnung, insbesondere des Beschlussverfahrens nicht zu spät ansetzen, da die Krise schon

---

6 *Löwisch* in: FS 50 Jahre BAG, S. 424; von Klitzing, Ordnungsökonomische Analyse, S.175.

7 *Eidenmüller*, Unternehmenssanierung, S. 31; Schaub bezeichnet die Entscheidung als Investitions- oder Desinvestitionsentscheidung, *Schaub*, ZIP 1989, 205, 205.

8 Diese Hypothese wird im Rahmen des § 3 B. II. 2. (Seite 98) durch empirische Daten bewiesen.

vor der eigentlichen Insolvenzsituation eingetreten ist. Durch Personalanpassung bzw. die Erleichterung der prozessualen Durchsetzung kann gegebenenfalls die Unternehmensinsolvenz vermieden, der Erhalt von Arbeitsplätzen erreicht werden und dies verbunden mit der Sanierung eines Not leidenden Unternehmens zu neuen Arbeitsplätzen führen.[9]

Die Frage der Übertragbarkeit des Beschlussverfahrens gewinnt an Bedeutung unter Berücksichtigung der Reformgesetze am Arbeitsmarkt zum 1.1.2004 (sog. AGENDA 2010). Hier stand die Erleichterung von Personalanpassungen unabhängig von der Insolvenzsituation im Vordergrund. Es wurde erkannt, dass in Deutschland das Recht des Kündigungsschutzes sorgfältiger Überprüfung und Korrektur bedurfte, um mehr Transparenz und Rechtssicherheit zu schaffen und so Hindernisse für Neueinstellungen abzubauen.[10] Durch die Wiedereinführung des mit § 125 InsO vergleichbaren § 1 Abs. 5 KSchG, wonach aufgrund eines Interessenausgleiches mit Namensliste die Vermutung besteht, dass die Kündigungen namentlich bezeichneter Arbeitnehmer durch dringende betriebliche Erfordernisse bedingt und sozial gerechtfertigt sind, hat der Gesetzgeber ein kollektives Instrument der Insolvenzordnung in das Kündigungsschutzgesetz übertragen. Weshalb nicht auch das auf dem Interessenausgleich aufbauende Beschlussverfahren übertragen wurde, lässt sich den Gesetzesbegründungen nicht entnehmen. Die Begründung des Gesetzgebers zu § 1 Abs. 5 KSchG enthält den Hinweis darauf, dass sich die zugrunde liegende Regelung des § 125 InsO in der Praxis unter dem Gesichtspunkt der Rechts- und Planungssicherheit bewährt habe.[11] Hieraus lässt sich der Umkehrschluss ziehen, dass sich das Beschlussverfahren nicht bewährt hat.[12]

Dieser Frage soll unter Zugrundelegung der Zielsetzung nachgegangen werden, ob auf dem Beschlussverfahren aufbauend die Entwicklung eines Sanierungsinstrumentes möglich ist, das unabhängig von der Eröffnung eines Insolvenzverfahrens betriebsbedingte Kündigungen erleichtern kann.[13] Die sich an eine Personaloptimierung anschließende Einstellung weiterer, den Ausgangsbestand ü-

---

9 Inwieweit allerdings eine hohes Kündigungsschutzniveau zu einer erhöhten gesamtwirtschaftlichen Arbeitslosigkeit führt, ist umstritten: vgl. hierzu *Löwisch* in: FS 50 Jahre BAG, S. 426.

10 BTDrucks 15/1204, S. 1.

11 BTDrucks 15/1204, S. 9.

12 Dieser Schluss wäre allerdings sehr einseitig, denn neben der fehlenden Praxisrelevanz kann ein Gesetzesvorhaben auch an der erforderlichen parlamentarischen Bereitschaft zur Umsetzung scheitern.

13 Die Übertragung auf den außerinsolvenzrechtlichen Bereich begrüßt auch: *Hilger*, ZGR 1984, 258, 263.

bersteigender Arbeitnehmer lässt sich zwar nicht durch Gesetz vorschreiben. Die Erhöhung der Wirtschaftlichkeit eines Unternehmens führt jedoch unter dem bundesrepublikanischen Wirtschaftssystem zu Investitionen verbunden mit neuen Arbeitsplätzen. Dabei muss zunächst untersucht werden, inwieweit die Sanierungshemmnisse in der Insolvenz durch das Beschlussverfahren tatsächlich beseitigt oder doch zumindest abgemildert werden. Der Frage ist zunächst normativ nachzugehen. Im Ergebnis wird gezeigt, dass die Sanierungshemmnisse durch die §§ 126 ff. InsO nicht zufrieden stellend gelöst werden. Einzelnen sanierungsfördernden Ansätzen stehen erhebliche Meinungsstreitigkeiten verbunden mit einer gewissen Rechtsunsicherheit gegenüber. Das aus der theoretischen Aufarbeitung gefundene Ergebnis kann letztlich nur durch eine bestätigende rechtstatsächliche Überprüfung einen Richtigkeitsanspruch für sich erheben. Denn trotz geringer Bedeutung und negativer Beurteilung in Literatur und Rechtsprechung besteht die Möglichkeit, dass die Insolvenzverwalter das Beschlussverfahren als sanierungserleichternd ansehen. Wird diese Möglichkeit allerdings nicht bestätigt, muss de lege ferenda versucht werden, die theoretisch erarbeiteten und die praktisch bestehenden Probleme des Beschlussverfahrens in einem einheitlichen Beschlussverfahren zu beseitigen und damit ein wirkungsvolles Sanierungsinstrument zu schaffen.

Hieraus ergibt sich der Gang der Arbeit. Zunächst wird das Beschlussverfahren gem. §§ 126 ff. InsO als die hier zu untersuchende sanierungsfördernde Sonderregelung der Insolvenzordnung untersucht (§ 2). Die theoretischen Erkenntnisse werden dann in § 3 in Form einer Befragung aller 2003 in einem Unternehmensinsolvenzverfahren bestellten Insolvenzverwalter unter rechtstatsächlichem Aspekt überprüft. Dabei ist zunächst die tatsächliche Relevanz in absoluten Zahlen zu untersuchen. Um aussagekräftige Resultate hinsichtlich der Akzeptanz in der Praxis der Insolvenzverwaltung zu erhalten, muss dieses Ergebnis unter den weiteren folgenden Gesichtspunkten untersucht werden. Der Hintergrund für die Nichtanwendung des Verfahrens sowie die Widerspieglung der theoretisch erarbeiteten Ergebnisse in den Antworten der Insolvenzverwalter führen zu einer umfassenden Beschreibung der Problemlage. Im Hinblick auf die Entwicklung eines Beschlussverfahrens de lege ferenda werden den Insolvenzverwaltern aufzugreifende Vorschläge zur Bewertung gestellt. Abschließend erfolgt der Versuch eines Beschlussverfahrens zum Kündigungsschutz de lege ferenda, in dem das Beschlussverfahren de lege lata und das Erfordernis sanierungserleichternder Instrumentarien aufgenommen werden.

## § 2 – Das Beschlussverfahren zum Kündigungsschutz gem. §§ 126 ff. InsO

„Streitigkeiten über den Kündigungsschutz, insbesondere bei Betriebsveräußerungen, können durch einen Interessenausgleich zwischen Insolvenzverwalter und Betriebsrat weitgehend vermieden werden. Kommt ein solcher Interessenausgleich nicht zustande, können in einem besonderen Beschlussverfahren vor dem Arbeitsgericht alle streitigen Rechtsverhältnisse schnell geklärt werden. In die materiellrechtlichen Regeln des Kündigungsschutzgesetzes oder des § 613a BGB braucht dadurch nicht eingegriffen zu werden.“[14]

Dem Insolvenzverwalter stehen mithin nach dem Willen des Gesetzgebers zwei Instrumentarien zur Verfügung, die an der sozialen Rechtfertigung betriebsbedingter Kündigungen anknüpfen. Nachdem der Interessenausgleich des § 125 InsO weitgehend in § 1 Abs. 5 KSchG seine Entsprechung gefunden hat, eine Übertragung des Beschlussverfahrens allerdings nicht erfolgt ist, stellt sich die Frage nach der Bedeutung des kollektiven Verfahrens um so mehr. Dabei wird bereits durch die theoretische Erarbeitung der Voraussetzungen und Rechtsfolgen des Beschlussverfahrens gezeigt, dass das Verfahren in der derzeit bestehenden Form für das angestrebte Ziel der Sanierungserleichterung kaum geeignet ist.

### A. Das Beschlussverfahren de lege lata, §§ 126 ff. InsO

Mit dem Antrag zum Arbeitsgericht begehrt der Insolvenzverwalter die Feststellung, dass die Kündigung der Arbeitsverhältnisse bestimmter, im Antrag bezeichneter Arbeitnehmer durch dringende betriebliche Erfordernisse bedingt und sozial gerechtfertigt ist, § 126 Abs. 1 Satz 1 InsO. Ziel ist die Herbeiführung einer Bindungswirkung hinsichtlich der Frage der sozialen Rechtfertigung für Individualkündigungsschutzverfahren.

Erforderlich ist die Eröffnung eines Insolvenzverfahrens und dass der Insolvenzverwalter eine Betriebsänderung plant, aufgrund derer er betriebsbedingte Kündigungen aussprechen möchte (oder ausgesprochen hat). Diese will er im Rahmen eines gerichtlichen Beschlussverfahrens einheitlich prüfen lassen, weil ein Interessenausgleich mangels Betriebsrats oder mangels tatsächlicher Einigung nicht zustande gekommen ist.

---

[14] BTDrucks 12/2443, B. 10.

## I. Anwendungsvoraussetzungen

### 1. Eröffnetes Insolvenzverfahren

Das Beschlussverfahren kann weder im außerinsolvenzrechtlichen Bereich noch in der vorläufigen Insolvenzverwaltung angewendet werden. Erforderlich ist die Eröffnung des Insolvenzverfahrens. Gegen die Ausdehnung des Anwendungsbereiches sprechen die systematische Stellung der §§ 126 ff. InsO im Dritten Teil der Insolvenzordnung („Wirkungen der Eröffnung des Insolvenzverfahrens"), die Bezeichnung als „Insolvenzverwalter" in § 126 Abs. 1 Satz 1 InsO sowie die abschließende Aufzählung der Rechte des vorläufigen Insolvenzverwalters in §§ 22 ff. InsO, in denen sich ein Verweis auf die §§ 126 ff. InsO nicht findet.

### 2. Anwendbarkeit des Kündigungsschutzgesetzes

Das Beschlussverfahren unterliegt der Grenze des Kündigungsschutzgesetzes. Handelt es sich um Arbeitsverhältnisse außerhalb des Anwendungsbereiches (§§ 1, 23 KSchG), kann das Beschlussverfahren nicht angewendet werden.[15] Denn der Bindungswirkung unterliegt die Feststellung, dass die Kündigung durch dringende betriebliche Erfordernisse bedingt und sozial gerechtfertigt ist, §§ 126 Abs. 1 Satz 1, 127 Abs. 1 InsO. Es finden sich mithin die Rechtsfolgen des § 1 Abs. 2 und 3 KSchG wieder. Wenn das Kündigungsschutzgesetz auf einen Arbeitnehmer keine Anwendung findet, dann könnte sich dieser auch nicht auf die fehlende soziale Rechtfertigung der betriebsbedingten Kündigung berufen, das Verfahren liefe ins Leere. Durch die Anhebung der Mindestarbeitnehmerzahl seit 1.1.2004 hat sich der Anwendungsbereich des Beschlussverfahrens verringert.[16]

### 3. Vorliegen einer Betriebsänderung gem. § 111 BetrVG

Ob das Beschlussverfahren eine Betriebsänderung unter den Voraussetzungen des § 111 BetrVG voraussetzt, ist, in Anbetracht der entscheidenden Bedeutung für den Anwendungsbereich des Beschlussverfahrens, streitig.[17] Abgeschwächt

---

15 *Hamacher* in: Nerlich/Römermann, § 126, Rn. 3; *Müller*, DZWIR 1999, 221, 226; *Heinze*, NZA 1999, 57, 61.

16 Siehe hierzu den empirischen Teil § 3 B. II. 6. (Seite 132).

17 Für die Anwendbarkeit auch ohne Betriebsänderung: *Ascheid* in: ErfK, § 126 InsO, Rn. 1; *Grunsky/Moll*, Rn. 372; *Tretow*, Personalabbau, S. 176 f.; *Löwisch*, RdA 1997, 80, 85; *Schrader*, NZA 1997, 70, 76; *Müller-Limbach*, Beschlussverfahren, S. 43; *a.A.*: *Irschlinger* in: Heidelberger Kommentar, § 126, Rn. 9; *Eisenbeis* in: Frankfurter Kommentar, § 126, Rn. 4; *Hamacher* in: Nerlich/Römermann, § 126, Rn. 9; *Moll* in: Kübler/Prütting, § 126, Rn. 12; *Zwanziger*, § 126, Rn. 8; *Hess*, § 126 InsO, Rn. 11; *ders.*, Insolvenzarbeits-

wird die Problematik allerdings, wenn man im Rahmen des § 126 InsO lediglich fordert, dass eine Betriebsänderung geplant ist (unter systematischen Gesichtspunkten vgl. § 125 InsO), da dies regelmäßig behauptet werden kann. Es bleiben dann nur die Fälle, in denen die Voraussetzungen des § 111 Satz 1 BetrVG nicht gegeben sind, sprich in der Regel weniger als 21, aber mehr als 10 (§ 23 Abs. 1 Satz 3 KSchG) Arbeitnehmer beschäftigt sind.

§ 126 Abs. 1 Satz 1 InsO kann angewendet werden, wenn der Betrieb keinen Betriebsrat hat oder aus anderen Gründen ein Interessenausgleich nicht zustande kommt.[18] Der Wortlaut ist lediglich hinsichtlich der zweiten Variante des § 126 Abs. 1 Satz 1 InsO ergiebig. Hier muss die Betriebsänderung iSd. § 111 BetrVG als zwingende Voraussetzung angesehen werden, wenn man der Auffassung folgt, dass der Abschluss eines Interessenausgleiches bei Nichtvorliegen der Voraussetzungen des § 111 BetrVG (sog. freiwilliger Interessenausgleich) nicht ausreichend ist, um die Vermutungswirkungen des § 125 Abs. 1 Satz 1 InsO zu erlangen.[19] Für den Fall des Nichtvorhandenseins eines Betriebsrates kann diese Aussage ohne weiteren Begründungsaufwand nicht getroffen werden. Besteht kein Betriebsrat, so kann dies zwar unterschiedliche Ursachen haben, so dass auch hier eine Betriebsänderung von seinen Voraussetzungen her möglich ist und ein Betriebsrat lediglich nicht gebildet war, doch muss dies nicht zwingend immer so sein. Das Gesetz beschränkt die Variante „kein Betriebsrat" nicht auf solche Fälle, in denen die Voraussetzungen für eine Betriebsänderung abstrakt gegeben sind.[20] Der Wortlaut kann andererseits aber auch so gedeutet werden, dass das Nichtvorhandensein eines Betriebsrats lediglich als einer von mehreren Gründen für das Nichtzustandekommen eines Interessenausgleiches genannt ist („...oder kommt aus anderen Gründen...ein Interessenausgleich nicht zustande..."). Die „Oder-Alternative" steht räumlich in unmittelbaren Zusammenhang

---

recht, § 126 InsO, Rn. 7; *Ettwig*, S. 124; *Müller*, NZA 1998, 1315, 1319; *Fischermeier*, NZA 1997, 1089, 1099; *Friese*, ZInsO 2001, 350, 350; lediglich die Voraussetzungen des § 111 Satz 2 BetrVG fordernd: *Lakies*, RdA 1997, 145, 151; *ders.*, BB 1999, 206, 208; *ders.*, NZI 2000, 345, 345; *Kania*, DZWIR 2000, 328, 330; für eine analoge Anwendung: *Caspers*, Personalabbau, Rn. 235 ff.

18 Vgl. hierzu näher § 2 A. I. 5. (Seite 13).

19 So (tws. zu § 1 Abs. 5 KSchG a.F.): ArbG Senftenberg 5.2.1998, NZA-RR 1998, 299, 300; *Moll* in: Kübler/Prütting, § 125, Rn. 28; *Ettwig*, S. 68; *Zeuner* in: FS für Zöllner, 1011, 1018; *Kohte*, BB 1998, 946, 949; *Zwanziger*, DB 1997, 2174, 2175; *ders.* AuR 1997, 427, 427; *Fischer*, AuR 1998, 261, 261, 263; *Gaul*, AuA 1998, 168, 168; *Hohenstatt* NZA 1998, 846, 851; *Künzl*, ZTR 1999, 3, 8; zweifelnd *Richardi*, NZA 1999, 617, 618; a.A. *Giesen*, ZIP 1998, 46, 49; *Schiefer*, NZA 1997, 915, 917; *Kappenhagen*, NZA 1998, 968, 969; *Hess*, InsO, § 125, Rn. 15; *ders.*, Insolvenzarbeitsrecht, § 125 InsO, Rn. 7; *Schiefer*, DB 1997, 1518, 1519.

20 So auch *Ettwig*, S. 123.

zum Nichtvorhandensein eines Betriebsrats. Als Gemeinsamkeit hätten die Alternativen mithin die Erwähnung des Interessenausgleiches, der seinerseits aber zwingend eine Betriebsänderung unter den Voraussetzungen des § 111 BetrVG voraussetzt. Der Wortlaut lässt also beide Ansichten zu.

Unter systematischen Gesichtspunkten ist § 126 InsO im Zusammenhang mit § 125 InsO zu sehen. Das Beschlussverfahren ist im Gesetz nach der Regelung zum Interessenausgleich angesiedelt und setzt (zumindest teilweise) das Nichtzustandekommen eines Interessenausgleiches voraus, könnte also als Auffangregelung verstanden werden. Die Regelungen wurden einheitlich und zeitgleich eingeführt,[21] so dass eine separate Betrachtung schwer fällt. Auch sind die Regelungen der §§ 125 ff. InsO an die betriebsverfassungsrechtlichen Insolvenzregeln angeschlossen, die – mit Ausnahme des § 124 InsO – eine Betriebsänderung erwähnen. Schwer für die Voraussetzung einer Betriebsänderung wiegt § 128 Abs. 1 Satz 1 InsO, in dem „...die Betriebsänderung, die dem Interessenausgleich oder dem Feststellungsantrag zugrunde liegt,..." genannt wird. Der Gesetzgeber geht auch hier von der Einleitung des Beschlussverfahrens nur aus, wenn eine Betriebsänderung geplant ist bzw. zugrunde liegt. Dass dies ohne den Verweis auf § 111 BetrVG im Gesetz steht, kann nicht dafür herangezogen werden, dass damit ein eigenständiger Betriebsänderungsbegriff gemeint sein soll.[22] Der systematische Zusammenhang spricht dafür, dass das Beschlussverfahren nur dann Anwendung finden kann, wenn eine Betriebsänderung im Sinne des § 111 BetrVG zumindest geplant ist.

Die Gesetzesbegründungen ergeben folgenden Befund: Die neuen Regelungen zum Beschlussverfahren wurden eingeführt, damit der Insolvenzverwalter, „...der eine insolvenzbedingte Betriebsänderung plant...", die Zulässigkeit eines Personalabbaus beschleunigt und einheitlich klären lassen kann.[23] Hieraus kann ein weitergehender Schluss als der, dass die Betriebsänderung geplant sein muss, nicht gezogen werden. Die Bundesregierung geht in ihrem Gesetzesentwurf einer Insolvenzordnung aber davon aus, dass § 129 (entspricht § 126 InsO) die Regelung des § 128 (entspricht § 125 InsO) ergänzt,[24] was dafür spricht, dass das Beschlussverfahren im Zusammenhang mit § 125 InsO gesehen werden muss, in dem die Planung einer Betriebsänderung aber als Voraussetzung für das Zustandekommen eines Interessenausgleiches ausdrücklich genannt ist.

Nach der Wortlautauslegung sind mithin beide Ansichten vertretbar. Entstehungsgeschichte und Systematik hingegen sprechen für die Beschränkung des

---

[21] Vgl. BTDrucks 12/2443, S. 149.

[22] Anders *Müller-Limbach*, Beschlussverfahren, S. 41.

[23] BTDrucks 12/2443, S. 97.

[24] BTDrucks 12/2443, S. 149.

Anwendungsbereiches auf die Fälle, in denen die Voraussetzungen des § 111 BetrVG erfüllt sind. Sinn des § 126 InsO war es ebenso wie für § 125 InsO, die Sanierungen und damit den Personalabbau zu erleichtern. Es ist nicht erforderlich, jede beabsichtigte oder durchgeführte betriebsbedingte Kündigung einem gesonderten Beschlussverfahren zu unterstellen. Die Regelungen sollten vielmehr dann Erleichterungen schaffen, wenn viele Kündigungen zu erwarten sind.[25] Hiermit stünde aber keinesfalls in Einklang, dass dem Insolvenzverwalter zusätzliche Unterrichtungspflichten auferlegt werden.[26] Diese Situation kann nämlich dann auftauchen, wenn weniger als 21 Arbeitnehmer beschäftigt sind. In diesem Fall müsste der Insolvenzverwalter den Betriebsrat nicht nach § 111 Satz 1 BetrVG rechtzeitig und umfassend unterrichten, nach § 126 InsO müsste er dies hingegen schon (sofern ein Betriebsrat existiert). Es käme daher zu einer Verschärfung der Anforderungen an den Verwalter, was für den Fall der Insolvenz nicht vom Gesetzgeber bezweckt worden sein kann. Andererseits ist die Verengung der Anwendungsvoraussetzungen bedenklich für ein Ziel des möglichst schonenden Personalabbaus. Der Insolvenzverwalter würde einerseits gezwungen, so viele Kündigungen in Erwägung zu ziehen, dass die Schwelle des § 111 Satz 2 BetrVG erreicht wird, wenn er das Beschlussverfahren anwenden will.[27] Andererseits erscheint nicht gerechtfertigt, dass der Insolvenzverwalter bei Einbeziehung von Kleinbetrieben im Rahmen des § 126 InsO, nicht jedoch im Rahmen des § 125 InsO (dort wird die Betriebsänderung ausdrücklich gefordert), gezwungen wäre, eine Arbeitnehmervertretung zu übergehen, wenn er eine gerichtliche Präventivklärung haben will,[28] obwohl die gesetzliche Konzeption so angelegt ist, dass zunächst die Einigung der Betriebspartner für die angedachte Richtigkeitsgewähr sorgen soll.[29]

Systematik, Gesetzesbegründung und Sinn und Zweck sprechen gegen die Ausweitung des Anwendungsbereiches des Beschlussverfahrens auch auf solche Fälle, in denen die Voraussetzungen des § 111 BetrVG nicht gegeben sind. Vor allem aber der Wertungswiderspruch zwischen einem Beschlussverfahren, das auch ohne das Vorliegen einer Betriebsänderung zulässig sein soll und einem Interessenausgleich, der hingegen nur dann zulässig ist, wenn die Betriebsände-

---

25 In diesem Sinne *Ettwig*, S. 124.

26 *Eisenbeis* in: Frankfurter Kommentar, § 126, Rn. 4; *Müller*, NZA 1998, 1315, 1319.

27 *Caspers*, Personalabbau, Rn. 239; *Müller-Limbach*, Beschlussverfahren, S. 43; ob diese Argumentation freilich tragfähig ist, soll Gegenstand des empirischen Teiles sein. Sollte die Bedeutung des Verfahrens gering sein, dann kann nicht vermutet oder argumentiert werden, dass der Insolvenzverwalter sein Sanierungskonzept anpasst, um das Beschlussverfahren durchführen zu können.

28 *Ettwig*, S. 124.

29 Ähnlich auch *Müller-Limbach*, Beschlussverfahren, S. 43.

rungsvoraussetzungen gegeben sind, erscheint unter Berücksichtigung der erheblichen Einschränkungen des Rechtsschutzes auf Seiten der Arbeitnehmer nicht nachvollziehbar.

Im Rahmen des § 126 InsO ist mithin das Vorliegen der Voraussetzungen des § 111 BetrVG zu fordern, d.h. dass mindestens 21 Arbeitnehmer beschäftigt sein müssen und dass die Betriebsänderung die Voraussetzungen des § 111 Satz 2 BetrVG erfüllt.

## 4. Geplante oder bereits ausgesprochene Kündigungen

Unter Berücksichtigung der Frage, ob die Kündigungen geplant sein müssen[30] oder ob es ausreichend ist, dass die Kündigungen bereits ausgesprochen sind und die Klärung daher nachträglich erfolgt, kann sich der Anwendungsbereich des Beschlussverfahrens weiter verengen.

Der Gesetzeswortlaut legt nahe, dass es sich um ein Präventivverfahren handelt, d.h. dass die Kündigungen lediglich geplant sind. Hierfür spricht, dass das Beschlussverfahren als Auffangtatbestand für den Interessenausgleich des § 125 InsO angesehen wird, bei dem die Kündigungen nicht vor dem Interessenausgleich ausgesprochen sein dürfen,[31] da sich die Beteiligung des Betriebsrats anderenfalls lediglich auf ein nachträgliches Genehmigen beschränken würde und dies der gewünschten aktiven und mitgestaltenden Rolle bei der Umsetzung von Betriebsänderungen widerspräche.

Der Wortlaut streitet aber nicht ausschließlich für diese Betrachtungsweise. Die offene Formulierung lässt auch die nachträgliche Überprüfung zu. Unter dem Aspekt der Beschleunigung und Vereinfachung von Sanierungsbemühungen als Ziel der Einführung der arbeitsrechtlichen Sondervorschriften in der Insolvenz, bietet sich diese Vorgehensweise sogar an. Der Insolvenzverwalter kündigt den Arbeitnehmern betriebsbedingt und wartet ab, ob Kündigungsschutzklage innerhalb von drei Wochen gem. § 4 Satz 1 KSchG (= § 113 Abs. 2 InsO a.F.) erhoben worden ist. Arbeitnehmer, die diese Frist versäumen, sind mit ihren Einwendungen gegen die Wirksamkeit der betriebsbedingten Kündigungen präkludiert (§ 7 KSchG). Die verbleibenden gekündigten Arbeitnehmer könnten durch das Beschlussverfahren nach §§ 126 ff. InsO der Bindungswirkung nach § 127

---

30 So *Trittin* in: Kittner/Trittin (3. A.), § 126 InsO, Rn. 7; *Lakies*, RdA 1997, 145, 154 f., *ders.*, BB 1999, 206, 209; *Bichlmeier/Oberhofer*, AiB 1997, 161, 168.

31 Z.T. in Bezug auf § 1 Abs. 5 KSchG a.F.: ArbG Offenbach 18.6.1997, AiB 1997, 728 f.; *Berscheid*, MDR 1998, 816, 817; a.A. dahingehend, dass die Namensliste auch nach Ausspruch der Kündigungen vereinbart werden kann: *Grunsky/Moll*, Rn. 365; *Schiefer*, DB 1998, 925, 927.

Abs. 1 Satz 1 InsO unterfallen. Durch diese Vorgehensweise kann die Wirksamkeit der betriebsbedingten Kündigungen zügig geklärt werden.

Die Einbeziehung bereits ausgesprochener Kündigungen begegnet lediglich unter dem Gesichtspunkt Bedenken, dass es nach ständiger Rechtsprechung für die Beurteilung der Rechtswirksamkeit von Kündigungen auf den Zeitpunkt des Zuganges der Kündigung ankommt.[32] Werden bereits ausgesprochene und zugegangene Kündigungen nachträglich einer Bindung unterworfen, wird dieser Grundsatz durchbrochen.[33] Auch wenn es sich hierbei um einen rein richterrechtlichen Grundsatz handelt, erscheint die Forderung nach einer gesetzlichen Grundlage berechtigt. Es würde sich auch für den Arbeitnehmer schwierig anmuten, zum Zeitpunkt des Zuganges der Kündigung zu entscheiden, ob er eine Kündigungsschutzklage erhebt oder nicht, wenn sich die Frage der Rechtswirksamkeit prozessual nachträglich zu seinen Lasten verschieben kann.

Unter systematischer Betrachtungsweise scheint die Einbeziehung bereits ausgesprochener Kündigungen durch § 127 Abs. 2 InsO bestätigt zu werden, wonach die Verhandlung über die Klage auf Antrag des Verwalters bis zur Entscheidung im Verfahren nach § 126 InsO auszusetzen ist, wenn der Arbeitnehmer schon vor der Rechtskraft der Entscheidung im Beschlussverfahren Kündigungsschutzklage erhoben hat.[34] Eine vorbeugende Kündigungsschutzklage existiert im Arbeitsrecht nicht, so dass die Klage erst erhoben – und damit auch erst ausgesetzt – werden kann, wenn die Kündigung ausgesprochen ist. Lakies[35] engt diese Aussage ein und schlussfolgert aus § 127 Abs. 2 InsO, dass die Kündigungsschutzklage schon vor Rechtskraft des Beschlusses erhoben sein kann, d.h. dass auch schon vor Rechtskraft Kündigungen ausgesprochen sein können. Das aber muss nicht heißen, dass die Kündigung auch schon vor Einleitung des Beschlussverfahrens ausgesprochen worden sein kann.[36] Fraglich bleibt dabei, warum der Insolvenzverwalter Kündigungen nach Beantragung des Beschlussverfahrens aussprechen sollte, wenn er das nicht schon vor der Einleitung des Ver-

---

32 Vgl. nur BAG 27.2.1958, AP Nr. 1 zu § 1 KSchG 1951 Betriebsbedingte Kündigung; 30.5.1985, AP Nr. 24 zu § 1 KSchG 1969 Betriebsbedingte Kündigung.

33 Zur Vermeidung dieses Widerspruches werden für die Beurteilung im Rahmen der gerichtlichen Entscheidung auch verschiedene Zeitpunkte vertreten, Siehe hierzu § 2 A. III. 2. (Seite 31).

34 Diese Ansicht vertreten etwa: BAG 29.6.2000, NZA 2000, 1180, 1182; *Eisenbeis* in: Frankfurter Kommentar, § 126, Rn. 2.

35 RdA 1997, 145, 154 f.

36 Das Bundesarbeitsgericht ist dieser Auffassung in seinem Beschluss vom 29.6.2000, NZA 2000, 1180, 1182 entgegengetreten, wonach § 127 Abs. 2 InsO den verkürzten Schluss Lakies´ nicht rechtfertige.

fahrens getan hat. Er hat zu diesem Zeitpunkt noch keine andere „Planungssicherheit“ als ohne das Beschlussverfahren.

Ein anderer systematischer Aspekt findet sich in § 126 Abs. 2 Satz 1 HS. 2 InsO, der vorsieht, dass die Arbeitnehmer nicht Beteiligte des Beschlussverfahrens sind, die mit der Beendigung der Arbeitsverhältnisse einverstanden sind. In der Gesetzesbegründung zum Regierungsentwurf wird dies wie folgt formuliert: es sind diejenigen Arbeitnehmer „...nicht am Verfahren beteiligt, die – vor oder während des Verfahrens – die Kündigung als berechtigt anerkennen (Absatz 1 Satz 2).“[37] Die Arbeitnehmer können damit die Kündigung auch schon vor Einleitung des Verfahrens anerkennen. Das Bundesarbeitsgericht lässt aber einen Verzicht auf Kündigungsschutz im Vorhinein nicht zu, da das Kündigungsschutzgesetz zwingend wirkt.[38] Unter „Anerkennen“ oder „Einverstanden sein“ kann daher nur der Verzicht auf Rechtsmittel gegen bereits ausgesprochene Kündigungen gemeint sein. Das Gesetz selbst geht also davon aus, dass die Kündigungen auch schon vor Einleitung des Beschlussverfahrens ausgesprochen werden können. Die Begründung zum Regierungsentwurf äußert sich zu der Frage eindeutig: „Der Insolvenzverwalter kann die Kündigungen, die er für erforderlich hält, schon vor der Antragstellung aussprechen.“[39]

Für die Einbeziehung sprechen aber vor allem Sinn und Zweck der Regelung. Die oben dargestellte Vorgehensweise bietet die weitgehend zeitsparendste und prozessökonomischste Art, betriebsbedingte Kündigungen de lege lata auf ihre soziale Rechtfertigung zu überprüfen. Durch die Einbeziehung nur der mit den Kündigungen nicht einverstandenen Arbeitnehmer kann das Beschlussverfahren beschleunigt werden, was das Gesetz selbst fordert (§§ 126 Abs. 2 Satz 2, 122 Abs. 2 Satz 3 InsO, § 61a Abs. 3 bis 6 ArbGG). Letztlich muss auch berücksichtigt werden, dass dem Insolvenzverwalter ein neues sanierungserleichterndes Instrumentarium zur Verfügung gestellt werden sollte. Wenn er aber darauf verwiesen würde, dass er das Beschlussverfahren einleiten muss und erst dann Kündigungen aussprechen kann, dann wird er zum Beschlussverfahren weit seltener greifen, als dies vom Gesetzgeber beabsichtigt war.[40]

---

37 BTDrucks 12/2443, S. 150.

38 Vgl. nur: BAG 19.12.1974, AP Nr. 3 zu § 620 BGB Bedingung.

39 BTDrucks 12/2443, S. 150.

40 Ob Insolvenzverwalter das Verfahren anwenden, ist Gegenstand der empirischen Untersuchungen, vgl. § 3.

Der Insolvenzverwalter kann daher auch schon vor Einleitung des Beschlussverfahrens Kündigungen aussprechen,[41] solange dies im Hinblick auf eine Betriebsänderung erfolgt. Derartige Kündigungen können – wenn ein Betriebsrat besteht – nur zwischen Ablauf der Dreiwochenfrist nach Verhandlungsbeginn oder Verhandlungsaufforderung (§ 126 Abs. 1 Satz 1 InsO)[42] und Ende des Beschlussverfahrens erfolgen. Kündigt der Insolvenzverwalter nämlich vor Beginn der Verhandlungen oder währenddessen, dann kann ein Interessenausgleich hinsichtlich dieser Kündigungen nicht mehr zustande kommen, da die Kündigungen erst nach dem Interessenausgleich ausgesprochen werden dürfen, anderenfalls der Betriebsrat keine Mitbestimmung hätte. Diese Kündigungen könnten mithin auch nicht Gegenstand des Beschlussverfahrens sein, da ein Interessenausgleich nicht hinreichend versucht wurde. Im Ergebnis bleibt für den Insolvenzverwalter ein zeitlich sehr enger Anwendungsbereich der Variante der Kündigungen vor Beantragung des Beschlussverfahrens.

Es steht dem Insolvenzverwalter schließlich frei, die Kündigungen nach Abschluss des Beschlussverfahrens oder währenddessen oder auch gar nicht auszusprechen.

## 5. Kein Betriebsrat oder aus anderen Gründen kein Interessenausgleich

Die Insolvenzordnung ermöglicht in den §§ 125 ff. InsO den Interessenausgleich sowie das Beschlussverfahren zur Abmilderung der Sanierungshemmnisse. Die gesetzliche Konzeption sieht dabei vor, dass der Insolvenzverwalter zunächst die Einigung mit dem Betriebsrat suchen muss. Erst wenn diese Einigung innerhalb von drei Wochen nach Verhandlungsbeginn oder schriftlicher Aufforderung zur Aufnahme von Verhandlungen nicht erfolgt ist oder wenn ein Betriebsrat nicht besteht, kann der Insolvenzverwalter beim Arbeitsgericht beantragen festzustellen, dass die Kündigung der Arbeitsverhältnisse bestimmter, im Antrag namentlich bezeichneter Arbeitnehmer durch dringende betriebliche Erfordernisse bedingt und sozial gerechtfertigt ist, § 126 Abs. 1 Satz 1 InsO.

Das Beschlussverfahren kann mithin sofort beantragt werden, wenn ein Betriebsrat nicht besteht.[43] Dies kann mehrere Ursachen haben. Zum einen, dass

---

41 So auch ArbG Offenbach/Main 17.2.2000, ZInsO 2000, 684; Aus dem Schrifttum vgl. nur *Ascheid* in: ErfK, § 126 InsO, Rn. 1; *Däubler* in: Kittner/Däubler/Zwanziger, § 126 InsO, Rn. 32; vgl. zu weiteren Nachweisen: *Müller-Limbach*, Beschlussverfahren, S. 32, Fn. 105.

42 Dazu näher sogleich, § 2 A. I. 5. (Seite 13).

43 Str.; wie hier: BAG 29.6.2000, NZA 2000, 1180, 1182; *Irschlinger* in: Heidelberger Kommentar, § 126, Rn. 8; *Hamacher* in: Nerlich/Römermann, § 126, Rn. 7, Fn. 7; *Grunsky/Moll*, Rn. 374; *Warrikoff*, BB 1994, 2338, 2342; a.A.: *Däubler* in: Däub-

das Unternehmen nicht die erforderliche Mindestgröße von in der Regel mindestens fünf ständigen wahlberechtigten Arbeitnehmern erreicht, § 1 Abs. 1 BetrVG, zum anderen, dass trotz Vorliegens dieser Voraussetzung ein Betriebsrat nicht gewählt worden ist. Sind die Voraussetzungen des § 1 Abs. 1 BetrVG nicht erfüllt, so entfällt die Möglichkeit des § 126 InsO schon unter dem Gesichtspunkt, dass das Kündigungsschutzgesetz keine Anwendung findet. Aber auch für die Fälle, bei denen ein Betriebsrat nicht gebildet ist, wurde bereits festgestellt, dass das Beschlussverfahren keine Anwendung findet, wenn zwanzig oder weniger Arbeitnehmer beschäftigt sind, § 111 BetrVG. Im Ergebnis kann die Fallgruppe des Nichtbestehens eines Betriebsrats (Alt. 1) also auf die Fälle beschränkt werden, dass in Unternehmen mit mehr als zwanzig Arbeitnehmern ein Betriebsrat nicht gebildet worden ist. Da ein zu bildender Betriebsrat vor seiner Konstituierung (§ 29 BetrVG) keine rechtswirksamen Beschlüsse fassen kann und der Arbeitgeber daher auch nicht zu verhandeln hat,[44] handelt es sich in diesen Fällen – soweit mehr als 20 Arbeitnehmer beschäftigt sind – um einen Anwendungsfall der Alternative 1.[45] Anders ist dies hingegen, wenn ein Betrieb stillgelegt wird und alle Arbeitnehmer betriebsbedingt entlassen werden. In diesem Fall hat der Betriebsrat gem. § 21b BetrVG ein Restmandat, bis er für die im Zusammenhang stehenden Mitwirkungs- und Mitbestimmungsrechte nicht mehr erforderlich ist. Das Beschlussverfahren ist dann nur zulässig, wenn die Voraussetzungen der Alternative 2 vorliegen.[46]

Diese Alternative 2 erfasst die Nichteinigung über den Interessenausgleich, obwohl ein Betriebsrat bestand und dieser auch umfassend und rechtzeitig unterrichtet worden ist. In diesem Fall kann der Antrag erst mit Ablauf von drei Wochen gestellt werden. Die Frist wird als ausreichend angesehen, damit sich die Betriebspartner in der Krise des Unternehmens über die zu kündigenden Arbeitnehmer im Interessenausgleich einig geworden sind. Die Frist läuft ab Verhandlungsbeginn oder schriftlicher Aufforderung zur Aufnahme von Verhandlungen, aber nur, wenn eine rechtzeitige und umfassende Unterrichtung erfolgt ist. Ent-

---

ler/Kittner/Klebe, BetrVG, Anhang zu §§ 111-113, § 126, Rn. 6, wonach der Insolvenzverwalter zunächst versuchen soll, mit den Arbeitnehmern eine Einigung über ein freiwilliges Ausscheiden zu erzielen, da Kündigungen immer nur als ultima ratio angesehen werden könnten. Hiergegen spricht, dass dem Insolvenzverwalter diese Möglichkeit auch bislang zur Verfügung stand. Es ist nicht ersichtlich, dass der Gesetzgeber mit den die Sanierung erleichternden Regelungen der §§ 125 ff. InsO dem Insolvenzverwalter weitergehende Pflichten auferlegen wollte. Dass die Insolvenzverwalter die freiwilligen Einigungen versuchen und (tws.) erfolgreich sind, siehe Empirischen Teil, vgl. § 3 B. II. 3. (Seite 105).

44 *Glock* in: Hess/Schlochauer/Worzalla/Glock, § 29, Rn. 2.

45 *Löwisch/Caspers* in: MünchKommInsO, § 126, Rn. 5.

46 *Löwisch/Caspers* in: MünchKommInsO, § 126, Rn. 5.

scheidend ist dabei, welcher Zeitpunkt früher liegt.[47] Als Verhandlungsbeginn bezeichnet man dabei den Zeitpunkt, ab dem die Betriebspartner eine Namensliste bezüglich der Arbeitnehmer ernsthaft erörtern, die betriebsbedingt gekündigt werden sollen, gleich ob dies im Rahmen einer Verhandlung über einen sonstigen Interessenausgleich im Sinne des § 111 BetrVG oder allein zum Zwecke eines Interessenausgleiches nach § 125 InsO erfolgt. Zur ernsthaften Erörterung gehört die Bereitschaft der Parteien, in gegenseitiger Erörterung ihre Standpunkte zu vertreten, zu begründen und zu diskutieren, wobei kein Zwang besteht, vom eigenen Standpunkt abzuweichen.[48] Selbst wenn Verhandlungen begonnen haben, ist es jedoch nicht zwingend, dass Insolvenzverwalter und Betriebsrat innerhalb von drei Wochen zu einer Einigung kommen. Möglich ist, dass die Frist bei einer umfangreichen Namensliste nicht ausreicht oder, dass die Verhandlungen bereits vor Ablauf der dreiwöchigen Frist scheitern.[49] In letzterem Fall muss das Scheitern eindeutig und endgültig sein, damit nicht jede Unstimmigkeit von einer Seite zum Anlass genommen wird, die Verhandlungen sofort zu beenden. Erst wenn – nach Verhandlungsbeginn – ersichtlich die Interessen so weit auseinander gehen, dass eine einvernehmliche Regelung vollkommen ausgeschlossen erscheint, oder wenn eine Seite die Verhandlungen offiziell für erledigt erklärt, kann vom Scheitern der Verhandlungen gesprochen werden.

Nicht in jedem Fall sind die Betriebspartner aber bereit zu verhandeln, oder es zeichnet sich schon vor Verhandlungsbeginn ab, dass eine Einigung über die geplante Namensliste nicht umfassend[50] erreicht werden kann. Kommt es nicht

---

47 ArbG Lingen 9.7.1999, ZIP 1999, 1893, 1895 (zu § 122 InsO); *Eisenbeis* in: Frankfurter Kommentar, § 122, Rn. 11; *Zwanziger*, § 122, Rn. 5.

48 *Arend*, Personalabbau, S. 24, die davon ausgeht, dass sich das „Verhandeln" an den Begriff der „Beratung" iSd. § 111 BetrVG anlehnt und daher die dortigen Begrifflichkeiten auch iRd. § 126 InsO Anwendung finden. Nach ArbG Lingen 9.7.1999, ZIP 1893, 1895 und *Annuß*, NZI 1999, 344, 346 (beide zu § 122 InsO) müssen Insolvenzverwalter und Betriebsrat mit dem ernsten Willen zur Einigung verhandelt haben.

49 *Hamacher* in: Nerlich/Römermann, § 126, Rn. 13; *Irschlinger* in: Heidelberger Kommentar, § 126, Rn. 5; *Zwanziger*, § 126 InsO, Rn. 11; *Lohkemper*, KTS 1996, 1, 23.

50 Das Bundesarbeitsgericht (BAG 20.1.2000, BAGE 93, 267, 274) lässt einem Teilinteressenausgleich – trotz grundsätzlicher Anerkennung – keinerlei Sperrwirkung zukommen, sondern meint, dass der Antrag nach § 126 InsO unzulässig ist, „...zumindest soweit mit dem Interessenausgleich eine umfassende Regelung der Folgen der Betriebsänderung angestrebt wurde und nicht nur ein Teilinteressenausgleich vorliegt."; als vollwertigen Interessenausgleich anerkennend: *Däubler* in: Däubler/Kittner/Klebe, BetrVG, Anhang zu §§ 111-113, § 126 InsO, Rn. 3; *Weigand* in: KR, § 126 InsO, Rn. 5; *Zwanziger*, § 126, Rn. 13; *Kocher*, BB 1998, 213, 216; a.A.: *Hess*, InsO, § 126, Rn. 12; *Grunsky/Moll*, Rn. 373;

zum Beginn der Verhandlungen, so kann der Insolvenzverwalter alternativ den Antrag nach § 126 Abs. 1 Satz 1 InsO auch dann stellen, wenn er schriftlich[51] zur Aufnahme von Verhandlungen aufgefordert hat. Hierunter versteht man das ernsthafte und konkrete Ersuchen des Insolvenzverwalters an den Betriebsrat.[52] Die Drei-Wochen-Frist beginnt in diesem Fall erst mit Zugang der schriftlichen Aufforderung gem. § 130 BGB beim Betriebsratsvorsitzenden (§ 26 Abs. 2 Satz 2 BetrVG).

Der gemeinsame Sinn der unterschiedlichen Vorgehensweisen besteht darin, dem Betriebsrat die Gelegenheit zu geben, seine Möglichkeiten zum Abschluss des Interessenausgleiches wahrzunehmen, also auf Entscheidungen Einfluss zu nehmen. Dies kann er nur bei rechtzeitiger und umfassender Unterrichtung. Unproblematisch anzuerkennen ist die rechtzeitige und umfassende Unterrichtung als Voraussetzung immer dann, wenn es zu Verhandlungen kommt. Ebenso wenn der Insolvenzverwalter zu Verhandlungen schriftlich aufgefordert hat, denn ohne die rechtzeitige und umfassende Unterrichtung läge es in der Hand des Insolvenzverwalters, die Frist durch eine frühzeitige Aufforderung schon zu einem Zeitpunkt beginnen zu lassen, in dem der Betriebsrat noch gar nicht die für die Erörterung erforderlichen Informationen besitzt.[53] Die rechtzeitige und umfassende Unterrichtung ist aber darüber hinausgehend sogar dann zu fordern, wenn sich der Betriebsrat von vornherein unkooperativ zeigt, ein Interessenausgleich also unmöglich ist (oder scheint). Denn zum einen ist auch dann nicht auszuschließen, dass sich der Betriebsrat im Interesse der Belegschaft noch zu Verhandlungen bereit erklärt. Zum anderen fordert schon § 111 Satz 1 BetrVG die rechtzeitige und umfassende Unterrichtung. Außerhalb des Anwendungsbereiches des § 111 BetrVG kommt das Beschlussverfahren nach hier vertretener Ansicht ohnehin nicht zur Anwendung. Andererseits gilt § 111 BetrVG auch in der Insolvenz. Durch die Wiederholung der Voraussetzung rechtzeitiger und umfassender Unterrichtung soll vermieden werden, dass der Insolvenzverwalter das Beschlussverfahren an dem Betriebsrat vorbei betreiben kann.[54] An die

---

*Warrikoff*, BB 1994, 2338, 2342 f.; *Lohkemper*, KTS 1996, 1, 22 f.; *Rummel*, DB 1997, 774, 776; *Friese*, ZInsO 2001, 350, 356.

51 *Friese* meint, dass die schriftliche Verhandlungsaufforderung nicht den Anforderungen des § 126 BGB entsprechen müsse, da der Schriftlichkeit der Aufforderung in erster Linie eine Dokumentationsfunktion zukommt und keine Wirksamkeitsvoraussetzung statuiert werden sollte, ZInsO 2001, 350, 352; ebenso *Eisenbeis* in: Frankfurter Kommentar, § 122, Rn. 11; auch *Müller-Limbach*, Beschlussverfahren, S. 46 scheint von einer lediglich fakultativen Vorgehensweise auszugehen; a.A.: *Moll* in: Kübler/Prütting, § 122, Rn. 21.

52 *Weisemann/Streuber* in: Smid, InsO, § 122, Rn. 9.

53 In diesem Sinne auch *Friese*, ZInsO 2001, 350, 352.

54 *Berscheid* in: Uhlenbruck, InsO, § 126, Rn. 11.

rechtzeitige und umfassende Unterrichtung sind aus diesem Grunde auch dieselben Anforderungen zu stellen, wie sie für § 111 BetrVG (oder § 122 InsO) gelten.[55]

Der Insolvenzverwalter unterrichtet rechtzeitig, wenn der Betriebsrat aufgrund der gegebenen Informationen in die Lage versetzt wird, auf das Ob und Wie der geplanten Betriebsänderung Einfluss zu nehmen.[56] Dies kann aber noch nicht der Zeitpunkt sein, in dem bei dem Insolvenzverwalter die Überlegungen zur Durchführung einer Betriebsänderung beginnen, denn dieser Bereich ist im Wesentlichen der betrieblichen Mitbestimmung entzogen. Erst wenn die Planung schon zu einer gewissen Reife gediehen ist, der Insolvenzverwalter also im Prinzip schon entschlossen ist, eine bestimmte Betriebsänderung durchzuführen, ist die Unterrichtung erforderlich.[57] Andererseits muss beachtet werden, dass die Betriebsänderung noch nicht, und zwar auch nicht teilweise begonnen wurde, denn nur dann kann davon gesprochen werden, dass der Betriebsrat noch Einfluss ausüben kann.[58]

Die Unterrichtung erfolgt umfassend, wenn sich der Betriebsrat aus den gegebenen Informationen ein vollständiges Bild von der geplanten Maßnahme und deren Auswirkungen machen kann.[59] Es wird hierbei nicht gefordert werden können, dass der Insolvenzverwalter ausnahmslos alle vertraulichen Informationen zur Verfügung stellt, wie z.B. Geschäftsdaten eines potenziellen Erwerbers.[60] Es ist ausreichend, wenn der Verwalter die Informationen zur Verfügung stellt, die der Betriebsrat braucht, um fundiert Stellung zu nehmen und um in Verhandlungen ein auf intellektueller, d.h. informierter Ebene, gleichwertiger Betriebspartner zu sein. Dazu aber ist die Kenntnis von Informationen, die in der vertraulichen Sphäre des Insolvenzverwalters liegen, nicht zwingend erforderlich. Ergänzungen kann der Insolvenzverwalter immer noch in den Verhandlungen machen.[61] Jedenfalls aber muss – schon wegen § 111 BetrVG – eine umfassende Unterrichtung bezüglich der Betriebsänderung selbst erfolgen. Aufgrund der Tatsache, dass der Betriebsrat in wirtschaftlichen Angelegenheiten nur begrenzt

---

[55] *Müller-Limbach*, Beschlussverfahren, S. 44; *Friese*, ZInsO 2001, 350, 351.

[56] BAG 14.9.1976, AP Nr. 2 zu § 113 BetrVG 1972.

[57] *Stege/Weinspach/Schiefer*, BetrVG, § 111, Rn. 19; *Richardi/Annuß* in: Richardi, BetrVG, § 111, Rn. 145; Fitting/Kaiser/Heither/Engels/Schmidt, § 111, Rn. 107.

[58] In diesem Sinne: *Richardi/Annuß* in: Richardi, BetrVG, § 111, Rn. 144.

[59] *Kania* in: ErfK, § 111 BetrVG, Rn. 21.

[60] a.A. aber *Däubler* in: Däubler/Kittner/Klebe, BetrVG, § 111, Rn. 134; *Richardi/Annuß* in: Richardi, BetrVG, § 111, Rn. 152; wie hier *Galperin/Löwisch*, § 111, Rn. 41 für die Zurverfügungstellung von Unterlagen.

[61] *Müller-Limbach*, Beschlussverfahren, S. 45.

Einfluss ausüben kann, sein Mitwirkungsrecht vielmehr im personellen Bereich angesiedelt ist, steht bei § 126 Abs. 1 Satz 1 InsO die Unterrichtung bezüglich der personellen Maßnahmen im Vordergrund, d.h. der Umfang und die zu erwartenden Auswirkungen der geplanten Maßnahme auf die Belegschaft.

Die Frist des § 126 Abs. 1 Satz 1 InsO beginnt somit erst, wenn der Insolvenzverwalter mit dem Betriebsrat Verhandlungen begonnen oder ihn zumindest schriftlich hierzu aufgefordert hat und der Betriebsrat außerdem umfassend und rechtzeitig informiert ist. Es erscheint unter praktischen Gesichtspunkten schwierig, diese Anforderungen zu erfüllen und im Prozess zu beweisen[62], so dass der Insolvenzverwalter hinsichtlich dieser Voraussetzungen besonders sorgfältig agieren sollte. Die Frist endet mit Ablauf von drei Wochen, wenn eine Einigung nicht zustande gekommen ist, § 126 Abs. 1 Satz 1 InsO, §§ 187 Abs. 1, 188 Abs. 2 BGB. Die fehlende Einigung kann dabei unterschiedliche Gründe haben, wobei dies für die rechtlichen Folgen irrelevant ist.[63] Solange der Betriebsrat kooperationsbereit ist und die Kündigungen noch nicht ausgesprochen sind, kann auch nach Einleitung des Beschlussverfahrens eine Einigung über einen Interessenausgleich mit Namensliste gem. § 125 Abs. 1 Satz 1 InsO mit dem Betriebsrat versucht werden.[64]

Seit dem 1.1.2004 findet sich auch im Kündigungsschutzgesetz wieder der Interessenausgleich mit Namensliste, § 1 Abs. 5 KSchG. Es handelt sich bei § 125 InsO u.a. aufgrund der Ansiedelung in der Insolvenzordnung und der Erleichterung der Sozialauswahl um das Kriterium der Schwerbehinderung um die speziellere Regelung.[65] Dass das Beschlussverfahren auch dann keine Anwendung finden kann, wenn ein solcher „allgemeiner" Interessenausgleich zustande gekommen ist, kann mit Blick auf den Wortlaut des § 126 Abs. 1 Satz 1 InsO nicht ohne weiteres vertreten werden, denn hiernach darf ein Interessenausgleich nach § 125 InsO nicht zustande gekommen sein. Der Wortlaut nennt ausschließlich

---

62 Vgl. hierzu aber den § 3 B. III. 2. (Seite 146).

63 *Ennemann* in: Kölner Schrift zur InsO (2. A.), 1473, 1501, Fn. 73; *Grunsky/Moll*, Rn. 374.

64 *Müller-Limbach*, Beschlussverfahren, S. 47.

65 Zur weitgehend identischen Situation unter dem Arbeitsrechtlichen Gesetz zur Förderung von Wachstum und Beschäftigung von 1996: *Caspers*, Personalabbau, S. 74; *Lakies*, RdA 1997, 145, 150, der dies nicht so eindeutig ausspricht, sondern allgemein – und unter Hinweis auf das BetrVG – feststellt, dass der Interessenausgleich mit Namensliste – und damit wohl auch § 125 InsO – die Regelungen des § 1 Abs. 4, 5 KSchG verdrängt; Für die heutige Rechtslage: *Weigand* in: KR, § 125 InsO, Rn. 2; es ist davon auszugehen, dass die damalige Argumentation auch auf die geltende Rechtslage übertragbar ist: *Gallner* in: NK-KSchG, § 1, Rn. 641; *Däubler* in: Kittner/Däubler/Zwanziger, § 125 InsO, Rn. 1 spricht insoweit von der allgemeinen Regelung des § 1 Abs. 5 KSchG.

den insolvenzrechtlichen Interessenausgleich. Hätte der Gesetzgeber gewollt, dass jeder Interessenausgleich mit Namensliste die Zulässigkeit des Beschlussverfahrens ausschließt, hätte es einer Ersetzung der Worte „...ein Interessenausgleich nach § 125...“ durch „...ein Interessenausgleich mit Namensliste (§ 1 Abs. 5 KSchG, § 125 InsO)...“ oder „...ein Interessenausgleich mit Namensliste...“ bedurft. Zu berücksichtigen ist dabei, dass im Rahmen der Reformgesetze an anderer Stelle in der Insolvenzordnung Änderungen vorgenommen worden sind (vgl. etwa die Streichung § 113 Abs. 2 InsO). Es liegt also nahe, dass der Gesetzgeber die Interessenausgleiche hinsichtlich ihrer Wirkungen auf § 126 InsO nicht gleichstellen wollte. Bereits mit dem Beschäftigungsförderungsgesetz 1996 geschah die Streichung des § 125 InsO mit der Begründung nicht, dass man trotz der Ähnlichkeit der beiden Normen § 125 InsO nicht aus dem geschlossenen Regelungskomplex des Insolvenzarbeitsrechtes herausreißen wollte.[66] Dieser systematische Gesichtspunkt beansprucht auch nach dem 1.1.2004 Geltung. Die Regelungen § 125 und § 126 InsO sind aufeinander abgestimmt und stellen noch immer einen in sich geschlossenen Regelungskomplex dar, der nur dann Anwendung finden soll, wenn ein Insolvenzverfahren eröffnet worden ist. Dass der Gesetzgeber auch außerhalb der Insolvenzverfahren Interessenausgleiche ansiedelt, steht dem Grundsatz der Spezialität nicht entgegen.

Auch in der Begründung zum Gesetzesentwurf der Fraktionen SPD und BÜNDNIS 90/DIE GRÜNEN wird lediglich darauf hingewiesen, dass die neue Regelung des § 1 Abs. 5 KSchG dem § 125 InsO entspricht. Zum künftigen Verhältnis allerdings kann nichts entnommen werden.[67]

Der Insolvenzverwalter kann grundsätzlich wählen, wie er bezüglich des Personalabbaus vorgehen möchte, d.h., ob er die Sonderregelungen der Insolvenzordnung nutzt oder nach den „normalen“ Regelungen – und damit auch dem § 1 Abs. 5 KSchG – vorgeht. Kaum nachzuvollziehen wäre es, wenn man ihn darauf verweisen würde, dass er einen Interessenausgleich ausschließlich nach der Insolvenzordnung abschließen bzw. abzuschließen versuchen müsste, um die Voraussetzungen des § 126 Abs. 1 Satz 1 InsO erfüllen zu können. Anders sieht dies im Fall der Spezialität aus. Jeder Interessenausgleich mit Namensliste nach § 1 Abs. 5 KSchG ist als ein solcher des § 125 InsO anzusehen. Da die Rechtsfolgen und die Voraussetzungen des § 1 Abs. 5 KSchG weitgehend die gleichen wie in § 125 Abs. 1 Satz 1 InsO sind, muss dem Insolvenzverwalter versperrt sein, trotz einer möglicherweise umfassenden Einigung mit dem Betriebsrat das Arbeitsgericht anzurufen. Ein Interessenausgleich nach § 1 Abs. 5 KSchG ist

---

66 BTDrucks 13/5107, S. 31.

67 BTDrucks 15/1204, S. 9.

daher im Sinne einer rechtsgeschäftlichen Einigung[68] mit der Wirkung des § 125 InsO auszulegen.[69]

## II. Antrag des Verwalters und Rechtsschutzbedürfnis

Das Beschlussverfahren wird durch einen Antrag beim Arbeitsgericht eingeleitet.[70] Örtlich zuständig ist gem. §§ 126 Abs. 2 Satz 1 HS. 1 InsO, 82 Satz 1 ArbGG das Arbeitsgericht, in dessen Bezirk der Betrieb liegt.[71] Den Antrag kann nur der in einem eröffneten Insolvenzverfahren bestellte Insolvenzverwalter[72] sowie gem. §§ 279 Satz 1, 126 Abs. 1 Satz 1 InsO im Fall der Eigenverwaltung der Schuldner stellen.[73]

### 1. Prozessuale Einordnung

Der Insolvenzverwalter beantragt festzustellen, dass die Kündigung der Arbeitsverhältnisse bestimmter, im Antrag bezeichneter Arbeitnehmer durch dringende betriebliche Erfordernisse bedingt und sozial gerechtfertigt ist. Es handelt sich bei dem Antrag um einen Feststellungsantrag im Sinne des § 256 ZPO, der über §§ 126 Abs. 2 Satz 1 HS. 1 InsO, 80 Abs. 2[74], 46 Abs. 2 ArbGG, 495 Abs. 1 ZPO Anwendung findet. Der Streitgegenstand wird regelmäßig durch den Antrag bestimmt.[75] Bei dem Verfahren nach §§ 126 ff. InsO erfolgt die positive

---

68 Zu der streitigen Frage der Rechtsnatur des Interessenausgleiches vgl. die Übersicht von *Fabricius/Oetker* in: GK-BetrVG, §§ 112, 112a, Rn. 48 ff.

69 Dies kann allerdings immer dann nicht möglich sein, wenn der unwahrscheinliche Fall gegeben ist, dass die Betriebspartner sich übereinstimmend auf einen Interessenausgleich nach § 1 Abs. 5 KSchG berufen.

70 Allgemein zum Antrag im arbeitrechtlichen Beschlussverfahren siehe: *Ostrowicz/Künzl/Schäfer*, Arbeitsgerichtsprozess, Rn. 320 ff.; *Herbst/Reiter/Schindele*, Beschlussverfahren, Rn. 262 ff.; *Ascheid*, Urteils- und Beschlussverfahren, Rn. 1745 ff.

71 Vgl. näher hierzu *Matthes* in: Germelmann/Matthes/Prütting/Müller-Glöge, ArbGG, § 82, Rn. 7 f.

72 Vgl. hierzu die Nachweise bei *Müller-Limbach*, Beschlussverfahren, S. 29, Fn. 97 und S. 30, Fn. 98 mit Forderungen nach einer Analogie.

73 Zu Forderungen aus der Praxis, das Beschlussverfahren auch schon im Rahmen der vorläufigen Insolvenzverwaltung zuzulassen, vgl. § 3 B. IV (Seite 156).

74 Zu der früher streitigen, mittlerweile weitgehend geklärten und zu bejahenden Frage der Anwendbarkeit einzelner ZPO-Regelungen, die nicht über die Verweisung des § 80 Abs. 2 ArbGG durch die Regelungen des Urteilsverfahrens in Bezug genommen werden, siehe Weth, Beschlussverfahren, S. 28 ff.; *Eisemann* in: ErfK, § 80 ArbGG, Rn. 2.

75 *Vollkommer* in: Zöller, ZPO, Einleitung, Rn. 77.

Feststellung der Auflösung der Arbeitsverhältnisse wegen der sozialen Rechtfertigung der konkreten Kündigungen iSd. § 1 KSchG.[76]

### a) Prozessuale Einordnung im Fall bereits ausgesprochene Kündigungen

Damit wird dem Insolvenzverwalter im Anwendungsbereich der §§ 1, 23 KSchG bezüglich bereits ausgesprochener betriebsbedingter Kündigungen die Möglichkeit der Feststellung der sozialen Rechtfertigung an die Hand gegeben, die ihm nach dem Kündigungsschutzgesetz außerhalb der Insolvenz nicht zustünde. Auf § 4 KSchG kann er sich ausweislich des klaren Wortlautes nicht berufen, hinsichtlich eines allgemeinen Feststellungsantrages nach § 256 ZPO wird ihm regelmäßig das Feststellungsinteresse fehlen. Denn stellt er zeitlich vor dem Arbeitnehmer einen Feststellungsantrag, so fehlt das Feststellungsinteresse, weil die Frage der sozialen Rechtfertigung als alleiniger Prüfungsgegenstand iRd. § 126 InsO entweder durch das arbeitnehmerseitige Verstreichenlassen der dreiwöchigen Frist nach §§ 4 Satz 1, 7 KSchG oder aber – bei rechtzeitiger Erhebung der Kündigungsschutzklage durch den Arbeitnehmer und Antrag des Arbeitgebers auf Klageabweisung – durch das arbeitsgerichtliche Urteil entschieden wird.[77] Dies gilt zwar auch im eröffneten Insolvenzverfahren. Es besteht hier aber die Besonderheit, dass der Gesetzgeber ausdrücklich die gemeinschaftliche Klärung der Kündigungen in § 126 Abs. 1 Satz 1 InsO ermöglicht hat, so dass der Insolvenzverwalter nicht darauf verwiesen werden kann, er solle die Erhebung der Kündigungsschutzklagen abwarten und die Frage der sozialen Rechtfertigung anschließend im Rahmen der Individualkündigungsschutzverfahren klären lassen. Hierdurch würde gerade die Beschleunigung durch eine gemeinschaftliche Klärung der sozialen Rechtfertigung im Beschlussverfahren aufgehoben. Im Ergebnis ist die Erweiterung des Handlungsspielraumes für den Insolvenzverwalter durch die Insolvenzsituation gerechtfertigt. Der Gesetzgeber hat sich für ein Beschlussverfahren entschieden, mithilfe dessen die Anpassung des Personalbestandes schneller und so die Sanierung erleichtert werden soll. Anerkennt man die Anwendbarkeit des Beschlussverfahrens auch für bereits

---

[76] Dieser Streitgegenstand folgt dem punktuellen Streitgegenstand, vgl. hierzu BAG 13.11.1958, BAGE 7, 36, 40 und *Gallner* in: NK-KSchG, § 4, Rn. 47 ff.

[77] *Gallner* in: NK-KSchG, § 4, Rn. 108, der den Feststellungsantrag lediglich dann für zulässig erachtet, wenn sich der Arbeitgeber auf einen zweifelhaften Schriftformverstoß beruft. Darüber hinaus muss man das Feststellungsinteresse wohl aber auch dann bejahen, wenn andere Unwirksamkeitsgründe in Frage stehen, die nicht durch § 4 KSchG erfasst werden. Zu denken wäre etwa an den bestrittenen Zugang der Kündigung, für den der Kündigende beweis- und darlegungspflichtig ist. Will der Arbeitgeber diese Risiken mit Blick auf die bis an die Grenze der Verwirkung reichende Klagemöglichkeit des Arbeitnehmers vermeiden, muss ihm der Weg über eine Feststellungsklage eröffnet sein.

ausgesprochene Kündigungen, so ist die Ausdehnung der prozessualen Möglichkeiten für den Insolvenzverwalter als notwendige Konsequenz zu akzeptieren.

### b) Prozessuale Einordnung im Fall noch ausstehender Kündigungen

Eine Besonderheit des Beschlussverfahrens ist die Möglichkeit der Antragstellung bereits vor Ausspruch der Kündigung. Es handelt sich dann um die Feststellung, dass die erst noch auszusprechende betriebsbedingte Kündigung sozial gerechtfertigt ist, es wird also für ein erst noch eintretendes Ereignis Feststellung begehrt. Bereits nach allgemeinem Prozessrecht ist ein solcher Antrag begründungsbedürftig, d.h. es stellt sich die Frage, ob der Arbeitgeber außerhalb der Insolvenz die Klage erheben könnte mit dem Antrag festzustellen, dass eine von ihm beabsichtigte betriebsbedingte Kündigung sozial gerechtfertigt ist. Die Frage gewinnt im Rahmen dieser Arbeit Bedeutung, weil es einer Ausweitung des Beschlussverfahrens auf den außerinsolvenzrechtlichen Bereich[78] nicht zwingend bedarf, wenn dem Arbeitgeber bereits de lege lata die Möglichkeit der Vorabklärung der Wirksamkeit von Kündigungen zur Verfügung steht. Bei Bejahung dieser Frage wäre allenfalls an die Einführung eines gemeinsamen Verfahrens, hier unter Berücksichtigung der Verbindung und Trennung von Verfahren nach §§ 147, 150 ZPO, zu denken.

Die präventive Feststellung müsste ein Rechtsverhältnis im Sinne des § 256 ZPO sein. Ein solches liegt vor, wenn es sich um die Rechtsbeziehung einer Person zu einer anderen oder zu einem Gegenstand handelt.[79] Dabei ist hierunter sowohl die vertragliche oder gesetzliche Rechtsbeziehung insgesamt als auch jede einzelne Rechtsfolge, jedes Recht und jede Verpflichtung aus dieser Beziehung zu verstehen.[80] Nicht ausreichend ist, wenn sich die Feststellung des Gerichtes in der Klärung einer bloßen Rechtsfrage[81] oder der Wirksamkeit von Willenserklärungen oder der Rechtswidrigkeit eines Verhaltens erschöpft[82]. Als Rechtverhältnis in Betracht kommen hier das Arbeitsverhältnis zwischen den Arbeitsvertragsparteien, ein eventuelles Kündigungsrecht und die noch ausstehende Kündigung des Arbeitgebers gegenüber dem Arbeitnehmer, durch die als

---

78 Vgl. hierzu § 4 dieser Arbeit.

79 BGH 19.4.2000, NJW 2000, 2280, 2281; *Foerste* in: Musielak, ZPO, § 256, Rn. 2.

80 BGH 9.6.1983, NJW 1984, 1118, 3.5.1983, NJW 1984, 1556; 30.11.1989, NJW 1990, 834.

81 OLG Kiel 25.2.1902, OLG-Rspr. 5, 53, 54; *Schumann* in: Stein/Jonas, ZPO, § 256, Rn. 32.

82 BGH 19.4.2000, NJW 2000, 2280, 2281; 6.12.1989, NJW 1990, 911, 911.

Ausfluss des Kündigungsrechts das Arbeitsverhältnis beendet werden soll. Knüpft man entsprechend § 4 KSchG an den punktuellen Streitgegenstand an, so ist nicht das – unzweifelhaft als Rechtsverhältnis im Sinne des § 256 ZPO zu definierende – Arbeitsverhältnis als solches Streitgegenstand, sondern die Frage, ob eine bestimmte Kündigung zur Auflösung des Arbeitsverhältnisses führt. Auch im Rahmen einer Feststellungsklage des Arbeitgebers außerhalb der Insolvenz soll nämlich weniger das Bestehen selbst geklärt werden, als vielmehr die Frage, ob die beabsichtigte Kündigung zur Beendigung des Arbeitsverhältnisses führt. Daher müsste der Anknüpfungspunkt in der Kündigung zu sehen sein, die aber als Willenserklärung nach der oben dargestellten Definition nicht als Rechtsverhältnis im Sinne des § 256 ZPO angesehen werden kann.[83] Im Vordergrund steht für den Arbeitgeber letztlich die Frage, ob die von ihm beabsichtigte Kündigung als betriebsbedingt die soziale Rechtfertigung im Sinne des § 1 KSchG herbeiführen kann, weil ein betriebliches Erfordernis gegeben und die Sozialauswahl ordnungsgemäß erfolgt ist. Es muss mithin bei einem solchen Antrag auf das Kündigungsrecht abgestellt werden. Dieses ist nämlich nicht von der Beurteilung der sozialen Rechtfertigung der Kündigung zu trennen, da sich die Feststellungsfähigkeit der Rechtswirksamkeit der Kündigung auch aus dem Kündigungsrecht selbst ergibt. Das Kündigungsrecht bewirkt in der konkreten Umsetzung durch die Kündigung Rechtsbeziehungen zwischen Arbeitgeber und Arbeitnehmer und kann daher als Rechtsverhältnis im Sinne des § 256 ZPO angesehen werden.[84]

Das Rechtsverhältnis ist gegenwärtig, wenn es schon oder noch besteht.[85] Die zwischen den Parteien bestehenden Beziehungen müssen schon zur Zeit der Klageerhebung wenigstens die Grundlage bestimmter Ansprüche bilden.[86] Will der Arbeitgeber festgestellt wissen, dass die Kündigung rechtmäßig sein wird, so ergibt sich schon aus der Tatsache, dass die Kündigung erst noch ausgesprochen werden muss, dass es sich keinesfalls um ein gegenwärtiges Rechtsverhältnis handeln kann. Auch wenn sich betriebliche Erfordernisse anbahnen und ein Per-

---

[83] So *Baur* in: Gift/Baur, Urteilsverfahren, S. 362; *Ostrowicz/Künzl/Schäfer*, Arbeitsgerichtsprozess, Rn. 38.

[84] RG 1.2.1938, JW 1938, 1188 („Rechte des rechtlichen Könnens"); LAG Frankfurt 9.3.1948, RdA 1948/1949, 118; *Lüke* in: MünchKommZPO, § 256, Rn. 15; *Wieczorek*, ZPO, § 256, B I b 8; *Foerste* in: Musielak, ZPO, § 256, Rn. 3; einschränkend OLG Kiel 25.2.1902, OLG-Rspr. 5, 53, 54, wonach der Kündigungswille bei Antragstellung bereits außer Zweifel stehen müsse; a.A. LG Darmstadt 19.3.1998, ZMR 1999, 700, 701; *Schumann* in: Stein/Jonas, ZPO, § 256, Rn. 31, Fn. 70; *Sell*, RdA 1948/1949, 119.

[85] BGH 16.5.1962, BGHZ 37, 137, 144; 20.11.1992, Z 120, 241, 253; BAG 23.4.1997, NJW 1997, 3396.

[86] BGH 16.5.1962, BGHZ 37, 137, 144.

sonalabbau erforderlich erscheint, bedarf es erst einer Kündigungserklärung, um Rechtswirkungen gegenüber dem Arbeitnehmer herbeizuführen. Ließe man die Feststellungsklage zu, so könnte der Arbeitgeber bereits zu einem Zeitpunkt die Feststellungsklage erheben, in dem er sich möglicherweise noch gar nicht für konkrete Kündigungen entschieden hat. Das allerdings müsste dann als Antrag auf Feststellung abstrakter Rechtsfragen angesehen werden, was im Rahmen der Feststellungsklage nicht zulässig ist.

## 2. Bestimmtheit des Antrages

Das bedeutet, dass die Insolvenzordnung mit dem Beschlussverfahren des § 126 Abs. 1 Satz 1 InsO eine Erweiterung gegenüber prozessualen Möglichkeiten außerhalb der Insolvenzsituation eröffnet. Der Feststellungsantrag muss bestimmt sein. Der Insolvenzverwalter muss in seiner Antragsschrift Stellung nehmen zu der geplanten Betriebsänderung, der rechtzeitigen und umfassenden Unterrichtung des Betriebsrats und zum Vorliegen der Voraussetzungen nach § 111 BetrVG. Erforderlich ist aber auch ein Vortrag zum Vorliegen eines betrieblichen Erfordernisses sowie die für die Sozialauswahl erheblichen Umstände, also Dauer der Betriebszugehörigkeit, Lebensalter und Unterhaltspflichten (§ 126 Abs. 1 Satz 2 InsO), auswahlrelevanter Personenkreis und Auswahlkriterien. Der Wortlaut des § 126 Abs. 1 Satz 1 InsO fordert schließlich, dass die gekündigten oder zu kündigenden Arbeitnehmer im Antrag bezeichnet sind. Das bedeutet, dass die Arbeitnehmer individualisierbar sein müssen. In größeren Unternehmen mit möglicher Namensgleichheit von Arbeitnehmern empfiehlt sich die Angabe weiterer Identifizierungsmerkmale, wie etwa des Geburtsdatums. Damit das Gericht die Sozialauswahl umfassend beurteilen kann und damit eine möglichst große Konformität zu späteren Kündigungsschutzklagen nicht beteiligter Arbeitnehmer erreicht wird, erscheint es empfehlenswert, nicht nur die Sozialdaten und Auswahlkriterien für die namentlich bezeichneten Arbeitnehmer im Antrag aufzuführen, sondern darüber hinaus auch die übrigen Arbeitnehmer und ihre Sozialdaten zu benennen. Das Gericht kann dann in seiner Entscheidung auf die nicht beteiligten Arbeitnehmer Bezug nehmen und die Frage der Sozialauswahl weitgehend umfassend prüfen. Eine Bindungswirkung gegenüber den nicht im Antrag bezeichneten Arbeitnehmern kommt allerdings nicht in Betracht[87].

Darüber hinaus wird auch die Einreichung einer Rangordnung innerhalb der zu kündigenden Arbeitnehmer empfohlen, damit der Beschluss nicht insgesamt hinfällig wird, wenn sich eine Veränderung ergibt, also etwa Eigenkündigungen

---

[87] So auch *Zwanziger*, § 126, Rn. 30.

oder Aufhebungsverträge während des Verfahrens zu einem Aufrücken führen.[88] Die Notwendigkeit einer solchen Vorgehensweise ergibt sich daraus, dass im Falle einer Bestätigung des Antrages durch das Arbeitsgericht lediglich festgestellt wird, dass die Kündigung der namentlich bezeichneten Arbeitnehmer durch betriebliche Gründe bedingt und sozial gerechtfertigt ist. Eine Rangfolge sozialer Schutzwürdigkeit liegt diesem Beschluss zwar regelmäßig zugrunde, ist aber nicht tenoriert, so dass hier auch keine Rechtskraft angenommen werden kann. Ergeben sich mithin Veränderungen in der Gruppe zu kündigender Arbeitnehmer oder werden Arbeitsverhältnisse mit Arbeitnehmern beendet, die nicht in das Beschlussverfahren einbezogen sind, weshalb möglicherweise weniger Arbeitnehmer aus der Gruppe der namentlich Bezeichneten zu kündigen sind, so kann jeder einzelne dieser namentlich bezeichneten Arbeitnehmer eine Kündigungsschutzklage mit der Begründung erheben, dass gerade er nicht der sozial Stärkste ist und seine Kündigung mithin unwirksam ist (Entsprechung zu den Grundsätzen der Sozialauswahl bei sog. Massenentlassungen[89]). Der mit einem Beschlussverfahren beabsichtigte Zeitgewinn würde durch die Vielzahl möglicher Kündigungsschutzverfahren wieder aufgehoben. Diese Situation könnte sogar missbräuchlich erreicht werden, wenn z.B. einzelne Arbeitnehmer zu Eigenkündigungen bewogen werden, damit andere Arbeitnehmer Kündigungsschutzklagen mit Aussicht auf Erfolg erheben können. Gibt der Insolvenzverwalter dem Gericht aber eine Reihenfolge vor, so kann das Gericht – selbst für den Fall, dass dieses einzelne bezeichnete Arbeitnehmer für schutzwürdig erachtet – für die rechtswirksam Gekündigten oder zu Kündigenden die beantragte Feststellung treffen, so dass dem Anliegen des Verwalters Rechnung getragen wird. Der sich hieraus ergebenden Verringerung der Anzahl der bezeichneten Arbeitnehmer kann der Verwalter durch Hilfsanträge vorbeugen, in denen – für den Fall, dass bestimmte Arbeitnehmer nach Ansicht des Gerichtes schutzwürdig sind – weitere Arbeitnehmer, deren Kündigung zunächst nicht vorgesehen war, namentlich bezeichnet sind, und hinsichtlich derer die Feststellung der Betriebsbedingtheit und sozialen Rechtfertigung erfolgen kann.[90] Unter allgemeinen zivilrechtlichen Gesichtspunkten ist streitig, ob sich Hilfsanträge gegen andere Personen richten können, als die, die im Hauptantrag namentlich

---

88 *Hamacher* in: Nerlich/Römermann, § 126, Rn. 32 f; *Grunsky* in: FS für Lüke, S. 202; *Giesen*, ZIP 1998, 46, 52; *Heinze*, NZA 1999, 57, 61; a.A. *Löwisch/Caspers* in: MünchKommInsO, § 126, Rn. 15 f.; *Moll* in: Kübler/Prütting, § 126, Rn. 38.

89 Vgl. hierzu unten § 2 A. VIII. 5. (Seite 64).

90 Dies anerkennen auch *Löwisch/Caspers* in: MünchKommInsO, § 126, Rn. 18; kritisch hierzu *Grunsky* in: FS für Lüke, S. 202.

bezeichnet sind.[91] Im Beschlussverfahren gem. §§ 126 ff. InsO kann sich diese Situation aus der beschriebenen Vorgehensweise ergeben. Die für den Zivilprozess vorgebrachten Bedenken tragen jedoch im Fall des Beschlussverfahrens nicht. Schon für das allgemeine Beschlussverfahren nach dem Arbeitsgerichtsgesetz ist anerkannt, dass sich mehrere Anträge (also auch Hilfsanträge) nicht gegen die gleichen Beteiligten richten müssen oder dass hinsichtlich des Rechtstreits über jeden Antrag die gleichen Personen oder Stellen beteiligt sind, weil es im Beschlussverfahren nicht Antragsgegner, sondern Beteiligte gibt.[92] Die in Hilfsanträgen bezeichneten Arbeitnehmer sind von vornherein Beteiligte des Beschlussverfahrens, weil die Hilfsanträge mit der Zustellung der Antragstellung rechtshängig werden und den bezeichneten Arbeitnehmern die Möglichkeit eröffnet werden muss, die drohende Gefahr eigener Kündigung dadurch abzuwenden, dass sie den Hauptantrag des Arbeitgebers unterstützen.[93] Insofern sind Hilfsanträge im Rahmen des Beschlussverfahrens auch gegen andere als die ursprünglich durch den Hauptantrag bezeichneten Arbeitnehmer zulässig.[94]

Teilweise wird die Vorgabe einer konkreten Rangfolge für überflüssig gehalten. Die Feststellung einer sozialen Rangfolge sei nicht als Rechtsverhältnis anzusehen, könne daher auch nicht Gegenstand eines Feststellungsverfahrens sein.[95] Zwar ist an dieser Sichtweise richtig, dass die Feststellung einer sozialen Rangfolge wohl eher als abstrakte Rechts- oder Vorfrage zu charakterisieren ist und damit nicht Streitgegenstand eines Feststellungsverfahrens sein kann. Allerdings ist Streitgegenstand auch bei der beschriebenen Vorgehensweise noch immer die Feststellung, dass die Kündigungen sozial gerechtfertigt sind. Dass dies – insbesondere unter dem Blickwinkel der Sozialauswahl – nur dann beurteilt werden kann, wenn auch die Sozialdaten miteinander verglichen und die Schutzwürdigkeit bestimmt wird, steht außer Zweifel. Es erscheint dann aber kaum nachvollziehbar, warum das Gericht diese zugrunde liegenden Feststellungen nicht auch nennen können soll, da sich die Feststellung nicht lediglich in der Rangfolge erschöpft.

Kritisiert wird schließlich, dass der Insolvenzverwalter bereits im Voraus in erheblichem Umfang hypothetische Abwägungsvorgänge bewältigen müsste und

---

91 Verneinend: *Schellhammer*, Zivilprozess, Rn. 1254; *Müller-Limbach*, Beschlussverfahren, S. 27 (mit Hinweis auf § 260 ZPO).

92 *Matthes* in: Germelmann/Matthes/Prütting/Müller-Glöge, ArbGG, § 81, Rn. 21 f..

93 *Grunsky* in: FS für Lüke, 191, 198.

94 Wie hier: *Müller-Limbach*, Beschlussverfahren, S. 27; *Caspers*, Personalabbau, Rn. 245; 253; *Grunsky* in: FS für Lüke, 191, 197; *Müller*, NZA 1998, 1315, 1320.

95 *Löwisch/Caspers* in: MünchKommInsO, § 126, Rn. 15.

das Verfahren mit unabsehbarem weiterem Verfahrensstoff belastet würde.[96] Dass diese Vorgehensweise zu einer (erheblichen) Verzögerung und Verworrenheit des Verfahrens führen kann, kann nicht bestritten werden, wird aber bei den gegebenen möglichen Vorteilen wie Beschleunigung und Rechtsklarheit hinzunehmen sein.[97] Auch muss ein Insolvenzverwalter die Gesamtsozialauswahl stets beachten und damit Abwägungen treffen. Die umfassende Sozialauswahl kann auch außerhalb des Insolvenzverfahrens und des Beschlussverfahrens zu hypothetischen Überlegungen führen, ohne dass hierdurch ein Feststellungsantrag unzulässig würde. Eine Prozessverzögerung infolge der Belastung mit unabsehbarem weiterem Verfahrensstoff tritt schließlich auch nur dann ein, wenn das Gericht nicht der Ansicht des Insolvenzverwalters im Hauptantrag folgt. Die Verzögerung muss daher auch nicht der Regelfall sein; wenn der Hauptantrag umfassend abgewogen und vorbereitet ist, wird sie eher die Ausnahme darstellen.

### 3. Fristablauf

Zulässigkeitsvoraussetzung des Antrages nach § 126 Abs. 1 Satz 1 InsO ist der Ablauf der dreiwöchigen Frist, innerhalb derer eine Einigung mit dem Betriebsrat über einen Interessenausgleich nach § 125 InsO versucht werden soll. Das gilt selbstverständlich nur, wenn ein Betriebsrat besteht. Es stellt sich die Frage, welche Auswirkungen es hat, wenn der Insolvenzverwalter – bei Bestehen eines Betriebsrates – den Antrag noch innerhalb der laufenden dreiwöchigen Frist stellt. Auszuscheiden ist dabei zunächst der Fall, wenn die Verhandlungen eindeutig und endgültig gescheitert sind. Da auf das Verfahren nach § 126 Abs. 1 Satz 1 InsO die Vorschriften des Arbeitgerichtsgesetzes über das Beschlussverfahren entsprechend Anwendung finden, muss auch der prozessuale Grundsatz gelten, dass die Prozessvoraussetzungen im Zeitpunkt der letzten Anhörung vorliegen müssen.[98] Dann aber ist die vorzeitige Antragsstellung unschädlich.[99] Dies wird auch vom Zweck der Beschleunigung von Personalanpassungen getragen. Schöpft der Insolvenzverwalter die dreiwöchige Frist zum Zwecke der Antragstellung nicht aus, erscheint hierin ein erheblicher Zeitgewinn zu lie-

---

[96] *Moll* in: Kübler/Prütting, § 126, Rn. 28.

[97] Ob die Praxis die Möglichkeit der Reihenfolge nutzt, vgl. § 3 B. III. 4. (Seite 150).

[98] *Greger* in: Zöller, ZPO, vor § 253, Rn. 9; *Müller-Limbach*, Beschlussverfahren, S. 49.

[99] *Moll* in: Kübler/Prütting, § 126, Rn. 18; *Hamacher* in: Nerlich/Römermann, § 126, Rn. 15; *Müller-Limbach*, Beschlussverfahren, S. 49; enger *Lohkemper*, KTS 1996, 1, 23; a.A. *Zwanziger*, § 126, Rn. 12.

gen.[100] Dabei wird es wohl entscheidend auf die Einschätzung des Insolvenzverwalters ankommen, ob er das Risiko eines unzulässigen Antrages zum Zwecke der Beschleunigung der Sanierungsbemühungen in Kauf nimmt, weil er absehen kann, dass eine Einigung mit dem Betriebsrat nicht erreicht werden wird, oder ob er auf den Ablauf der drei Wochen wartet. Jedenfalls könnte der Verwalter den unzulässigen Antrag zurücknehmen, wenn sich die Betriebspartner nach Antragstellung doch noch einigen können, §§ 126 Abs. 2 Satz 1 InsO, 81 Abs. 1 ArbGG.

## 4. Feststellungsinteresse

Für die Zulässigkeit des Antrages muss das Feststellungsinteresse gegeben sein. Dieses schutzwürdige Interesse des Klägers an der alsbaldigen Feststellung besteht immer dann, wenn dem Recht oder der Rechtslage des Klägers eine gegenwärtige Gefahr der Unsicherheit dadurch droht, dass der Beklagte ein Recht des Klägers ernstlich bestreitet oder sich eines Rechts gegen den Kläger berühmt, und wenn das erstrebte Urteil infolge seiner Rechtskraft geeignet ist, diese Gefahr zu beseitigen.[101] Das Feststellungsinteresse ist ein besonderer gesetzlich geregelter Fall des Rechtsschutzinteresses,[102] das als Zulässigkeitsvoraussetzung in jeder Lage des Rechtsstreits von Amts wegen zu prüfen ist[103]. Es ergibt sich aus der grundsätzlichen Eilbedürftigkeit, die Wirksamkeit von Kündigungen durch den Insolvenzverwalter zu klären, sowie aus der Bindungswirkung des § 127 InsO.[104] Durch diese erreicht der Verwalter Rechtssicherheit und Beschleunigung hinsichtlich des Personalabbaus, die ihm außerhalb des eröffneten Insolvenzverfahrens nicht zur Verfügung stünden. Die Möglichkeit für einen späteren Kündigungsschutzprozess die Frage der sozialen Rechtfertigung verbindlich zu klären und hierdurch einen erheblichen Zeitgewinn zu erreichen, ist ein schutzwürdiges Interesse einer Partei kraft Amtes, der die Interessen der Gläubiger dergestalt übertragen sind, dass sie die Masse mehren, jedenfalls aber nicht durch eine Vielzahl an schwierigen und im Ausgang ungewissen Prozessen mindern soll. Das Feststellungsinteresse entfällt hinsichtlich der Arbeitnehmer, denen bereits vor Antragstellung gekündigt worden ist und die die Frist nach § 4

---

100 Zu Recht aber sieht *Müller-Limbach*, Beschlussverfahren, S. 50 die Gefahr, dass durch einen vorzeitigen Antrag eine Verschlechterung der Beziehungen zwischen Insolvenzverwalter und Betriebsrat zu erwarten ist.

101 Vgl. nur BGH 7.2.1986, MDR 1986, 743, 743; *Greger* in: Zöller, ZPO, § 256, Rn. 7.

102 *Lüke*, Rn. 130, 158.

103 *Müller-Limbach*, Beschlussverfahren, S. 67.

104 *Hamacher* in: Nerlich/Römermann, § 126, Rn. 29a.

KSchG haben verstreichen lassen,[105] da hier gem. § 7 KSchG bzgl. der sozialen Rechtswidrigkeit der Kündigung nach § 1 KSchG (und nunmehr auch hinsichtlich der übrigen Unwirksamkeitsgründe) die materielle Präklusion eingetreten ist. Sollte die materielle Präklusion erst im Laufe des Beschlussverfahrens eintreten, kann der Insolvenzverwalter als Reaktion hierauf den Feststellungsantrag teilweise zurücknehmen (§ 81 Abs. 2 Satz 1 ArbGG) oder insoweit das Verfahren für erledigt erklären (§ 83a Abs. 1, Abs. 3 Satz 1 ArbGG).[106] Andererseits ist auch die nachträgliche Änderung des Antrages durch den Verwalter gem. § 81 Abs. 3 Satz 1 ArbGG möglich, wenn die Kündigungsschutzklage eines Arbeitnehmers gem. §§ 4, 5 KSchG nachträglich zugelassen wird.[107] Der Insolvenzverwalter kann dann das Kündigungsschutzverfahren aussetzen lassen, § 127 Abs. 2 InsO.

Gleiches gilt, wenn eine rechtskräftige Entscheidung im Individualverfahren vor Abschluss des Beschlussverfahrens erfolgte, da die Rechtskraft hinsichtlich des Streitgegenstandes „soziale Rechtfertigung der betriebsbedingten Kündigung" auch im Beschlussverfahren gilt.

## III. Gerichtliche Entscheidung

Das Arbeitsgericht kann dem Antrag ganz oder teilweise stattgeben bzw. ihn als unbegründet oder unzulässig abweisen. Die Entscheidung basiert auf einer mittels eingeschränkter Amtsermittlung erlangten Tatsachengrundlage.

### 1. Amtsermittlungsgrundsatz

Die Sachverhaltsermittlung unterliegt dem Untersuchungs- bzw. Amtsermittlungsgrundsatz, §§ 126 Abs. 2 Satz 1 InsO, 83 Abs. 1 Satz 1 ArbGG.[108] Die am Verfahren Beteiligten haben an der Aufklärung des Sachverhaltes mitzuwirken (§ 83 Abs. 1 Satz 2 ArbGG), das heißt der reine Untersuchungsgrundsatz ist zugunsten des Beibringungsgrundsatzes abgeschwächt.[109] Dabei ist für das klassi-

---

[105] *Hamacher* in: Nerlich/Römermann, § 126, Rn. 29a; *Müller-Limbach*, Beschlussverfahren, S. 68 (Rechtsschutzinteresse).

[106] *Müller-Limbach*, Beschlussverfahren, S. 69, 110 ff.

[107] *Stahlhacke/Preis/Vossen*, Rn. 2189; *Müller-Limbach*, Beschlussverfahren, S. 70; a.A. *Hamacher* in: Nerlich/Römermann, § 126, Rn. 27, Fn. 8; *Grunsky*, ArbGG, § 81, Rn. 12, 15, die eine entsprechende Anwendung des § 264 Nr. 2 ZPO befürworten.

[108] Vgl. sehr umfassend zu der Sachverhaltsermittlung im arbeitsgerichtlichen Beschlussverfahren: *Moehren*, Sachverhaltsermittlung.

[109] Zum Streitstand bzgl. des Umfanges der Mitwirkungspflicht: *Müller-Limbach*, Beschlussverfahren, S. 101 ff.

sche arbeitsrechtliche Beschlussverfahren streitig, ob auf dieser Grundlage vom Antragsteller der Vortrag eines schlüssigen, den Antrag rechtfertigenden Sachvortrags gefordert werden muss[110] oder ob das Gericht, wenn der Antrag dieser Anforderung nicht entspricht, die Beteiligten zur Ergänzung des Vortrags anhand konkreter Fragestellungen auffordern muss[111]. Müller-Limbach weicht für das Beschlussverfahren nach §§ 126 ff. InsO den Amtsermittlungsgrundsatz nahezu vollkommen auf und fordert entsprechend der älteren Rechtsprechung des Bundesarbeitsgerichts zum arbeitsrechtlichen Beschlussverfahren einen schlüssigen bzw. substantiierten Sachvortrag.[112] Sie begründet dies zunächst mit dem Verweis auf die Prozessförderungsvorschrift des § 61a Abs. 3-6 ArbGG (§§ 126 Abs. 2 Satz 2, 122 Abs. 2 Satz 3 InsO).[113] Außerdem sei es gerechtfertigt, ein Sammelverfahren, in dem lediglich die Zusammenfassung mehrerer einzelner Kündigungsschutzverfahren erfolgt, nach den Grundsätzen normaler Kündigungsschutzverfahren zu behandeln, insbesondere, weil die den Untersuchungsgrundsatz im klassischen arbeitsgerichtlichen Beschlussverfahren rechtfertigende, über den Kreis der eigentlich Beteiligten hinausgehende Bedeutung des Beschlusses nicht gegeben sei.[114] Die Ansicht Müller-Limbachs entfernt sich aber in bedenklicher, Rechtsunsicherheit schaffender Weise von der Konzeption als Beschlussverfahren. Die grundsätzliche Geltung der Regelungen zum Beschlussverfahren durch die De-facto-Einführung des Beibringungsgrundsatzes aufzuweichen, berücksichtigt nicht hinreichend die Sonderstellung eines Beschlussverfahrens, das wegen der Eilbedürftigkeit der Entscheidungen lediglich durch einzelne Prozessbeschleunigungsvorschriften ergänzt wird. Auch wenn es sich um eine Zusammenfassung mehrerer Kündigungsschutzverfahren handelt, steht gleichwohl die kollektive Klärung der kündigungsschutzrechtlichen Fragen der sozialen Rechtfertigung im Vordergrund. Dass sich diese Fragen aber nach den Grundsätzen oder Elementen eines Urteilsverfahrens richten sollen, ist dem Gesetz an keiner Stelle zu entnehmen. Dann allerdings fällt eine Erklärung der Geltung der Vorschriften des Beschlussverfahrens schwer. Einziger Grund für den Hinweis auf die Prozessbeschleunigungsvorschrift des § 61a ArbGG kann daher nur die Beschleunigung[115], nicht aber die Anordnung des Beibringungs-

---

110 So etwa BAG 26.8.1975, AP Nr. 21 zu § 37 BetrVG 1972; 14.3.1978, AP Nr. 3 zu § 97 ArbGG 1953.

111 So die neuere Rechtsprechung: BAG 11.3. 1998, BAGE 88, 188, 194.

112 *Müller-Limbach*, Beschlussverfahren, S. 102.

113 *Müller-Limbach*, Beschlussverfahren, S. 102.

114 *Müller-Limbach*, Beschlussverfahren, S. 102 f.

115 Dass diese Beschleunigungsvorschriften im Ergebnis überflüssig sind, vgl. § 2 A. III. 3. (Seite 37).

grundsatzes sein. Würde der einzelne Arbeitnehmer zur vollen Beibringung des Tatsachenstoffes (unter Beachtung des § 1 Abs. 1 Satz 4, Abs. 3 Satz 3 KSchG) verpflichtet, könnte es in größeren Verfahren schließlich zu erheblichen zeitlichen Verzögerungen kommen. Dies ließe sich nicht mit der Eilbedürftigkeit, der Amtsermittlung und der hiermit in Zusammenhang stehenden Sanierungserleichterung des Beschlussverfahrens nach §§ 126 ff. InsO vereinbaren.

§ 83 ArbGG beansprucht in seinem Grundsatz Geltung, so dass der Insolvenzverwalter zum einen mit seinem Antrag den Verfahrensgegenstand bestimmt und begrenzt, die Beteiligten zum anderen aber nach Abs. 1 Satz 2 zur Mitwirkung an der Sachverhaltsausklärung verpflichtet sind. Im Übrigen ist nach Abs. 1 Satz 1 das Gericht von Amts wegen selbst dafür verantwortlich, dass die Entscheidung auf einem zutreffenden und vollständigen Sachverhalt beruht.[116] Ausgangspunkt für die Sachverhaltsermittlung sind die Anträge der Beteiligten, so dass das Gericht nicht von sich aus ohne Sachvortrag der Beteiligten Überlegungen anstellen muss. Jeder Beteiligte hat diejenigen Umstände darzulegen, aus deren (Nicht)Vorhandensein er etwas für sich ableitet,[117] wobei der Vorsitzende nach Maßgabe der §§ 126 Abs. 2 Satz 2, 122 Abs. 2 Satz 3 InsO, 61a Abs. 3-5 ArbGG Fristen für das Vorbringen setzen kann.[118] Die Beibringung der Beteiligten muss so umfangreich sein, dass das Gericht lediglich ergänzend im Rahmen seiner Amtsermittlung tätig werden muss. Es ist also ausgeschlossen, dass der Insolvenzverwalter nur einzelne auswahlerhebliche Tatsachen vorträgt und ansonsten auf die Sachverhaltsermittlung des Arbeitsgerichts vertraut. Erachtet das Gericht allerdings den Vortrag als nicht ausreichend, muss es den Insolvenzverwalter hierauf hinweisen.[119] Entsprechendes gilt auch für die übrigen Beteiligten. Zum Zwecke der Sachverhaltsaufklärung kann das Gericht nach § 83 Abs. 2 ArbGG Urkunden einsehen, Auskünfte einholen, Zeugen, Sachverständige und Beteiligte vernehmen und den Augenschein einnehmen.

## 2. Beschluss des Arbeitsgerichts

Das Arbeitsgericht entscheidet entsprechend § 84 Satz 1 ArbGG durch Beschluss nach seiner freien, aus dem Gesamtergebnis des Verfahrens gewonnenen Überzeugung. Gleichwohl ist das Gericht an den Sachantrag des Insolvenzver-

---

[116] *Eisemann* in: ErfK, § 83 ArbGG, Rn. 1.

[117] *Moll* in: Kübler/Prütting, § 126, Rn. 27; grundsätzlich existiert im Beschlussverfahren eine Darlegungslast nicht: *Hamacher* in: Nerlich/Römermann, § 126, Rn.44; *Matthes* in: Germelmann/Matthes/Prütting/Müller-Glöge, ArbGG, § 83, Rn. 96a.

[118] Siehe hierzu aber näher § 2 A. III. 3. (Seite 37).

[119] BAG 11.3.1998, BAGE 88, 188, 194; *Matthes* in: Germelmann/Matthes/Prütting/Müller-Glöge, ArbGG, § 83, Rn. 89; *Lakies*, NZI 2000, 345, 348.

walters gebunden,[120] woraus sich auch die Grenzen der Amtsermittlung ergeben[121]. Der Beschluss ist schriftlich abzufassen (§ 84 Satz 2 ArbGG) und entsprechend § 60 ArbGG zu verkünden (§ 80 Satz 3 ArbGG) sowie gem. §§ 80 Abs. 2, 50 Abs. 1 ArbGG von Amts wegen allen Beteiligten innerhalb von drei Wochen zuzustellen. Der Beschluss muss feststellen, ob die Rechtsbeschwerde an das Bundesarbeitsgericht zugelassen wird, §§ 126 Abs. 2 Satz 1 InsO iVm. 92 Abs. 1 Satz 2, 64 Abs. 3a ArbGG.

### a) Umfang der gerichtlichen Überprüfung bzgl. des betrieblichen Erfordernisses

Der Umfang der gerichtlichen Prüfung ist dabei wie folgt zu umschreiben. Bezüglich der vom Insolvenzverwalter vorzutragenden dringenden betrieblichen Erfordernisse hat das Arbeitsgericht auch im Fall des Beschlussverfahrens nach § 126 InsO die volle Überprüfungspflicht,[122] die auch in einem Individualkündigungsschutzverfahren gegeben wäre. Insofern bestehen keine Erleichterungen bezüglich der gerichtlichen Kontrolldichte (anders bei § 125 Abs. 1 Satz 1 InsO), es gelten die Grundsätze des § 1 Abs. 2 Satz 4 KSchG. Nach § 128 Abs. 1 Satz 1, Abs. 2 InsO erstreckt sich die Überprüfung und Feststellung auch darauf, dass die Kündigung der Arbeitsverhältnisse nicht wegen des Betriebsübergangs erfolgt (§ 613a Abs. 4 BGB). Die Sinnhaftigkeit des § 128 Abs. 2 InsO erscheint indes zweifelhaft, da feststeht, dass, wenn festgestellt wird, dass betriebliche Erfordernisse gegeben sind, die Kündigung nicht wegen des Betriebsüberganges erfolgt. Die beiden Regelungen schließen einander aus (arg. e § 613a Abs. 4 Satz 2 BGB).

Unter dem Gesichtspunkt, dass die Betriebsbedingtheit Bestandteil des Tatbestandes der sozialen Rechtfertigung einer Kündigung ist und deswegen die Frage ohnehin geprüft wird, ist die gesonderte Feststellung, dass ein betriebliches Erfordernis gegeben ist, nicht erforderlich.[123]

---

[120] *Weth*, Beschlussverfahren, S. 344; *Müller-Limbach*, Beschlussverfahren, S. 90.

[121] Zur Amtsermittlung vgl. § 2 A. III. 1. (Seite 29).

[122] BAG 29.6.2000, NZA 2000, 1180, 1183.

[123] *Müller-Limbach*, Beschlussverfahren, S. 91; *Müller*, NZA 1998, 1315, 1319 meint sogar, dass eine Feststellung durch das Gericht eine nach § 256 ZPO unzulässige Tatsachenfeststellung sei. Nach BAG 29.6.2000, NZA 2000, 1180, 1183 handelt es sich um ein Klarstellung.

### b) Umfang der gerichtlichen Überprüfung bzgl. der sozialen Auswahl

Die soziale Auswahl der Arbeitnehmer wird nur im Hinblick auf die Dauer der Betriebszugehörigkeit, das Lebensalter und die Unterhaltspflichten nachgeprüft, § 126 Abs. 1 Satz 2 InsO. Diese Einschränkung war zunächst nicht im Gesetzesvorschlag der Regierung vorgesehen, wurde dann aber als Erleichterung für die Sanierung im eröffneten Insolvenzverfahren durch den Rechtsausschuss an die Regelung des § 125 Abs. 1 Satz 1 Nr. 1 InsO angepasst.[124] Im Vergleich zu der Rechtslage bis zum 31.12.2003 handelte es sich tatsächlich um eine Erleichterung, da die Prüfung der „sozialen Gesichtspunkte" (§ 1 Abs. 3 Satz 1 KSchG) auf die genannten drei Regelungen beschränkt wurde, so dass die soziale Rechtfertigung überschaubarer und für den Insolvenzverwalter berechenbarer wurde. Seit dem 1.1.2004 ist die Sozialauswahl allerdings generell beschränkt. Dadurch ist die Bedeutung der Regelungen zum Beschlussverfahren, aber auch zum Interessenausgleich nach § 125 Abs. 1 InsO gesunken.[125] Die Beschränkung um das Kriterium der Schwerbehinderung als Sanierungserleichterung zu beschreiben, erscheint fragwürdig.[126]

Zu beachten ist schließlich, dass die gerichtliche Überprüfung nicht analog § 125 InsO (§ 1 Abs. 5 KSchG) auf grobe Fehlerhaftigkeit beschränkt ist. Der Verwalter kann erst dann nach § 126 InsO vorgehen, wenn ein Interessenausgleich nach § 125 InsO (§ 1 Abs. 5 KSchG) nicht zustande gekommen ist. Daraus folgt, dass auch eine die Beschränkung der gerichtlichen Überprüfung auf grobe Fehlerhaftigkeit rechtfertigende Richtigkeitsgewähr wie bei einem Interessenausgleich nicht gegeben ist.[127] Der dem Insolvenzverwalter bei der Ge-

---

124 BTDrucks 12/7302, S. 172.

125 Ob die Praktiker diese Frage ebenso sehen, siehe § 3 B. II. 6. (Seite 132).

126 Außerdem ist streitig, inwieweit die Nichtberücksichtigung der Schwerbehinderung iRd. §§ 125, 126 InsO, 1 Abs. 3 KSchG zur Verfassungswidrigkeit der Regelung führt (vgl. hierzu etwa *Buschmann*, AuR 1996, 285, 289; *Düwell*, AiB 1996, 393, 393 f.; *Steen*, AiB 1996, 702, 702 f. [verfassungsrechtlich bedenklich]; *Klebe*, AiB 1996, 717, 718; a.A. *Bader*, NZA 1996, 1125, 1128 [allg. zur Verfassungswidrigkeit]; *Löwisch*, NZA 1996, 1009, 1010). Die überwiegende Auffassung ergänzte die bis Ende 1998 geltende Fassung des § 1 Abs. 3 Satz 1 KSchG zur Vermeidung einer Verfassungswidrigkeit um das vierte – ungeschriebene – Kriterium der Schwerbehinderung (vgl. etwa *Düwell*, AiB 1996, 393, 393). Der Reformgesetzgeber hat mit Wirkung des 1.1.2004 die Schwerbehinderung aber in § 1 Abs. 3 Satz 1 KSchG eingefügt, eine Veränderung in § 125, § 126 InsO jedoch nicht vorgenommen. Es erscheint daher schwierig anzunehmen, dass auch nach dieser Änderung des Gesetzes in § 126 InsO ein ungeschriebenes Kriterium aufzunehmen sei. Denn dies widerspräche der zu vermutenden Intention des Gesetzgebers.

127 *Müller-Limbach*, Beschlussverfahren, S. 92; *Grunsky* in: FS für Lüke, S. 194 f.; *Warrikoff*, BB 1994, 2338, 2343; *Friese*, ZInsO 2001, 350, 353; *Schrader*, NZA 1997, 70, 76; *Lakies*, NZI 2000, 345, 346; *ders.*, RdA 1997, 145, 151; a.A. *Berkowsky* in: MünchArbR,

wichtung der Sozialkriterien zukommende Beurteilungsspielraum ist nur eingeschränkt überprüfbar.[128] Denn außer der Beschränkung auf die drei Kriterien ist der insolvenzrechtlichen Regelung nichts zur Gewichtung zu entnehmen, so dass auch hier entsprechend § 1 Abs. 3 KSchG die Sozialkriterien „ausreichend berücksichtigt“ werden müssen. Mangels Sonderregelung in der Insolvenzordnung findet auch § 1 Abs. 3 Satz 2, Abs. 4 KSchG Anwendung.[129]

### c) Umfang der gerichtlichen Überprüfung bzgl. sonstiger Unwirksamkeitsgründe

Das Beschlussverfahren nach § 126 InsO ist aber auf die soziale Rechtfertigung gem. § 1 KSchG beschränkt. Andere Unwirksamkeitsgründe werden de lege lata nicht geprüft und können daher auch nicht an der Rechtskraft/Bindungswirkung teilnehmen.[130] Dessen ungeachtet anerkennt das Bundesarbeitsgericht die Überprüfung der Kündigungsbefugnis des Insolvenzverwalters.[131] Zur Begründung führt es an, dass nach Wortlaut, Sinn und Zweck des Gesetzes ein Antrag nur dann begründet sein kann, wenn er von dem kündigungsberechtigten Insolvenzverwalter gestellt wird. Wäre die Kündigung schon mangels Kündigungsberechtigung unheilbar unwirksam, bräuchte sie nicht mehr auf ihre soziale Rechtfertigung hin überprüft werden.[132] Schließlich muss das Gericht auch die Anwendbarkeit des Kündigungsschutzgesetzes und die rechtzeitige Erhebung der Kündigungsschutzklage gem. § 4 Satz 1 KSchG prüfen.[133] Hat der Arbeitnehmer dies nicht gemacht, so ist der Feststellungsantrag diesen Arbeitnehmer betref-

---

§ 133, Rn. 51; *ders.*, NZI 1999, 129, 135, der in der Gesetzesformulierung ein Redaktionsversehen sieht und deshalb eine analoge Anwendung des Prüfungsmaßstabes aus § 125 InsO anregt. Beachtet werden muss allerdings, dass im Einzelfall der gerichtliche Prüfungsmaßstab durch § 1 Abs. 4 KSchG eingeschränkt ist.

128 *Müller-Limbach*, Beschlussverfahren, S. 96.

129 Erledigt hat sich seit dem 1.1.2004 weitgehend die Frage, ob sich die Sozialauswahl mit der Argumentation der Schaffung oder Erhaltung einer ausgewogenen Personalstruktur als nicht grob fehlerhaft darstellen kann (vgl. hierzu noch *Müller-Limbach*, Beschlussverfahren, S. 98). Jedenfalls für die Erhaltung einer ausgewogenen Personalstruktur ist mit der Wiedereinführung der Regelung des § 1 Abs. 3 Satz 2 KSchG die Herausnahme bestimmter Arbeitnehmer ermöglicht worden, so dass diesbezüglich gar keine Sozialauswahl erfolgt.

130 BAG 29.6.2000, NZA 2000, 1180, 1182; a.A. *Zwanziger*, § 126, Rn. 45.

131 BAG 29.6.2000, NZA 2000, 1180, 1182.

132 BAG 29.6.2000, NZA 2000, 1180, 1182.

133 *Müller-Limbach*, Beschlussverfahren, S. 90.

fend infolge der materiellen Präklusion gem. § 7 KSchG mangels Rechtsschutzinteresses unzulässig.[134]

#### d) Beurteilungszeitpunkt

Für die Frage des Beurteilungszeitpunktes der sozialen Rechtfertigung kommen die letzte mündliche Anhörung und der Zugang der Kündigung in Betracht. Zwischen diesen Zeitpunkten kann eine erhebliche Zeitspanne liegen, in der sich etwa die Beurteilung der sozialen Auswahl verschoben haben kann. Sowohl bei bereits ausgesprochenen als auch bei noch nicht ausgesprochenen Kündigungen können hier Probleme entstehen. Sind die Kündigungen lediglich beabsichtigt, sind nach überwiegender Ansicht Veränderungen bis zum Abschluss der letzten mündlichen Anhörung zu berücksichtigen, d.h. auf dem sich bis zu diesem Zeitpunkt ergebenden Tatsachen- und Erkenntnisstand hat die Entscheidung zu beruhen.[135] In diesem Fall wird also von dem Zeitpunkt des Zugangs der Kündigung abgewichen. Ergeben sich zwischen der letzten mündlichen Anhörung und dem Zugang der Kündigung Veränderungen, so werden diese durch § 127 Abs. 1 Satz 2 InsO erfasst, wonach die Bindungswirkung dann nicht gilt, wenn sich die Sachlage nach dem Schluss der letzten mündlichen Verhandlung wesentlich geändert hat.

Bezüglich einer ausgesprochenen Kündigung kommt es im Kündigungsschutzverfahren grundsätzlich auf den Zeitpunkt des Zugangs der Kündigungen an. Das Beschlussverfahren nach § 126 InsO richtet sich hingegen nach den Regeln des arbeitsgerichtlichen Beschlussverfahrens. § 84 Satz 1 ArbGG legt dabei nahe, dass es für die Beurteilung auf den Zeitpunkt der letzten mündlichen Verhandlung ankommt.[136] Die überwiegende Meinung geht für das Beschlussverfahren davon aus, dass – abweichend – auf den Zeitpunkt des Zugangs der Kündigungen abzustellen sei, da es für die Bindungswirkung auf einen einheitlichen Beurteilungszeitpunkt für beide Verfahren ankommt.[137] Hierfür spricht die denkbare Fallkonstellation, dass ein reguläres Kündigungsschutzverfahren gem. § 127 Abs. 2 InsO ausgesetzt wird. Ließe man den Zeitpunkt der letzten mündli-

---

[134] § 2 A. II. (Seite 20).

[135] *Müller-Limbach*, Beschlussverfahren, S. 100; *Birkholz*, S. 182; *Caspers*, Personalabbau, Rn. 279; *Ettwig*, S. 132.

[136] *Birkholz*, S. 181; auch für den Fall, dass die Kündigungen bereits ausgesprochen worden sind: *Zwanziger*, § 126, Rn. 47.

[137] Vgl. nur: BAG 29.6.2000, NZA 2000, 1180, 1182; *Irschlinger* in: Heidelberger Kommentar, § 127, Rn. 12; *Moll* in: Kübler/Prütting, § 127, Rn. 31; *Hamacher* in: Nerlich/Römermann, § 126, Rn. 50; *Caspers*, Personalabbau, Rn. 279; *Ettwig*, S. 132; *Friese*, ZInsO 2001, 350, 353.

chen Anhörung im Beschlussverfahren entscheiden, so müsste ein Arbeitsgericht innerhalb eines (ausgesetzten) Verfahrens den Beurteilungszeitpunkt ändern, was auch unter dem Gesichtspunkt der Rechtssicherheit und des Prozessrisikos für den Arbeitnehmer sowie der Rechtsnatur einer Kündigung als einseitige Gestaltungserklärung als fragwürdig angesehen werden muss.[138] Es ist auch nicht ersichtlich, dass dies das vom Gesetzgeber erwünschte Ergebnis ist. Zwar soll die Bindungswirkung nach § 127 Abs. 1 Satz 1 InsO auch bereits eingeleitete Verfahren erfassen. Da der Kündigungsschutzprozess ausgesetzt ist, mithin ruht, muss sich die Bindungswirkung dann auch auf den wieder aufgenommenen Prozess beziehen. Es geht aber aus dem Gesetz nicht hervor, dass es durch die Entscheidung in einem Beschlussverfahren zu einer Veränderung des Beurteilungszeitpunktes einer regelmäßigen Kündigung kommen soll. Schließlich spricht die Gleichbehandlung der Arbeitnehmer gegen ein Abstellen auf die letzte mündliche Anhörung. Denn denkbar ist, dass nicht alle Arbeitnehmer im Antrag nach § 126 InsO namentlich bezeichnet wurden (hierzu ist der Insolvenzverwalter nicht verpflichtet). Es ergäben sich dann verschiedene Beurteilungszeitpunkte für einheitlich aufgrund einer Betriebsänderung ausgesprochene Kündigungen, wodurch die Praktikabilität des Verfahrens beeinträchtigt würde.

Andererseits können sich hieraus bezüglich einer Betriebsänderung zwei Beurteilungszeitpunkte bezüglich beabsichtigter und ausgesprochener Kündigungen ergeben. Das Arbeitsgericht müsste dann möglicherweise in einem Beschlussverfahren die Frage der sozialen Rechtfertigung unter verschiedenen zeitlichen Gesichtspunkten beurteilen. Eine solche Vorgehensweise kann der Gesetzgeber nicht beabsichtigt haben, da es Rechtsunsicherheit – auch für den Verwalter – beinhaltet. Unterschiedliche Zeitpunkte können immer dazu führen, dass eine (einheitliche) rechtliche Sachlage verschieden beurteilt wird. Der Gesetzgeber hat in der Formulierung des § 126 InsO keine Unterschiede zwischen bereits ausgesprochenen und erst beabsichtigten Kündigungen gemacht. Im Gegenteil, mit dem Verweis auf die Geltung der Regelungen zum Beschlussverfahren (§ 126 Abs. 2 Satz 1 InsO) sowie dem Hinweis in § 127 Abs. 1 Satz 2 InsO hat er vielmehr dem Zeitpunkt der letzten mündlichen Anhörung den Vorrang gegeben. Aufgrund der Bindungswirkung erscheint die einheitliche Beurteilung im Zeitpunkt der letzten mündlichen Verhandlung als gerechtfertigt. Die Regelungen der §§ 126 ff. InsO stellen daher eine Abweichung vom Grundsatz des Abstellens auf den Zugang der Kündigung dar. Hierin ist keine Benachteiligung der Arbeitnehmer zu sehen, da ihnen auch im Beschlussverfahren immer die Möglichkeit eingeräumt wird, ihre Rechte umfassend wahrzunehmen. Dass ein Arbeitnehmer in ein Kündigungsschutzverfahren getrieben wird, bei dem sich im Laufe des Verfahrens die Grundlagen der Beurteilung zu seinen Lasten ver-

---

138 Ähnlich *Caspers*, Personalabbau, Rn. 279.

schieben, muss hingenommen werden, da sich die Sachlage – etwa infolge neuer Unterhaltsverpflichtungen oder Personalveränderungen infolge von Eigenkündigungen anderer Arbeitnehmer – insbesondere in der Insolvenz auch zu seinem Vorteil verschieben kann. Nach der hier vertretenen Ansicht kann es aber – wie gesehen – zu divergierenden Beurteilungszeitpunkten kommen, wenn der Insolvenzverwalter nicht alle gekündigten oder zu kündigenden Arbeitnehmer in ein Beschlussverfahren einbezieht. Dann allerdings ist die Abweichung Ausdruck der gesetzlichen Konzeption als Beschlussverfahren, wohingegen eine unterschiedliche Betrachtung bereits ausgesprochener und erst beabsichtigter Kündigungen in einem einheitlichen Beschlussverfahren einen systematischen Bruch bedeutet. Die Einheitlichkeit der Beurteilungszeitpunkte führt im Ergebnis zu einer vom Gesetzgeber gewünschten „Vereinfachung" der Überprüfung und damit zur Beschleunigung. Es ist daher abweichend von der überwiegenden Ansicht nicht auf den Zugang der Kündigung, sondern im Anwendungsbereich des Beschlussverfahrens stets auf die letzte mündliche Anhörung abzustellen.[139]

### 3. Beschleunigung

Nach Maßgabe des § 61a Abs. 3-6 ArbGG ist der Antrag des Verwalters vorrangig zu erledigen, §§ 126 Abs. 2 Satz 2, 122 Abs. 1 Satz 3 InsO. Danach fordert der Vorsitzende die bezeichneten Arbeitnehmer und den Betriebsrat (ggf. auch den Betriebserwerber) auf, sich binnen einer angemessenen Frist, die mindestens zwei Wochen betragen und im übrigen eindeutig und unmissverständlich gesetzt sein[140] muss, im einzelnen unter Beweisantritt schriftlich zu den Darlegungen des Insolvenzverwalters zu äußern, wenn das noch nicht erfolgt sein sollte (§ 61a Abs. 3 ArbGG). Dabei muss das Gericht entsprechend der vom Bundesarbeitsgericht geforderten Hinweispflicht mitteilen, zu welchen Punkten Klärungsbedarf besteht.[141] Hierauf kann der Vorsitzende dem Insolvenzverwalter gem. § 61a Abs. 4 ArbGG eine angemessene Frist setzen, die mindestens zwei Wochen betragen muss, innerhalb derer er schriftlich Stellung nehmen soll. Angriffsmittel, die erst nach Ablauf dieser Fristen vorgebracht werden, sind nur zuzulassen, wenn nach der freien Überzeugung des Gerichts ihre Zulassung die Erledigung des Rechtsstreits nicht verzögert[142] oder wenn der Beteiligte die Ver-

---

[139] Wie hier lediglich *Zwanziger*, § 126, Rn. 47; *ders.*, BB 1997, 626, 628; *Arend*, Personalabbau, S. 160.

[140] *Zwanziger*, § 122, Rn. 20.

[141] *Müller-Limbach*, Beschlussverfahren, S. 79.

[142] Vgl. zum Verzögerungsbegriff: *Greger* in: Zöller, ZPO, § 296, Rn. 19 ff.; *Hartmann* in: Baumbach/Lauterbach/Albers/Hartmann, ZPO, § 296, Rn. 40 ff.; *Zwanziger*, § 122, Rn. 21 schließt unter dem Gesichtspunkt der Amtsermittlung eine Verzögerung regelmäßig dann aus, wenn sich der Sachverhalt dem Gericht als ernsthafte Möglichkeit ohnehin hät-

spätung genügend entschuldigt, § 61a Abs. 5 ArbGG. Gem. § 224 Abs. 2 ZPO können die Fristen verlängert werden, wenn sie zum Zeitpunkt der Antragstellung noch nicht abgelaufen waren und erhebliche Gründe für eine Verlängerung geltend gemacht werden.[143] Es muss dabei aber der Beschleunigungszweck des § 61a ArbGG beachtet werden, so dass eine eher restriktive Handhabung der Verlängerungsvorschriften geboten ist. Über die Rechtsfolgen einer Fristversäumung ist durch den Vorsitzenden zu belehren, § 61a Abs. 6 ArbGG.

Fraglich ist, ob es des Verweises auf § 61a ArbGG bedurft hätte. Die genannten Rechtsfolgen ergeben sich bereits aus der Geltung der Regelung des § 83 Abs. 1, 1a ArbGG. Im Gegensatz zu den Beschleunigungen nach § 61a ArbGG erfolgt die Fristsetzung zum Vorbringen nach § 83 Abs. 1 ArbGG nicht zwingend nacheinander, sondern kann vielmehr in Anbetracht des grundsätzlichen Amtsermittlungsgrundsatzes nebeneinander erfolgen. Hierdurch kann dem Beschleunigungserfordernis in der Insolvenz besser Rechnung getragen werden. Auch des Hinweises auf eine Güteverhandlung hätte es nicht bedurft, da sich dies grundsätzlich aus § 80 Abs. 2 Satz 2 ArbGG ergibt. Den Regelungen nach § 61a Abs. 3-6 ArbGG kommt daher keine eigenständige Bedeutung zu,[144] der Anwendungsbereich ist vielmehr im Zusammenhang mit § 83 Abs. 1, 1a ArbGG zu sehen. Auch die Gesetzesbegründung spricht hierfür, da in den Begründungen lediglich auf die vorrangige Erledigung verwiesen wird, es allerdings keine Hinweise darauf gibt, dass mit der Einbeziehung des § 61a Abs. 3-6 ArbGG eine besondere Abweichung von den Regeln des Beschlussverfahrens erfolgen sollte.[145]

Ausdruck des Beschleunigungsgrundsatzes ist allerdings, dass die regelmäßig mögliche Güteverhandlung im Rahmen des Beschlussverfahrens nach §§ 126 ff. InsO nicht in Betracht kommt.[146] Zwar kann der Vorsitzende gem. § 80 Abs. 2 Satz 2 ArbGG ein Güteverfahren ansetzen, allerdings muss das insoweit bestehende Ermessen dahingehend reduziert werden, dass die besondere Eilbedürf-

---

te aufdrängen müssen, so dass eine Beweisaufnahme von Amts wegen angebracht gewesen wäre.

143 *Germelmann* in: Germelmann/Matthes/Prütting/Müller-Glöge, ArbGG, § 61a, Rn. 18.

144 a.A. *Zwanziger*, § 122, Rn. 18, wonach § 61a Abs. 3-6 ArbGG dem § 81 Abs. 1a ArbGG vorgeht. Begründen ließe sich dies nur, wenn man in der ausdrücklichen Verweisung auf § 61a Abs. 3-6 ArbGG die Anordnung eines Vorrangs sehen würde. Das erscheint schon deswegen problematisch, weil der Gesetzgeber die im Wesentlichen inhaltsgleiche Regelung des § 81 Abs. 1a ArbGG über die Anordnung der Geltung der Regeln des arbeitsgerichtlichen Beschlussverfahrens ebenfalls zur Geltung bringt.

145 BTDrucks 12/2443, S. 154; 97.

146 *Zwanziger*, § 122, Rn. 17; *Bichlmeier/Oberhofer*, AiB 1997, 161, 165; *Lakies*, NZI 2000, 345, 347; a.A. wohl *Hamacher* in: Nerlich/Römermann, § 122, Rn. 30.

tigkeit der Entscheidung nach § 126 InsO die mit der Güteverhandlung einhergehende zeitliche Verzögerung nicht zulässt. Allenfalls, wenn ein Betriebsrat existiert und ein Interessenausgleich nach § 125 Abs. 1 Satz 1 InsO noch nicht abgeschlossen wurde, gleichwohl aber noch als möglich erscheint, sollte eine Güteverhandlung in Erwägung gezogen werden. Mit Abschluss eines Interessenausgleiches wird der Antrag des Insolvenzverwalters unzulässig.

Gem. § 57 Abs. 1 ArbGG ist die Verhandlung möglichst in einem Termin zu Ende zu führen.[147] Hierbei ist von besonderer Bedeutung, dass sich die Beteiligten grundsätzlich (ggf. schriftlich, § 83 Abs. 4 Satz 1 ArbGG) geäußert haben. Erachtet das Gericht eine Beweisaufnahme für erforderlich, kann es in die streitige Verhandlung eintreten (oder gem. § 55 Abs. 4 ArbGG die schriftliche Beantwortung der Beweisfrage verlangen). Gleichwohl muss bezweifelt werden, dass das Arbeitsgericht in einer streitigen Verhandlung alle offenen Fragen umfassend bearbeiten kann, insbesondere, wenn es sich um größere Verfahren mit einer Vielzahl von Beteiligten handelt.[148] Aufgrund des möglichen Ausschlusses des erneuten Vorbringens gem. §§ 61a Abs. 5, 83 Abs. 1a Satz 2 ArbGG kann aber gleichwohl davon ausgegangen werden, dass durch die schriftlichen Äußerungen (§ 83 Abs. 4 Satz 1 ArbGG) die wesentliche Tatsachengrundlage bereits vorgetragen und bekannt ist. Bleiben Beteiligte im Anhörungstermin unentschuldigt aus, so ist der Pflicht zur Anhörung genügt; hierauf ist in der Ladung hinzuweisen, § 83 Abs. 4 Satz 2 ArbGG. Aus diesen Grundsätzen und dem Umstand, dass es einen „Versäumnisbeschluss" nicht gibt (§ 83 Abs. 4 ArbGG) und auch die Rechtsbeschwerde nur in Ausnahmefällen zuzulassen ist, verschließt sich für die Beteiligten die Möglichkeit der sog. „Flucht in die Säumnis".[149]

## IV. Beteiligte

Gem. § 126 Abs. 1 Satz 1 HS. 2 InsO sind Beteiligte der Insolvenzverwalter, der Betriebsrat, die bezeichneten Arbeitnehmer, soweit sie nicht mit der Beendigung der Arbeitsverhältnisse oder mit den geänderten Arbeitsbedingungen einverstanden sind, und im Fall des Betriebsüberganges gem. § 128 Abs. 1 Satz 2 InsO auch der Betriebserwerber.

Durch den Antrag des Insolvenzverwalters und das fehlende Einverständnis mit der Kündigung wird die Beteiligtenstellung der Arbeitnehmer bestimmt. Die Beteiligung ist entscheidend für die Reichweite der Bindungswirkung gem.

---

[147] *Matthes* in: Germelmann/Matthes/Prütting/Müller-Glöge, ArbGG, § 83, Rn. 106.

[148] Hieraus ergibt sich auch die Notwendigkeit, die Sachverhaltsermittlung weiter zu verbessern, § 4 A. II. 2. 1) aa) (Seite 196).

[149] *Zwanziger*, § 122, Rn. 22; *Müller-Limbach*, Beschlussverfahren, S. 80.

§ 127 Abs. 1 Satz 1 InsO, gewinnt aber auch unter dem praktischen Aspekt an Bedeutung, dass je mehr Arbeitnehmer vom Insolvenzverwalter namentlich bezeichnet sind, desto mehr Personen beteiligt werden müssen und desto mehr Sozialdaten miteinander zu vergleichen sind, was schließlich in größeren Unternehmen zu räumlichen Problemen, zu einer zeitlichen Verzögerung des Verfahrens und damit zur praktischen Undurchführbarkeit führen kann.[150]

Mit der Anknüpfung an den Antrag des Verwalters weicht § 126 Abs. 1 Satz 1 HS. 2 InsO von den Regeln des arbeitsgerichtlichen Beschlussverfahrens ab, obwohl auf diese grundsätzlich verwiesen wird (§ 126 Abs. 2 Satz 1 InsO).[151] Auch wenn in § 83 ArbGG nicht ausdrücklich bestimmt wird, wer Beteiligter des Beschlussverfahrens ist, so geht die herrschende Meinung davon aus, dass das Gericht – neben dem aufgrund seiner Initiative ohnehin formell beteiligten Antragsteller – von Amts wegen die Beteiligten feststellt, und zwar danach, ob die Person oder Stelle durch die Entscheidung in ihrer betriebsverfassungsrechtlichen oder mitbestimmungsrechtlichen Rechtsstellung unmittelbar materiell betroffen wird.[152] Da § 126 InsO diese Problematik zugunsten der Dispositionsbefugnis des Insolvenzverwalters abschließend regelt,[153] wird dieser Grundsatz zugunsten einer schnelleren Klärung modifiziert.

Neben den im Hauptantrag namentlich bezeichneten Arbeitnehmern sind auch die Arbeitnehmer als „bezeichnet“ zu verstehen, die in eventuellen Hilfsanträgen aufgeführt sind.[154] Auch der Hilfsantrag wird mit der Zustellung rechtshängig.[155]

Zur Annahme eines Einverständnisses mit der Kündigung ist eine eindeutige Erklärung des Arbeitnehmers erforderlich, mit der Kündigung einverstanden zu sein.[156] Daher kann nicht ausreichend sein, wenn sich der Arbeitnehmer im Beschlussverfahren grundsätzlich nicht äußert und keinen Zurückweisungsantrag

---

150 Siehe zu dieser Frage § 3 B. II. 4. b) (Seite 116).

151 BAG 29.6.2000, NZA 2000, 1180, 1182.

152 *Hauck* in: Hauck/Helml, ArbGG, § 83, Rn. 9.

153 Das Bundesarbeitsgericht hingegen hält auch im Beschlussverfahren nach § 126 InsO an der genannten Definition fest, indem es die „materiell-rechtliche Betroffenheit“ mit der Bezeichnung im Antrag begründet, BAG 20.1.2000, NZA 2001, 170, 171.

154 *Moll* in: Kübler/Prütting, § 126, Rn. 49; *Stahlhacke/Preis/Vossen*, Rn. 2190; *Grunsky* in: FS für Lüke, S. 197.

155 *Schellhammer*, Zivilprozess, Rn. 111, 1251.

156 Anderer Ansicht ist *Arend*, Personalabbau, S. 147 f.: die im Antrag bezeichneten Arbeitnehmer sind nur dann Beteiligte des Beschlussverfahrens, wenn sie ausdrücklich erklärt haben, nicht mit der Kündigung einverstanden zu sein. Erforderlich soll also eine negative Erklärung sein. Hiergegen zurecht *Müller-Limbach*, Beschlussverfahren, S. 52 ff.

gestellt hat, da im Schweigen regelmäßig keine rechtserhebliche Erklärung gesehen werden kann.[157] Der Arbeitnehmer läuft in diesem Fall allenfalls Gefahr, dass der Beschluss zu seinen Lasten ausfällt und er hieran gem. § 127 Abs. 1 Satz 1 InsO gebunden ist. Das Einverständnis des Arbeitnehmers richtet sich nach herrschender Meinung nach materiellem Recht, so dass zwischen dem Insolvenzverwalter und dem akzeptierenden Arbeitnehmer eine Einigung über die geplante oder erfolgte Kündigung gegeben sein muss.[158] Es muss von einem solchen Inhalt und einer solchen Qualität sein, dass für den Insolvenzverwalter ausreichend gesichert ist, dass der Arbeitnehmer die Kündigung nicht im Rahmen eines Kündigungsschutzprozesses angreifen wird.[159] Der Arbeitnehmer kann daher nach erfolgter Kündigung diese anerkennen und so auf Kündigungsschutz verzichten.[160] Vor Kündigungsausspruch ist allerdings nach allgemeiner Meinung ein Verzicht auf den Kündigungsschutz grundsätzlich nicht zulässig.[161] In diesem Fall kann das Einverständnis daher lediglich im Rahmen des gerichtlichen Prozesses erfolgen, wobei streitig ist, ob dies in Form einer bloßen Einverständniserklärung[162], eines Anerkenntnisse iSd. § 307 ZPO[163] oder eines Prozessvergleiches[164] erfolgen kann.[165] Möglich ist aber auch der Abschluss eines Aufhebungsvertrages, auch wenn dabei nicht mehr davon gesprochen werden kann, dass sich der Arbeitnehmer mit einer Kündigung einverstanden erklärt; vielmehr einigt er sich hier über die Aufhebung des Arbeitverhältnisses.[166] Gleich, auf welchem der genannten Wege der Arbeitnehmer vorgeht, ist er nicht bzw. nicht mehr Beteiligter des Beschlussverfahrens nach § 126 InsO. Andererseits

---

157 BAG 20.1.2000, NZA 2001, 170, 171.

158 *Hamacher* in: Nerlich/Römermann, § 126, Rn. 21; *Zwanziger*, § 126, Rn. 24.

159 *Moll* in: Kübler/Prütting, § 126, Rn. 48.

160 BAG 3.5.1979, DB 1979, 1465, 1465; *Stahlhacke/Preis/Vossen*, Rn. 1253 und 1254 ff. näher zu den inhaltlichen Anforderungen der Verzichtsvereinbarung.

161 BAG 4.12.1991, EzA Nr. 113 zu § 620 BGB; *Stahlhacke/Preis/Vossen*, Rn. 1253.

162 *Hamacher* in: Nerlich/Römermann, § 126, Rn. 23.

163 *Caspers*, Personalabbau, Rn. 252; *Moll* in: Kübler/Prütting, § 126, Rn. 48.

164 *Irschlinger* in: Heidelberger Kommentar, § 126, Rn. 16; *Grunsky* in: FS für Lüke, S. 199.

165 Offengelassen vom BAG 29.6.2000, NZA 2000, 1180, 1182; *Müller-Limbach*, Beschlussverfahren, S. 55 ff. sieht in § 126 Abs. 2 Satz 1 HS. 2 InsO eine Beschränkung des Kündigungsschutzes dahingehend, dass der Arbeitnehmer im Rahmen eines Feststellungsverfahrens nach § 126 InsO auch an eine Verzichtserklärung vor Ausspruch der Kündigung gebunden ist, da § 126 Abs. 1 Satz 2 HS. 2 InsO keine Bedeutung zukäme.

166 Anders hingegen beim sog. Abwicklungsvertrag, bei dem einen Kündigung vorausgeht und vereinbart wird, dass der Arbeitnehmer die Kündigung nicht angreift, vgl. *Schaub*, Arbeitsrechtshandbuch, § 122, Rn. 1.

seits ist der Arbeitnehmer, der im Antrag bezeichnet ist und der ein Einverständnis nicht ausdrücklich erklärt hat, materiell Beteiligter. Nichtsdestotrotz hat das Gericht diese Arbeitnehmer von Amts wegen zum Verfahren hinzuzuziehen (sog. formelle Beteiligung).[167]

Auch wenn der Insolvenzverwalter durch seinen Antrag die Beteiligten bestimmt, so hat das Arbeitsgericht wegen des grundsätzlich geltenden Amtsermittlungsgrundsatzes in jeder Lage des Verfahrens das Bestehen der Beteiligtenstellung zu prüfen.[168] Dies gilt auch für einen potenziellen Erwerber. Gem. § 128 Abs. 1 Satz 2 InsO soll dieser am Verfahren nach § 126 InsO beteiligt werden. Dabei kann hier nicht die vage Aussicht auf eine Betriebsveräußerung als ausreichend angesehen werden, um die Wirkungen des § 128 InsO zu erreichen. Der Betriebsübergang muss in Anlehnung an die Rechtsprechung des Bundesarbeitsgerichts zur Veräußererkündigung aufgrund Erwerberkonzeptes bereits greifbare Formen angenommen haben.[169] Was hierunter zu verstehen ist, richtet sich nach einer wertenden Gesamtbetrachtung der Umstände des Einzelfalles. Einen Anhaltspunkt hierfür gibt allerdings § 128 Abs. 1 InsO selbst, da von der Betriebsveräußerung die Rede ist, was bereits das Verpflichtungsgeschäft sein kann.[170]

## V. Nebenintervention und Streitverkündung

Streitig wird die Frage der Möglichkeit von Streitverkündung und Nebenintervention im Beschlussverfahren gem. §§ 126 ff. InsO, aber auch im klassischen Beschlussverfahren des Arbeitsgerichtsgesetzes diskutiert. Relevanz können diese prozessualen Mittel im Rahmen der sozialen Auswahl erlangen. Bei der

---

167 *Müller-Limbach*, Beschlussverfahren, S. 53.

168 *Hamacher* in: Nerlich/Römermann, § 126, Rn. 23.

169 Vgl. zur Veräußererkündigung aufgrund Erwerberkonzeptes lediglich: BAG 20.3.2003, DZWIR 2003, 374 ff.; *Kappenhagen*, BB 2003, 2182, 2183; *Adam*, DZWIR 2003, 376, 376; *Hergenröder* in: AR-Blattei ES 500, Nr. 177, S. 10; weitergehend noch *Däubler* in: Däubler/Kittner/Klebe, BetrVG, Anhang zu §§ 111-113 BetrVG, § 128, Rn. 3, *Tretow*, Personalabbau, S. 220; *ders.*, ZInsO 2000, 309, 310, wonach der Erwerber den Betrieb übernommen haben muss. Dabei wird aber verkannt, dass in diesem Fall der Erwerber in die Arbeitgeberstellung eingetreten ist, so dass dem Insolvenzverwalter die Antragsbefugnis zur Einleitung des Beschlussverfahrens fehlt. Der Übergang der Leitungsmacht kann mithin nicht gefordert werden, wie hier: *Hamacher* in: Nerlich/Römermann, § 128, Rn. 72; *Müller-Limbach*, Beschlussverfahren, S. 61 f.; *Moll* in: Kübler/Prütting, § 128, Rn. 24 hingegen will ausreichen lassen, dass der Insolvenzverwalter mit einem Interessenten in Verhandlungen steht, so dass hiernach also auch mehrere potenzielle Erwerber Beteiligte des Beschlussverfahrens sein können.

170 *Friese*, ZInsO 2001, 350, 358.

Prüfung der sozialen Rechtfertigung kann das Gericht zu dem Ergebnis gelangen, dass andere als die im Antrag namentlich bezeichneten Arbeitnehmer vorrangig zu kündigen wären. Sind diese Arbeitnehmer hilfsweise namentlich bezeichnet, so sind sie auch Beteiligte und der Beschluss entfaltet auch ihnen gegenüber Wirkung. Ist dies nicht der Fall, erwächst diese Entscheidung den betroffenen Arbeitnehmern nicht in subjektive Rechtskraft. Die Arbeitnehmer laufen zwar Gefahr, nach Abschluss des Beschlussverfahrens de lege ferenda in die „Kündigungsschusslinie“[171] zu geraten, einen rechtskräftigen Beschluss brauchen sie aber nicht gegen sich gelten zu lassen. Daher werden die zunächst namentlich bezeichneten Arbeitnehmer bemüht sein, diesen Arbeitnehmern den Streit zu verkünden. Andererseits können die Arbeitnehmer, die namentlich nicht bezeichnet worden sind, möglicherweise daran interessiert sein, dass auch ihnen gegenüber die Wirkungen des Beschlusses gelten, sie werden eine Nebenintervention anstreben.

Das Landesarbeitsgericht Frankfurt[172] und ihm folgend Matthes[173] vertreten unter Berufung auf den Beteiligtenbegriff die Ansicht, dass die Regelungen der Nebenintervention und Streitverkündung im Beschlussverfahren keine Anwendung finden. Die Beteiligung von Personen und Stellen am konkreten Verfahren richte sich nach dem materiellen Recht und sei unabhängig davon, ob jemand sich selbst oder einen anderen am Verfahren zu beteiligen beabsichtigt.[174] Das Gericht könne auch andere als die Beteiligten im Rahmen seiner Amtsermittlung hören und befragen, ohne dass es hierzu einer Nebenintervention und Streitverkündung bedürfe.[175]

Diese Argumentation lässt sich aber nur schwerlich auf das Beschlussverfahren gem. §§ 126 ff. InsO übertragen. Denn die Beteiligtenstellung bestimmt sich hier primär nach dem Antrag des Insolvenzverwalters. Dem Gericht ist es grundsätzlich nicht möglich, andere als die namentlich bezeichneten Arbeitnehmer am Beschlussverfahren zu beteiligen.

---

171 Vgl. *Grunsky* in: FS für Lüke, S. 191, 198.

172 LAG Frankfurt 24.10.1989, DB 1990, 2126; hiergegen: *Weth*, Beschlussverfahren, S. 212 ff.

173 *Matthes* in: Germelmann/Matthes/Prütting/Müller-Glöge, ArbGG, § 83, Rn. 23 ff.; hiergegen: *Weth*, Beschlussverfahren, S. 212 ff.

174 *Matthes* in: Germelmann/Matthes/Prütting/Müller-Glöge, ArbGG, § 83, Rn. 24; in diesem Sinne auch: LAG Frankfurt 24.10.1989, DB 1990, 2126, 2127.

175 LAG Frankfurt 24.10.1989, DB 1990, 2126, 2127; *Matthes* in: Germelmann/Matthes/Prütting/Müller-Glöge, ArbGG, § 83, Rn. 25.

Mehrheitlich wird die Anwendbarkeit der Regelungen über Nebenintervention und Streitverkündung angenommen.[176] So bestimme sich zwar die Beteiligtenstellung nach der Frage, wer durch die begehrte Entscheidung unmittelbar in seiner Rechtsstellung betroffen werden kann, ein bloß rechtliches Interesse daran, dass eine Partei obsiegt, reiche allerdings für die Stellung als Hauptverfahrensbeteiligter nicht aus.[177] Vielmehr erfülle diese Person die Voraussetzungen des § 66 ZPO.[178]

Je nach dem, welcher Ansicht gefolgt wird, erstreckt sich die Rechtskraft des Beschlusses auch auf Nebenintervenienten und Streitverkündete.[179]

## VI. Rechtsmittel

Der Beschleunigungsgedanke wird auch in der Konstruktion der Rechtsmittel umgesetzt. Gem. §§ 126 Abs. 2 Satz 2, 122 Abs. 3 Satz 1 InsO findet gegen den Beschluss des Arbeitsgerichts die Beschwerde an das Landesarbeitsgericht nicht statt. Gem. §§ 126 Abs. 2 Satz 2, 122 Abs. 3 Satz 2 InsO kann auch die Rechtsbeschwerde an das Bundesarbeitsgericht stattfinden, wenn diese in dem Beschluss des Arbeitsgerichtes zugelassen wird. Mangels gesetzlicher Anordnung ist die Nichtzulassungsbeschwerde an das Bundesarbeitsgericht nicht gegeben.[180] Die Rechtsbeschwerde ist innerhalb eines Monats nach Zustellung der in vollständiger Form abgefassten Entscheidung des Arbeitsgerichts beim Bundesarbeitsgericht einzulegen und zu begründen, §§ 126 Abs. 2 Satz 2, 123 Abs. 3 Satz 3 InsO.[181] Jeder am Verfahren Beteiligte (also auch der mögliche Betriebserwerber[182]) kann selbstständig Beschwerde einlegen. Tut er das nicht, erlangt der Beschluss des Arbeitsgerichts insoweit Rechtskraft.[183] Wurde die Rechtsbeschwerde zugelassen, ist das Bundesarbeitsgericht an die Zulassung gebunden, §§ 126 Abs. 2 Satz 2, 122 Abs. 3 Satz 2 HS. 2 InsO, 72 Abs. 3 ArbGG. Das

---

176 *Bork* in: Stein/Jonas, ZPO, § 66, Rn. 27; *Grunsky* in: FS für Lüke, 191, 198; *Weth*, Beschlussverfahren, S. 212 ff. und ihm folgend: *Künzl*, AuR 1997, 206, 208; grundsätzlich bejahend auch: *Laux*, S. 70 f.

177 *Weth*, Beschlussverfahren, S. 213.

178 *Weth*, Beschlussverfahren, S. 213.

179 Vgl. näher zu Nebenintervention und Streitverkündung: *Schellhammer*, Zivilprozess, § 50 und § 51.

180 *Müller-Limbach*, Beschlussverfahren, S. 114 m.w.N.

181 Vgl. zur Verlängerung der Begründungsfrist, *Grunsky* in: FS für Lüke, S. 195 einerseits und *Müller-Limbach*, Beschlussverfahren, S. 115 andererseits.

182 *Müller-Limbach*, Beschlussverfahren, S. 115.

183 BAG 29.6.2000, NZA 2000, 1180, 1181; *Ascheid* in: ErfK, § 126 InsO, Rn. 11.

Bundesarbeitsgericht kann die Sache entsprechend § 565 Abs. 1 Satz 2 ZPO an eine andere Kammer des Arbeitsgerichts zurückverweisen.[184]

Die Zulassung der Rechtsbeschwerde richtet sich nach den Zulassungsregelungen zur Revision im arbeitsgerichtlichen Verfahren, §§ 126 Abs. 2 Satz 2, 122 Abs. 2 Satz 2 HS. 2 InsO, 72 Abs. 2 und 3 ArbGG. Das bedeutet, dass die Rechtsbeschwerde zuzulassen ist, wenn die Rechtssache grundsätzliche Bedeutung hat (§ 72 Abs. 2 Nr. 1 ArbGG) oder der Beschluss „[...]von einer Entscheidung des Bundesverfassungsgerichts, von einer Entscheidung des Gemeinsamen Senats der obersten Gerichtshöfe des Bundes, von einer Entscheidung des Bundesarbeitsgerichtes oder, solange eine Entscheidung des Bundesarbeitsgerichtes in der Rechtsfrage nicht ergangen ist, von einer Entscheidung einer anderen Kammer desselben Landesarbeitsgerichtes oder eines anderen Landesarbeitsgerichtes abweicht und die Entscheidung auf dieser Abweichung beruht." (§ 72 Abs. 2 Nr. 2 ArbGG). Eine grundsätzliche Bedeutung der Rechtssache ist anzunehmen, wenn die Entscheidung des Rechtsstreits von einer klärungsbedürftigen Rechtsfrage abhängt und diese Klärung entweder von allgemeiner Bedeutung für die Rechtsordnung ist oder wegen ihrer tatsächlichen Auswirkungen die Interessen der Allgemeinheit oder eines größeren Teiles der Allgemeinheit eng berührt.[185] In Anbetracht der weitgehend geklärten Fragen zum Kündigungsschutz wird dieser Variante wohl keine große Bedeutung zukommen.[186]

Probleme bereitet aber die Abweichung des Beschlusses von den Entscheidungen anderer Gerichte. Von solcher Divergenz ist auszugehen, wenn ein abstrakter Rechtssatz aufgestellt wurde, der von einem abstrakten Rechtssatz in einer Entscheidung eines divergenzfähigen Gerichts abweicht.[187] Der Rechtssatz, von dem abgewichen werden soll, muss dabei vor der Entscheidung ergangen sein.[188] Unproblematisch ist die Rechtsbeschwerde zuzulassen, wenn eine Abweichung von Entscheidungen des Bundesverfassungsgerichts, des Gemeinsamen Senats der obersten Gerichtshöfe des Bundes oder von einer Entscheidung des Bundesarbeitgerichts gegeben ist. Der Anwendungsbereich dieser Fälle dürfte aber in Anbetracht der eng gefassten Rechtsmittelkonstruktion des § 122 InsO eher marginal sein. Die Regelung des § 122 Abs. 2 InsO führt nämlich grundsätzlich dazu, dass weitgehend alleinige Entscheidungsinstanz die Arbeits-

---

184 BAG 20.1.2000, NZA 2001, 170, 173.

185 BAG 16.9.1997, AP Nr. 54 zu § 72a ArbGG 1979 Grundsatz; vgl. hierzu näher: *Müller-Glöge* in: Germelmann/Matthes/Prütting/Müller-Glöge, ArbGG, § 72, Rn. 12.

186 *Müller-Limbach*, Beschlussverfahren, S. 113 f.

187 *Koch* in: ErfK, § 72 ArbGG, Rn. 16.

188 BAG 10.2.1981, AP Nr. 6 zu § 72a ArbGG 1979 Divergenz; *Koch* in: ErfK, § 72 ArbGG, Rn. 17.

gerichte und allenfalls in engen Ausnahmen das Bundesarbeitsgericht ist. Unterstellt, das Verfahren findet einen gewissen Niederschlag in der Praxis,[189] so können in der Regel daher beinahe ausschließlich Arbeitsgerichtsentscheidungen zur Grundlage divergierender Entscheidungen gemacht werden. Da § 72 Abs. 2 ArbGG entsprechend anzuwenden ist, muss die Divergenz auch dann angenommen werden, wenn Abweichungen von anderen Arbeitsgerichtsentscheidungen (anstelle der im Wortlaut des § 72 Abs. 2 ArbGG vorgesehenen Entscheidungen des Landesarbeitsgerichts) gegeben sind.[190] Infolge der ausdrücklichen Anordnung der entsprechenden Anwendung der Norm liegt in dieser Auslegung auch kein Verstoß gegen den Wortlaut.[191] „Obergerichtliche Entscheidung" darf nicht in dem Sinne überinterpretiert werden, dass stets allein Divergenzen von instanziell über dem entscheidenden Gericht stehenden Gerichten die Rechtsbeschwerdezulassung rechtfertigen.[192] Das ergibt sich direkt aus § 72 Abs. 2 ArbGG, wonach die Divergenz der Landesarbeitsgerichte von Entscheidungen der Landesarbeitsgerichte (also instanziell gleichrangigen Gerichten) entscheidend ist, wenn eine Entscheidung des Bundesarbeitsgerichts in der Rechtsfrage noch nicht vorliegt. Dem Gesetzgeber war mithin auch vor Einführung der §§ 126, 122 InsO die entscheidungserhebliche Divergenz bezüglich gleichrangiger Gerichte bekannt. Außerdem ist als instanziell übergeordnetes Gericht allenfalls das Bundesarbeitsgericht anzusehen, da eine Entscheidung des Landesarbeitsgerichts im Beschlussverfahren gem. §§ 126 ff. InsO nicht möglich ist. Da das Bundesarbeitsgericht allerdings in § 72 Abs. 2 ArbGG ausdrücklich genannt ist, bleibt festzustellen, dass divergenzfähig im Sinne des § 72 Abs. 2 ArbGG auch Entscheidungen von Arbeitsgerichten sind. Da ein Abweichen von Entscheidungen anderer Arbeitsgerichte eher zu erwarten ist, als Abweichungen vom Bundesarbeitsgericht, wird die Rechtsbeschwerde häufig zuzulassen sein, woraus sich eine erhebliche Verzögerung ergeben kann.

Keine Anwendung findet die Regelung des § 72a ArbGG, d.h. es besteht keine Möglichkeit, eine Nichtzulassungsbeschwerde zu erheben.[193] Fraglich erscheint aber die Rügemöglichkeit der Verletzung des rechtlichen Gehörs durch den Arbeitnehmer gem. §§ 80 Abs. 2 Satz 1, 46 Abs. 2 Satz 2 ArbGG, 495 Abs. 1,

---

[189] Zu den rechtstatsächlichen Fragen, siehe § 3 dieser Arbeit.

[190] *Moll* in: Kübler/Prütting, § 126, Rn. 51; *Weisemann/Streuber* in: Smid, InsO, § 122, Rn. 31; *Zwanziger*, § 122, Rn. 29; *Bichlmeier/Oberhofer*, AiB 1997, 161, 169; *Lakies*, RdA 1997, 145, 154; a.A. *Müller-Limbach*, Beschlussverfahren, S. 114; *Rummel*, DB 1997, 774, 775.

[191] So aber *Müller-Limbach*, S. 114; *Rummel*, DB 1997, 774, 775.

[192] So aber wohl die Interpretation von *Müller-Limbach*, Beschlussverfahren, S. 114.

[193] *Lakies*, RdA 1997, 145, 154; *Warrikoff*, BB 1994, 2338, 2341; a.A. *Bichlmeier/Oberhofer*, AiB 1997, 161, 166.

321a ZPO. Eine solche Regelung findet sich im Arbeitsgerichtsgesetz nicht.[194] Insoweit handelt es sich um eine Regelungslücke im Arbeitsgerichtsverfahren. Der Gesetzgeber hat allerdings bewusst die Technik der Verweisung in die Regelungen der Zivilprozessordnung genutzt und hieran auch bei der grundlegenden Reform der ZPO festgehalten. Die Beschneidung des zweiten und dritten Rechtsweges des normalen arbeitsgerichtlichen Beschlussverfahrens diente dem Zweck der schnellen Rechtssicherheit im Verfahren nach §§ 126 ff. InsO. Hierdurch sollte die Sanierung eines Schuldners in der Insolvenz erleichtert werden. Keinesfalls kann aber davon ausgegangen werden, dass ein abschließender Regelungsbereich geschaffen werden sollte, durch den „außerordentliche" Rechtsbehelfe gegen die Verletzung des rechtlichen Gehörs ausgeschlossen werden sollten. Die Umsetzung der Beschleunigung des Beschlussverfahrens für den insolvenzrechtlichen Bereich darf nicht als allumfassende Rechtsschutzbeschneidung des Arbeitnehmers verstanden werden. Die Lücke im Arbeitsgerichtsgesetz kann mithin durch die Regelungen der Zivilprozessordnung gefüllt werden, soweit eine vergleichbare Interessenlage gegeben ist und durch die Anwendung der Sinn der insolvenzrechtlichen Regelungen gem. §§ 126 ff. InsO nicht konterkariert wird.

Dabei steht der Wortlaut der Regelung des § 321a ZPO einer entsprechenden Anwendung nicht entgegen. Das Verfahren ist fortzuführen, wenn die durch die Entscheidung beschwerte Partei die Verletzung des Anspruches auf rechtliches Gehör rügt und ein Rechtsmittel oder ein anderer Rechtsbehelf gegen die Entscheidung nicht gegeben ist. Diese Situation kann im Beschlussverfahren gem. §§ 126 ff. InsO dann eintreten, wenn die Rechtsbeschwerde zum Bundesarbeitsgericht nicht zugelassen ist. Dass hierdurch möglicherweise eine Verzögerung des Beschlussverfahrens erfolgen kann, muss akzeptiert werden, da es sich um einen außerordentlichen und durch das Erfordernis einer Verletzung des rechtlichen Gehörs begrenzten Rechtsbehelf handelt. Den Beteiligten steht daher die Möglichkeit des § 321a ZPO offen.

## VII. Die Beteiligungsrechte des Betriebsrats

Es stellt sich die Frage, inwieweit die Anhörungspflicht des Betriebsrats gem. § 102 BetrVG durch einen Beschluss nach § 126 Abs. 1 Satz 1 InsO modifiziert wird.

---

194 Dass § 321a ZPO im Urteilsverfahren des Arbeitsgerichtsgesetzes Anwendung findet, ist wohl herrschende Meinung, vgl. etwa noch: *Germelmann* in: Germelmann/Matthes/Prütting/Müller-Glöge (4. A.), ArbGG, § 64, Rn. 28b; *Schmidt/Schwab/Wildschütz*, NZA 2001, 1161, 1166.

Das Beschlussverfahren nach §§ 126 ff. InsO ist eine (präventive) Zusammenfassung einzelner Kündigungsschutzverfahren mit dem Streitgegenstand der sozialen Rechtfertigung betriebsbedingter Kündigungen. Daher ist auch für die Kündigungen, die vor oder nach dem Antrag oder nach dem Beschluss ausgesprochen werden, der Betriebsrat gem. § 102 BetrVG anzuhören.[195] Ausgehend vom Wortlaut ersetzt der Beschluss diese Anhörungspflicht nicht, da es bei noch nicht ausgesprochenen Kündigungen trotz Einleitung des Beschlussverfahrens an einem erforderlichen hinreichend festen Kündigungsentschluss fehlt. Da dem Insolvenzverwalter durch die §§ 126 ff. InsO lediglich eine Erweiterung des Handlungsspielraumes gegeben werden soll, darf nicht unterstellt werden, dass er mit Beginn des Verfahrens die Kündigung der Arbeitnehmer bereits vollziehen will.

Darüber hinaus wird allerdings auch vertreten, dass der Insolvenzverwalter vor Einleitung des Beschlussverfahrens in entsprechender Anwendung des § 102 BetrVG den Betriebsrat anhören muss.[196] Diese Ansicht findet keine Stütze im Gesetz. § 102 BetrVG kommt vor Kündigungen zur Anwendung, die aber bei Einleitung des Beschlussverfahrens noch gar nicht zwingend ausgesprochen sein müssen. Auch die Einleitung des Verfahrens selbst kann keinesfalls als Kündigungserklärung angesehen werden.[197] Die entsprechende Anwendung des § 102 BetrVG steht im Widerspruch zur sinnvollen Durchführbarkeit des Beschlussverfahrens. Denn Grundvoraussetzung ist, dass ein Interessenausgleich nicht zustande gekommen ist. Wenn ein Interessenausgleich mangels Übereinkommens nicht zustande kommt, erscheint es unwahrscheinlich, dass sich der Betriebsrat eines Widerspruchs enthalten wird, denn er hat im Rahmen der Interessenausgleichsverhandlungen Bedenken hinsichtlich der sozialen Rechtfertigung der in Aussicht genommenen Kündigungen gehabt. Durch diese Verhandlungen hat der Insolvenzverwalter einer Anhörung des Betriebsrats weitgehend schon Rechnung getragen.[198] Kommt andererseits der Interessenausgleich nicht zustande, weil die drei Wochen abgelaufen sind und in den Verhandlungen (noch) keine Ergebnisse erzielt werden konnten, wird die Aufforderung, innerhalb einer Woche die Bedenken schriftlich mitzuteilen, nicht zur Verbesserung des Verhandlungsklimas beitragen, obwohl auch noch während des Beschlussverfahrens ein Interessenausgleich möglich ist. Der Betriebsrat wird gezwungen zu widersprechen, will er nicht später im Beschlussverfahren als Beteiligter dem Vor-

---

195 *Arend*, Personalabbau, S. 163; *Müller-Limbach*, Beschlussverfahren, S. 84.

196 *Trittin* in: Kittner/Trittin (3. A.), § 125 InsO, Rn. 9; *Warrikoff*, BB 1994, 2338, 2343.

197 *Müller-Limbach*, Beschlussverfahren, S. 85.

198 Auch *Warrikoff*, BB 1994, 2338, 2343 anerkennt, dass die vorherige Anhörung des Betriebsrats in der Regel mit dem Bemühen um einen Interessenausgleich zusammenfallen wird.

wurf widersprüchlichen Verhaltens ausgesetzt sein, wenn er im Verfahren Bedenken äußert, obwohl seine Zustimmung gem. § 102 Abs. 2 Satz 2 BetrVG als erteilt gilt. Eine aus der entsprechenden Anwendung des § 102 BetrVG abzuleitende Anhörungspflicht vor Einleitung des Beschlussverfahrens existiert mithin nicht.

## VIII. Rechtsfolgen

Sind die genannten Voraussetzungen erfüllt, führt der Beschluss des Arbeitsgerichts gem. § 127 Abs. 1 Satz 1 InsO zu bindender Wirkung der Entscheidung des Arbeitsgerichtes dahingehend, dass die Kündigung der Arbeitsverhältnisse der namentlich bezeichneten Arbeitnehmer durch dringende betriebliche Erfordernisse bedingt und sozial gerechtfertigt ist.

### 1. Bindungswirkung, § 127 InsO

Gem. § 127 Abs. 1 Satz 1 InsO ist die rechtskräftige Entscheidung des Arbeitsgerichtes bezüglich der Frage der Betriebsbedingtheit und der sozialen Rechtfertigung in einem späteren Kündigungsschutzverfahren bindend. Die gerichtliche Feststellung nach § 126 Abs. 1 Satz 1 InsO erstreckt sich gem. § 128 Abs. 2 InsO auch darauf, dass die Kündigung der Arbeitsverhältnisse nicht wegen des Betriebsüberganges erfolgt ist. In einem folgenden Prozess kann sich der Arbeitnehmer also nicht mehr darauf berufen, dass seine Kündigung nach § 1 KSchG sozial rechtswidrig sei. Die Bindungswirkung soll divergierende Entscheidungen hinsichtlich der Frage der sozialen Rechtfertigung der Kündigung verhindern und stimmt kollektives Beschlussverfahren und Individualprozess aufeinander ab.[199] Eine „Bindungswirkung“ findet sich im Arbeitsrecht gleichwohl nur selten (vgl. etwa § 9 TVG oder eben § 127 InsO) und bedarf daher der genaueren Untersuchung.

#### a) Objektive Bindungswirkung nach § 127 Abs. 1 Satz 1 InsO

Die Bindungswirkung bedeutet, dass dem Arbeitnehmer durch die Beteiligung am Beschlussverfahren die Möglichkeit des Rechtsschutzes zumindest im Teilbereich der sozialen Rechtfertigung gem. § 1 KSchG für ein folgendes Kündigungsschutzverfahren abgeschnitten wird. Der Arbeitnehmer bekommt im Beschlussverfahren rechtliches Gehör. Er kann grundsätzlich alle für ihn sprechenden Gesichtspunkte geltend machen und sich so gegen den Antrag des Insolvenzverwalters wenden. Der Beschluss hat präjudizielle Wirkung, und zwar un-

---

[199] *Zwanziger*, § 127, Rn. 1; *Moll* in: Kübler/Prütting, § 127, Rn. 4; *Hamacher* in: Nerlich/Römermann, § 127, Rn. 1; *Müller-Limbach*, Beschlussverfahren, S. 118.

abhängig davon, ob sich der Arbeitnehmer auf ein Individualverfahren einlässt oder nicht. Er muss sich daran festhalten lassen, dass die Kündigung bezüglich der Frage der Betriebsbedingtheit und der sozialen Rechtfertigung nicht mehr geprüft werden kann. Die Bindungswirkung geht aber über die soziale Rechtfertigung nach § 1 KSchG nicht hinaus. Es wird durch das Beschlussverfahren etwa nicht darüber entschieden, ob die Kündigung die Anforderungen an die Betriebsratsanhörung erfüllte oder gegen bestehenden Sonderkündigungsschutz verstoßen wurde.[200] Diesbezüglich kann der Arbeitnehmer eine Klage erheben, wobei aber gem. § 4 Satz 1 KSchG die dreiwöchige Frist zu beachten ist.

Unterliegt der Insolvenzverwalter vor Gericht mit seinem Antrag ganz oder teilweise, bedeutet dies de facto, dass die Kündigungen nicht durch dringende betriebliche Erfordernisse bedingt und sozial gerechtfertigt sind. Streitig ist dabei, ob die Bindungswirkung auch zulasten des Insolvenzverwalters Anwendung findet, so dass eine trotz Abweisung erfolgte betriebsbedingte Kündigung als sozial rechtswidrig gilt, solange sich der Insolvenzverwalter nicht auf eine wesentliche Änderung der Sachlage beruft (§ 127 Abs. 1 Satz 2 InsO).[201]

Ausgehend vom Wortlaut muss diese Frage bejaht werden. Die rechtskräftige Entscheidung im Verfahren nach § 126 InsO ist für die Parteien bindend. Eine Einschränkung dahingehend, dass dies nur für stattgebende Beschlüsse gelten soll, findet sich nicht. Der Wortlaut enthält aber auch die Formulierung der rechtskräftigen Entscheidung. Im allgemeinen Prozessrecht bedeutet die materielle Rechtskraft die Maßgeblichkeit des Inhalts der Entscheidung, d.h. der ausgesprochenen Feststellung des Bestehens oder Nichtbestehens der von einer Partei beanspruchten Rechtsfolge in jedem Verfahren, in dem dieselbe Rechtsfolge in Frage steht; mit ihr soll der Gefahr einer zweiten, widersprechenden Entscheidung begegnet werden.[202] Dann aber muss auch der abweisende Beschluss zugunsten des Arbeitnehmers gelten. Dem ließe sich zwar entgegenhalten, dass mit dem Begriff der Bindungswirkung ein Institut neben der Rechtskraft besteht und mit „rechtskräftige Entscheidung" allein die formelle Rechtskraft, d.h. die prozessuale Unanfechtbarkeit gemeint ist. Es ergibt sich allerdings weder aus dem Wortlaut noch aus den Gesetzesbegründungen, dass der Gesetzgeber hier

---

200 Zu Forderungen aus der Praxis bezüglich einer weitergehenden Rechtmäßigkeitsprüfung siehe § 3 B. II. 4. c) (Seite 121) und insb. Tabelle 35 (Seite 124) und Tabelle 36 (Seite 125).

201 Bejahend *Eisenbeis* in: Frankfurter Kommentar, § 127, Rn. 4; *Hamacher* in: Nerlich/Römermann, § 127, Rn. 4; *Caspers*, Personalabbau, Rn. 270; *Friese*, ZInsO 2001, 350, 355; *Lakies*, NZI 2000, 345, 351; *ders.*, RdA 1997, 145, 154; *Löwisch*, RdA 1997, 80, 85; a.A. *Grunsky* in: FS für Lüke, S. 195; *Grunsky/Moll*, Rn. 391; *Moll* in: Kübler/Prütting, § 127, Rn. 21 f.

202 *Rosenberg/Schwab/Gottwald*, ZPO, § 148, Rn. 2.

nur die formelle Rechtskraft verstanden wissen will. Die „Bindungswirkung" allein ist mithin neutral formuliert und lässt grundsätzlich auch die nur einseitige Wirkung zu. Die Anknüpfung an die „rechtskräftige Entscheidung" legt aber den Schluss nahe, dass der Wortlaut als beiderseitige Bindungswirkung zu verstehen ist.[203]

Diese Annäherung des Begriffes der Bindungswirkung an den der Rechtskraft ergibt sich – wenn auch nicht ausdrücklich – auch aus der Begründung zum Regierungsentwurf. Danach wird „[...] in der Vorschrift [...] klargestellt, dass die rechtskräftige Entscheidung [...] im Individualprozess um den Kündigungsschutz des Arbeitnehmers bindend ist; [...]".[204] Eine Klarstellung spricht gegen eine Abweichung von den allgemeinen Grundsätzen der Rechtskraft durch den Begriff der Bindungswirkung. Eine solche Abweichung sähe sich auch durchgreifenden verfassungsrechtlichen Bedenken ausgesetzt. Durch die Bindungswirkung wird dem klagenden Arbeitnehmer ein wichtiger Teilbereich der Wirksamkeitsprüfung abgeschnitten. Dies stünde mit dem verfassungsrechtlich verbürgten Grundsatz des rechtlichen Gehörs nicht im Einklang. Da dem Arbeitnehmer aber durch seine Beteiligung die Möglichkeit gegeben worden ist, im Beschlussverfahren nach § 126 InsO rechtliches Gehör zu erhalten, kann die Bindungswirkung nicht als Eingriff, sondern das Verfahren allenfalls als eine – unbedenkliche – Vorverlagerung angesehen werden, solange es umfassend mit allen positiven als auch negativen Folgen ausgestattet ist. Bis auf Einschränkungen im Bereich der Sozialauswahl hat der Arbeitnehmer gegenüber dem Individualkündigungsschutzverfahren keine Nachteile. Darlegungs- und Beweislast werden durch die Geltung des Amtsermittlungsgrundsatzes abgemildert. Der Arbeitnehmer kann im Anwendungsbereich des § 1 KSchG alles geltend machen, muss dann aber hierfür auch die volle Rechtssicherheit erhalten. Wenn der Arbeitnehmer sich in einem anschließenden Kündigungsschutzprozess nicht auf die soziale Rechtfertigung berufen kann, dann muss das Gleiche für den Insolvenzverwalter gelten, wenn der Antrag abgewiesen wird. Eine einseitige Bindungswirkung ließe sich nicht mit der sog. prozessualen Chancengleichheit (Art. 3 GG) vereinbaren.[205]

Nachdem bislang Wortlaut, Gesetzesbegründung und verfassungsrechtliche Erwägungen für die beiderseitige Bindungswirkung sprechen, muss schließlich der Blick auf den Zweck der Regelung gerichtet werden. Der Gesetzgeber hat mit der Einführung des Beschlussverfahrens eine Möglichkeit geschaffen, mithilfe derer der Insolvenzverwalter die soziale Rechtfertigung von Kündigungen ein-

---

203 In diesem Sinne auch *Prütting* in: FS für Uhlenbruck, S. 778.

204 BTDrucks 12/2443, S. 150.

205 *Müller-Limbach*, Beschlussverfahren, S. 121.

fach und einheitlich feststellen lassen kann. Diesem Zweck würde entsprechen, dass ein Scheitern im Beschlussverfahren lediglich zur Folge hat, dass dem Insolvenzverwalter die prozessuale Erleichterung der Bindungswirkung nicht zugute kommt.[206] Dass er aber durch die Einleitung eines Beschlussverfahrens Gefahr läuft, die Kündigungen gar nicht oder nur unter erschwerten Voraussetzungen durchführen zu können, würde – auch wegen der Verwalterhaftung – dazu führen, dass ein Beschlussverfahren nicht angewendet wird. Dem Sinn der Erleichterung von Sanierung würde durch diese Nichtanwendung letztlich keinesfalls Rechnung getragen.[207] Den Sinn und Zweck allein in der Sanierungserleichterung zu sehen, bedeutete allerdings, dass der Arbeitnehmer möglicherweise zweimal bezüglich derselben Kündigung vor Gericht aktiv werden muss. Wird er gekündigt und erhebt er Kündigungsschutzklage, so steht dem Insolvenzverwalter die Möglichkeit offen, diesen Prozess bis zur Rechtskraft des Beschlusses aussetzen zu lassen, § 127 Abs. 2 InsO. Im Beschlussverfahren selbst ist der Arbeitnehmer Beteiligter. Wird dem Antrag des Insolvenzverwalters stattgegeben, so ist die Frage der sozialen Rechtfertigung – bis zur Grenze der wesentlichen Änderung der Sachlage gem. § 127 Abs. 1 Satz 2 InsO – unstreitig endgültig geklärt. Wird der Antrag allerdings abgewiesen, so würde zu Gunsten des Arbeitnehmers keine Bindungswirkung bestehen. Der Kündigungsschutzprozess wird mit den regelmäßigen Darlegungs- und Beweislasten wieder aufgenommen. Gem. § 12a Abs. 1 Satz 1 ArbGG und §§ 126 Abs. 3 Satz 1 InsO, 12a Abs. 1 Satz 1 ArbGG müsste der Arbeitnehmer auf jeden Fall zweimal seine Kosten tragen, selbst für den Fall eines Obsiegens. Dem Insolvenzverwalter stünde es mithin offen, praktisch ohne Prozessrisiko, jede Kündigung nach § 126 InsO prüfen zu lassen.[208] Das allerdings würde die Legitimität der arbeitsgerichtlichen Entscheidung im Beschlussverfahren in Frage stellen, denn es besteht grundsätzlich kein Anlass, einen einmal entschiedenen Streitgegenstand erneut vor dasselbe Arbeitsgericht zu bringen[209].

Auch wenn eine beiderseitige Bindungswirkung das Verfahren nach §§ 126 ff. InsO für den Insolvenzverwalter nicht attraktiv erscheinen lässt, so muss de lege lata eine lediglich einseitige Bindungswirkung abgelehnt werden. Der Arbeitnehmer kann sich im Folgeprozess auf den bindenden Beschluss berufen. Durch diese Auslegung wird der Insolvenzverwalter auch nicht übermäßig von der Einleitung des Verfahrens abgehalten, denn es erscheint in der Praxis als wahr-

---

[206] *Moll* in: Kübler/Prütting, § 127, Rn. 22; *Grunsky* in: FS für Lüke, S. 195; *Grunsky/Moll*, Rn. 391.

[207] Ob in der Praxis trotz abweisendem Beschluss gleichwohl Kündigungen ausgesprochen worden sind, siehe § 3 B. III. 4. (Seite 150).

[208] *Giesen*, ZIP 1998, 46, 53.

[209] *Friese*, ZInsO 2001, 350, 355.

scheinlich, dass er in seiner Arbeitgeberfunktion die Möglichkeiten besitzt, eine wesentliche Änderung der Sachlage herbeizuführen (§ 127 Abs. 1 Satz 2 InsO) und damit die Bindungswirkung wieder zu beseitigen.

Unstreitig ist die Frage zu beurteilen, wenn der Antrag des Insolvenzverwalters als unzulässig zurückgewiesen wird. In diesem Fall kann eine Bindungswirkung nicht in Betracht kommen, denn in der Frage der sozialen Rechtfertigung wurde gerade nicht entschieden.[210] Das Gleiche muss auch in dem Fall gelten, wenn der Beschluss als unbegründet abgewiesen wird, mit der Begründung, dass das Kündigungsschutzgesetz keine Anwendung findet, denn anderes als die Frage der sozialen Rechtfertigung nach § 1 KSchG kann der Beschluss nicht feststellen. Wenn aber zu dieser Frage gar nicht Stellung genommen werden kann, kann auch keine Bindungswirkung angenommen werden.[211]

### b) Subjektive Bindungswirkung nach § 127 Abs. 1 Satz 1 InsO

Die rechtskräftige Entscheidung im Verfahren nach § 126 ist für die Parteien bindend, § 127 Abs. 1 Satz 1 InsO. Es stellt sich die Frage, inwieweit Arbeitnehmer, die nicht am Beschlussverfahren beteiligt waren, gleichwohl einer Bindungswirkung unterliegen (subjektive Bindungswirkung).

Bezüglich der Parteien, die als formell und materiell Beteiligte am Beschlussverfahren mitwirken konnten, ergibt sich die Geltung des Beschlusses bereits aus der Rechtskraft der Entscheidung, da auch Beschlüsse im arbeitsgerichtlichen Beschlussverfahren der Rechtskraft zugänglich sind,[212] §§ 322, 495 ZPO, 80 Abs. 2, 46 Abs. 2 ArbGG, und insoweit auch den subjektiven Grenzen unterliegen. Der Feststellung einer Bindungswirkung hätte es in § 127 Abs. 1 Satz 1 InsO nicht bedurft. Dies wird auch durch die Gesetzesbegründung bestätigt, da der Gesetzgeber mit der Bindungswirkung lediglich klarstellen wollte.[213]

Die Frage der subjektiven Bindungswirkung stellt sich für die Arbeitnehmer, die zwar im Antrag des Insolvenzverwalters namentlich bezeichnet, aber formell nicht am Beschlussverfahren beteiligt waren, sowie für Arbeitnehmer, die schon nicht im Antrag bezeichnet waren. Bedeutung gewinnt die Fragestellung, weil das Gericht möglicherweise festgestellt, dass die Kündigungen einzelner Arbeitnehmer nicht sozial gerechtfertigt sind, weil Arbeitnehmer, die im Antrag nicht namentlich bezeichnet wurden, weniger schutzbedürftig sind. Das Gericht muss nämlich bei seiner Entscheidung grundsätzlich eine Sozialauswahl hinsichtlich

---

210 *Giesen*, ZIP 1998, 46, 54.

211 *Müller-Limbach*, Beschlussverfahren, S. 122; *Giesen*, ZIP 1998, 46, 54.

212 BAG 29.6.2000, NZA 2000, 1180, 1181.

213 BTDrucks 12/2443, S. 150.

aller konkurrierenden Arbeitnehmer treffen und darf sich nicht auf die namentlich bezeichneten beschränken (Amtsermittlung). Anderenfalls hätte es der Verwalter in der Hand, die Sozialauswahl von vornherein zu beschränken.

Dass sich auch diese Arbeitnehmer an den Beschluss halten lassen müssen, kann allenfalls über die „Bindungswirkung" erreicht werden, da sie der Rechtskraft nicht unterliegen.

Auch ohne ausdrückliche gesetzliche Normierung hat das Bundesarbeitsgericht gelegentlich eine Bindungswirkung kollektiver Entscheidungen im Beschlussverfahren auf spätere Individualrechtsstreitigkeiten festgestellt.[214] Anerkannt ist etwa, dass die Entscheidung nach § 18 Abs. 2 BetrVG bezüglich der betriebsratsfähigen Organisationseinheit auch zwischen Unternehmen und Arbeitnehmern bindend ist,[215] ebenso die Entscheidung des Arbeitsgerichtes zu der Frage, dass eine bestimmte Betriebsvereinbarung wirksam oder unwirksam ist oder einen bestimmten Inhalt hat oder dass dem Betriebsrat in einer bestimmten Angelegenheit ein Mitbestimmungsrecht nicht zusteht.[216] Auch für die Feststellung einer Betriebsänderung ist die bindende Wirkung für den Einzelnen anerkannt worden.[217] Hieraus aber zu schlussfolgern, dass allen kollektivrechtlichen Entscheidungen im Arbeitsrecht Bindungswirkung für jegliche nachfolgende Individualprozesse zukommt, würde bedeuten, dass die Regelung des § 127 Abs. 1 Satz 1 InsO im Ergebnis eine überflüssige Feststellung trifft.[218]

Die Rechtsprechung des Bundesarbeitgerichtes bezieht sich vor allem auf die Frage der Erstreckung der bindenden Wirkung auf dritte, nicht am Beschlussverfahren beteiligte Personen. Die präjudizielle Wirkung des § 127 InsO bedeutet im Ergebnis Rechtskraft, die grundsätzlich auch nur zwischen den Parteien des vorgehenden Verfahrens gelten kann (subjektive Rechtskraft). Die hier in Rede stehenden Arbeitnehmer sind nicht Beteiligte im Sinne des § 126 Abs. 2 Satz 1 HS. 2 InsO. Die Rechtskraft selbst kann also nicht dazu führen, dass der Beschluss auch für und gegen unbeteiligte Dritte wirkt.

Die Bindungswirkung könnte als Erweiterung der subjektiven Rechtskraft verstanden werden. Sowohl Bindungswirkung als auch Rechtskraft sollen der Gefahr sich widersprechender Entscheidungen entgegenwirken und stimmen jeden-

---

214 Vgl. hierzu näher *Thomas*, Materiellrechtliche Bindungswirkung, S. 29 ff.

215 BAG 9.4.1991, NZA 1991, 812.

216 BAG 17.2.1992, NZA 1992, 999.

217 BAG 10.11.1987, SAE 1988, 228.

218 *Prütting* in: FS für Uhlenbruck, S. 772, der hieraus den Schluss zieht, dass die bisherigen höchstrichterlichen Bindungswirkungen im Hinblick auf ihre Zulässigkeit zumindest zu überdenken sind.

falls hinsichtlich dieses Zweckes überein. Der Gesetzgeber hat den Begriff in § 127 InsO allerdings nicht entsprechend § 325 ZPO verwendet, sondern geht von „Bindungswirkung“ aus. Die Begriffe gleichzusetzen oder aber den einen mithilfe des anderen zu erklären, kann daher nicht ohne weiteres erfolgen. Unabhängig von diesem grammatikalischen Argument werden in § 127 Abs. 1 Satz 1 InsO die Begriffe nebeneinander verwendet („...so ist die rechtskräftige Entscheidung im Verfahren nach § 126 für die Parteien bindend.“). Auch muss berücksichtigt werden, dass die Rechtskraft ein prozessuales Phänomen ist, dass sich nur in sehr engen Grenzen auf Dritte erstreckt (vgl. etwa §§ 326, 327 ZPO). Diese Ausnahmeregelungen würden für den Bereich des Beschlussverfahrens durch eine „Bindungswirkung“ umgangen, ohne dass dies gesetzlich ausdrücklich geregelt wäre.

Die subjektiven Grenzen der Rechtskraft wurden gelegentlich versucht aufzuweichen, indem die Rechtskraft auch in Prozessen Dritter beachtet werden sollte, wenn der rechtskräftig beurteilte Streitgegenstand für den Dritten als Vor- oder Hauptfrage Bedeutung erlangt (Drittwirkung der Rechtskraft).[219] Aus dieser Drittwirkung könnte dann eine eigenständige und über die Rechtskrafterstreckung hinausgehende Bindungswirkung resultieren. Hierfür spricht, dass durch die absolute Geltung hinsichtlich einer relativen Feststellung gewährleistet ist, dass die Frage in anderen Prozessen nicht abweichend beurteilt werden kann.[220] Die Voraussetzungen sind für nichtbeteiligte Dritte auch gegeben, da die Sozialauswahl jedenfalls alle vergleichbaren Arbeitnehmer in ihren Rechten berührt und eine Entscheidung im Beschlussverfahren als Vorfrage für ihren eigenen späteren Kündigungsschutzprozess gedeutet werden kann. Eine solche Extension der Rechtskraft ist allerdings mit dem geltenden Recht nicht zu vereinbaren. Zum einen könnte sich die Rechtskraft auf einen nur schwer abgrenzbaren Personenkreis erstrecken und die Risiken eines Prozesses für Dritte wären nicht kalkulierbar. Ferner liegt dem § 325 ZPO die Wertentscheidung zugrunde, dass ein Dritter an ein ohne seine Mitwirkung zustande gekommenes gerichtliches Erkenntnis grundsätzlich nicht gebunden sein kann, was letztlich Ausdruck des Art. 103 Abs. 1 GG ist.[221] Eine Erstreckung der Rechtskraft auf Dritte kann nur dann möglich sein, wenn eine ausdrückliche oder nach dem Sinn der Vorschrift gebotene Anordnung gegeben ist.[222] Derartige Regelungen enthalten etwa §§ 326 f. ZPO, dem Sinn entsprechend werden sie ferner z.B. in § 129 Abs. 1, § 161 Abs. 2 HGB, § 768 Abs. 1 Satz 1 BGB gesehen. § 127 Abs. 1 Satz 1 InsO

---

219 *Schwab*, ZZP 77, 124, 160.

220 *Schwab*, ZZP 77, 124, 160.

221 BGH 20.10.1995, JZ 1996, 524, 525; *Vollkommer* in: Zöller, ZPO, § 325, Rn. 2.

222 BGH 20.10.1995, JZ 1996, 524, 525.

hingegen ordnet gerade ausdrücklich an, dass sich der Arbeitnehmer, der im Antrag bezeichnet ist, im Fall seiner Kündigung in einem nachfolgenden Kündigungsschutzverfahren an den Beschluss halten lassen muss. Dritte, die nicht beteiligt wurden, können in dem Verfahren ihre Rechte nicht geltend machen, dürfen daher auch nicht in eine Rechtskrafterstreckung einbezogen werden. Die Drittwirkung der Rechtskraft ist somit nicht anzuerkennen, weshalb sich aus ihr auch nicht die dogmatische Anbindung eine Außenseiterbindung nach § 127 Abs. 1 Satz 1 InsO ergeben kann.

Eine Anknüpfung könnte sich auch aus dem Repräsentationsgedanken ergeben, wodurch der einzelne Arbeitnehmer durch den im Beschlussverfahren beteiligten Betriebsrat repräsentiert wird und so für ihn eine verbindliche Entscheidung erzielt werden soll.[223] Dabei geht diese Vorgehensweise schon dann ins Leere, wenn ein Betriebsrat wie in § 126 Abs. 1 Satz 1 Alt. 1 InsO gar nicht vorhanden ist. Die Konstruktion ist daher auch im Zusammenhang mit den betriebsverfassungsrechtlich gelagerten Beschlussverfahren entstanden, in denen stets ein Betriebsrat vorhanden und beteiligt ist.[224] Aber selbst bei Existenz eines Betriebsrats erscheint die Repräsentation als untechnischer Begriff,[225] deren Bestimmung und Abgrenzung viele Fragen und damit Rechtsunsicherheit aufwirft. Vor allem würde der Betriebsrat in einen Interessenkonflikt getrieben, wenn es etwa um die Frage der Aufstellung von Interessenausgleich und Sozialplan geht.[226] Die Anknüpfung an den Grundsatz der Repräsentation ist daher ebenfalls abzulehnen.

Zu denken ist an eine Analogie zu § 9 TVG. Hiernach sind rechtskräftige Entscheidungen der Gerichte für Arbeitssachen, die in Rechtsstreitigkeiten zwischen Tarifvertragsparteien aus dem Tarifvertrag oder über das Bestehen oder Nichtbestehen des Tarifvertrages ergangen sind, in Rechtsstreitigkeiten zwischen tarifgebundenen Parteien sowie zwischen diesen und Dritten für die Gerichte und Schiedsgerichte bindend. Die Analogie wird verschiedentlich für die Begründung der oben angesprochenen höchstrichterlich hergeleiteten Bindungswirkung herangezogen.[227] Dabei erscheint schon die Vergleichbarkeit fraglich, da § 9 TVG gem. § 2 Abs. 1 Nr. 1 ArbGG Bindungswirkung allein für Urteilsverfahren, nicht aber für Beschlussverfahren entfaltet.[228] Viel stärker ge-

---

223 *Dütz* in: FS für Gnade, S. 492; *Grunsky*, ArbGG, § 80, Rn. 50b.

224 Vgl. *Dütz* in: FS für Gnade, S. 492.

225 *Prütting* in: FS für Uhlenbruck, S. 774.

226 *Prütting* in: FS für Uhlenbruck, S. 774.

227 *Kraft*, Anm. zu BAG 17.2.1981, AP Nr. 11 zu § 112 BetrVG 1972; *Otto*, RdA 1989, 247, 252 f.

228 So auch *Prütting* in: FS für Uhlenbruck, S. 774.

gen eine Analogie streitet hingegen, dass dem Beschluss nach § 126 InsO Rechtskraft zukommt. Der Gesetzgeber hat die Frage der subjektiven Bindungswirkung in § 127 Abs. 1 Satz 1 InsO geregelt, so dass von einer Regelungslücke nicht ausgegangen werden kann. Dies wird durch Art. 103 Abs. 1 GG gestützt. Eine Analogie darf nicht dazu missbraucht werden, Eingriffe in verfassungsrechtlich verbürgte Garantien zu ermöglichen. Das Bundesverfassungsgericht hat dies für Präklusionsvorschriften auch festgestellt.[229] Sieht man mithin in jeder Regelung, die eine Rechtskrafterstreckung oder Bindungswirkung anordnet, eine Präklusionsvorschrift,[230] so ist eine Analogie zu § 9 TVG ausgeschlossen. Der Gesetzgeber hätte eine klarere Regelung treffen müssen, wenn er die Ausweitung der Bindungswirkung auch auf unbeteiligte Dritte gewollt hätte. In § 127 InsO hingegen sollte lediglich eine Klarstellung der allgemeinen Rechtskraft erfolgen.

Es kann der Bindungswirkung daher kein weitergehender Regelungsgehalt als den der objektiven und subjektiven Rechtskraft entnommen werden. Die Regelung geht über eine bloße Klarstellung nicht hinaus und stellt sich de facto als überflüssig dar.[231] Für unbeteiligte Arbeitnehmer entfaltet die Entscheidung im Beschlussverfahren nach § 126 InsO keine Geltung.[232]

### 2. Aussetzung der Kündigungsschutzklage, § 127 Abs. 2 InsO und zeitliche Zusammenhänge zwischen Kündigungsschutzklage und Beschlussverfahren

§ 127 Abs. 2 InsO regelt die zeitliche Koordinierung von Beschlussverfahren und Individualverfahren.[233] Danach ist die Verhandlung über die Klage auf Antrag des Verwalters bis zu der Rechtskraft der Entscheidung nach § 126 InsO auszusetzen, wenn der Arbeitnehmer bereits vor diesem Zeitpunkt Klage erhoben hat. Hieraus folgert die herrschende Meinung, dass der Insolvenzverwalter die Kündigungen bereits vor Einleitung des Beschlussverfahrens aussprechen darf.[234] Dem Verwalter kommt grundsätzlich Ermessen bezüglich der Antragstellung der Aussetzung zu.[235] Die abweichende Ansicht, wonach der Verwalter

---

229 BVerfG 9.2.1982, E 59, 330, 333 f.; 22.6.1982, E 61, 14, 17.

230 So *Prütting* in: FS für Uhlenbruck, S. 775.

231 So im Ergebnis auch *Prütting* in: FS für Uhlenbruck, S. 777.

232 A.A.: *Arend*, Personalabbau, S. 158.

233 BTDrucks 12/2443, S. 150.

234 BAG 29.6.2000, NZA 2000, 1180, 1182; vgl. dazu aber näher: § 2 A. I. 4. (Seite 10).

235 Vgl. nur *Hess*, Insolvenzarbeitsrecht, § 127, Rn. 5; *Hamacher* in: Nerlich/Römermann, § 127, Rn. 15; *Müller-Limbach*, Beschlussverfahren, S. 72; *Giesen*, ZIP 1998, 46, 54.

immer die Aussetzung beantragen muss, weil sich durch die gemeinsame Klärung der sozialen Rechtfertigung im Beschlussverfahren die Rechtslage stets verbessert,[236] lässt sich nicht mit der festgestellten beiderseitigen Bindungswirkung (= Rechtskraft) vereinbaren. Da die Aussetzung in die Hände des Insolvenzverwalters gelegt wird, entfällt die Möglichkeit des Gerichtes, die Aussetzung entsprechend § 148 ZPO anzuordnen.[237]

Die Aussetzung kann nur dann erfolgen, wenn die Kündigungsschutzverfahren noch nicht abgeschlossen sind. Wenn der Insolvenzverwalter einen Kündigungsschutzprozess nicht hat aussetzen lassen und ein Versäumnisurteil[238] ergeht, stellt sich die Frage nach der Auswirkung einer Entscheidung im Individualverfahren, die bereits vor Abschluss des Beschlussverfahrens rechtskräftig wird. Die wohl herrschende Ansicht geht in einem solchen Fall davon aus, dass die Rechtskraft des Individualverfahrens im Beschlussverfahren Beachtung finden muss.[239] Da diese Situation allein im Fall bereits ausgesprochener Kündigungen entstehen kann, wird der Antrag des Insolvenzverwalters unzulässig, da infolge der bestehenden Rechtskraft durch den Individualprozess das Rechtsschutzbedürfnis für eine Feststellung der sozialen Rechtfertigung im Beschlussverfahren fehlt.[240]

Durch die Aussetzung des Verfahrens nach § 127 Abs. 2 InsO kann der klagende und im Rahmen des Beschlussverfahrens namentlich bezeichnete Arbeitnehmer in die Bindungswirkung einbezogen werden. Wird das Kündigungsschutzverfahren wieder aufgenommen, entfaltet ein Beschluss gem. § 127 Abs. 1 Satz 1 InsO Rechtskraft.

---

236 *Warrikoff*, BB 1994, 2338, 2343; *Schrader*, NZA 1997, 70, 77.

237 *Moll* in: Kübler/Prütting, § 127, Rn. 37; *Müller-Limbach*, Beschlussverfahren, S. 72; a.A. *Zwanziger*, § 127, Rn. 8; *Eisenbeis* in: Frankfurter Kommentar, § 127, Rn. 7; *Irschlinger* in: Heidelberger Kommentar, § 127, Rn. 8.

238 Die Situation kann sich regelmäßig nur im Fall eines Versäumnisurteil ergeben, da eine Entscheidung nach streitiger Verhandlung und ohne Säumnis wohl zu denselben – oder doch ähnlichen – Ergebnissen kommt.

239 *Hamacher* in: Nerlich/Römermann, § 127, Rn. 14; *Hess*, Insolvenzarbeitsrecht, § 127, Rn. 7; *Prütting* in: FS für Uhlenbruck, § 778; a.A. *Ascheid* in: ErfK, § 127 InsO, Rn. 5; *Zwanziger*, § 127, Rn. 11, wonach die Entscheidung im Individualverfahren im Wege der Restitutionsklage nach § 580 Nr. 6 ZPO zu beseitigen ist; hiergegen aber *Müller-Limbach*, Beschlussverfahren, S. 73 ff.

240 Vgl. hierzu näher § 2 A. II. (Seite 20).

### 3. Wesentliche Änderung der Sachlage

Durch den rechtskräftigen Beschluss wird dem Arbeitnehmer im Bereich der sozialen Rechtfertigung ein (neuerlicher) Kündigungsschutzprozess abgeschnitten.

Das Beschlussverfahren wurde vom Gesetzgeber eingeführt, um der besonderen Eilbedürftigkeit betriebsbedingter Kündigungen im Insolvenzverfahren durch die gemeinschaftliche Überprüfung Rechnung zu tragen. Dem Beschluss kommt aber nicht zeitlich unbegrenzt Wirkung zu. Dem Insolvenzverwalter ist zuzumuten, die personellen Anpassungen umgehend durchzuführen. Abgesichert wird dies durch § 127 Abs. 1 Satz 2 InsO, wonach die Bindungswirkung nicht gilt, soweit sich die Sachlage nach dem Schluss der letzten mündlichen Verhandlung wesentlich geändert hat. Dem Arbeitnehmer soll nicht dauerhaft der Rechtsschutz verwehrt und dem Insolvenzverwalter ein „Kündigungsfreibrief" gegeben werden. Die Regelung kann auch als Ausdruck der Auffangfunktion des § 126 InsO gegenüber dem Interessenausgleich nach § 125 InsO angesehen werden, dessen Wirkungen ebenfalls nur bis zu einer wesentlichen Änderung der Sachlage gelten, § 125 Abs. 1 Satz 2 InsO.[241] Ein Anwendungsbereich der wesentlichen Änderung der Sachlage kann sich allerdings nur für den Fall noch nicht ausgesprochener Kündigungen ergeben,[242] denn schon begrifflich ist nur hier eine wesentliche Änderung der Sachlage nach Ende der mündlichen Verhandlung möglich.

Letzte mündliche Verhandlung ist im Beschlussverfahren die letzte mündliche Anhörung.[243] In Anbetracht der Tatsache, dass es bei dem Beschluss (anders als in § 125 InsO) nicht auf die Sichtweise der Betriebspartner ankommt, handelt es sich nicht um eine Ausprägung der Störung der Geschäftsgrundlage (§ 313 BGB). Gegenstand des Beschlusses ist die soziale Rechtfertigung von Kündigungen, die der Insolvenzverwalter im Zusammenhang mit einer Betriebsänderung auszusprechen beabsichtigt. Da der Antrag die Arbeitnehmer namentlich bezeichnet, denen aufgrund einer bestimmten Betriebsänderung gekündigt werden soll, muss entscheidend auf diese konkrete Betriebsänderung abzustellen sein. Lediglich der hiermit in Zusammenhang stehende kündigungsrelevante Sachverhalt kann sich ändern, so dass es nicht darauf ankommt, dass neue Beweismittel eingebracht werden könnten[244] oder eine erneute rechtliche Beurtei-

---

[241] *Hamacher* in: Nerlich/Römermann, § 127, Rn. 7.

[242] So auch *Moll* in: Kübler/Prütting, § 127, Rn. 31; *Friese*, ZInsO, 350, 355.

[243] *Lakies*, RdA 1997, 145, 154; *ders.*, NZI 2000, 345, 351. Entscheidet das Arbeitsgericht gem. § 83 Abs. 4 Satz 3 ArbGG ohne vorherige Anhörung, so ist der Termin zur Verkündung des Beschlusses maßgeblich (*Müller-Limbach*, Beschlussverfahren, S. 129).

[244] *Zwanziger*, § 127, Rn. 5; *Moll* in: Kübler/Prütting, § 127, Rn. 33.

lung erstrebt wird (Letzteres würde auch mit der Rechtsmittelkonzeption nicht in Einklang stehen). Als wesentliche Änderung ist anzusehen, wenn ein Betriebserwerber gefunden wird, aufgrund dessen (Sanierungs)Konzeptes ein deutlich geringerer Personalabbau erforderlich ist, oder wenn eine vollkommen andere Betriebsänderung erfolgen soll als die, die dem Antrag gem. § 126 Abs. 1 Satz 1 InsO zugrunde lag.[245] Daraus ergibt sich aber auch, dass Veränderungen in der Person, genauer in den Sozialdaten einzelner Arbeitnehmer nicht als wesentliche Änderung der Sachlage anzusehen sind.[246] Denn anders als in einem Individualkündigungsschutzverfahren kann es im Beschlussverfahren infolge des Wesentlichkeitserfordernisses nicht auf Einzelfälle ankommen.[247] Dies liefe dem Sinn einer rechtssicheren und beschleunigten Überprüfung der betriebsbedingten Kündigungen und damit dem Sinn und Zweck der Regelungen der §§ 126 ff. InsO zuwider. Es muss sich um eine breite, grundlegende Änderung handeln.[248] Änderungen in den Sozialdaten von Arbeitnehmern können nur dann die Annahme einer wesentlichen Änderung der Sachlage rechtfertigen, wenn eine relativ große Anzahl von Arbeitnehmern betroffen ist.

Ob sich die Sachlage nach Schluss der letzten mündlichen Verhandlung wesentlich geändert hat, ist Gegenstand einer späteren Kündigungsschutzklage, d.h. eine Berücksichtigung im Rahmen eines (erneuten) Beschlussverfahrens erfolgt nicht.[249]

### 4. § 128 InsO – Betriebsübergang

Im Fall eines Betriebsüberganges erstreckt sich die gerichtliche Feststellung nach § 126 Abs. 1 Satz 1 InsO auch darauf, dass die Kündigung der Arbeitsverhältnisse nicht wegen des Betriebsübergangs erfolgt, § 128 Abs. 2 InsO. Die Regelung ist Ausfluss des Umstandes, dass ein besonderes Bedürfnis für eine rasche Klärung von Kündigungsschutzstreitigkeiten häufig dann besteht, wenn eine Betriebsveräußerung geplant ist, bei der der Betrieb auf die Erfordernisse

---

245 Hamacher in: Nerlich/Römermann, § 126, Rn. 9; Lakies, RdA 1997, 145, 154; ders., NZI 2000, 345, 351.

246 a.A. *Zwanziger*, § 127, Rn. 3; *Irschlinger* in: Heidelberger Kommentar, § 127, Rn. 11; *Bichlmeier/Oberhofer*, AiB 1997, 161, 168; wohl auch *Friese*, ZInsO 2001, 350, 355; wie hier *Moll* in Kübler/Prütting, § 127, Rn. 34.

247 *Moll* in: Kübler/Prütting, § 127, Rn. 34.

248 *Moll* in: Kübler/Prütting, § 127, Rn. 34.

249 *Warrikoff*, BB 1994, 2338, 2343; *Giesen*, ZIP 1998, 46, 54, Fn. 78.

des Erwerbers umgestellt werden und ein Teil der Arbeitsplätze wegfallen soll.[250]

Die Wichtigkeit von Betriebsübertragungen in der Insolvenz ergibt sich aus der Erzielung eines Kaufpreises zum Zwecke der Massevermehrung und dem Gewährleistungsrecht mit seinen Auswirkungen auf die Geschäftsverbindungen zu den Kunden. Beantragt ein produzierendes Unternehmen die Insolvenz, so erhalten Kunden hiervon schnell Information mit der Konsequenz, dass sie sich an andere – aus ihrer Sicht zuverlässigere – Zulieferer halten werden. Denn selbst wenn der Insolvenzverwalter die Produktion für einen gewissen Übergangszeitraum aufrechterhalten kann, so ist zweifelhaft, ob das Schuldnerunternehmen die gesamte Gewährleistungszeit sicherstellen kann (Gefahr der Liquidation). Das aber ist für Abnehmer von Produkten oftmals ein wichtiges Kriterium für Vertragsabschlüsse. Kann der Insolvenzverwalter allerdings den produzierenden Bereich an einen Erwerber übertragen, besteht die Chance, dass der Kunde (lautlos) auch mit diesem Erwerber Verträge schließt und so die volle Gewährleistung erhalten kann. Da die Produktion allerdings nicht lange stillstehen kann, ist eine übertragende Sanierung nur dann erfolgreich, wenn die Übertragung innerhalb kurzer Zeit nach Antragstellung erfolgt, was wiederum eine schnelle Personalanpassung erforderlich macht.[251]

Im Zusammenhang mit einem Betriebsübergang behauptet der Arbeitnehmer regelmäßig, die Kündigung verstoße gegen § 613a Abs. 4 BGB, wonach die Kündigung eines Arbeitsverhältnisses wegen des Übergangs eines Betriebes unwirksam ist. Damit entsteht eine Unsicherheit, in der sich Betriebsveräußerungen nicht realisieren lassen. Diese Unsicherheit beseitigt § 128 Abs. 2 InsO durch die Feststellung, dass die Kündigung nicht wegen des Betriebsüberganges erfolgt ist.

Ist der Betriebserwerber Beteiligter des Beschlussverfahrens, so wirkt die Rechtskraft des Beschlusses auch ihm gegenüber.[252] War der Erwerber jedoch nicht an dem Verfahren beteiligt, so kann ihm gegenüber eine Rechtskrafterstreckung entsprechend § 325 ZPO gelten, indem er als Rechtsnachfolger des Insolvenzverwalters angesehen wird. Rechtsnachfolger ist der Nachfolger in das volle oder in das geminderte Recht des Vorgängers durch Rechtsgeschäft, Gesetz oder Staatsakt.[253] Gem. § 613a Abs. 1 BGB tritt der Erwerber in alle Rechte und Pflichten des Veräußerers ein. Aufgrund des Kaufvertrages kann der Erwerber also als Rechtsnachfolger angesehen werden. Problematisch erscheint dabei, ob

---

250 BTDrucks 12/2443, S. 150.

251 So schon die Begründung zu der § 121a RInsO in: Referentenentwurf, S. A 89.

252 So allgemeine Meinung, siehe nur: *Hamacher* in: Nerlich/Römermann, § 128, Rn. 70.

253 *Hartmann* in: Baumbach/Lauterbach/Albers/Hartmann, ZPO, § 325, Rn. 6.

sich die Rechtskraft auch auf die Frage des § 613a Abs. 4 BGB erstreckt. Grunsky/Moll[254] stellen zumindest für den Fall der Betriebsveräußerung nach Ende des Beschlussverfahrens fest, dass keine Rechtskraft-, sondern lediglich eine Vermutungswirkung entsprechend § 125 Abs. 1 Satz 1 Nr. 1 InsO besteht, die vom Arbeitnehmer widerlegt werden kann, ohne dabei aber nach der Frage der Beteiligung des Erwerbers zu differenzieren. Zur Begründung führen sie an, dass im Verfahren nach § 126 InsO über die Frage des § 613a Abs. 4 BGB weder verhandelt noch entschieden worden sei und dem Arbeitnehmer der Gegenbeweis nicht abgeschnitten werden dürfe. Diese Ansicht steht in der genannten Absolutheit allerdings nicht im Einklang mit dem Wortlaut des § 128 Abs. 1 InsO, wonach die Veräußerung nicht zwingend vor oder während des Verfahrens erfolgen muss. Genannt wird lediglich der Fall, dass die Betriebsänderung nach einer Betriebsveräußerung durchgeführt werden soll. Ferner muss konstatiert werden, dass mit der Feststellung des Vorliegens betrieblicher Erfordernisse umgekehrt auch immer festgestellt ist, dass die Kündigungen nicht wegen eines Betriebsüberganges erfolgt sind und daher § 128 Abs. 2 InsO überflüssig ist. Es lässt sich auch nicht argumentieren, dass sich mit einer Betriebsveräußerung ein Umstand einstellt, der im Verfahren nach § 126 InsO noch nicht abzusehen war. Es obliegt vielmehr auch im vom Amtsermittlungsgrundsatz geprägten Beschlussverfahren den Arbeitnehmern, die Behauptungen der betrieblichen Erfordernisse zu bestreiten. Es ist daher den Arbeitnehmern grundsätzlich zumutbar, die substantiierte Behauptung aufzustellen, die bereits ausgesprochenen oder beabsichtigten Kündigungen erfolgen wegen eines Betriebsüberganges. War dies (für die Arbeitnehmer oder das Gericht) bis zur letzten mündlichen Anhörung nicht absehbar und erfolgt die Betriebsveräußerung erst nach Ende der letzten mündlichen Anhörung, so entfällt die Rechtskraft des Beschluss wegen § 127 Abs. 1 Satz 2 InsO ohnehin.

Neben der genannten Sanierungserleichterung kommt § 128 InsO allerdings noch eine weitere, wenn auch nicht primär beabsichtigte Funktion zu. Unter Zugrundelegung der Richtlinie 2001/23/EG wird durch die Existenz des § 128 InsO die Geltung des § 613a BGB in der Insolvenz bestätigt. Diese Frage ist seit Einführung der Norm streitig. Während die sog. insolvenzrechtliche Lösung die Anwendung des § 613a BGB in der Insolvenz verneint,[255] sehen die Vertreter

---

[254] *Grunsky/Moll*, Rn. 392.

[255] LAG Hamm 17.12.1981, ZIP 1982, 991; *Kretschmer*, KTS 1977, 137, 144; *Uhlenbruck*, KTS 1974, 1, 4 ff.; *ders.*, Anm. zu Urt. des ArbG Rendsburg v. 28.1.1975, KTS 1975, 253, 254; *Berscheid*, AnwBl. 1995, 8, 16; *Loritz*, ZfA 1991, 585, 596; *ders.*, RdA 1987, 65, 85; *Martens*, DB 1977, 495, 496; *Grub*, KTS 1978, 129, 131; das ArbG Wetzlar 10.4.1995, BB 1995, 1799 fordert, dass die Rechtsprechung des Bundesarbeitsgerichtes noch mal „überdacht“ werden sollte.

der sog. arbeitsrechtlichen Lösung keine Notwendigkeit der Nichtanwendung des § 613a BGB[256]. Das Bundesarbeitsgericht und ihm folgend ein großer Teil der Literatur differenzieren nach den verschiedenen in § 613a BGB enthaltenen Schutzzwecken.[257] Soweit es um die Kontinuität des Betriebsrates oder der kollektivrechtlichen Vorschriften geht, sei § 613a BGB uneingeschränkt anzuwenden, soweit es sich um die Haftung des Erwerbers handelt, müsse eine teleologische Reduktion erfolgen[258].

Der § 613a BGB basiert auf der Richtlinie 77/187/EWG, die später in der Richtlinie 98/50/EG und nunmehr 2001/23/EG mündete. Durch Art. 5 Nr. 1 RL 2001/23/EG gelten die Art. 3 und 4 der Richtlinie (die der Regelung des § 613a BGB entsprechen) – in Anlehnung an die Rechtsprechung des Europäischen Gerichtshofes[259] zur Geltung der RL 77/187/EWG – generell nicht für Übergänge von Unternehmen, Betrieben oder Unternehmens- bzw. Betriebsteilen, bei denen gegen den Veräußerer unter der Aufsicht einer zuständigen öffentlichen Stelle (worunter auch ein von einer zuständigen Behörde ermächtigter Insolvenzverwalter verstanden werden kann) ein Konkursverfahren oder ein entsprechendes Verfahren mit dem Ziel der Auflösung des Vermögens des Veräußerers eröffnet

---

[256] LAG Düsseldorf 30.12.1977, DB 1978, 702 f.; LAG Schleswig-Holstein 19.3.1976, BB 1976, 1369; LAG Hamm 28.3.1979, DB 1979, 1365; ArbG Lübeck 17.8.1978, BB 1979, 989; ArbG Rendsburg 28.1.1975, KTS 1975, 251 ff.; *Posth*, Probleme, S. 84; *Dauenheimer*, BB 1979, 989 f.; *Derleder*, AuR 1976, 129 f.; *Everhardt*, BB 1976, 1611; *Grunsky*, RdA 1978, 174, 176, Fn. 20; *Heinze*, AuR 1976, 33, 40; *ders.*, DB 1980, 205, 212 f.; *Hess*, DB 1976, 1154, 1155; *v. Hoyningen-Huene/Windbichler*, RdA 1977, 329, 330; *Palme*, BlStSozArbR 1977, 386, *Richardi*, RdA 1976, 56, 57; *Säcker/Joost*, DB 1978, 1078, 1082; *Schmitt*, BB 1978, 1724 ff.; *Schwerdtner*, SAE 1978, 60, 62; *v. Stebut*, DB 1975, 2438; *Willemsen*, ZIP 1983, 411, 418.

[257] BAG 17.1.1980, ZIP 1980, 117; 26.5.1983, ZIP 1983, 1377; 28.4.1987, ZIP 1988, 120; *Richardi/Annuß* in: *Staudinger*, § 613a BGB, Rn. 223; *Tretow*, Personalabbau, S. 217; *Lohkemper*, KTS 1996, 1, 25 ff.; *Wiedemann/Willemsen*, RdA 1979, 418, 422; *Willemsen*, Gemeinsame Anmerkung zu BAG 15.11.1978, AP Nr. 14 zu § 613a BGB und BAG 15.3.1979, AP Nr. 15 zu § 613a BGB; *Henckel*, ZIP 1980, 2, 8; in diese Richtung tendierend: *Kraft* in: 25 Jahre Bundesarbeitsgericht, S. 299, 305.

[258] Wobei eine Differenzierung dergestalt zu erkennen ist, dass das Bundesarbeitsgericht die Haftung für alle Verbindlichkeiten vor der Verfahrenseröffnung, Henckel, ZIP 1980, 1, 8 und *Wiedemann/Willemsen*, RdA 179, 418, 422 hingegen für alle Verbindlichkeiten vor dem Betriebsübergang ausschließen wollen.

[259] EuGH 7.2.1985, ZIP 1985, 824: der Gerichtshof kam zu dem Ergebnis, dass in den Insolvenzverfahren in den einzelnen Mitgliedstaaten so viele Unterschiede bestehen, dass in die Betriebsübergangsrichtlinie eine entsprechende Vorschrift aufgenommen worden wäre, wenn der Gemeinschaftsgesetzgeber die Richtlinie in solchen Verfahren für anwendbar gehalten hätte. Zu der Entwicklung der Rechtsprechung des Bundesarbeitsgerichtes und des Europäischen Gerichtshofes siehe: *Franzen*, RdA 1999, 361, 365 ff.

wurde, sofern die Mitgliedstaaten nichts anderes vorsehen. Ohne die Regelung des § 128 InsO konnte unter europarechtlicher Auslegung die Nichtgeltung des § 613a BGB in der Insolvenz vertreten werden, weil der Gesetzgeber „nichts anderes vorgesehen" hat. § 128 InsO schließt diese Argumentation aus. Die Regelung mit seiner Vermutungserstreckung im Fall des Interessenausgleiches gem. § 125 InsO sowie der Erstreckung der Rechtskraft im Fall eines Beschlusses auch darauf, dass die Kündigungen nicht wegen des Betriebsübergangs erfolgt sind, wäre überflüssig, wenn der Ansicht der Vertreter der insolvenzrechtlichen Lösung zu folgen wäre.

### 5. Bedeutung des Beschlussverfahrens für die Sozialauswahl bei Massenentlassungen

Im Rahmen der Sozialauswahl bei sog. Massenkündigungen wird vom Bundesarbeitsgericht die Vorgehens- und Betrachtungsweise der Individualkündigung aufgegriffen. Jeder Kündigungsschutzprozess ist individualrechtlich zu beurteilen, so dass sich jeder betroffene Arbeitnehmer, der rechtzeitig Kündigungsschutzklage eingereicht hat, auf eine fehlerhafte Sozialauswahl berufen kann, wenn sich insgesamt mehrere sozial schutzwürdigere Arbeitnehmer auf einen sozial stärkeren Arbeitnehmer berufen.[260] Zur Abschwächung dieser Vorgehensweise, bei der die gesamte Sozialauswahl hinfällig werden kann und der Arbeitgeber möglicherweise hunderte neuer Kündigungen aussprechen muss, hat das Bundesarbeitsgericht erwogen, dem Arbeitgeber die Möglichkeit einer nachträglichen Korrektur der Sozialauswahl einzuräumen, indem der Arbeitgeber dem weniger schutzbedürftigen Arbeitnehmer kündigt und dafür einem der gekündigten Arbeitnehmer die Fortsetzung des Arbeitsverhältnisses anbietet.[261] Das Bundesarbeitsgericht selbst hatte diese Frage nicht zu entscheiden. In der Literatur wurde dem Ansatz zu Recht nicht gefolgt.[262] Zum einen, weil es für die soziale Rechtfertigung einer betriebsbedingten Kündigung auf den Zeitpunkt des Ausspruches der Kündigung ankommt,[263] zum anderen, weil bei einer nachträglichen Korrekturmöglichkeit auch alle anderen Veränderungen, etwa in den Sozialdaten der übrigen Arbeitnehmer, zu berücksichtigen wären, so dass die Kün-

---

260 BAG 18.10.1984, NZA 1985, 423, 425; a.A.: *Stahlhacke/Preis/Vossen*, Rn. 1144.

261 Siehe BAG 18.10.1984, NZA 1985, 423, 426.

262 Vgl. nur: *Löwisch/Spinner*, KSchG, § 1, Rn. 406; *v. Hoyningen-Huene/Linck*, § 1, Rn. 486; *Stahlhacke/Preis/Vossen*, Rn. 1147; *Kiel* in: Kündigungsrecht, § 1 KSchG, Rn. 772; kritisch: *Bütefisch*, S. 355.

263 *Kittner* in: Kittner/Däubler/Zwanziger, § 1 KSchG, Rn. 510; *Löwisch/Spinner*, KSchG, § 1, Rn. 406; *v. Hoyningen-Huene/Linck*, § 1, Rn. 486; *Stahlhacke/Preis/Vossen*, Rn. 1147; *Berkowsky* in: MünchArbR, § 155, Rn. 49.

digungsschutzklage unkalkulierbar würde[264]. Gleichsam eines „Dominoeffekts“[265] können aufgrund der Rechtsprechung des Bundesarbeitsgerichts durch einen Fehler in der Sozialauswahl eine Vielzahl von Kündigungen in den Kündigungsschutzverfahren für rechtsunwirksam erklärt werden.

Beantragt der Insolvenzverwalter allerdings die Feststellung nach § 126 InsO, entfaltet die Entscheidung Rechtskraft für alle Beteiligten. Die Entscheidung des Gerichts erfolgt unter Berücksichtigung aller (namentlich bezeichneten) Arbeitnehmer, so dass durch die kollektive Klärung der sozialen Rechtfertigung eine größere Rechtssicherheit erreicht werden kann. Die Rechtskraft erstreckt sich auf die haupt- oder hilfsweise namentlich Bezeichneten. Der einzelne Arbeitnehmer, der sich im Rahmen eines Individualkündigungsschutzverfahrens auf eine wesentliche Änderung der Sachlage berufen will, wird insoweit nicht gehört, als sich Änderungen in den Sozialdaten einzelner Arbeitnehmer ergeben oder erst nachträglich festgestellt werden.

Auch die Rechtsmittelkonstruktion erleichtert Massenentlassungen. Wendet sich ein Arbeitnehmer im Rahmen der Rechtsbeschwerde an das Bundesarbeitsgericht und obsiegt er, entfaltet der Beschluss des Arbeitsgerichts hinsichtlich dieses Arbeitnehmers keine, hinsichtlich aller übrigen dagegen schon Wirkung.

Der „Dominoeffekt“ kann mithin durch das Beschlussverfahren zumindest abgeschwächt werden.

## B. Ergebnis und kritische Betrachtung

Die §§ 126 ff. InsO stellen den Versuch des Gesetzgebers dar, die sich bei der betriebsbedingten Kündigung ergebenden Hemmnisse abzumildern und Personalanpassungen zu erleichtern. Es soll eine beschleunigte und einheitliche Klärung eines Personalabbaus ermöglicht werden.[266]

Der Beschluss entscheidet die soziale Rechtfertigung bereits rechtskräftig, ein sich anschließendes Kündigungsschutzverfahren wird die Ausnahme sein.

Ist ein Interessenausgleich nicht möglich, soll dem Insolvenzverwalter die Möglichkeit der gerichtlichen Feststellung offen stehen. Die Verfahrensart des Beschlussverfahrens ist dem Arbeitsrecht zwar nicht neu, jedoch existierte die Zusammenfassung individueller Kündigungsschutzstreitigkeiten in einem Kollektivverfahren bis zur Einführung des Beschlussverfahrens gem. §§ 126 ff. InsO nicht. Das Beschlussverfahren sollte die Kündigungen rechtssicherer machen.

---

264 *Stahlhacke/Preis/Vossen*, Rn. 1147.

265 Begriff nach *Bitter/Kiel*, RdA 1994, 333, 358.

266 *Müller-Limbach*, Beschlussverfahren, S. 148.

Ob dieses Ziel erreicht wurde, erscheint in Anbetracht einer Vielzahl offener und ungeklärter Fragen mehr als zweifelhaft.

## I. Anwendungsvoraussetzung: Insolvenz

Das Beschlussverfahren gem. §§ 126 ff. InsO kann ausschließlich im eröffneten Insolvenzverfahren angewendet werden. Damit ist es – sanierungserleichternde Wirkungen unterstellt – wie jede in Spezialgesetzen normierte Arbeitnehmerschutzeinschränkung dem Vorwurf ausgesetzt, die sich aus der Kartellwirkung des allgemein geltenden Arbeitsrechts ergebende Wettbewerbsgleichheit zu unterlaufen.[267] Daher stellt sich die Frage, ob es nicht einer Verallgemeinerung des Verfahrens bedarf. Denn schon im Vorfeld der Insolvenz besteht ein dringendes Bedürfnis, den Personalbestand des Unternehmens anzupassen, um das Unternehmen wieder wettbewerbsfähig zu machen. Obwohl die Zahl von Unternehmensinsolvenzen 2003 so hoch wie bislang noch nie gewesen ist, ist durch das Erfordernis des eröffneten Insolvenzverfahrens der Anwendungsbereich sehr beschränkt, so dass das Beschlussverfahren sanierungserleichternde Wirkungen erst dann entfalten kann, wenn die Stilllegung und Liquidation oftmals nicht mehr zu vermeiden ist.

In der Insolvenz ist dem Beschlussverfahren kein großer Anwendungsbereich zuzumessen. Schon die Anwendungsvoraussetzungen einer Betriebsänderung iSd. § 111 BetrVG sind nicht unumstritten. Unabhängig davon greift das Beschlussverfahren lediglich in Fällen, in denen das Unternehmen fortgeführt wird, da der Insolvenzverwalter nur hier überhaupt eine Sozialauswahl im Fall betriebsbedingter Kündigungen zu beachten hat. Bei den deutlich überwiegenden Fällen der Stilllegung eines Betriebes geht das Beschlussverfahren als Sanierungsinstrument ins Leere. Gerade aus diesem Umstand drängt sich die Frage nach einer Übertragung des Beschlussverfahrens in den außerinsolvenzrechtlichen Bereich auf, denn hier erscheint die Sanierung durch Reorganisation wahrscheinlicher als durch Stilllegungen.

---

[267] Vgl. hierzu näher: *Heinze* in: FS für Gaul, S. 185.

## II. Unwirksamkeitsgründe und Sonderkündigungsschutz

Das Beschlussverfahren gem. §§ 126 ff. InsO dient ausschließlich der Feststellung der sozialen Rechtfertigung. Andere Unwirksamkeitsgründe oder Sonderkündigungsschutz bis hin zu formalen Anforderungen an den Ausspruch von Kündigungen sind nicht Gegenstand des Verfahrens. Der Insolvenzverwalter kann mithin auch nach dem feststellenden Beschluss einer Vielzahl von allgemeinen Feststellungsklagen ausgesetzt sein, z.B. bzgl. des Mutterschutzes.

Diese Beschränkung der gerichtlichen Überprüfung auf die soziale Rechtfertigung muss gegebenenfalls auch als sachgerecht angesehen werden. Denn der besondere Kündigungsschutz besteht regelmäßig nur bei einer Minderzahl der zu entlassenden Arbeitnehmer und ist gerade in deren persönlichen Verhältnissen begründet, so dass ein Sammelverfahren, welches eine gewisse Schematisierung mit sich bringt, den Arbeitnehmerinteressen zuwiderliefe.[268] Allerdings kann dann das Risiko fehlender Rechtssicherheit für den Insolvenzverwalter nicht beseitigt oder minimiert werden. Wenn Kündigungen für unwirksam erklärt werden, obwohl auch dies Gegenstand eines ohnehin zeitintensiven Kollektivverfahrens sein könnte, ist die Motivation zur Anwendung des Beschlussverfahrens in der insolvenzrechtlichen Praxis als gering zu vermuten. Dem Argument, dass in der Insolvenz die Zeit für die Durchführung eines umfangreicheren Massenverfahrens nicht gegeben sein wird, kann durch die Einführung eines Beschlussverfahrens de lege ferenda außerhalb der Insolvenz begegnet werden.

## III. Betriebsveräußerung

Schon der Diskussionsentwurf zur Insolvenzordnung hat für den damaligen § 120 festgestellt, dass „[...] insbesondere verhindert werden (muss), dass eine beabsichtigte, mit Rationalisierungsmaßnahmen verbundene Betriebsveräußerung daran scheitert, dass der potenzielle Erwerber nicht übersehen kann, welche Arbeitsverhältnisse mit dem Betrieb auf ihn übergehen würden (§ 613a BGB).“[269] Das Beschlussverfahren äußert sich hierzu allerdings lediglich dergestalt, dass ein potenzieller Erwerber Beteiligter ist und im Fall eines Betriebsüberganges auch festgestellt wird, dass die Kündigung der Arbeitsverhältnisse nicht wegen des Betriebsübergangs erfolgt. Dass diese Regelung überflüssig ist, wurde festgestellt. Daneben ist aber eine Sanierungserleichterung unter dem Gesichtspunkt der Eilbedürftigkeit nicht zu erreichen. Auch wird nicht geklärt, ab welchem Stadium des Erwerbsvorganges ein Erwerber zu beteiligen ist.

---

[268] *Arend*, Personalabbau, S. 173.

[269] Gesetz zur Reform des Insolvenzrechts, S. B 96.

## IV. Auswirkungen auf den Rechtsschutz

Das Beschlussverfahren ist auch unter dem Gesichtspunkt der Einschränkung des Rechtsschutzes zu hinterfragen. Der Rechtsschutz gegen betriebsbedingte Kündigungen ist im Anwendungsbereich des Kündigungsschutzgesetzes durch § 4 KSchG und die Möglichkeit, Rechtsmittel einzulegen, umfangreich geregelt. Ein Sammelverfahren, mit dessen Hilfe eine zusammengefasste Überprüfung einzelner Kündigungsschutzverfahren erfolgt, greift in diesen Individualrechtsschutz ein. Dass dieser Eingriff unter Arbeitnehmerschutzgesichtspunkten zu rechtfertigen ist, muss in der konkreten Ausgestaltung des Beschlussverfahrens bejaht werden.

Durch das Beschlussverfahren wird die Möglichkeit eines individuellen Kündigungsschutzverfahrens grundsätzlich nicht berührt. Der Beschluss entfaltet „Bindungswirkung", wobei die Rechtsnatur in der Literatur zu Unsicherheiten führt. Dass hiermit Rechtskraft gemeint ist, wurde dargestellt. Trotz der Rechtskraft kann der Arbeitnehmer geltend machen, dass sich die Sachlage wesentlich geändert hat und die Bindungswirkung daher entfällt. Hat sich die Rechtslage nicht wesentlich geändert, bleibt ein folgendes Kündigungsschutzverfahren zumindest im Hinblick auf die soziale Rechtfertigung erfolglos. Dadurch liegt aber keine Benachteiligung für den Arbeitnehmer vor. Er wird statt in einem Individualverfahren in einem Kollektivverfahren gehört, mit allen Rechten hinsichtlich des Streitgegenstandes der sozialen Rechtfertigung. Das Verfahren findet trotz des eröffneten Insolvenzverfahrens vor dem Arbeitsgericht statt, so dass auch hierin keine Einschränkung in qualitativer Hinsicht gegeben ist.[270] Die Beschränkung der Sozialauswahl um das Kriterium der Schwerbehinderung stellt in Anbetracht des auch hier bestehenden Zustimmungserfordernisses des Integrationsamtes keine wesentliche Verkürzung des Rechtsschutzes dar.

Innerhalb des Beschlussverfahrens ist das Verfahren zwar vorrangig zu erledigen, soll mithin beschleunigt behandelt werden, der Arbeitnehmer profitiert im Gegenzug aber von den Beweiserleichterungen, die sich aus der Geltung des Amtsermittlungsgrundsatzes ergeben. Abgestufte Darlegungs- und Beweislasten finden keine Anwendung. Verzögerungen des Verfahrens sind in diesem Bereich kaum denkbar. Andererseits wird die Frage der Darlegungslasten in der Literatur nicht einheitlich behandelt und der Amtsermittlungsgrundsatz in bedenklicher Weise an den Beibringungsgrundsatz angelehnt. Wenn in diesem Kernbereich des Beschlussverfahrens Rechtssicherheit nicht sichergestellt ist, ist die Anwendung des Beschlussverfahrens für den Insolvenzverwalter haftungsrechtlich ein Risiko.

---

270 Anders noch als in § 120 des Diskussionsentwurfes zur Insolvenzordnung, wonach für die Entscheidung das Insolvenzgericht zuständig sein sollte.

Aufgrund der besonderen Eilbedürftigkeit in der Insolvenz sind die Rechtsmittel eingeschränkt, so dass lediglich die Rechtsbeschwerde zum Bundesarbeitsgericht gegeben ist, die wiederum durch eine Zulassung durch das Arbeitsgericht beschränkt ist. Diesbezüglich bestehen Probleme hinsichtlich der Ermittlung der divergenzfähigen Gerichte. Nach hier vertretener Ansicht müssen auch Arbeitsgerichte als divergenzfähig angesehen werden. Das wiederum führt zu der beschriebenen Gefahr, dass in vielen Verfahren die Rechtsbeschwerde zuzulassen sein wird, was mit einer erheblichen Verzögerung einer rechtskräftigen Entscheidung verbunden ist. Unter dem Gesichtspunkt aber, dass durch die Beschränkung auf die Rechtsbeschwerde zumindest theoretisch ein langwieriges Verfahren vermieden wird und dem Arbeitnehmer dennoch Rechtsschutz gewährt wird, kann diese Verkürzung der Rechtsmittel nicht als untragbare Einschränkung des Rechtsschutzes angesehen werden. Indem dem Arbeitnehmer allerdings selbst die Möglichkeit einer Nichtzulassungsbeschwerde nicht gegeben wird, erfolgt ein Eingriff in den Rechtsschutz, der sich allenfalls durch die Eilbedürftigkeit der Insolvenzsituation rechtfertigen lässt.

## V. Dauer des Verfahrens und Zahl der Beteiligten

Unter Berücksichtigung der besonderen Eilbedürftigkeit personeller Entscheidungen im Insolvenzverfahren ist fraglich, ob das Ziel der Beschleunigung des Verfahrens durch die Anordnung der Geltung der Beschleunigungsvorschriften (oder des § 83 ArbGG) erreicht werden kann. Denn es ist wahrscheinlich, dass allein in Anbetracht der Stellungnahmen der (vielen) Beteiligten zu den jeweiligen Stellungnahmen der anderen Beteiligten von einer erheblichen Verfahrensdauer ausgegangen werden muss. Zur Gewährleistung des rechtlichen Gehörs, das Informationspflicht, Äußerungsrecht und Beachtenspflicht seitens des Gerichts umfasst,[271] muss jedem Beteiligten die Möglichkeit gegeben werden, sich zu den Stellungnahmen der anderen Beteiligten zu äußern. Im Beschlussverfahren ist dies aufgrund der Geltung des § 61a Abs. 3 und 4 ArbGG nur in besonderer Form möglich. Da lediglich dem Antragsteller die schriftliche Möglichkeit der Erwiderung auf die schriftlichen Antragserwiderungen der übrigen Beteiligten gegeben wird (§ 61a Abs. 4 ArbGG), muss das rechtliche Gehör der anderen Beteiligten in der mündlichen Verhandlung gewährt werden. In diesem ersten Termin werden dann alle Antragserwiderungen wiederholt, da die übrigen Beteiligten vom Inhalt dieser Schreiben bislang keine Kenntnis erlangt haben. Aufgrund der Möglichkeit, sich hierzu zu erklären und z.B. zu bestreiten, dass ein anderer Arbeitnehmer bestimmte behauptete Unterhaltspflichten hat, ist ein zweiter Termin verbunden mit einer diesbezüglichen Beweisaufnahme wohl als die Regel anzusehen. Hinzu kommt eine erhebliche Verzögerung und Verwor-

---

[271] *Schmidt-Aßmann* in: Maunz-Dürig, Art. 103 Abs. 1, Rn. 69 ff.

renheit für die Entscheidungsfindung des Gerichts durch die Möglichkeit des Insolvenzverwalters, den Hauptantrag durch eine Vielzahl an Hilfsanträgen zu ergänzen.

Das so zeitlich verzögerte Verfahren muss als Ausfluss der Übernahme einer Prozessart angesehen werden, die primär für den Konflikt der Betriebspartner, nicht hingegen für die gerichtliche Auseinandersetzung einer ganzen Belegschaft konzipiert ist.

Selbst bei einem vorrangigen Betreiben des Beschlussverfahrens wird selten ein Termin unter drei bis fünf Monaten nach Eingang des Antrages zu erreichen sein.[272] In den meisten Insolvenzen werden allerdings die Betriebe nicht über die Verfahrenseröffnung hinaus fortgesetzt, so dass der Antrag nach §§ 126 ff. InsO schon gar nicht erfolgen kann.[273] Oft werden auch schon mit Verfahrenseröffnung Betriebsveräußerungen durchgeführt oder sie erfolgen im Verlauf des Verfahrens gar nicht mehr. Muss sich ein Erwerber erst noch so lange gedulden, bis die Klärung der betriebsbedingten Kündigungen nach § 126 InsO erfolgt ist, wird sich diese Situation noch erheblich verschärfen.

Das Beschlussverfahren stößt in Großinsolvenzen auch in verfahrenstechnischer Hinsicht auf Grenzen. In Fällen von Unternehmen mit z.B. 100 Arbeitnehmern, von denen 50 gekündigt werden sollen und die weiteren 50 in Hilfsanträgen bezeichnet sind, werden die Arbeitnehmer durch eine Vielzahl von Rechtsvertretern begleitet. Hierdurch sind erhebliche Verzögerungen zu erwarten, wenn alle Beteiligten ordnungsgemäß gehört werden sollen. Dabei ist davon auszugehen, dass nur die wenigsten Gerichte über hinreichend große Verhandlungsräume verfügen.[274] Die einzige Möglichkeit wäre die Anmietung von Turn-, Werks- oder Stadthallen. Ob ein Verfahren in diesen Größenordnungen sinnvoll ist, muss bezweifelt werden. Dass sich die Arbeitnehmer mit den Kündigungen einverstanden erklären können und damit ihre Beteiligtenstellung entfällt, ändert in Anbetracht der missverständlichen Formulierung nichts an der zu erwartenden Anzahl der Beteiligten.

Müller-Limbach schlussfolgert hieraus, dass das Beschlussverfahren allenfalls in kleinen bis mittelgroßen Betrieben in Erwägung zu ziehen sei.[275] Genau in die-

---

272 *Berscheid* in: FS für Schwerdtner, S. 536; optimistischer: *Grunsky* in: FS für Lüke, S. 203: mindestens zwei Monate; Kritisch: *Friese*, ZInsO 2001, 350, 359; *Giesen*, ZIP 1998, 46, 55; *Heinze*, NZA 1999, 57, 61; vgl. BAG vom 29.6.2000 (NZA 2000, 1180 ff.): zwischen Antragstellung und Beschluss lagen fast vier Monate, obwohl lediglich 13 Arbeitnehmer beteiligt waren.

273 Vgl. zu den rechtstatsächlichen Untersuchungsergebnissen unten § 3 B. II. 2. (Seite 98).

274 In diesem Sinne auch: *Grunsky* in: FS für Lüke, S. 196; *Giesen*, ZIP 1998, 46, 55.

275 *Müller-Limbach*, Beschlussverfahren, S. 150.

sen Verfahren allerdings bedürfte es nicht zwingend eines Beschlussverfahrens, da hier viel schneller eine Einigung zu erreichen sein wird, als in erheblich größeren Unternehmen.

## VI. Unberücksichtigte Fragen

Neben diesen zu kritisierenden Punkten ist aber auch eine Reihe von Fragen im Beschlussverfahren nicht berücksichtigt.

### 1. Nebenintervention und Streitverkündung

Der Gesetzgeber hat sich nicht eindeutig zu der Frage der Anwendbarkeit der Regelungen zu Nebenintervention und Streitverkündung geäußert. Da es keine über die Grundsätze der subjektiven Rechtskraftwirkung hinausgehende Außenseiterbindungswirkung des Beschlusses gibt, die Entscheidung aber dennoch Auswirkungen auch auf nicht namentlich bezeichnete Arbeitnehmer haben kann, wäre es erforderlich gewesen, Nebenintervention und Streitverkündung für anwendbar zu erklären. Auch wenn dies von der wohl herrschenden Ansicht angenommen wird, würde die gesetzliche Anordnung der Rechtssicherheit Rechnung tragen. Dabei ist nicht auszuschließen, dass sich hierdurch eine weitere Verzögerung des Beschlussverfahrens ergeben kann. An dieser Stelle wird erneut ersichtlich, dass für ein auf die außerinsolvenzrechtliche Situation übertragenes Beschlussverfahren zum Kündigungsschutz diese Verzögerung akzeptabel sein kann.

### 2. Massenentlassungen – Sozialauswahl und die formalen Anforderungen gem. §§ 17 ff. KSchG

§ 125 Abs. 2 InsO bestimmt, dass die Stellungnahme des Betriebsrats zu anzeigepflichtigen Massenentlassungen durch den Interessenausgleich ersetzt wird. Eine solche Regelung fehlt für das Beschlussverfahren. In keiner Weise wird den formalen Anforderungen im Bereich anzeigepflichtiger Massenentlassungen gem. §§ 17 ff. KSchG (Anzeige- und Beratungspflichten) Rechnung getragen. Ferner wird der besonderen Eilbedürftigkeit der Personalanpassungen in der Insolvenz nicht gedient, wenn die Entlassungssperre gem. § 18 KSchG ohne Ausnahme aufrechterhalten bleibt. Gerade die prozessuale Möglichkeit eines Beschlussverfahrens mit Beteiligten legt eine Inkorporation der Anzeigepflichten bezüglich der Agentur für Arbeit nahe. Der Betriebsrat ist ohnehin Beteiligter.

Das kollektive Element des Interessenausgleiches (§ 1 Abs. 5 KSchG, § 125 Abs. 1 Satz 1 Nr. 2 InsO) und die Möglichkeit von Auswahlrichtlinien (§ 1 Abs. 4 KSchG) verbunden mit der Beschränkung der gerichtlichen Überprüfung der Sozialauswahl auf grobe Fehlerhaftigkeit schwächen die Rechtsprechung des

Bundesarbeitsgerichts zur Sozialauswahl bei sog. Massenentlassungen ab. Allerdings gilt die Einschränkung im Rahmen des Interessenausgleichs nicht, wenn sich die Sachlage nach Zustandekommen wesentlich geändert hat. Im Rahmen des Beschlussverfahrens ist die Sozialauswahl zwar ebenfalls auf drei Sozialkriterien, nicht jedoch auf grobe Fehlerhaftigkeit beschränkt. Die Sozialauswahl wird durch das Beschlussverfahren im Bereich von Massenentlassungen erleichtert und durch die Rechtskraft rechtssicherer. Für die möglicherweise wichtigeren, weil das Unternehmen erhaltenden und daher im eigentlichen Sinne sanierenden Massenentlassungen außerhalb der Insolvenz gilt das Beschlussverfahren allerdings gerade nicht.

### 3. Einbindung der Beteiligungsrechte des Betriebsrats

Das Beschlussverfahren als gerichtliches Verfahren schränkt die Rechte des Betriebsrats nicht ein. Dem Insolvenzverwalter wird keine Wahlfreiheit zwischen Interessenausgleichsverfahren gem. § 125 InsO und Antrag auf gerichtliche Feststellung der sozialen Rechtfertigung der Kündigung gem. §§ 126 ff. InsO eingeräumt. Haben sich die Betriebspartner auf einen Interessenausgleich geeinigt, ist das Beschlussverfahren ausgeschlossen. Liegt eine Einigung hingegen nicht vor, ist der Betriebsrat Beteiligter des Verfahrens. Hierin ist eine Verstärkung der Rechtsposition des Betriebsrats zu sehen, denn im klassischen Kündigungsrechtsstreit ist der Betriebsrat nicht Beteiligter. Grunsky geht davon aus, dass sich der Betriebsrat niemals auf einen Interessenausgleich einlassen wird, da dieser einer unter psychologischen Gesichtspunkten schwierig zu rechtfertigenden „Hinrichtungsliste“ gleichkomme.[276] Die Folge wäre, dass der Insolvenzverwalter den Weg über das Beschlussverfahren suchen[277] und der Betriebsrat sich in der Rolle des Beteiligten weniger gravierend gegen einzelne Arbeitnehmer aussprechen müsste. Dabei muss allerdings berücksichtigt werden, dass das Beschlussverfahren gem. §§ 126 ff. InsO deutlich langwieriger ist als das Interessenausgleichsverfahren, so dass sich die Möglichkeit einer teilweisen Unternehmensrettung und damit des Erhalts von Arbeitsplätzen mindert.[278] Infolge der Verantwortung des Betriebsrats gegenüber der Belegschaft wird der Betriebsrat die Chance eines Interessenausgleiches nicht ohne weiteres verstreichen lassen. Hier ist daran zu denken, de lege ferenda Interessenausgleich und Beschlussverfahren nebeneinander zuzulassen – zur besseren Einbindung des Betriebsrats bei Beachtung der Beschleunigung.

---

[276] *Grunsky* in: FS für Lüke, S. 193.

[277] *Grunsky* aaO. spricht von der „Drecksarbeit“ für den Insolvenzverwalter.

[278] *Schrader*, NZA 1997, 70, 77.

Auch bezüglich anderer Beteiligungsrechte ersetzt das Beschlussverfahren die Mitwirkung des Betriebsrats nicht. Die Anhörung gem. § 102 BetrVG vor jeder Kündigung bleibt erforderlich. Ebenso besteht auch in der Insolvenz die Unterrichtungspflicht bei anzeigepflichtigen Entlassungen gem. § 17 Abs. 2 Satz 1 KSchG.

Insbesondere in den Fällen, in denen gleichzeitig oder innerhalb einer bestimmten Zeitspanne eine Vielzahl betriebsbedingter Kündigungen ausgesprochen wird, kann sich die Beteiligung der Arbeitnehmervertretung als zeitintensiv und sanierungshemmend erweisen. Für das Beschlussverfahren zur Feststellung der sozialen Rechtfertigung noch auszusprechender Kündigungen und mehr noch für den Interessenausgleich ist nicht ersichtlich, weshalb z.B. die Beteiligung nach § 102 BetrVG weiter aufrechterhalten bleiben soll. Die Verdoppelung der Einflussnahme des Betriebsrats lässt sich mit der Eilbedürftigkeit der Insolvenz nicht rechtfertigen. Es bedarf hier einer weiteren Flexibilisierung und Harmonisierung der Regelungen.

## C. Ergebnis

Das Beschlussverfahren spiegelt sich in Literatur und Rechtsprechung kaum wider. Nur wenige Verfahren sind in der Rechtsprechung bekannt geworden.[279] Sowohl der Ansatz des Interessenausgleiches als auch der des Beschlussverfahrens ist generell zum Zwecke der Sanierungserleichterung geeignet. Denn die kollektive Überprüfung im Zusammenhang mit einer Betriebsänderung ausgesprochener betriebsbedingter Kündigungen kann zu mehr Rechtssicherheit führen. Die einheitliche Klärung bestimmter infolge der Gleichartigkeit der Sachverhalte voneinander abhängiger Fragen wie die der Sozialauswahl führt zu einer erleichterten, weil übersichtlicheren Betrachtung für das Gericht. Voneinander abweichende, sich gegebenenfalls widersprechende Entscheidungen in den Individualkündigungsschutzverfahren können hierdurch vermieden werden.

Das Beschlussverfahren gem. §§ 126 ff. InsO wirft allerdings eine Vielzahl an Streitfragen auf und beseitigt Sanierungshemmnisse nicht hinreichend, da es nur Teilbereiche der betriebsbedingten Kündigungen erfasst und insoweit auch nur in der Insolvenz Anwendung findet. Gerade in der Krise eines Unternehmens vor der Insolvenzeröffnung besteht das Erfordernis, Kündigungen umfassender zu überprüfen als lediglich bezüglich der Sozialauswahl, so dass sich für das Beschlussverfahren gem. §§ 126 ff. InsO Anwendungshindernisse ergeben, die den Erfolg des Sanierungsinstruments Beschlussverfahren gem. §§ 126 ff. InsO als

[279] Bis heute sind lediglich wenige Beschlussverfahren bekannt geworden: BAG 29.6.2000, NZA 2000, 1180; 20.1.2000, NZA 2001, 170; 14.8.2001, ZInsO 2001, 1071; 13.5.2004, ZIP 2004, 1610; ArbG Offenbach 17.2.2000, ZInsO 2000, 684.

fraglich erscheinen lassen. Diese Hindernisse können allerdings der grundsätzlichen theoretischen Geeignetheit eines Beschlussverfahrens keinen Abbruch tun.

## § 3 – Empirischer Teil

In § 3 soll nun der Frage nachgegangen werden, welchen Stellenwert das Beschlussverfahren nach §§ 126 ff. InsO in der Praxis der täglichen Unternehmensinsolvenz einnimmt. Die Frage der Sinnhaftigkeit einer Übertragung des Beschlussverfahrens in den außerinsolvenzrechtlichen Bereich stellt sich umso mehr, je geringer die praktische Bedeutung ist. Bei geringer Annahme durch die Insolvenzverwalter darf aber nicht auf die komplette Überflüssigkeit eines Kollektivverfahrens geschlossen werden, vielmehr ist zu klären, warum das vom Gesetzgeber als Beschleunigungsinstrument gedachte Verfahren nicht angewendet wird.

### A. Gegenstand und Gang der Untersuchung

#### I. Ziel der Befragung – Hypothesen der Arbeit

Um die Untersuchung eingrenzen und bestimmen zu können, ist die Bestimmung des grundlegenden Zieles erforderlich. Ausgehend von diesem Hauptziel und der normativen Erschließung des Beschlussverfahrens in § 2 lassen sich Hypothesen formulieren, die das Ziel weiter einkreisen und die Ausrichtung der Untersuchung vermitteln.

##### 1. Ziel

Ziel der Untersuchung ist die Feststellung der praktischen Relevanz des Beschlussverfahrens nach §§ 126 ff. InsO innerhalb der Arbeitspraxis der Insolvenzverwalter. Als Sanierungsinstrument gedacht, findet das Verfahren in der Rechtsprechung und Literatur kaum Beachtung. Dies deutet auf fehlende Praxisrelevanz hin. Gerade die Insolvenzverwalter stellen dabei die entscheidende Gruppe dar, die für die Annahme des Verfahrens in der Praxis von Bedeutung ist. Ausschließlich sie sind in der Lage, das Beschlussverfahren mittels Antrages zum Arbeitsgericht einzuleiten, und auch nur dann, wenn es zur Eröffnung des Insolvenzverfahrens gekommen ist. Weder der Betriebsrat, noch die Arbeitnehmer, noch das Insolvenzgericht sind antragsberechtigt, so dass sich eine empirische Erhebung bezüglich dieser Gruppen erübrigt.

Es wird im Rahmen der Untersuchung das Augenmerk auf das Jahr 2003 gelegt. Wichtig für die Repräsentativität der Daten ist es, dass ein abgegrenzter Zeitraum (hier 1.1.2003 bis 31.12.2003) den Rahmen bildet. Für das Jahr 2003 liegen Informationen zu den eingesetzten Insolvenzverwaltern und den Unternehmensinsolvenzen vor. Anhand dieser und der erhobenen Daten kann daher eine zuverlässige und verbindliche Aussage über die Relevanz des Beschlussverfahrens getroffen werden. Das Jahr 2003 bietet sich auch deshalb in besonderem Maße an, weil seit Einführung der §§ 126 ff. InsO in den alten Bundesländern neun und in ganz Deutschland fünf Jahre vergangen sind, so dass die Regelungen nicht mehr als neu (und damit unter- oder überproportional angewendet), sondern vielmehr als in die Bandbreite insolvenzrechtlicher Instrumentarien einbezogen angesehen werden können. Schließlich wurde 2003 auch zur Grundlage der Reformüberlegungen „AGENDA 2010", und kann daher Rückschlüsse eröffnen, weshalb etwa der Interessenausgleich nach § 125 InsO in § 1 Abs. 5 KSchG eine Entsprechung, das Beschlussverfahren nach §§ 126 ff. InsO hingegen nicht gefunden hat.

Ziel der Befragung kann allerdings nicht allein die zahlenmäßige, d.h. quantitative Relevanz des Beschlussverfahrens sein. Vielmehr mussten mögliche Hintergründe und Umstände ermittelt werden, denn auf der Grundlage dieser Informationen können Rückschlüsse für eine Ausweitung des Verfahrens de lege ferenda auf den außerinsolvenzrechtlichen Bereich gefasst werden.

## 2. Hypothesen

Im Rahmen der normativen Erarbeitung des Beschlussverfahrens ergeben sich Hypothesen, die bestimmte Schlüsse zulassen. Bei den folgenden Hypothesen ist zu berücksichtigen, dass Untersuchungen nicht immer darauf angelegt sein müssen, bestimmte Theorien oder Aussagen auf Wahrheit oder Unwahrheit zu untersuchen (hypothesentestende Untersuchung), vielmehr die Untersuchungsgrundlage auch explorativer oder deskriptiver Natur sein kann (erkundende oder beschreibende Untersuchung).[280] In der vorliegenden Untersuchung wird die tatsächliche Annahme des Beschlussverfahrens in der insolvenzrechtlichen Praxis ermittelt. Insofern handelt es sich bei der Erhebung vornehmlich um eine explorative bzw. deskriptive Untersuchung, so dass die Hypothesenbildung zwar gegeben ist, diese aber nicht als wissenschaftliche Erkenntnissätze verstanden werden können, sondern vielmehr aufgrund der Relevanz in Rechtsprechung und insolvenzrechtlicher Literatur als Möglichkeiten und Erwartungen angesehen werden müssen. Daneben ergeben sich allerdings auch mehr oder weniger herrschende Meinungen aus der Literatur, wonach die Relevanz des Verfahrens als gering bezeichnet wird.[281] Diese verfestigten Ansichten können in Anbetracht der Tatsache, dass vergleichsweise wenig Literatur zu dem Beschlussver-

---

280 *Wittenberg*, S. 57; *Holm*, Befragung, S. 11 umschreibt dies folgendermaßen: „Eine Befragung soll 1. hinsichtlich einer interessierenden Messdimension [...] die Verteilung der Befragten ermitteln – das ist der Zweck der Deskription – und sie soll 2. ermitteln, warum die Verteilung so ist, wie sie vorgefunden wurde – das ist der Zweck der Erklärung."

281 Vgl. nur *Ettwig*, S. 138 f.; *Lakies*, NZI 2000, 345, 351; *Müller*, NZA 1998, 1315, 1321; kritisch auch *Grunsky* in: FS für Lüke, 191, 204.

fahren existiert, als Theorien angesehen werden, die auf Wahrheit oder Unwahrheit hin untersucht werden können.

### a) Die Grundhypothese: Das Beschlussverfahren findet kaum Anwendung und war in der jetzigen Form nicht erforderlich

Der gesamten Untersuchung liegt die Hypothese zugrunde, dass die Bedeutung des insolvenzrechtlichen Beschlussverfahrens nach §§ 126 ff. InsO in der Praxis gegen Null tendiert. Obwohl innerhalb der Gruppe der Insolvenzverwalter (Konkursverwalter) in einer Umfrage von Keller-Stoltenhoff 89,3 % nach eigenen Angaben durch § 613a BGB wesentlich behindert wurden,[282] 86,7 % (= für 65,2 % der Verfahren) die Zahl der zu übernehmenden Arbeitnehmer und 75 % (= für 57,0 % der Verfahren) die befürchteten Kündigungsschutzklagen als Hauptgründe für die sanierungshindernde Wirkung des § 613a BGB ansahen,[283] wird die Möglichkeit des Beschlussverfahrens nicht genutzt. Daraus ergibt sich, dass die Einführung des Beschlussverfahrens in der jetzigen Form überflüssig ist und eine gesetzgeberische Fehlleistung darstellt.

Hierfür sind verschiedene Gründe zu vermuten, die als Begründungshypothesen bezeichnet werden.

#### aa) Begründungshypothese 1: die Eignung der Unternehmensinsolvenzverfahren und der Anwendungsbereich des Beschlussverfahrens

Es eignen sich nur wenige der Insolvenzverfahren überhaupt für das Beschlussverfahren, wodurch eine sanierungserleichternde Wirkung nur in wenigen Fällen theoretisch und praktisch zu erreichen ist. Das Beschlussverfahren kann nur im eröffneten Insolvenzverfahren angewendet werden. Wird ein Insolvenzverfahren eröffnet, kann das Beschlussverfahren nur dann zur Anwendung kommen, wenn der Betrieb nach Verfahrenseröffnung auch in tatsächlicher Hinsicht fortgesetzt wird, denn anderenfalls ist von einer Betriebsstilllegung auszugehen, bei der sich eine Sozialauswahl erübrigt. Schließlich verengt sich dieser Anwendungsbereich weiter, wenn einbezogen wird, in wie vielen Verfahren der Insolvenzverwalter überhaupt Kündigungen in Erwägung gezogen hat. Damit verbleibt ein relativ geringer Teil aller eröffneten Unternehmensinsolvenzverfahren, in denen das Beschlussverfahren abstrakt zur Anwendung kommen könnte.

---

282 *Keller-Stoltenhoff*, S. 36.

283 *Keller-Stoltenhoff*, S. 45.

### bb) Begründungshypothese 2: die Umgehungsversuche

Die sanierungshemmenden Rechtsfolgen des § 613a BGB und der Kündigungsschutzvorschriften werden umgangen, so dass ein Beschlussverfahren nicht erforderlich ist. Dabei werden verschiedene Vorgehensweisen bevorzugt, von denen im Fragebogen die folgenden als geschlossene Antworten vorgegeben waren: 1) Der Abschluss eines Interessenausgleiches nach § 125 InsO schließt die Anwendung des Beschlussverfahrens aus (vgl. Wortlaut des § 126 Abs. 1 Satz 1 InsO). 2) Eine Sozialauswahl erübrigt sich, wenn der Insolvenzverwalter mit der erforderlichen Anzahl von Arbeitnehmern Aufhebungsverträge schließt bzw. 3) wenn es entsprechend viele freiwillige Eigenkündigungen gibt. Dem Insolvenzverwalter kann aber auch gelingen, dass die Belegschaft nicht reduziert werden muss, ein potenzieller Erwerber (oder der Verwalter selbst) den Betrieb deswegen weiterführen kann, 4) weil die Arbeitnehmer freiwillig auf einen Teil ihrer Vergütung verzichtet haben. 5) Im Fall eines Betriebsüberganges schließlich kann dieser gelingen, wenn der Erwerber die Arbeitnehmer übernommen und den Kaufpreis gemindert hat. Der „Gewinn" beim Erwerb deckt dabei mögliche finanzielle, personelle und organisatorische Mehrbelastungen ab.

### cc) Begründungshypothese 3: verfahrensspezifische Mängel des Beschlussverfahrens

Das Beschlussverfahren ist zu schwerfällig, dauert zu lange und bietet nicht genug Rechtssicherheit. Damit trägt das Beschlussverfahren der Eilbedürftigkeit der Insolvenz nicht Rechnung. In der Insolvenz besteht die dringende Notwendigkeit schneller und umkomplizierter Entscheidungen im Personalbereich. Nur wenn der Insolvenzverwalter schnell Rechtssicherheit geben kann, werden potenzielle Interessenten zum Erwerb eines Betriebes oder Betriebsteiles motiviert, damit die Masse gemehrt und Arbeitsplätze erhalten.

Insbesondere von Insolvenzverwaltern in Insolvenzverfahren von Unternehmen, die mehr als 250 Arbeitnehmer hatten, wird diese Begründungshypothese bestätigt. In diesen Fällen kann man in Anlehnung an die Größenklassenumschreibung des § 267 Abs. 3 HGB von über mittelständische Unternehmen hinausgehenden Großunternehmen ausgehen. Grund für die Bestätigung ist, dass sich das Beschlussverfahren nicht für größere Unternehmen mit vielen Beschäftigten eignet. In solchen Verfahren stößt das Beschlussverfahren in verfahrenstechnischer Umsetzung auf räumliche Grenzen. Zu denken ist an dieser Stelle an ein Unternehmen mit z.B. 100 Arbeitnehmern, in dem 50 Arbeitnehmer entlassen werden sollen. Mit 50 Arbeitnehmern, 50 Prozessvertretern, dem Betriebsrat nebst Prozessvertreter, dem Insolvenzverwalter (nebst Prozessvertreter) und gegebenenfalls dem potenziellen Erwerber des Betriebes (nebst Prozessvertreter) findet im Ergebnis im Gerichtssaal ein Prozess mit mindestens 106 Personen statt – von der Saalöffentlichkeit ganz abgesehen. Durch eine solche Anzahl von Prozessbeteiligten und -teilnehmern bei einem mittelständischen Unternehmen werden die Gerichte sowohl in räumlicher Hinsicht als auch in Hinblick auf die personellen Kapazitäten überfordert, da Kammern am Arbeitsgericht gem. § 16 Abs. 2 ArbGG aus einem Vorsitzenden und zwei ehrenamtlichen Richtern bestehen.

Das Beschlussverfahren löst nicht genügend kündigungsrechtliche Wirksamkeitsfragen. Der rechtskräftige Beschluss betrifft ausschließlich die Frage der sozialen Rechtfertigung einer betriebsbedingten Kündigung und im Falle des § 128 InsO auch die Frage, dass die Kündigung nicht wegen des Betriebsüberganges gem. § 613a Abs. 4 BGB erfolgt. Das Bundesarbeitsgericht[284] klärt auch die Frage der Kündigungsberechtigung verbindlich, obwohl dies im Gesetzestext keine Andeutung findet. Alle weiteren Unwirksamkeitsgründe werden nicht verbindlich vorab geklärt und lassen für den Insolvenzverwalter ein erhebliches Risiko der betriebsbedingten Kündigung bestehen.

Durch das unscharf formulierte Kriterium der Bindungswirkung kann nicht genügend Rechtssicherheit hergestellt werden. Es obliegt bislang der rechtswissenschaftlichen Diskussion, ob hiermit Rechtskraft oder eine Bindung sui generis gemeint ist.[285] Eine solche möglicherweise herrschende Meinung kann allerdings nicht Grundlage einer verbindlichen und rechtssicheren Personalentscheidung für den Insolvenzverwalter sein. Ferner besteht die Möglichkeit, dass die Bindungswirkung nach einer wesentlichen Änderung der Sachlage entfällt, § 127 Abs. 1 Satz 2 InsO. Hierdurch wird ein über die Grundsätze der Rechtskraftdurchbrechung hinausgehender Ausnahmetatbestand geschaffen.

#### dd) Fazit 1: Wirkung des § 613a BGB unverändert

Aus der Grundhypothese und den Begründungshypothesen ergibt sich zwingend der Schluss, dass das Beschlussverfahren nicht dazu geführt hat, dass die sanierungshemmende Wirkung des § 613a BGB beseitigt oder wenigstens abgeschwächt wurde.

Das Beschlussverfahren fördert die Übertragung eines Betriebes nicht. Obwohl der Gesetzgeber in § 128 InsO den Betriebsübergang ausdrücklich einbezieht und diesbezüglich die Bindungswirkung des Beschlusses erweitert, sehen die Insolvenzverwalter trotz der Einschätzung, dass der Betriebsübergang ein sinnvolles Sanierungsinstrument ist, keine nennenswerte Verbesserung oder Erleichterung der übertragenden Sanierung.

---

284 BAG 29.6.2000, NZA 2000, 1180.

285 Siehe hierzu § 2 A. VIII. 1. (Seite 49).

#### ee) Fazit 2: Einstellung der Insolvenzverwalter

Die Insolvenzverwalter messen dem Interessenausgleich und dem Beschlussverfahren keine wichtige Bedeutung bei der Sanierung eines insolventen Unternehmens bei. Mehr noch wird das Beschlussverfahren durch die Arbeitsmarktreformen zum 1.1.2004 an Bedeutung verlieren.

### b) Strukturhypothesen – Herausbildung bestimmter Strukturen im Fall der Anwendung

Hinsichtlich der konkreten Anwendung des Verfahrens sind bestimmte Strukturen zu vermuten. Dabei werden unter Zugrundelegung der Grundhypothese die folgenden Hypothesen weitgehend Hypothesen bleiben. Denn wenn sich die Grundhypothese als richtig erweist, kann eine klare Aussage zu den hier dargestellten Hypothesen mangels einer hinreichend großen Anzahl von einzubeziehenden Verfahren nicht oder nur unzureichend erfolgen:

In Unternehmen, in denen ein Betriebsrat nicht besteht, wurde das Verfahren häufiger angewendet. Es ist zu vermuten, dass der Insolvenzverwalter in diesen Fällen weniger Bedenken bezüglich der Antragstellung hat, da er sich nicht um einen Interessenausgleich nach § 125 InsO bemühen muss.

Insolvenzverwalter, die in größeren oder interprofessionellen Kanzleien tätig sind, wenden das Beschlussverfahren häufiger an. Die Größe richtet sich dabei nach der Anzahl weiterer Insolvenzverwalter. Als interprofessionelle Kanzlei oder Sozietät wird verstanden, wenn neben der Insolvenzverwaltung oder -beratung auch andere juristische Fachbereiche oder fachfremde Tätigkeiten, wie Steuer- oder Unternehmensberatung, Notartätigkeit oder Wirtschaftsprüfung abgedeckt werden. Hintergrund dieser Überlegung ist auch die Begründungshypothese 3. Die Durchführung eines Beschlussverfahrens bindet Kapazitäten, die sich innerhalb einer Einzelkanzlei oder Kanzlei mit nur wenigen weiteren Insolvenzverwaltern oder Anwälten nicht immer gewährleisten lassen. In diesem Zusammenhang drängt sich die Hypothese auf, dass die Insolvenzverfahren, in denen ein Beschlussverfahren durchgeführt worden ist, solche waren, die entweder gemessen an der Arbeitnehmerzahl kleinere Unternehmen betrafen oder aber von größeren oder interprofessionellen Kanzleien oder Sozietäten betreut wurden.

In den „alten Bundesländern“ wird das Verfahren häufiger angewendet. Als zu vermutender Grund ist die Tatsache zu nennen, dass das Beschlussverfahren bereits seit 1.10.1996 angewendet werden kann und der sanierungshemmende § 613a BGB in den neuen Bundesländern im Gesamtvollstreckungsverfahren bis 31.12.1998 nicht galt (Art. 232, § 5 Abs. 2 Nr. 1 EGBGB), so dass sich die Notwendigkeit der Beantragung des Beschlussverfahrens nach §§ 126 ff. InsO zunächst auf die alten Bundesländer beschränkte.

Die Anwendung hängt von der Dauer der Insolvenzverwaltertätigkeit ab. Insolvenzverwalter beantragen das Beschlussverfahren, wenn sie eine bestimmte Berufserfahrung als Insolvenzverwalter haben. Erst dann werden diese Insolvenzverwalter mit Verfahren betraut, die eine etwas größere Arbeitnehmeranzahl aufweisen und ein Beschlussverfahren möglicherweise sinnvoll machen. Daneben sind Insolvenzverwalter, die das Beschlussverfahren 2003 angewendet haben, älter als der Durchschnitt.

Das Beschlussverfahren wurde zu einem großen Teil zur Umsetzung eines Erwerberkonzeptes beantragt. Der Insolvenzverwalter hat das Beschlussverfahren zum Zwecke der Vorbereitung und Umsetzung eines Betriebsüberganges beantragt. Das Beschlussverfahren sollte dem potenziellen Erwerber die Sorge über den sanierungshemmenden Charakter des § 613a BGB nehmen.

### c) Hypothesen zu einem Beschlussverfahren de lege ferenda

Die Grundhypothese und die Begründungshypothesen einerseits und die Strukturhypothesen andererseits führen zu dem Ergebnis, dass das Beschlussverfahren de lege lata nicht praktikabel ist. Aus dieser Situation heraus ergeben sich bestimmte Forderungen zu Veränderungen und Problemlösungsvorschlägen. Diese Forderungen sind hier in der Form von Hypothesen zu einem Beschlussverfahren de lege ferenda dargestellt. Dabei handelt es sich nicht um eine abschließende Aufzählung der Verbesserungsvorschläge, da das Beschlussverfahren de lege ferenda außerhalb eines Insolvenzverfahrens anzusiedeln wäre und die Insolvenzverwalter für die hiermit in Verbindung stehenden Verbesserungsvorschläge nicht der unmittelbare Adressatenkreis sind:

Das Beschlussverfahren de lege lata ist innerhalb eines Insolvenzverfahrens nicht sinnvoll. Es sollte außerhalb für jedes Unternehmen anwendbar sein. Jedenfalls aber muss davon ausgegangen werden, dass viele Stilllegungen der Unternehmen vermieden werden könnten, wenn schon im vorläufigen Insolvenzverfahren ein solches Sanierungsinstrument möglich wäre.

Das Beschlussverfahren de lege lata löst nicht hinreichend die Wirksamkeitsfragen bzw. die Unwirksamkeitsgründe einer betriebsbedingten Kündigung. Das Beschlussverfahren de lege ferenda muss mithin eine über die soziale Rechtfertigung hinausgehende Rechtskraft geben.

Das Beschlussverfahren stellt Anforderungen im Bereich der Beweis- und Darlegungslast an den Insolvenzverwalter, die sich praktisch nicht oder nur kaum erfüllen lassen.

Ein grundsätzliches Problem im Falle von Massenentlassungen, für die sich das Beschlussverfahren sinnvollerweise eignen sollte, ist die Anzeigepflicht gem. §§ 17 ff. KSchG. Hierdurch werden Rechtsfolgen ausgelöst, die den Sanierungserfolg vereiteln, zumindest aber masseschädigend verzögern können.

## II. Stand der Forschung

Das Beschlussverfahren nach den §§ 126 ff. InsO stellt eine Besonderheit des Insolvenzarbeitsrechts dar. Es wurde mit dem Ziel der Vereinfachung von Personalanpassungen in der Insolvenz eingeführt. Zum anderen sollte durch die Bindungswirkung der Feststellung, dass die (beabsichtigten) Kündigungen durch dringende betriebliche Erfordernisse bedingt (§ 126 Abs. 1 Satz 1 InsO) und nicht wegen des Betriebsübergangs (§ 128 Abs. 2 InsO) erfolgt sind, die sanierungshemmende Wirkung des § 613a BGB abgemildert werden.

Diese Wirkung des § 613a BGB war Gegenstand einer Abhandlung von Elisabeth Keller-Stoltenhoff aus dem Jahre 1986. Ziel dieser Untersuchung sollte zum Zwecke der genaueren Eingrenzung eines möglichen gesetzgeberischen Handlungsbedarfs die Ermittlung der Auswirkungen des § 613a BGB im Konkurs sein.[286] Bezüglich der im Rahmen dieser Arbeit interessierenden Gruppe der Konkurs-(heute Insolvenz-)verwalter führte die Erhebung unter anderem zu dem Ergebnis, dass 89,3 % der Befragten sich durch § 613a BGB wesentlich behindert fühlten und immerhin 25,1 % sich von den hieraus resultierenden Schwierigkeiten nicht lösen konnten.[287] Gegenstand der Untersuchungen war aber auch die Frage, wie sich die Teilnehmer von den Problemen der Norm gelöst haben (Umgehungsversuche).

Ob der Gesetzgeber bei der Schaffung der §§ 125 ff. InsO auch aufgrund dieser rechtstatsächlichen Erhebung gehandelt hat, lässt sich lediglich mutmaßen. Jedenfalls zu der Wirksamkeit der insolvenzrechtlichen Vorschriften, mithin zu der Grundhypothese und den Struktur- und Verfahrenshypothesen existiert – soweit ersichtlich – keine empirische Untersuchung. Der Gesetzgeber selbst weist lediglich im Entwurf eines Gesetzes zu Reformen am Arbeitsmarkt zum 1.1.2004 in der Begründung zu § 1 Abs. 5 KSchG, der vergleichbar dem § 125 InsO ist, darauf hin, dass § 125 InsO dem § 1 Abs. 5 KSchG als Vorbild diente, da sich diese Regelung in der Praxis unter dem Gesichtspunkt der Rechts- und Planungssicherheit für alle Beteiligten bewährt habe.[288] Die Frage, ob sich die auf dem § 125 InsO aufbauenden §§ 126 ff. InsO in der Praxis ebenfalls bewährt

---

[286] *Keller-Stoltenhoff*, S. 13.

[287] *Keller-Stoltenhoff*, S. 36, 71.

[288] BTDrucks 15/1204, S. 9.

haben, wird nicht erörtert. Die Vermutung liegt nahe, dass dem nicht so ist, anderenfalls eine Übertragung auch jener Regelung in den außerinsolvenzrechtlichen Bereich zumindest angedacht oder erwähnt worden wäre.[289] Auch die Literatur beschäftigt sich nicht mit der auf Zahlen gestützten praktischen Relevanz des Beschlussverfahrens und vermutet lediglich deren Fehlen.[290]

Aufgrund der fehlenden rechtstatsächlichen Erhebungen zum Beschlussverfahren soll mit dieser Arbeit der oben dargestellten Zielsetzung gedient werden. Gerade in Zeiten, in denen über Strategien zur Erleichterung von Sanierungen insolvenzbedrohter Unternehmen und damit zum Erhalt von Arbeitsplätzen in Agenden und Kommissionen nachgedacht wird, muss die Untersuchung von tatsächlicher Relevanz und Hintergründen der Bedeutung eines der bisher entwickelten Sanierungsinstrumentarien als unentbehrlich für weitere Fortentwicklungen auf dem Gebiet des Arbeitsrechts angesehen werden.

## III. Theoretische Grundlagen – Konzeption des Fragebogens – Erhebung der Daten – Verarbeitung

Die Befragung wurde unter 1.621 Insolvenzverwaltern in ganz Deutschland durchgeführt (räumlicher Umfang). Daneben wurde über den Ersten Deutschen Insolvenzrechtstag in Berlin im März 2004 der Teilnehmerkreis, bestehend aus etwa 500 Personen, angesprochen, indem den Tagungsunterlagen ebenfalls die Fragebögen beigelegt wurden.[291] Angesprochen wurden jedoch ausschließlich die Insolvenzverwalter, obwohl die Teilnehmerstruktur der Tagung neben den Verwaltern auch Hochschulangehörige, Arbeitsrechtler, Insolvenzrichter etc. umfasste. Zur Vermeidung von Doppelantworten wurden die Tagungsteilnehmer auf die gleichzeitig stattfindende postalische Befragung hingewiesen, verbunden mit der Bitte, jeweils nur einen Fragebogen auszufüllen.

Sowohl die postalische Befragung als auch die Befragung der Tagungsteilnehmer erfolgte mittels eines Fragebogens. Das Messinstrument des Fragebogens bot sich zur Erreichung des Zieles an, da neben wertenden auch eine Reihe von Fragen enthalten ist, die konkrete Aussagen zu den durchgeführten Insolvenzverfahren erfordern. Diese sind in der Regel nur zu beantworten, wenn in den Unterlagen des Jahres 2003 die entsprechenden Zahlen recherchiert werden, was

---

289 Dieser Ansatz wird näher in § 4 dieser Arbeit verfolgt.

290 *Berscheid* in: FS für Schwerdtner, S. 536 f. äußert sich – soweit ersichtlich – als einziger überhaupt unter Bezugnahme auf Zahlen, indem er feststellt, dass seit dem Inkrafttreten vom 1.10.1996 (Art. 6 ArbBeschFG) lediglich vier Beschlussverfahren bekannt geworden seien.

291 Vgl. hierzu Anlage 2.

aber etwa in einem Experteninterview als weiteres mögliches Messinstrument nicht möglich erschien.[292] Auch die große Anzahl der Teilnehmer hätte eine unverhältnismäßige Kosten- und Zeitbelastung bei Anwendung anderer Messinstrumentarien bedeutet.

Zur Vermeidung von Portokosten als rücklaufhemmenden Faktor wurde ein Briefumschlag beigelegt, der frankiert werden konnte, jedoch nicht musste.[293] Es wurde ein Zeitraum von etwas mehr als einem Monat zur Beantwortung gegeben (zeitlicher Umfang). Schließlich erfolgte die Befragung in Zusammenarbeit mit der Friedrich-Schiller-Universität Jena und dem Thüringer Arbeitskreis für Unternehmens- und Insolvenzrecht e.V., was ebenfalls den Rücklauf erhöhen sollte.

Der Fragebogen wurde praxisnah so konzipiert, dass er in relativ kurzer Zeit – ca. 10 Minuten – bearbeitet werden kann. Zur Vermeidung von Fehlern erfolgten zahlreiche Besprechungen mit Hochschullehrern, Arbeits-, Insolvenz- und Zivilrichtern, Insolvenzanwälten und Insolvenzverwaltern sowie Testläufe (sog. Pretests), so dass der Fragebogen neben der wissenschaftlichen auch die für die Befragung von Insolvenzverwaltern praktische Ausrichtung aufweist.

Im Aufbau wurde auf eine klare Strukturierung geachtet, anhand derer sich der Fragebogen weitgehend selbst erklärte. Der Teil A. „Daten zu den durchgeführten Unternehmensinsolvenzverfahren" enthält Fragen nach der konkreten Art der 2003 durchgeführten Unternehmensinsolvenzverfahren und die für die Relevanz des Beschlussverfahrens entscheidende Frage nach der Anwendung. Unter Unternehmensinsolvenzen wurden dabei in Anlehnung an die Einteilung des Bundesamtes für Statistik neben Einzelunternehmen auch Personenhandelsgesellschaften (OHG, KG), GmbHs, AGs, KGaAs sowie sonstige Rechtsformen unter Ausschluss von Verbraucher-, Klein-, Nachlass- und Sonderinsolvenzen verstanden. Teil B. „Beschlussverfahren, §§ 126-128 InsO" enthielt sowohl sta-

---

292 Zu der Frage der Zuverlässigkeit der unterschiedlichen Erhebungsmethoden vgl. nur: *Kromrey*, Sozialforschung, S. 373 ff. Insbesondere die sich grundsätzlich noch anbietende Methode des Interviews stößt auf Probleme: *Kromrey* nennt hierbei etwa eine Verschiebung der Zuverlässigkeit der Ergebnisse durch die Art des persönlichen Kontakts des Interviewers, kaum zu kalkulierende „Ausfälle", die Gefahr, dass verschiedene Befragte unter der selben Frage unterschiedliches verstehen. Aber auch bei der Fragebogenmethode kann nicht ausgeschlossen werden, dass bei den Befragten die Tendenz besteht, Fragen unabhängig vom Fragegegenstand zuzustimmen (sog. Bejahungstendenz) oder die Neigung zu erkennen ist, sich selbst bei der Beantwortung von Fragen solche Eigenschaften zuzuschreiben, die in der sozialen Umwelt als „erwünscht" gelten (sog. social desirability response set), vgl. *Kromrey*, S. 381.

293 Überraschend war, dass 59,4 % der antwortenden Insolvenzverwalter die Rückumschläge frankierten.

tistische als auch wertende Fragen zu den konkret 2003 durchgeführten Beschlussverfahren nach §§ 126 ff. InsO. Diesen Teil mussten nur die Teilnehmer ausfüllen, die in Teil A. die Frage nach der Anwendung des Beschlussverfahrens mit „Ja“ beantwortet haben. Zur Ermittlung der Repräsentativität der Erhebung folgte Teil C. „Daten zu Ihrer Person“, in dem es um Fragen demografischer Natur ging. Im Rahmen des Teiles D. „Beurteilungen“ innerhalb des Fragebogens wurde den Teilnehmern abschließend die Möglichkeit gegeben, ihre Zustimmung oder Nichtzustimmung zu bestimmten Aussagen auszudrücken. In der hierfür vorgesehenen fünfstufigen ordinalen Antwortskala[294] standen den Insolvenzverwaltern die Möglichkeiten 1 = „ich stimme voll zu“, 2 = „ich stimme überwiegend zu“, 3 = „unentschieden“, 4 = „ich stimme nicht zu“, 5 = „ich stimme überhaupt nicht zu“, 6 = „keine Antwort“ zur Verfügung. Dabei wurden sowohl hinsichtlich der Zustimmung als auch der Ablehnung eine Unterscheidung in absolut und relativ sowie die Möglichkeit einer indifferenten Antwort vorgenommen. Diese Skalierung bietet die Möglichkeit, zustimmende und ablehnende Antworten zu gruppieren, bei Bedarf aber die Intensität der Antworttendenz genauer nachzuverfolgen. Mit der Nutzung einer ungeraden Stufenanzahl wurde dem Teilnehmer die Möglichkeit einer indifferenten Antwort gegeben. Die Insolvenzverwalter sollen hierdurch nicht zu einer bestimmten Antworttendenz bestimmt werden. Eine weitere Aufgliederung hätte allerdings zu einer Unübersichtlichkeit geführt, verbunden mit der Gefahr, dass die Teilnehmer eine „gemäßigte“ Antwort vorziehen. Die Hinzufügung einer Antwortmöglichkeit „keine Antwort“ ist in der Umfrage zwingend, weil davon auszugehen war, dass die überragende Mehrheit der Insolvenzverwalter mit dem Beschlussverfahren 2003 keinerlei Erfahrungen gemacht haben und sich daher auch nicht zu einzelnen Bewertungen entscheiden konnten.

Der Fragebogen war schließlich so aufgebaut, dass den Teilnehmern genügend Raum für eigene Antworten gegeben war (sog. offene Fragen).

Nach Ablauf der Rücksendefrist wurden die Daten kodiert und in ein Datenanalyseprogramm eingegeben. Die Antworten auf die offenen Fragen wurden ebenfalls ausgewertet und im Rahmen des folgenden Teiles verarbeitet.

## B. Beschreibung und Auswertung der Daten

Im Folgenden werden die ermittelten Daten dargestellt und im Zusammenhang mit den Problemen und Streitfragen des Beschlussverfahrens nach §§ 126 ff. InsO analysiert. Dabei soll zunächst die Antwortgruppe auf ihre Repräsentativität hin untersucht werden, anschließend werden die oben aufgestellten Hypothesen untersucht.

---

[294] Zum Begriff siehe: *Bühl/Zöfel*, SPSS, S. 96.

Vorab festzustellen ist, dass sich bei den verschiedenen Auswertungen eine unterschiedliche Gesamtanzahl von Fällen oder Teilnehmern ergeben kann. Dies ist darauf zurückzuführen, dass nicht alle Fragebögen vollständig ausgefüllt wurden, vielmehr einige Fragen nicht oder in sich nicht schlüssig beantwortet wurden. Das Datenauswertungssystem filtert diese „Fehlantworten" heraus, so dass die Prozentzahlen stets sog. „gültige Prozente" sind. Innerhalb der Statistiken sind Fehlantworten, wenn überhaupt, dann als „fehlend" oder „System fehlend" bezeichnet und ausgewiesen.

## I. Datenbasis und Grundgesamtheit – Die Repräsentativität der Daten

Neben der Konzeption der Fragen und des gesamten Fragebogens ist für die Qualität einer rechtstatsächlichen Untersuchung die Repräsentativität der Ergebnisse maßgeblich.

Der Begriff der Repräsentativität findet sich immer wieder in der empirischen Forschung, wird allerdings nur selten erläutert. Die Repräsentativität hängt von der Vollständigkeit der Auswahlgrundlage (sog. „sampling frame") und von der Antwortbereitschaft der ausgewählten Personen ab.[295] Die Auswahlgrundlage lässt sich auch als sog. Grundgesamtheit bezeichnen, als diejenige Menge von Individuen, Fällen und Ereignissen, auf die sich die Aussagen der Untersuchung beziehen sollen und die im Hinblick auf die Fragestellung und die Operationalisierung vorher eindeutig abgegrenzt werden muss.[296]

Im Rahmen der Arbeit wurden 1.621 Insolvenzverwalter aus allen Bundesländern[297] angeschrieben. Die Anzahl ergibt sich aus dem Bundesanzeiger[298] und setzt sich wie folgt zusammen: 1.559 Personen wurden in 2003 zum endgültigen Insolvenzverwalter in mindestens einem eröffneten Unternehmensinsolvenzverfahren bestellt. Die verbleibenden Insolvenzverwalter wurden angeschrieben, weil nicht sicher festzustellen war, ob sie Unternehmensinsolvenzen verwaltet haben. Aus dem Bundesanzeiger ist lediglich zu entnehmen, dass mindestens ein Verfahren in Bezug auf eine natürliche Person betreut wurde, jedoch nicht zwingend, ob es sich bei diesen Verfahren um hier nicht interessierende

---

295 *Böhler*, Marktforschung, S. 93.

296 *Kromrey*, Sozialforschung, S. 251, der die Grundgesamtheit allerdings weiter einschränkt (sog. angestrebte Grundgesamtheit), da eine genaue Gesamtheit kaum vollständig und korrekt erfassbar sei. Für die vorliegende Erhebung bedarf es allerdings der Einschränkung nicht, da die Grundgesamtheit zweifellos feststeht.

297 Siehe zu der Verteilung auf die einzelnen Bundesländer Tabelle 1.

298 Diese Daten wurden aus der Datenbank Indat auf der Internetseite www.rws-verlag.de entnommen, auf der die Mitteilungen im Bundesanzeiger veröffentlicht sind.

Verbraucher-, Klein- und Nachlassinsolvenzverfahren oder um gewerbetreibende natürliche Personen betreffende Verfahren handelte. Bei den angeschriebenen Personen handelte es sich mithin um eine abgeschlossene Grundgesamtheit der in 2003 eingesetzten Insolvenzverwalter. Hätten 100 % geantwortet, könnte man problemlos von einer Vollerhebung und damit von Repräsentativität ausgehen. Da dies im Rahmen einer postalischen Befragung nicht zu erwarten ist, muss sich, um von Repräsentativität zu sprechen, der Charakter der Grundgesamtheit im Ergebnis der Befragung annähernd widerspiegeln (sog. Repräsentationsschluss).[299] Daher ist es erforderlich, sowohl die Grundgesamtheit als auch die Umfragegruppe so genau wie möglich zu beschreiben und anschließend zu vergleichen. Ergibt dieser Vergleich eine annähernde Konformität, kann von Repräsentativität der Ergebnisse gesprochen werden.

Über die Grundgesamtheit der vorliegenden Untersuchung (= Gesamtheit der 2003 in eröffneten Unternehmensinsolvenzverfahren bestellten Insolvenzverwalter) bestehen aus dem Bundesanzeiger Informationen hinsichtlich der geografischen Herkunft, des Geschlechts, des beruflichen Hintergrundes sowie der Anzahl von eröffneten Insolvenzverfahren 2003.

Aus Tabelle 1, Tabelle 2 und Abbildung 1 ergibt sich die geografische Herkunft der 1.621 angeschriebenen und der antwortenden Insolvenzverwalter. Zugrunde gelegt sind hier in der Gruppe „Versandt“ die sich aus dem Bundesanzeiger ergebenden Adressen der bestellten Insolvenzverwalter. Die regionale Herkunft der Gruppe „Antwort“ ergibt sich aus der Frage C 7 des Fragebogens[300], in der nach dem lokalen Tätigkeitsschwerpunkt der Insolvenzverwalter gefragt wurde. Es wurden in den sog. alten Bundesländern (= West) 1.368 (= 84,4 % im Verhältnis zur Gesamtheit), in den neuen Bundesländern (= Ost) 253 (= 15,6 %) Personen angeschrieben. 81,5 % der antwortenden Insolvenzverwalter haben ihren Tätigkeitsschwerpunkt in den alten Bundesländern, 14,1 % in den neuen. Hinzu tritt eine Gruppe von 4,4 %, deren Tätigkeitsschwerpunkt als „gemischt“ bezeichnet ist. Diese Gruppe ergibt sich daraus, dass die Frage nach dem Tätigkeitsschwerpunkt auch Mehrfachantworten zuließ, so dass 4,4 % sowohl in den alten als auch in den neuen Bundesländern tätig sind. Es ergibt sich also bezüglich der regionalen Herkunft aufgegliedert nach Ost und West eine sehr hohe Übereinstimmung der Gruppen. Ein ähnliches Ergebnis findet sich innerhalb der einzelnen Bundesländer. Lediglich in Niedersachsen, Schleswig-Holstein und Berlin ergeben sich Abweichungen. Bei der Frage nach dem Tätigkeitsschwerpunkt waren Mehrfachnennungen möglich. Aus diesen Mehrfachnennungen

---

299 *Kromrey*, Sozialforschung, S. 248.

300 Im Folgenden handelt es sich bei genannten Fragen um solche des der Umfrage zugrunde liegenden Fragebogens, siehe Anlage 3.

lässt sich auch erklären, dass aus Niedersachsen und Schleswig-Holstein eine überdurchschnittliche Antwortquote zu verzeichnen ist. Niedersachsen und Schleswig-Holstein als Flächenstaaten sind geografisch mit den Stadtstaaten Bremen und Hamburg verbunden. Viele Teilnehmer aus den Stadtstaaten sind sowohl in Niedersachsen und Schleswig-Holstein als auch in Bremen oder Hamburg oder in beiden Städten bzw. Bundesländern tätig, so dass die prozentuale Nennung der Länder erhöht, hingegen der Stadtstaaten niedriger ist. Entsprechendes gilt auch für das Land Brandenburg und das Land Berlin. Dies lässt sich auch anhand konkreter Zahlen belegen. Von den drei Antworten mit dem Tätigkeitsschwerpunkt Bremen hatten 33,3 % die Kombination mit Niedersachsen. Wurde Hamburg als ein Tätigkeitsschwerpunkt angegeben, so hatten 50 % auch Niedersachsen und ebenfalls 50 % Schleswig-Holstein angegeben. Die Kombination Hamburg und sowohl Niedersachen, als auch Schleswig-Holstein gaben 66,7 % der 12 Teilnehmer an, die auch Hamburg angegeben haben. In Berlin haben 66,7 % der Teilnehmer mit der Angabe Berlin auch das Bundesland Brandenburg angegeben.

| Bundesland | Versandt | | Antwort | |
|---|---|---|---|---|
| | Absolut | in % | Absolut | in % |
| Baden Württemberg | 265 | 16,3 | 58 | 14,4 |
| Bayern | 260 | 16,0 | 62 | 15,4 |
| Nordrhein-Westfalen | 246 | 15,2 | 50 | 12,4 |
| Hessen | 157 | 9,7 | 30 | 7,4 |
| Niedersachsen | 153 | 9,4 | 51 | 12,7 |
| Hamburg | 82 | 5,1 | 12 | 3,0 |
| Rheinland-Pfalz | 77 | 4,8 | 27 | 6,7 |
| Sachsen | 76 | 4,7 | 22 | 5,5 |
| Saarland | 59 | 3,6 | 14 | 3,5 |
| Thüringen | 55 | 3,4 | 18 | 4,5 |
| Schleswig-Holstein | 43 | 2,7 | 20 | 5,0 |
| Mecklenburg-Vorpommern | 38 | 2,3 | 13 | 3,2 |
| Sachsen-Anhalt | 36 | 2,2 | 11 | 2,7 |
| Berlin | 32 | 2,0 | 3 | 0,7 |
| Bremen | 26 | 1,6 | 3 | 0,7 |
| Brandenburg | 16 | 1,0 | 9 | 2,2 |
| | 1621 | 100,0 | 403 | 100,0 |

Tabelle 1: Grundgesamtheit und Antwortgruppe aufgegliedert nach Bundesländern

| Region | Versandt | | Antwort | |
|---|---|---|---|---|
| | Absolut | in % | Absolut | in % |
| West | 1368 | 84,4 | 277 | 81,5 |
| Ost | 253 | 15,6 | 48 | 14,1 |
| Gemischt | | | 15 | 4,4 |
| | 1621 | 100 | 340 | 100,0 |

Tabelle 2: Gruppierung der Bundesländer innerhalb der Antwortgruppe

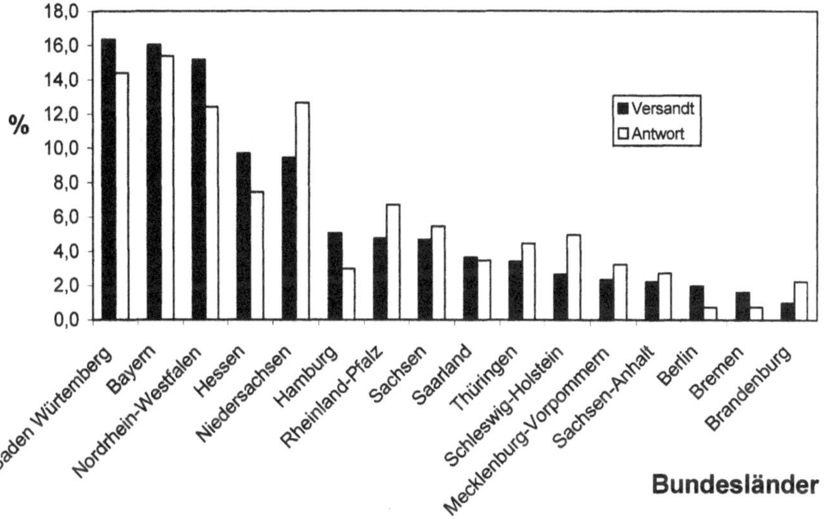


Abbildung 1: Grafik zu Tabelle 1

Die Grundgesamtheit bestand aus 1.407 (= 86,8 %) männlichen und 214 (= 13,2 %) weiblichen Teilnehmern. Auch hier ergibt sich innerhalb der Antwortgruppe eine lediglich geringe Abweichung (= 2,4 %) zugunsten der männlichen Teilnehmer (vgl. Tabelle 3), d.h. die männlichen Insolvenzverwalter haben minimal überrepräsentativ geantwortet.

| Geschlecht | Versandt | | Antwort | |
|---|---|---|---|---|
| | Absolut | in % | Absolut | in % |
| Männlich | 1407 | 86,8 | 305 | 89,2 |
| Weiblich | 214 | 13,2 | 37 | 10,8 |
| Gesamt | 1621 | 100,0 | 342 | 100,0 |

Tabelle 3: Grundgesamtheit und Antwortgruppe aufgegliedert nach Geschlecht

Die Grundgesamtheit kann auch im Hinblick auf den beruflichen Hintergrund untersucht und mit der Antwortgruppe verglichen werden. In Tabelle 4 wurde dabei keine Unterscheidung nach dem Geschlecht getroffen. Aus Gründen der Vereinfachung wurden einige selten auftretende Angaben unter „Sonstiges" zusammengefasst. Es erfolgte schließlich eine Zusammenfassung der Bereiche Betriebswirt/Volkswirt (mit und ohne Diplomangabe), Steuerberater (StB)/Wirtschaftsprüfer (WP) sowie von Rechtsanwälten und Notaren, soweit beides angegeben wurde. Auch wurden Spezialisierungen auf eine Tätigkeit als Fachanwalt nicht untergliedert. Sowohl in der Grundgesamtheit als auch in der Antwortgruppe gehörten über 80 % der Befragten/Teilnehmer dem Berufsstand Rechtsanwalt an. Überrepräsentativ antworteten Steuerberater und Wirtschaftsprüfer sowie die Teilnehmer, die in der Gruppe „Sonstiges" zusammengefasst sind. Aufgrund der Tatsache, dass 4,6 % innerhalb der Grundgesamtheit keinem beruflichen Bereich zugeordnet werden konnten, konnte es auch zu den (geringen) Abweichungen innerhalb der Antwortgruppe kommen. In Bezug auf den beruflichen Hintergrund spiegelt die Antwortgruppe daher die Grundgesamtheit wieder.

Die Zahl der Unternehmensinsolvenzen lag im Jahr 2003 bei 39.320.[301] Im Rahmen der durchgeführten Erhebung haben 335[302] Insolvenzverwalter 4.948 Unternehmensinsolvenzen angegeben (= 12,6 % der Gesamtverfahren), d.h. im Durchschnitt betreute jeder Insolvenzverwalter 14,77 Verfahren, vgl. Tabelle 6. Gegenüber dem Durchschnittswert von 25,2 der 1.559 tatsächlich bestellten endgültigen Insolvenzverwalter (Vgl. Tabelle 5) ergibt sich hier eine deutlich geringere Zahl.

---

301 Statistisches Jahrbuch 2004, S. 549.

302 Die Insolvenzverwalter, die in 2003 in keinem eröffneten Unternehmensinsolvenzverfahren zum endgültigen Insolvenzverwalter bestellt wurden, oder die keine Angabe gemacht haben, sind als „fehlend" bezeichnet und wurden mithin nicht in die Statistik aufgenommen.

| Beruflicher Hintergrund | Versandt Absolut | Versandt in % | Antwort Absolut | Antwort in % |
|---|---|---|---|---|
| Rechtsanwalt | 1425 | 87,9 | 324 | 82,7 |
| StB/WP | 43 | 2,7 | 27 | 6,9 |
| Betriebswirt/Volkswirt | 24 | 1,5 | 13 | 3,3 |
| Dipl.-Rechtspfleger | 7 | 0,4 | 3 | 0,8 |
| Rechtsbeistand | 7 | 0,4 | 2 | 0,5 |
| Notar[303] | 5 | 0,3 | 6 | 1,5 |
| Sonstiges[304] | 36 | 2,2 | 17 | 4,3 |
| Keine Angabe | 74 | 4,6 | | 0,0 |
| Gesamt | 1621 | 100,0 | 392 | 100,0 |

Tabelle 4: Grundgesamtheit und Antwortgruppe aufgegliedert nach beruflichem Hintergrund

Dies ist die Konsequenz daraus, dass innerhalb der Antwortgruppe die Zahl der Insolvenzverwalter, die zwischen vier und neun Insolvenzverfahren betreut haben, im Vergleich zur Grundgesamtheit prozentual erheblich größer ist, vgl. Tabelle 7 und Abbildung 2. Hieraus resultiert die Senkung des Durchschnittswerts. Weshalb innerhalb der genannten Gruppe prozentual erheblich mehr Teilnehmer geantwortet haben, ließe sich spekulieren, es erscheint aber nicht ausgeschlossen, dass dies mit der erheblichen Arbeitsbelastung von Insolvenzverwaltern zusammenhängt, die mehrere Verfahren, noch dazu eventuell ein oder zwei Großverfahren zu betreuen hatten. Ein negativer Schluss zulasten der Repräsentativität lässt sich aus einer überproportionalen ausreißerähnlichen Antwortfrequenz in Anbetracht der Ähnlichkeit der weiteren Gruppen nicht ziehen.

| | |
|---|---|
| Insolvenzverwalter | 1559 |
| Unternehmensinsolvenzverfahren | 39320 |
| Mittelwert pro Insolvenzverwalter | 25,2 |
| Minimum | 1 |
| Maximum | 422 |

Tabelle 5: Grundgesamtheit/Eröffnete Unternehmensinsolvenzverfahren[305]

[303] Die Anzahl der Notare innerhalb der Gruppe „Versandt“ ergibt sich aus der angegebenen Berufsbezeichnung im Bundesanzeiger für das Jahr 2003, wohingegen die Gruppe „Antwort“ den beruflichen Hintergrund für den Befragungszeitraum (19.3.2004-23.4.2004) wiedergibt.

[304] Sonstige: Notariatsassessor, Dipl.-Ökonom, Dipl.-Ing., Richter, Dipl.-Sozialwirt, Vereidigte Buchprüfer, Unternehmensberater, Bankkaufmann, Volljurist ohne Anwaltszulassung, Dipl.-Finanzwirt; Dipl.-Kaufmann.

[305] Quelle: www.rws-verlag.de vom 31.8.2004.

| | |
|---|---|
| Gültig | 335 |
| Fehlend | 15 |
| Mittelwert | 14,8 |
| Minimum | 0 |
| Maximum | 105 |
| Summe | 4948 |

Tabelle 6: Antwortgruppe/Eröffnete Unternehmensinsolvenzverfahren

| | Versandt[306] | | Antwort | |
|---|---|---|---|---|
| | Absolut | % | Absolut | % |
| 200 bis 500 | 2 | 0,1 | | 0,0 |
| 150 bis 199 | 15 | 1,0 | | 0,0 |
| 100 bis 149 | 34 | 2,2 | 4 | 1,2 |
| 90 bis 99 | 18 | 1,2 | | 0,0 |
| 80 bis 89 | 22 | 1,4 | 1 | 0,3 |
| 70 bis 79 | 17 | 1,1 | 3 | 0,9 |
| 60 bis 69 | 40 | 2,6 | 6 | 1,8 |
| 50 bis 59 | 59 | 3,8 | 10 | 3,0 |
| 40 bis 49 | 81 | 5,2 | 7 | 2,1 |
| 30 bis 39 | 134 | 8,6 | 17 | 5,1 |
| 25 bis 29 | 99 | 6,4 | 13 | 3,9 |
| 20 bis 24 | 141 | 9,0 | 18 | 5,4 |
| 15 bis 19 | 156 | 10,0 | 28 | 8,4 |
| 10 bis 14 | 191 | 12,3 | 48 | 14,3 |
| 4 bis 9 | 283 | 18,2 | 104 | 31,0 |
| 1 bis 3 | 263 | 16,9 | 50 | 14,9 |
| 0 | | | 26 | 7,8 |
| unbekannt | 4 | 0,3 | | |
| Gesamt | 1559 | 100,0 | 335 | 100,0 |

Tabelle 7: Verteilung der Anzahl der Unternehmensinsolvenzverfahren

Es kann mithin festgestellt werden, dass die Antwortgruppe in den Bereichen der geografischen Herkunft, des Geschlechts, des beruflichen Hintergrundes sowie der Anzahl von eröffneten Insolvenzverfahren 2003 im Wesentlichen mit der Grundgesamtheit übereinstimmen. Man kann die Antwortgruppe damit als verkleinertes, aber wirklichkeitsgetreues Abbild der Grundgesamtheit ansehen. Repräsentativität ist aufgrund dieser Ergebnisse gegeben.

306 Daten sind der Internetseite www.rws-verlag.de vom 31.8.2004 entnommen.

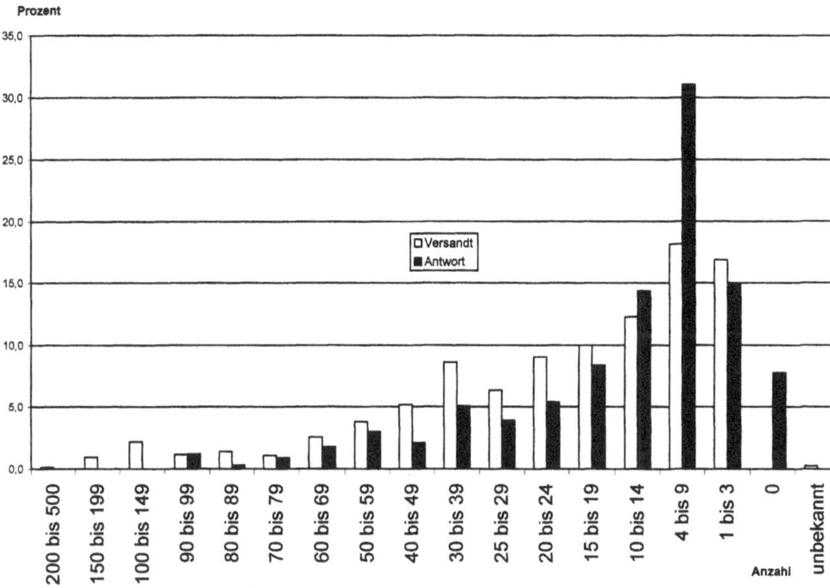


Abbildung 2: Grafik zu Tabelle 7

Ein zweites Erfordernis einer repräsentativen Umfrage ist, dass eine hinreichende Menge der angeschriebenen Personen geantwortet hat (Rücklaufquote). Je höher die Rücklaufquote, umso unwahrscheinlicher werden mögliche Abweichungen, desto genauer kann die Grundgesamtheit abgebildet werden. Verzerrungen könnten z.B. aus einer Überrepräsentativität bestimmter Teilnehmergruppen oder Ausreißer innerhalb der Gruppen, die bei einem geringeren Stichprobenumfang stärker ins Gewicht fallen, resultieren.

Es haben 350 Verwalter in sachlicher Hinsicht geantwortet und weitere 23 schriftlich, zehn per E-Mail und zwei telefonisch mitgeteilt, dass sie zum Umfragegegenstand nichts sagen können. Im Ergebnis bedeutet dies eine Anzahl von 385, d.h. eine Quote von 23,8 % (vgl. Tabelle 8). Diese Rücklaufquote ist angesichts der von der Wissenschaft vorhergesagten Quote bei postalischer Befragung von etwa 10 %[307] als sehr überdurchschnittlich zu bewerten und trägt

---

307 Vgl. hierzu *Friedrichs*, Sozialforschung, S. 237; *Holm*, Befragung, S. 187; *Scheffler* in: Herrmann/Homburg, Marktforschung, S. 70 („sehr niedrige Rücklaufquote"); vgl. im Übrigen die Übersicht bei *Hüttner*, Marktforschung, S. 71; siehe aber auch die eher positive Einschätzung dieser Messmethode bei *Diekmann*, S. 374.

dazu bei, dass auch im Hinblick auf diese Tatsache ein wichtiges Kriterium für die Frage der Repräsentativität gegeben ist.[308]

Aufgrund der hohen Vergleichbarkeit der Antwortgruppe und der Grundgesamtheit sowie der sehr überdurchschnittlichen Rücklaufquote sind die Ergebnisse für die Bundesrepublik Deutschland für das Jahr 2003 als repräsentativ anzusehen. Die folgenden Daten sind daher auf die Gesamtheit der 2003 zum Insolvenzverwalter bestellten Personen sowie die Unternehmensinsolvenzverfahren übertragbar.

| | Anzahl | % |
|---|---|---|
| Sachliche Antwort | 350 | 21,6 |
| Absage per Post | 23 | 1,4 |
| Absage per E-Mail | 10 | 0,6 |
| Absage per Telefon | 2 | 0,1 |
| Gesamt | 385 | **23,8** |
| Angeschrieben | 1621 | |

Tabelle 8: Rücklaufquote

## II. Grundhypothese

### 1. Die Kernaussage

Die Grundhypothese der Umfrage lautet, dass die Bedeutung des Beschlussverfahrens in der insolvenzrechtlichen Praxis gering, d.h. genauer nahe Null ist.

#### a) Bundesweite Relevanz

Von den 350 Teilnehmern, die sachlich antworteten, haben 294 Teilnehmer die Frage, ob sie 2003 das Beschlussverfahren nach §§ 126 ff. InsO beantragt haben, mit „Nein“ beantwortet, lediglich fünf Teilnehmer haben hingegen das Verfahren beantragt. 51 Teilnehmer haben die Frage nicht beantwortet, sie werden als „System fehlend“ ausgewiesen. Um diese 51 Teilnehmer bereinigt, haben mithin lediglich 1,7 % der 2003 bestellten Insolvenzverwalter das Beschlussverfahren angewendet, vgl. Tabelle 9.

Im Teil B. des Fragebogens wurden ausschließlich Fragen betreffend das Beschlussverfahren bei konkreter Anwendung thematisiert, es werden also Informationen zu den fünf durchgeführten Beschlussverfahren abgefragt. Die 51

---

[308] Auch die Umfrage von *Keller-Stoltenhoff* erreichte in der hier interessierenden Gruppe der Verwalter lediglich 9,8 %, *Keller-Stoltenhoff*, S. 21, 23.

nicht antwortenden Teilnehmer haben diesen Teil (und insb. die Frage B 1: „Wie oft haben Sie in den 2003 eröffneten Insolvenzverfahren das Beschlussverfahren [§§ 126 ff. InsO] durchgeführt“) nicht beantwortet. Die weiteren Fragen in Teil C. und D., die von der Durchführung des Beschlussverfahrens unabhängig sind, wurden hingegen beantwortet. Diese Teilnehmer haben das Beschlussverfahren nicht angewendet, müssen mithin der Antwort „Nein“ zugeordnet werden, so dass sich der Prozentsatz der Insolvenzverwalter, die das Beschlussverfahren durchgeführt haben, auf 1,4 % reduziert. 98,6 % der Insolvenzverwalter haben das Verfahren nicht angewendet, vgl. Tabelle 10.

**Anwendung Beschlussverfahren**

| | | Häufigkeit | Prozent | Gültige Prozente | Kumulierte Prozente |
|---|---|---|---|---|---|
| Gültig | Nein | 294 | 84,0 | 98,3 | 98,3 |
| | Ja | 5 | 1,4 | 1,7 | 100,0 |
| | Gesamt | 299 | 85,4 | 100,0 | |
| Fehlend | System | 51 | 14,6 | | |
| Gesamt | | 350 | 100,0 | | |

Tabelle 9: Die Anwendung des Beschlussverfahrens

**Anwendung des Verfahrens bereinigt**

| | | Häufigkeit | Gültige Prozente |
|---|---|---|---|
| Gültig | Nein | 345 | 98,6 |
| | Ja | 5 | 1,4 |
| | Gesamt | 350 | 100,0 |

Tabelle 10: Die Anwendung des Beschlussverfahrens, bereinigt

Erheblich eindeutiger noch fällt die Irrelevanz des Beschlussverfahrens in der Praxis aus, wenn die konkret durchgeführten Beschlussverfahren personenunabhängig im Verhältnis zu den abgefragten Unternehmensinsolvenzverfahren betrachtet werden. Die 350 Verwalter gaben für den Zeitraum 1.1.2003 bis 31.12.2003 4.948 eröffnete Unternehmensinsolvenzen an. Gegenüber dieser Zahl verlieren die fünf Verfahren mit 0,1 % vollkommen an Bedeutung. Übertragen auf 39.320 Unternehmensinsolvenzverfahren 2003 bedeutet dies, dass bundesweit hochgerechnet etwa 39 Beschlussverfahren durchgeführt worden sind.[309]

[309] Eine Statistik bzgl. der Beschlussverfahren nach §§ 126 ff. InsO gibt es – soweit ersichtlich – jedoch nicht.

Es kann damit zunächst ohne weitere Analysen festgestellt werden, dass das Beschlussverfahren nach §§ 126 ff. InsO in der Bundesrepublik Deutschland im Jahr 2003 keine Bedeutung hatte.

### b) Gebiet der Bundesländer Thüringen, Sachsen, Sachsen-Anhalt, Brandenburg, Mecklenburg-Vorpommern, Berlin (= sog. neue Bundesländer)

Aufgrund der Tatsache, dass die Möglichkeit, das Beschlussverfahren anzuwenden, in den sog. alten Bundesländern schon seit 1996 besteht, erscheint es wichtig, die Relevanz des Verfahrens auch nach dem regionalen Tätigkeitsschwerpunkt, also alten und neuen Bundesländern aufzugliedern. Es wird dabei von folgenden Annahmen ausgegangen: zum einen wird Berlin zu den sog. neuen Bundesländern gezählt, zum zweiten werden die Teilnehmer „gemischt" (= Insolvenzverwalter, die angaben, sowohl in den alten, als auch in den neuen Bundesländern tätig zu sein, vgl. Tabelle 2, oben, Seite 89) weder gesondert ausgewiesen, noch in die jeweiligen Statistiken einbezogen, obwohl sie eigentlich in beide Gruppen gleichermaßen eingerechnet werden müssten.[310]

| | | Eröffnete Insolvenzverfahren 2003 | Tatsächliche Fortführung | Betriebsbedingte Kündigungen | Anwendung Beschlussverfahren | Anwendung des Verfahrens bereinigt |
|---|---|---|---|---|---|---|
| N | Gültig | 48 | 45 | 45 | 44 | 48 |
| | Fehlend | 0 | 3 | 3 | 4 | 0 |
| Mittelwert | | 17,13 | 2,96 | 2,60 | | |
| Minimum | | 0 | 0 | 0 | | |
| Maximum | | 53 | 22 | 22 | | |
| Summe | | 822 | 133 | 117 | | |

Tabelle 11: Daten zur Grundhypothese in den sog. neuen Bundesländern

In den sog. neuen Bundesländern haben 48 Insolvenzverwalter 822 Insolvenzverfahren angegeben, Tabelle 11. Dies sind 16,6 % der gesamten angegebenen Unternehmensinsolvenzverfahren. Jeder Insolvenzverwalter in den neuen Bundesländern betreute im Durchschnitt 17,1 Verfahren, was über dem bundesweiten Durchschnitt von 14,8 liegt, vgl. hierzu Tabelle 6, oben, Seite 92.

310 Die Gruppe der 15 Insolvenzverwalter, die einen „gemischten" Tätigkeitsbereich angegeben haben, macht dennoch 703 Unternehmensinsolvenzverfahren aus (= 14,1 % der Gesamtverfahren) und stellt den Insolvenzverwalter, der mit 105 Verfahren die von den Antwortenden meisten Unternehmensinsolvenzverfahren betreute. Innerhalb dieser Gruppe wurde das Beschlussverfahren jedoch nicht angewendet.

In den neuen Bundesländern wurde das Beschlussverfahren nach §§ 126 ff. InsO von den teilnehmenden (repräsentativen) Insolvenzverwaltern nicht angewendet, vgl. Tabelle 12. Dies erscheint umso erstaunlicher, wenn in die Betrachtung einbezogen wird, dass fast jedes vierte Insolvenzverfahren (= 24,8 %) in diesen Gebieten beantragt und eröffnet wurde.[311]

| | | Häufigkeit | Prozent | Bereinigt | Kumulierte Prozente |
|---|---|---|---|---|---|
| Gültig | Nein | 44 | 91,7 | 100,0 | 100,0 |
| Fehlend | System | 4 | 8,3 | | |
| Gesamt | | 48 | 100,0 | | |

Tabelle 12: Anwendung des Beschlussverfahrens in den neuen Bundesländern, bereinigt

### c) Gebiet der Bundesländer Bayern, Baden-Württemberg, Hessen, Nordrhein-Westfalen, Saarland, Rheinland-Pfalz, Hamburg, Bremen, Niedersachsen, Schleswig-Holstein (= sog. alte Bundesländer)

In den sog. alten Bundesländern haben 277 Insolvenzverwalter 3.339 Unternehmensinsolvenzverfahren durchgeführt (= 67,5 % der angegebenen Unternehmensinsolvenzverfahren), vgl. Tabelle 13. Durchschnittlich betreuten sie damit 12,6 Verfahren, was unter dem Bundesdurchschnitt liegt, vgl. hierzu erneut Tabelle 6, oben, Seite 92.

| | | Eröffnete Insolvenzverfahren 2003 | Tatsächliche Fortführung | Betriebsbedingte Kündigungen | Anwendung Beschlussverfahren | Anwendung des Verfahrens bereinigt |
|---|---|---|---|---|---|---|
| N | Gültig | 265 | 248 | 241 | 235 | 277 |
| | Fehlend | 12 | 29 | 36 | 42 | 0 |
| Mittelwert | | 12,60 | 3,04 | 2,63 | | |
| Minimum | | 0 | 0 | 0 | | |
| Maximum | | 104 | 25 | 20 | | |
| Summe | | 3339 | 753 | 633 | | |

Tabelle 13: Daten zur Grundhypothese in den sog. alten Bundesländern

Die fünf Beschlussverfahren nach §§ 126 ff. InsO wurden alle in den sog. alten Bundesländern durchgeführt, vgl. hierzu Tabelle 14 und oben Fußnote 310. Dies kann seine Gründe darin haben, dass das Beschlussverfahren dort bereits seit

---

311 Quelle: http://www.destatis.de/basis/d/insol/insoltab1.php vom 31.8.2004.

1996 angewendet werden kann, die Insolvenzverwalter mit Tätigkeitsschwerpunkt „West“ mithin mit der Materie „vertrauter“ sind. In Anbetracht der Tatsache, dass auch die Insolvenzverwalter, die sowohl in den neuen als auch in den alten Bundesländern tätig sind, das Beschlussverfahren nicht angewendet haben, erscheint diese Erklärung jedoch eher spekulativ.

| | | Häufigkeit | Prozent | Gültige Prozente | Kumulierte Prozente |
|---|---|---|---|---|---|
| Gültig | Nein | 272 | 98,2 | 98,2 | 98,2 |
| | Ja | 5 | 1,8 | 1,8 | 100,0 |
| | Gesamt | 277 | 100,0 | 100,0 | |

Tabelle 14: Anwendung des Beschlussverfahrens in den alten Bundesländern, bereinigt

Bereinigt um die nichtantwortenden Teilnehmer ergibt sich, dass lediglich 1,8 % der Insolvenzverwalter mit Tätigkeitsschwerpunkt „West“ das Beschlussverfahren anwenden, 98,2 % tun dies nicht, Tabelle 14. Aufgrund der Nichtanwendung in den neuen Bundesländern liegt dieser Wert etwas über dem Bundesdurchschnitt von 1,4 % (vgl. Tabelle 10, oben, Seite 95).

Personenunabhängig betrachtet findet das Beschlussverfahren in lediglich 0,15 % der in den alten Bundesländern eröffneten Unternehmensinsolvenzverfahren Anwendung, in 99,85 % wird es nicht angewendet. Die Veränderung gegenüber dem Bundesdurchschnitt liegt im hundertstel Bereich.

### d) Zwischenergebnis

Anhand dieser Ergebnisse kann die Grundhypothese als bewiesen angesehen werden. Das Beschlussverfahren ist überflüssig und eine gesetzgeberische Fehlleistung. In den neuen Bundesländern findet das Beschlussverfahren keine Anwendung. Es erscheint unter Berücksichtigung dieses Befundes zum einen schwierig, das Beschlussverfahren als taugliche Sanierungserleichterung zu verstehen, andererseits ist dringend geboten zu klären, weshalb die Relevanz so marginal ist. Dies ist Gegenstand der folgenden Ausführungen.

## 2. Begründungshypothese 1 (= Eignung)

Ein Hauptgrund für die Rechtfertigung der Aussage, dass das Beschlussverfahren nach §§ 126 ff. InsO als gesetzgeberische Fehlleistung zu bewerten ist, liegt darin, dass nur wenige Unternehmensinsolvenzverfahren überhaupt geeignet sind, Grundlage des Beschlussverfahrens zu sein.

**a) Bundesweit**

Ausgangspunkt der Überlegungen ist die Anzahl der angegebenen eröffneten Unternehmensinsolvenzverfahren 2003. Die antwortenden Insolvenzverwalter haben 4.948 Verfahren betreut, von denen in 1.061 Verfahren (21,4 %) das Unternehmen nach der Insolvenzeröffnung tatsächlich fortgeführt worden ist und in denen in 923 Verfahren (18,7 %) überhaupt nur betriebsbedingte Kündigungen ausgesprochen worden sind, Tabelle 15.

Bei der Auswertung fielen allerdings Fragebögen auf, bei denen auf die Frage nach den betriebsbedingten Kündigungen in einem eröffneten Unternehmensinsolvenzverfahren, in dem der Betrieb auch tatsächlich fortgeführt worden ist, eine höhere Zahl angegeben wurde, als bei der Frage nach der tatsächlichen Fortführung, obwohl auf diese Frage Bezug genommen wurde. Diese Antworten können logisch nicht erklärt werden. Bezöge man diese Antworten gleichwohl – wie in Tabelle 15 geschehen – in die Auswertung ein, würde die Anzahl der Insolvenzverfahren, in denen betriebsbedingte Kündigungen ausgesprochen wurden, künstlich erhöht und damit nicht wirklichkeitsgetreu dargestellt.

| | | Eröffnete Insolvenzverfahren 2003 | Tatsächliche Fortführung | Betriebsbedingte Kündigungen |
|---|---|---|---|---|
| N | Gültig | 335 | 316 | 309 |
| | Fehlend | 15 | 34 | 41 |
| Mittelwert | | 14,77 | 3,36 | 2,99 |
| Minimum | | 0 | 0 | 0 |
| Maximum | | 105 | 30 | 30 |
| Summe | | 4948 | 1061 | 923 |

Tabelle 15: Vergleich Gesamtunternehmensinsolvenzverfahren, tatsächliche Fortführung und betriebsbedingte Kündigungen

Unter Herausnahme dieser Fragebögen für die vorliegende Analyse verbleiben 4.478 Unternehmensinsolvenzverfahren, von denen in 992 Verfahren das Unternehmen nach Insolvenzeröffnung auch tatsächlich fortgeführt worden ist und von denen in 736 Fällen betriebsbedingte Kündigungen ausgesprochen wurden, vgl. Tabelle 16. Die tatsächliche Fortführung eines Unternehmens ist die Grundvoraussetzung für die Anwendung des Beschlussverfahrens, da anderenfalls eine Betriebsstilllegung gegeben ist, bei der eine Sozialauswahl nicht erforderlich ist. Ebenfalls ist die Feststellung notwendig, in wie vielen Fällen der Insolvenzverwalter überhaupt betriebsbedingte Kündigungen ausgesprochen hat, denn allein für diese Fälle kann ein kündigungsschutzrechtliches Beschlussverfahren nach §§ 126 ff. InsO von Bedeutung sein.

Dabei ergibt sich, dass die tatsächliche Fortführung der Unternehmen/des Betriebs in lediglich 22,2 % der Gesamtverfahren erfolgte[312] und eine betriebsbedingte Kündigung in 74,2 % dieser Fälle ausgesprochen wurde. Letzteres bedeutet 16,4 % im Verhältnis zu der Gesamtzahl der eröffneten Unternehmensinsolvenzverfahren. Auf die Gesamtzahl der Unternehmensinsolvenzen 2003 (= 39.320) hochgerechnet bedeutet dies, dass das Beschlussverfahren lediglich auf ca. 6.463 Verfahren überhaupt hätte angewendet werden können. Alle anderen Verfahren liegen außerhalb des Anwendungsbereiches des Sanierungsinstruments „Beschlussverfahren nach §§ 126 ff. InsO".

Bestätigt wird diese Aussage auch durch einen Teilnehmer, der im Anwendungsbereich einen Grund für die fehlende praktische Relevanz sieht:

*„Das Beschlussverfahren gem. § 126 InsO kann erst im eröffneten Insolvenzverfahren durchgeführt werden. Häufig wird aber im Rahmen einer sog. „übertragenden Sanierung" der Betrieb am Tag der Verfahrenseröffnung veräußert."*

Zu diesem Zeitpunkt allerdings sind betriebsbedingte Kündigungen entweder bereits erfolgt oder die soziale Rechtfertigung wird infolge der Stilllegung nicht mehr streitig sein.

| | | Eröffnete Insolvenzverfahren 2003 | Tatsächliche Fortführung | Betriebsbedingte Kündigungen |
|---|---|---|---|---|
| N | Gültig | 278 | 282 | 282 |
| | Fehlend | 4 | 0 | 0 |
| Mittelwert | | 16,11 | 3,52 | 2,61 |
| Minimum | | 0 | 0 | 0 |
| Maximum | | 105 | 30 | 30 |
| Summe | | 4478 | 992 | 736 |

Tabelle 16: Vergleich Gesamtunternehmensinsolvenzverfahren, tatsächliche Fortführung und betriebsbedingte Kündigungen, bereinigt

Unter Zugrundelegung dieser Daten ist die Grundhypothese weiter zu verfeinern. Es wurde festgestellt, dass lediglich in 0,1 % der angegebenen Gesamtverfahren das Beschlussverfahren nach §§ 126 ff. InsO angewendet wurde.[313] Im

312 In 21,4 % der bereinigten Fälle haben die Insolvenzverwalter überhaupt keinen Betrieb fortgeführt, mithin also noch vor Verfahrenseröffnung stillgelegt. Insgesamt 84,8 % haben bis zu 50 % der Unternehmen fortgeführt. Immerhin 6,2 % haben mehr als 90 % der Unternehmen nach der Insolvenzeröffnung fortgeführt.

313 Eine Veränderung aufgrund der bereinigten Gesamtzahl von 4.478 Verfahren liegt lediglich im hundertstel Bereich vor.

Verhältnis zu der tatsächlichen Fortführung (bereinigt) geschah dies in 0,5 % der Fälle, im Verhältnis zu den Insolvenzverfahren, in denen betriebsbedingte Kündigungen ausgesprochen wurden (bereinigt), geschah dies in 0,7 % der Fälle. Aber auch diese Zahlen lassen in Bezug auf die Bedeutung des Beschlussverfahrens keine positivere Bewertung zu.

### b) Sog. neue Bundesländer

Auch innerhalb der Begründungshypothese 1 muss eine Unterscheidung im Hinblick auf die Eignung der Unternehmensinsolvenzverfahren nach alten und neuen Bundesländern getroffen werden. Im Folgenden wird von den um unlogische Antworten bereinigten Zahlen ausgegangen. Ebenfalls herausgefiltert werden die Antworten der Insolvenzverwalter, die keinen örtlichen Tätigkeitsschwerpunkt genannt haben.

Von 733 (bereinigten) Unternehmensinsolvenzverfahren wurde in 122 Verfahren (= 16,6 %) das Unternehmen tatsächlich fortgeführt. Betriebsbedingte Kündigungen wurden in 73,0 % dieser Fälle ausgesprochen, Tabelle 17. Letzteres bedeutet 12,1 % im Verhältnis zu der Gesamtzahl der eröffneten Unternehmensinsolvenzverfahren von Insolvenzverwaltern mit Tätigkeitsschwerpunkt „Ost“. Damit ist die Fortführungsquote in den neuen Bundesländern deutlich geringer als im Bundesdurchschnitt (16,6 % zu 22,2 %).

| | | Eröffnete Insolvenzverfahren 2003 | Tatsächliche Fortführung | Betriebsbedingte Kündigungen |
|---|---|---|---|---|
| N | Gültig | 41 | 41 | 41 |
| | Fehlend | 0 | 0 | 0 |
| Mittelwert | | 17,88 | 2,98 | 2,17 |
| Minimum | | 1 | 0 | 0 |
| Maximum | | 53 | 22 | 22 |
| Summe | | 733 | 122 | 89 |

Tabelle 17: Vergleich Gesamtunternehmensinsolvenzverfahren, tatsächliche Fortführung und betriebsbedingte Kündigungen in den sog. neuen Bundesländern, bereinigt

### c) Sog. alte Bundesländer

In den sog. alten Bundesländern wurde in 704 von 3.013 Unternehmensinsolvenzverfahren das Unternehmen tatsächlich fortgeführt (= 23,4 %), Tabelle 18. In 513 Verfahren (= 72,9 %) wurden betriebsbedingte Kündigungen ausgesprochen. Im Verhältnis zu der Gesamtzahl von 3.013 Verfahren bedeutet dies 17,0 %.

| | | Eröffnete Insolvenzverfahren 2003 | Tatsächliche Fortführung | Betriebsbedingte Kündigungen |
|---|---|---|---|---|
| N | Gültig | 218 | 221 | 221 |
| | Fehlend | 3 | 0 | 0 |
| Mittelwert | | 13,82 | 3,19 | 2,32 |
| Minimum | | 0 | 0 | 0 |
| Maximum | | 104 | 25 | 20 |
| Summe | | 3013 | 704 | 513 |

Tabelle 18: Vergleich Gesamtunternehmensinsolvenzverfahren, tatsächliche Fortführung und betriebsbedingte Kündigungen in den sog. alten Bundesländern, bereinigt

Auch hier fällt auf, dass die Stilllegungsquote in den sog. neuen Bundesländern deutlich höher als in den alten Bundesländern ist. Andererseits ist die Quote der Verfahren, in denen betriebsbedingte Kündigungen ausgesprochen worden sind, höher als in den neuen Bundesländern. Ein sinnvoller Vergleich dieser Quoten ist allerdings nur dann möglich, wenn auch die konkrete Verteilung der Unternehmensinsolvenzverfahren pro Kopf in Ost und West etwa der Gesamtverteilung entspricht.

Dabei ergibt sich aus Abbildung 3, dass die Verteilung der Anzahl pro Kopf übernommener Unternehmensinsolvenzverfahren in den Regionen Ost und West zwar leicht variieren, letztlich aber auch hier eine hohe Übereinstimmung erreicht worden ist. Damit ist die Gefahr der Verschiebung der Fortführungsquoten durch Ausreißer als relativ gering anzusehen. Über Gründe für die Tatsache, dass die Fortführungsquote in den neuen Bundesländern geringer ist, als in den alten Bundesländern, ließe sich spekulieren. Es ist aber nicht Hauptgegenstand dieser rechtstatsächlichen Erhebung, Unternehmensfortführungs- oder -stilllegungsgründe zu erforschen.

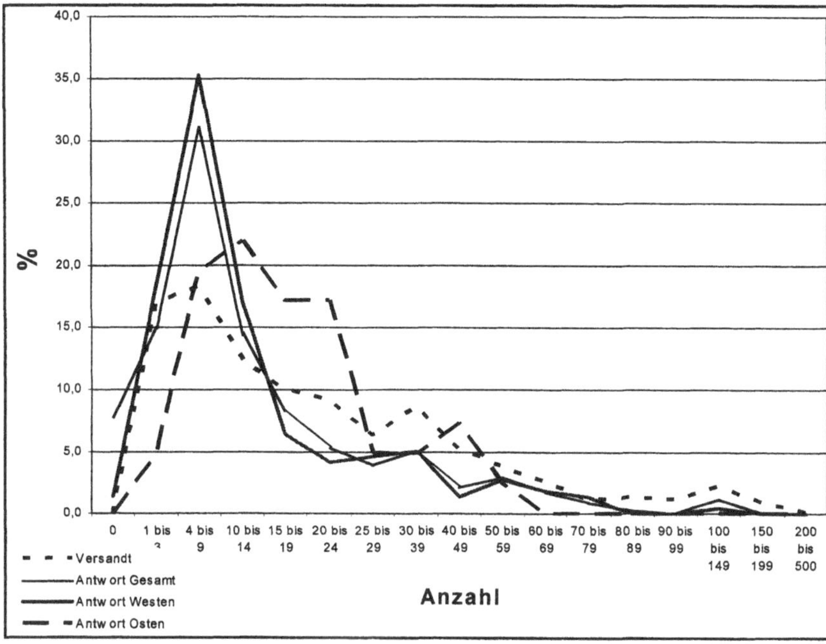


Abbildung 3: Vergleich der Anzahl der Unternehmensinsolvenzverfahren in Ost und West mit der Gesamtverteilung

## d) Gemischter Tätigkeitsbereich

Die 14 Insolvenzverwalter, deren Tätigkeitsschwerpunkt sowohl in den alten, als auch in den neuen Bundesländern lag, haben 659 Unternehmensinsolvenzverfahren in 2003 betreut, Tabelle 19. In 150 Verfahren wurde das Unternehmen auch tatsächlich fortgeführt (= 22,8 %). In 78,7 % dieser Fälle (= 118 Verfahren) wurden betriebsbedingte Kündigungen ausgesprochen. Im Verhältnis zu der Gesamtzahl der eröffneten Unternehmensinsolvenzverfahren bedeutet dies 17,9 %. Damit entsprechen diese Zahlen weitgehend den Zahlen der sog. alten Bundesländer. Auffällig ist allerdings der sehr hohe Mittelwert der eröffneten Unternehmensinsolvenzverfahren (47,07 Verfahren). Dies ist darauf zurückzuführen, dass von den vier antwortenden Insolvenzverwaltern, die mindestens 100 Unternehmensinsolvenzverfahren in 2003 betreut haben (vgl. Tabelle 7, oben, Seite 92), drei dieser Gruppe zuzuordnen sind.

| | | Eröffnete Insolvenzverfahren 2003 | Tatsächliche Fortführung | Betriebsbedingte Kündigungen |
|---|---|---|---|---|
| N | Gültig | 14 | 14 | 14 |
| | Fehlend | 0 | 0 | 0 |
| Mittelwert | | 47,07 | 10,71 | 8,43 |
| Minimum | | 10 | 0 | 0 |
| Maximum | | 105 | 30 | 30 |
| Summe | | 659 | 150 | 118 |

Tabelle 19: Vergleich Gesamtunternehmensinsolvenzverfahren, tatsächliche Fortführung und betriebsbedingte Kündigungen in Insolvenzverfahren, die von Insolvenzverwaltern betreut wurde, die ost-west-übergreifend tätig sind, bereinigt

## e) Zwischenergebnis

Als Zwischenergebnis kann festgehalten werden, dass im Bundesdurchschnitt in 22,2 % der Unternehmensinsolvenzverfahren das Unternehmen tatsächlich fortgeführt wird, im Osten sind dies 16,6 %, im Westen 23,4 % und in den von ost-west-übergreifend tätigen Insolvenzverwaltern durchgeführten Unternehmensinsolvenzverfahren 22,8 %. Betriebsbedingte Kündigungen werden im Bundesdurchschnitt in den fortgeführten Unternehmen in 16,4 % der Verfahren ausgesprochen, im Osten sind dies 12,1 %, im Westen 17,0 %, in der Gruppe ost-west-übergreifende Insolvenzverwalter 17,9 %. In den zuletzt genannten Prozentzahlen kann die Relevanz des Beschlussverfahrens verdeutlicht werden, denn lediglich in diesen Fällen liegt der Anwendungsbereich des Beschlussverfahrens.

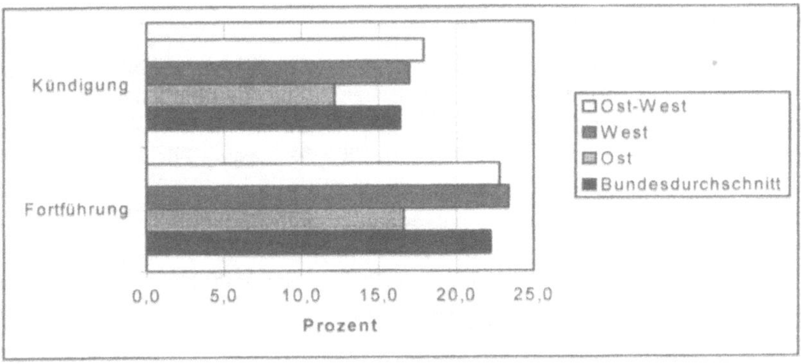


Abbildung 4: Grafik zu der prozentualen Fortführung und dem Ausspruch betriebsbedingter Kündigungen

Damit lässt sich festhalten, dass dem Beschlussverfahren sowohl in der tatsächlichen Anwendung als auch in Bezug auf die Verfahren, für die die Anwendungsvoraussetzungen des Beschlussverfahrens gegeben sind, eine sehr geringe Bedeutung zukommt.

### 3. Begründungshypothese 2

Neben der Eignung der Insolvenzverfahren für das Beschlussverfahren, ergibt sich die mangelnde Bedeutung auch daraus, dass die Insolvenzverwalter versuchen, die sanierungshemmenden Rechtsfolgen des § 613a BGB auf andere Weise zu umgehen oder Personal ohne betriebsbedingte Kündigungen abzubauen. In einem solchen Fall ist ein Beschlussverfahren zur gemeinschaftlichen Klärung der sozialen Rechtfertigung nicht erforderlich.

Bereits Keller-Stoltenhoff fragte danach, wie im Einzelfall versucht worden ist, die sich aus der Anwendbarkeit des § 613a BGB ergebenden Schwierigkeiten zu lösen. Als Lösungswege nannte die Gruppe der hier interessierenden Konkursverwalter die Berücksichtigung bei der Festsetzung des Kaufpreises (53,3 %), den Abschluss von Aufhebungsverträgen (56 %), die fristlose Kündigung seitens der Arbeitnehmer (36 %), die Zahlung erheblicher Abfindungen (37,3 %) sowie die Freistellung des Erwerbers von den Verpflichtungen des § 613a BGB durch den Veräußerer im Innenverhältnis (37,3 %).[314]

Die Teilnehmer der vorliegenden Umfrage beantworteten die Frage, warum das Beschlussverfahren nicht angewendet worden ist, zunächst aufgrund geschlossener Antworten, aber auch im Rahmen von eigenen Antworten. Es wurden folgende Antwortmöglichkeiten vorgegeben. 1) „Ich habe vorher einen Interessenausgleich abgeschlossen, § 125 InsO“; 2) „Ich habe mich mit den Arbeitnehmern auf Aufhebungsverträge geeinigt“; 3) „Es gab freiwillige Eigenkündigungen“; 4) „Die Arbeitnehmer haben freiwillig auf Teile ihrer Vergütung verzichtet“; 5) „Der Erwerber hat die Arbeitnehmer bei Minderung des Kaufpreises übernommen“. Aufgrund der Tatsache, dass Mehrfachantworten zulässig waren, ergeben sich in Tabelle 20 Prozentzahlen, die in der Summe 100 % überschreiten.

120 Insolvenzverwalter (= 34,3 % der 350 in sachlicher Hinsicht antwortenden Teilnehmer) haben das Beschlussverfahren nicht angewendet, weil sie sich mit den Arbeitnehmern auf Aufhebungsverträge einigen konnten. Weitere 114 (= 32,6 %) konnten die Arbeitnehmer zu freiwilligen Eigenkündigungen bewegen, vgl. Tabelle 20. Von den Insolvenzverwaltern, die sich auf Aufhebungsverträge einigen konnten, haben 74 (= 61,7 %) auch die Antwort „freiwillige Eigenkün-

---

[314] Vgl. genauer zu den Ergebnissen: *Keller-Stoltenhoff*, S. 54 ff.

digungen“ angekreuzt, vgl. Tabelle 21. In beiden Fällen musste bezüglich der beteiligten Arbeitnehmer keine betriebsbedingte Kündigung ausgesprochen werden, so dass die Anwendung des Beschlussverfahrens überflüssig war.

Die im Vorfeld der Umfrage persönlich befragten Insolvenzverwalter bestätigten die Überlegung, dass die Insolvenzverwalter solange auf die Arbeitnehmer einwirken, bis diese dann freiwillig ihren Arbeitsplatz aufgeben. Für den Fall des nicht eröffneten Insolvenzverfahrens wird dies in der Praxis auch dadurch gefördert, dass die Arbeitnehmer eine geraume Zeit kein Geld bekommen haben und mangels Eröffnung des Insolvenzverfahrens auch noch kein Insolvenzausfallgeld gezahlt wurde. Es besteht dann die Möglichkeit, dass der Arbeitnehmer freiwillig kündigt und vom Arbeitsamt das Arbeitslosengeld erhalten kann, vgl. § 117 Abs. 1 SGB III i.d.F. bis zum 31.12.2004.[315]

| | Absolut | Verhältnis zu in sachlicher Hinsicht antwortenden Insolvenzverwaltern in % |
|---|---|---|
| Aufhebungsverträge | 120 | 34,3 |
| Freiwillige Eigenkündigungen | 114 | 32,6 |
| Interessenausgleich, § 125 InsO | 79 | 22,6 |
| Übernahme der Arbeitnehmer bei Minderung des Kaufpreises | 74 | 21,1 |
| Betriebseinstellung/keine Sozialauswahl nötig/keine Arbeitnehmer | 30 | 8,6 |
| Freiwilliger Verzicht auf Teile der Vergütung | 12 | 3,4 |
| Normale Kündigungen sind ohne Klage durchgegangen | 10 | 2,9 |
| Kein Betriebsrat | 8 | 2,3 |
| Voraussetzungen des Beschlussverfahrens lagen nicht vor | 3 | 0,9 |
| Verfahren zu schwerfällig | 2 | 0,6 |

Tabelle 20: Die Gründe für die Nichtanwendung des Beschlussverfahrens nach §§ 126 ff. InsO

315 Eine Sperrzeit gem. § 144 Abs. 1 Satz 1 Nr. 1 SGB III i.d.F. bis zum 31.12.2004 wegen vorsätzlicher arbeitnehmerseitiger Lösung des Beschäftigungsverhältnisses scheidet deswegen aus, weil anerkannt ist, dass ein die Sperrzeit verhindernder wichtiger Grund in allen Gründen zu sehen ist, die auch gem. § 626 Abs. 1 BGB zu einer außerordentlichen arbeitnehmerseitigen Kündigung berechtigen würden (vgl. BSG 17.7.1964, BSGE 21, 205, 207). Ein solcher Grund kann bei Lohnrückständen bejaht werden (vgl. hierzu *Müller-Glöge* in: ErfK, § 626 BGB, Rn. 200).

Anzahl

| | | Freiwillige Eigenkündigungen | | |
|---|---|---|---|---|
| | | Nein | Ja | Gesamt |
| Aufhebungsverträge | Nein | 97 | 40 | 137 |
| | Ja | 46 | 74 | 120 |
| Gesamt | | 143 | 114 | 257 |

Tabelle 21: Kombination von Antworten Aufhebungsverträge und freiwillige Eigenkündigungen

Als weitere Möglichkeit zur Vermeidung sanierungshemmender Wirkungen haben 22,6 % der antwortenden Insolvenzverwalter (= 79) vor der Einleitung des Beschlussverfahrens einen Interessenausgleich nach § 125 InsO abgeschlossen, der zwingend die Möglichkeit der Beantragung des Beschlussverfahrens ausschließt (vgl. Wortlaut § 126 Abs. 1 Satz 1 InsO)[316]. Zwei Teilnehmer beschreiben die Kombination aus Aufhebungsverträgen, Eigenkündigungen und Interessenausgleich wie folgt:

*„Nach meiner Erfahrung hier im LG-Bezirk [...] kommt das Beschlussverfahren nach § 126 InsO so gut wie gar nicht zur Anwendung. Die meisten Insolvenzverwalter wählen den Weg über den Interessenausgleich nach § 125 InsO und bei Nichteinigung mit dem Betriebsrat den Weg der Einzelkündigungen und Aufhebungsverträge ohne Interessenausgleich!"*

*„[...]in diesen [Großverfahren[317]] hatten wir noch nie ein Beschlussverfahren; meist verhandeln wir Interessenausgleich und Sozialplan und/oder es gibt Eigenkündigungen."*[318]

Ein weiterer Teilnehmer sieht im Interessenausgleich die primäre Möglichkeit der Insolvenzordnung zur Erreichung des Personalabbaus und entspricht mit seiner Sichtweise der gesetzlichen Konzeption:

*„M.E. kommt bei sachgerechter Verhandlung des Interessenausgleiches dem Beschlussverfahren keine große Bedeutung zu."*

Der Interessenausgleich ist vor allem dann ein sinnvolles Sanierungsinstrument, wenn es um schnelle Rechtsklarheit und Vermeidung langwieriger Rechtsstreitigkeiten geht:

---

316 Vgl. hierzu näher § 2 A. I. 5. (Seite 13).

317 Einfügung des Verfassers dieser Arbeit aus dem Satz, der dem hier zitierten unmittelbar vorausgeht.

318 Hervorhebungen durch den Insolvenzverwalter.

*„[...]Wo ein Betriebsrat im Amt ist, da lassen sich Interessenausgleich und Sozialplan in der Regel konstruktiv lösen, allerdings nur dann, wenn der Sozialplan wirtschaftlich nicht leer läuft. Jede Eigensanierung oder übertragende Sanierung aus der Insolvenz erfordert schnelle Rechtsklarheit. Diese kostet Geld. Streitigkeiten geht man damit aus dem Wege.“*

Der Abbau von Personal steht nicht jedes Mal im Vordergrund, was aber – von der grundsätzlichen Möglichkeit der Klärung der sozialen Rechtfertigung von Änderungskündigungen abgesehen – Hauptziel des Beschlussverfahrens nach §§ 126 ff. InsO ist. 79 Insolvenzverwalter (= 21,1 %) haben sich mit einem potenziellen Erwerber auf die Übernahme der Belegschaft geeinigt, was aber in der Regel nur durch eine Reduzierung des Kaufpreises zu erreichen ist, vgl. Tabelle 20. Denn der Erwerber wird bei der dem § 613a Abs. 1 Satz 1 BGB entsprechenden Übernahme der Arbeitnehmer mit finanziellen Mehrbelastungen konfrontiert, die sich für ihn wirtschaftlich nur rechnen, wenn im Gegenzug der Kaufpreis für den übernommenen Betrieb reduziert wird. Das kann ein wichtiges Argument für die Veräußerung eines Betriebes sein:

*„[...]Arbeitnehmer werden vom Erwerber als „Problem des Insolvenzverwalters“ betrachtet. Kaufpreis häufig gekoppelt an Gefahr von § 613a BGB. Bei Erwerber erfolgt oft Preispolitik über Risikoabwägung „Wiedereinstellungsanspruch“. Teilweise Punkt in der Verhandlungstaktik.“*

Ein Insolvenzverwalter sah in der Übernahme der Arbeitnehmer eine Chance für den Erwerber:

*„Manchmal geht es dem Erwerber auch gerade um die Arbeitnehmer mit ihren auch u. U. festen Kundenbindungen.“*

Hieraus erklären sich auch die drei Fälle, in denen innerhalb der vorgegebenen Antwort die Worte „...bei Minderung des Kaufpreises...“ gestrichen wurden.

Den Umfrageteilnehmern wurde die Möglichkeit gegeben, jenseits der vorgegebenen geschlossenen Antworten eigene Erfahrungen anzugeben und Gründe dafür zu nennen, warum das Beschlussverfahren nicht angewendet wurde. Von dieser Möglichkeit wurde zahlreich Gebrauch gemacht, was allerdings aufgrund des großen Antwortradius dazu führt, dass ein Datenverarbeitungssystem diese Fälle aufgrund weitgehend fehlender Vergleichbarkeit und damit Codierbarkeit nicht zusammenfassen kann. Soweit Übereinstimmungen zu erkennen waren, erfolgte eine Gruppierung, deren zahlenmäßige Auswertung Inhalt folgender Ausführungen ist. Die sonstigen Antworten werden anschließend exemplarisch aufgeführt.

Für 30 Insolvenzverwalter (= 8,6 %) war der Anwendungsbereich des Beschlussverfahrens trotz grundsätzlicher Fortführung nach Verfahrenseröffnung verschlossen, weil es entweder zu einer späteren Stilllegung gekommen oder aus anderen Gründen eine Sozialauswahl nicht erforderlich war bzw. der Betrieb keine Arbeitnehmer hatte. Es handelt sich aufgrund der Linie in der Fragestellung um die Fälle, in denen das Insolvenzverfahren eröffnet wurde und das Unternehmen auch fortgeführt wurde, es aber dann zu einer Beendigung der Tätigkeit gekommen ist oder die Sozialauswahl aus anderen Gründen entfiel.

*„Es erfolgten z.T. nur Restarbeiten, zwar über Monate hinweg, aber die Stilllegung der Betriebe war klar."*

Lediglich zwölf Insolvenzverwalter (= 3,4 %) gaben an, dass Arbeitnehmer zugunsten des eigenen Arbeitsplatzes freiwillig auf Teile der Vergütung verzichtet haben, zehn (= 2,9 %) benötigten das Beschlussverfahren nicht, weil gegen die Kündigungen eine Kündigungsschutzklage nicht erhoben wurde.

Überraschend war die Antwort, es existiere kein Betriebsrat, so dass das Beschlussverfahren nicht angewendet werden konnte. Es wurde bereits in § 2 dieser Arbeit dargestellt, dass das Vorhandensein eines Betriebsrats keinesfalls Voraussetzung der Anwendbarkeit des Beschlussverfahrens ist. Lediglich dann, wenn ein Betriebsrat vorhanden ist, muss der Insolvenzverwalter versuchen, sich mit der Arbeitnehmervertretung auf einen Interessenausgleich zu einigen. Existiert kein Betriebsrat – und liegen nach der hier vertretenen Auffassung die Voraussetzungen einer Betriebsänderung vor – kann der Insolvenzverwalter das Beschlussverfahren sofort beantragen. Die acht Antworten lassen sich allerdings mit der Nullrelevanz des Beschlussverfahrens erklären. Das Verfahren wird in der Praxis nicht angenommen, so dass davon auszugehen ist, dass sich die Praktiker auch nicht umfassend mit dem Verfahren beschäftigen und daher Unsicherheiten und Fehlansichten über das Verfahren nicht auszuschließen sind.

Die Insolvenzverwalter gaben im Hinblick auf den offenen Teil der Frage nach den Gründen für die Nichtanwendung eine Reihe von Antworten, die sich nicht codieren ließen. Die Antworten enthielten allerdings teilweise aufschlussreiche Informationen zu Hintergründen der fehlenden Praxisrelevanz, so dass die Antworten auch exemplarisch aufgeführt werden. Dabei werden allerdings Antworten, die sich auf die konkreten Probleme mit dem Verfahren beziehen, erst im Rahmen der Begründungshypothese 3 aufgeführt und analysiert.

Relativ oft tauchte die Antwort auf, dass das Beschlussverfahren nicht angewendet wurde, weil der klassische Weg der Einzelkündigungen gewählt wurde bzw. weil die Arbeitnehmer die Kündigungen hingenommen haben.

*„Es wurden nach Anhörung Kündigungen ausgesprochen."*

*„Kündigung war auch ohne § 126 InsO wirksam"*

*„Normale betriebsbedingte Kündigungen wurden ausgesprochen. Risiko des Betriebsüberganges wurde mit (potenziellen) Erwerbern erörtert. Risiko wurde in Kauf genommen."*

*„Die Arbeitnehmer haben ausgesprochenen Kündigungen nicht widersprochen!“*

*„Kündigungen wurden als betrieblich bedingt anerkannt!“*

*„Arbeitnehmer waren mit Kündigungen einverstanden.“*

*„Nicht erforderlich; Arbeitnehmer haben Kündigungen akzeptiert.“*

*„Überprüfungen der Sozialauswahl erfolgten ggf. im Kündigungsschutzprozess, das vorgeschaltete Beschlussverfahren wird in der Regel für nicht erforderlich gehalten.“*

*„Das Unternehmen wurde stillgelegt und alle Arbeitnehmer entlassen, die Kündigungen waren dabei offensichtlich begründet und eine Vorabklärung entbehrlich. Es gab auch in der Folge keine Kündigungsschutzklagen.“*

In der Praxis wird – nach Ansicht der im Vorfeld der Untersuchung persönlich befragten Insolvenzverwalter – das Beschlussverfahren weitgehend nicht angewendet, weil die Insolvenzverwalter die Möglichkeit der Beschäftigungs- und Qualifizierungsgesellschaften wählen. Die Mitarbeiter werden hier weitergebildet, was durch die Agentur für Arbeit bis zu 50 % der aufzuwendenden Maßnahmekosten (höchstens jedoch bis zu 2.500 €) bezahlt wird, §§ 216a ff. SGB III. Die Masse wird also zumindest vorübergehend entlastet. Nebeneffekt ist, dass einige Arbeitnehmer aus dem Unternehmen freiwillig ausscheiden könnten, oder sich in der „erlernten“ Branche eine Möglichkeit der Arbeit suchen. Diese Vorgehensweise der Einschaltung von Zwischenhändlern, Transfer- und Auffanggesellschaften hingegen fand in den Antworten der Insolvenzverwalter lediglich in Einzelfällen Anklang.

*„Erwerber hat Arbeitnehmer übernommen; habe mit Transfergesellschaft gearbeitet.“*

*„In einem der zwei Unternehmen wurde das Problem über eine Qualifizierungsgesellschaft gelöst (Aufhebungsverträge), im zweiten musste der Betrieb doch eingestellt werden.“*

In vielen Antworten klang darüber hinaus auch das grundsätzliche Bestreben nach schneller Rechtsklarheit und der Vermeidung von Rechtsstreitigkeiten an, woraus sich die verschiedenen Gründe der Nichtanwendung des Beschlussverfahrens ergeben.

*„[...] möchte ich Ihnen aber mitteilen, dass das Beschlussverfahren gemäß §§ 126 bis 128 InsO nicht nur in meiner Praxis, sondern auch in der Praxis unserer Sozietät eigentlich überhaupt keine Rolle spielt. Entweder man löst den erforderlichen Personalabbau über eine Transfergesellschaft, oder aber man arbeitet im Rahmen der übertragenden Sanierung mit einer Sondermasse, aus der ein ausreichender Sozialplan angefüttert wird. Gestalten lässt sich dies*

*durch einen echten Vertrag zugunsten Dritter (der Arbeitnehmer), zu vereinbaren zwischen dem Insolvenzverwalter und der Auffanggesellschaft. Im Übrigen: Wo ein Betriebsrat im Amt ist, da lassen sich Interessenausgleich und Sozialplan in der Regel konstruktiv lösen, allerdings nur dann, wenn der Sozialplan wirtschaftlich nicht leer läuft. Jede Eigensanierung oder übertragende Sanierung aus der Insolvenz erfordert schnelle Rechtsklarheit. Diese kostet Geld. Streitigkeiten geht man damit aus dem Wege.“*

Im Gegenteil zu der Annahme der Relevanz der Auffanggesellschaften teilte ein Teilnehmer mit seiner Antwort sogar das Scheitern solcher Versuche mit.

*„Arbeitnehmer weigern sich häufig Arbeit in einer Auffanggesellschaft anzunehmen, weil es bequemer ist, Leistungen vom Arbeitsamt in Anspruch zu nehmen und nebenher schwarz zu arbeiten.“*

Schließlich wurde auch die Möglichkeit von Fonds zur Abgeltung der Rechte aus § 613a BGB genannt.

*„Kaufpreis und Aufhebungsverträge stehen im Vordergrund; Fonds zur Abgeltung der Rechte aus § 613a BGB“*

Im Ergebnis lässt sich festhalten, dass die Begründungshypothese 2 in vollem Umfang zutreffend ist. Die befragten Insolvenzverwalter benötigen das Beschlussverfahren nicht, weil sich die sanierungshemmenden Wirkungen des § 613a BGB bzw. der regelmäßigen Kündigungsvorschriften auf andere – dargestellte – Weise vermeiden lassen. Ob diese Vorgehensweisen letztlich erfolgreich waren, lässt sich anhand der vorliegenden Erhebung nicht beurteilen. Jedenfalls das Beschlussverfahren wurde als nicht hilfreich angesehen und daher auch nicht angewendet.

## 4. Begründungshypothese 3

Als dritten Grund für die Nichtanwendung des Beschlussverfahrens lassen sich grundsätzliche Probleme des Beschlussverfahrens anführen, die zu einer ausgeprägt negativen Bewertung des Verfahrens und damit zur Nichtanwendung führen (können). Das Beschlussverfahren dauert zu lange, um als hilfreiches Instrumentarium der grundsätzlichen Eilbedürftigkeit eines Insolvenzverfahrens gerecht zu werden. Daneben müssen zu viele Arbeitnehmer an dem gerichtlichen Verfahren beteiligt werden und der ergehende Beschluss bietet nicht die Rechtssicherheit, die aus der Sicht der Insolvenzverwalter für die erfolgreiche Sanierung erforderlich wäre.

### a) Dauer des Verfahrens

Zunächst ist der Frage der zu langen Verfahrensdauer nachzugehen. Aufgrund der geringen Relevanz des Beschlussverfahrens nach §§ 126 ff. InsO war zu erwarten, dass die Antwort „unentschieden“ oder „keine Antwort“ häufig gegeben würde. Tatsächlich haben sich 17 Teilnehmer trotz der Antwortmöglichkeit „keine Antwort“ vollkommen einer Bewertung enthalten, also nichts angekreuzt. Im Rahmen der statistischen Auswertungen wird aber davon ausgegangen, dass zwischen „keine Antwort“ und einer Enthaltung des Ankreuzens qualitativ kein Unterschied zu machen ist, so dass diesbezüglich eine Zusammenfassung erfolgte. Zur Verdeutlichung der Zustimmung oder Ablehnung zu den Aussagen, erfolgt an dieser Stelle auch die Zusammenfassung der 75 Teilnehmer, die voll zustimmen, mit den 64 Teilnehmern, die überwiegend zustimmen, zu der Antwortgruppe „ich stimme zu“ sowie der zwölf Teilnehmer, die nicht zustimmen, mit den zwei Teilnehmern, die überhaupt nicht zustimmen, zu der Antwortgruppe „ich stimme nicht zu“, vgl. hierzu Tabelle 22.

Daraus ergibt sich: Fast jeder Dritte (= 30,6 %) konnte oder wollte keine Antwort auf die Aussage „Das Beschlussverfahren dauert zu lange“ geben. Zusammen mit den Teilnehmern, die in der Beurteilung unentschieden sind (= 25,7 %), ist bei 56,3 % keine Tendenz zur Zustimmung oder Ablehnung der Aussage zu finden, vgl. Tabelle 23. 39,7 % der antwortenden Teilnehmer stimmen der Aussage zu, dass das Beschlussverfahren in der konkreten Anwendung zu lange dauert, vgl. Tabelle 23. 25,7 % der Insolvenzverwalter sind in der Beurteilung dieser Frage unentschieden, lediglich 4,0 % stimmen der Aussage nicht zu. Auch aus diesen Daten ergibt sich die fehlende praktische Relevanz des Beschlussverfahrens nach §§ 126 ff. InsO.

| | | Häufigkeit | Prozent | Gültige Prozente | Kumulierte Prozente |
|---|---|---|---|---|---|
| Gültig | Stimme voll zu | 75 | 21,4 | 30,9 | 30,9 |
| | Stimme überwiegend zu | 64 | 18,3 | 26,3 | 57,2 |
| | Unentschieden | 90 | 25,7 | 37,0 | 94,2 |
| | Stimme nicht zu | 12 | 3,4 | 4,9 | 99,2 |
| | Stimme überhaupt nicht zu | 2 | ,6 | ,8 | 100,0 |
| | Gesamt | 243 | 69,4 | 100,0 | |
| Fehlend | Gesamt | 107 | 30,6 | | |
| Gesamt | | 350 | 100,0 | | |

Tabelle 22: „Das Beschlussverfahren dauert zu lange“

Bereinigt man die Daten um die Personen, die keine Antwort gegeben haben, fällt die Antwort derjenigen, die sich in dieser Frage entschieden haben, eindeutig aus, vgl. Tabelle 23, dritte Spalte. 57,2 % der Insolvenzverwalter stimmen dann der Aussage „Das Beschlussverfahren dauert zu lange“ zu, lediglich 5,8 % stimmen nicht zu.

| | | Häufigkeit | Prozent | Gültige Prozente | Kumulierte Prozente |
|---|---|---|---|---|---|
| Gültig | ich stimme zu | 139 | 39,7 | 57,2 | 57,2 |
| | unentschieden | 90 | 25,7 | 37,0 | 94,2 |
| | ich stimme nicht zu | 14 | 4,0 | 5,8 | 100,0 |
| | Gesamt | 243 | 69,4 | 100,0 | |
| Fehlend | keine Antwort | 107 | 30,6 | | |
| Gesamt | | 350 | 100,0 | | |

Tabelle 23: „Das Beschlussverfahren dauert zu lange”, gruppiert

Deutlicher, wenn auch aufgrund der Gesamtanzahl von lediglich 5 Insolvenzverwaltern nur eingeschränkt aussagekräftig, fällt die Bewertung innerhalb der Teilnehmer aus, die in 2003 ein Insolvenzverfahren betreut haben, in dem ein Beschlussverfahren zur Anwendung kam. Vier von diesen fünf Insolvenzverwaltern (= 80,0 %) stimmen der Aussage zu, lediglich einer stimmt nicht zu (= 20,0 %), Tabelle 24. Aus dieser Anzahl lassen sich aber Rückschlüsse auf die Verlässlichkeit der Aussagen der Insolvenzverwalter ziehen, die mit 57,2 % der Aussage der zu langen Dauer zugestimmt haben, da die fünf Teilnehmer, die 2003 tatsächlich ein Beschlussverfahren durchgeführt haben, aufgrund eigener Erfahrung eine auf Fakten gegründete Bewertung der Aussage vornehmen konnten. Hätten die Teilnehmer anders bewertet, müsste die grundsätzlich negative Einstellung der Insolvenzverwalter als Vorurteil angesehen werden und das Ergebnis wäre als Begründungshypothese nur bedingt tauglich.

| | | Häufigkeit | Prozent |
|---|---|---|---|
| Gültig | ich stimme zu | 4 | 80,0 |
| | ich stimme nicht zu | 1 | 20,0 |
| | Gesamt | 5 | 100,0 |

Tabelle 24: „Das Beschlussverfahren dauert zu lange“, gruppiert und innerhalb der Teilnehmer, die das Beschlussverfahren 2003 angewendet haben

Im Rahmen einer teilweise offenen Frage sollten die Insolvenzverwalter das aus ihrer Sicht größte Hindernis nennen, das bei der Anwendung des Beschlussverfahrens auftritt oder auftreten kann, wobei Mehrfachantworten zulässig waren (D 16). Hierbei wurde als Antwortmöglichkeit erneut vorgegeben: „Das Beschlussverfahren dauert zu lange". 162 Insolvenzverwalter (= 46,3 % im Verhältnis zu den 350 in sachlicher Hinsicht Antwortenden) haben diese Antwortmöglichkeit gewählt. Innerhalb der Gruppe, die das Beschlussverfahren 2003 auch tatsächlich angewendet haben, waren dies drei von fünf (= 60,0 %), vgl. Tabelle 25. Mit 46,3 % empfindet mithin fast die Hälfte der deutschen Insolvenzverwalter das Beschlussverfahren als zu langwierig.

| | | Gesamtgruppe der in sachlicher Hinsicht antwortenden Insolvenzverwalter | | Insolvenzverwalter, die das Verfahren konkret angewendet haben | |
|---|---|---|---|---|---|
| | | Absolut | in % | Absolut | in % |
| D_16_1 | Es müssen zu viele Arbeitnehmer beteiligt werden | 112 | 32,0 | 3 | 60,0 |
| D_16_2 | Das Verfahren dauert zu lange | 162 | 46,3 | 3 | 60,0 |
| D_16_3 | Das Verfahren bietet nicht genug Rechtssicherheit | 101 | 28,9 | 1 | 20,0 |
| | D_16_1 und D_16_2 | 80 | 22,9 | 1 | 20,0 |
| | D_16_1 und D_16_3 | 49 | 14,0 | 1 | 20,0 |
| | D_16_2 und D_16_3 | 71 | 20,3 | 1 | 20,0 |
| | D_16_1 und D_16_2 und D_16_3 | 42 | 12,0 | 1 | 20,0 |
| | Keine Hindernisse angegeben | 125 | 35,7 | 0 | 0,0 |

Tabelle 25: „Was ist für Sie das größte Hindernis, das bei der Anwendung des Beschlussverfahrens auftritt oder auftreten kann?"

Anhand einer Kreuztabelle lässt sich feststellen, inwieweit die Teilnehmer, die der Aussage „Das Beschlussverfahren dauert zu lange" auch die Antwortmöglichkeit „Verfahren dauert zu lange" (Frage D 16) innerhalb der Frage nach den größten Hindernissen bei der Anwendung des Beschlussverfahrens gewählt haben. In Tabelle 26 ist unter „Nein" zu verstehen, dass die Teilnehmer die Antwortmöglichkeit nicht angekreuzt haben. Es wird deutlich, dass 120 Insolvenzverwalter mit der Angabe der zu langen Dauer des Beschlussverfahrens als Hindernis der Anwendung des Beschlussverfahrens auch der im Fragebogen vorgegebenen Aussage „Das Beschlussverfahren dauert zu lange" zugestimmt haben (= 82,8 %). Als untypisch kann man lediglich die Antworten der drei Insolvenzverwalter ansehen, die trotz der Ablehnung der Aussage, das Beschlussverfahren dauere zu lange einerseits, andererseits die Dauer als Anwendungshindernis angegeben haben.

| | | | Verfahren dauert zu lange | | |
|---|---|---|---|---|---|
| | | | Nein | Ja | Gesamt |
| Das Beschlussverfahren dauert zu lange | ich stimme zu | Anzahl | 19 | 120 | 139 |
| | | % von Das Beschlussverfahren dauert zu lange | 13,7% | 86,3% | 100,0% |
| | | % von Verfahren dauert zu lange | 19,4% | 82,8% | 57,2% |
| | | % der Gesamtzahl | 7,8% | 49,4% | 57,2% |
| | unentschieden | Anzahl | 68 | 22 | 90 |
| | | % von Das Beschlussverfahren dauert zu lange | 75,6% | 24,4% | 100,0% |
| | | % von Verfahren dauert zu lange | 69,4% | 15,2% | 37,0% |
| | | % der Gesamtzahl | 28,0% | 9,1% | 37,0% |
| | ich stimme nicht zu | Anzahl | 11 | 3 | 14 |
| | | % von Das Beschlussverfahren dauert zu lange | 78,6% | 21,4% | 100,0% |
| | | % von Verfahren dauert zu lange | 11,2% | 2,1% | 5,8% |
| | | % der Gesamtzahl | 4,5% | 1,2% | 5,8% |
| Gesamt | | Anzahl | 98 | 145 | 243 |
| | | % von Das Beschlussverfahren dauert zu lange | 40,3% | 59,7% | 100,0% |
| | | % von Verfahren dauert zu lange | 100,0% | 100,0% | 100,0% |
| | | % der Gesamtzahl | 40,3% | 59,7% | 100,0% |

Tabelle 26 Kreuztabelle zum Antwortverhalten bezüglich der Dauer des Beschlussverfahrens

In diesen Zusammenhang passen schließlich auch die pessimistischen Aussagen der Teilnehmer im Rahmen der teilweise offenen Frage nach bestehenden oder befürchteten Anwendungshindernissen:

*„Das Beschlussverfahren nach § 126 InsO ist in der Praxis untauglich. Das Verfahren nach §§ 111 ff. BetrVG ist schneller und effektiver"*

*„Wird von uns nicht angewendet, da zu kompliziert und zu langwierig."*

*„Zu kompliziert und langwierig[...]"*

*„Im mittelständischen Bereich (bis 100 Arbeitnehmer) gibt es nach meinen Erfahrungen für eine übertragende Sanierung nur einen ganz kurzen Zeitraum von 1-3 Monaten. In dieser Zeit lässt sich das Arbeitnehmer-Problem nicht rechtssicher lösen, deshalb springen viele Interessenten ab."*

*„Die meisten Insolvenzen sind kleine oder mittlere Unternehmen ohne Betriebsrat. Das Verfahren ist daher in der Praxis wenig relevant. Regelungen im Einzelfall sind schneller und kostengünstiger."*

*„Ich halte das Beschlussverfahren in der Praxis für untauglich, weil es aufwendig und zeitlich in einer Insolvenzsituation nicht durchführbar. Wenn ich nicht zu einem Interessenausgleich komme, scheitert höchstwahrscheinlich jeder Übertragungsversuch.“*

*„Ich glaube nicht, dass das Beschlussverfahren Verbesserungen bringen kann, denn die meisten Entscheidungen im Arbeitnehmerbereich müssen innerhalb einer Woche geschaffen werden!“*

*„Wir haben in unserer Kanzlei noch nie ein Beschlussverfahren durchgezogen, weil bei der Dauer davon auszugehen ist, dass die notwendige [...] Übertragung des Betriebes nicht möglich ist.“*

Damit lässt sich festhalten, dass das Beschlussverfahren zunächst wegen der befürchteten Verfahrensdauer nicht angewendet wurde. Die Hypothese konnte somit bestätigt werden.

### b) Schwerfälligkeit und Zahl der Beteiligten

Das Beschlussverfahren hat in der insolvenzrechtlichen Praxis auch aufgrund seiner Schwerfälligkeit keine Bedeutung. Unter Schwerfälligkeit wird dabei verstanden, dass das Verfahren aufgrund der möglichen Vielzahl von zu beteiligenden Personen das Gericht an personelle und räumliche Grenzen führt. Aber auch die Konkretisierung des Antrages durch den Insolvenzverwalter kann möglicherweise zu erheblichen Schwierigkeiten führen, die es für den Insolvenzverwalter als vorzugswürdiger erscheinen lassen, normale Kündigungen auszusprechen und sich auf eventuelle Kündigungsschutzverfahren einzulassen, als sich in ein Kollektivverfahren zu begeben, dessen konkreter Ausgang aufgrund der Vielzahl zu berücksichtigender Fälle nicht sicher absehbar ist.

Den Insolvenzverwaltern wurde die Möglichkeit gegeben, sich zu der Aussage „Das Beschlussverfahren eignet sich für Unternehmen mit vielen Beschäftigten“ zustimmend oder ablehnend zu äußern. Es wurden erneut diejenigen Fälle zusammengefasst, bei denen die Teilnehmer entweder gar nicht geantwortet haben oder bei denen sie die Antwortmöglichkeit „keine Antwort“ angekreuzt haben. Die Gesamtzahl von 74 (= 21,1 %) ist deutlich geringer als bei der Bewertung der Dauer des Beschlussverfahrens, vgl. Tabelle 27 einerseits und Tabelle 23, oben Seite 113 andererseits. Dies könnte sich damit erklären lassen, dass dem Beschlussverfahren im arbeitsgerichtlichen Verfahren der Charakter eines Kollektivverfahrens zukommt,[319] so dass diejenigen Insolvenzverwalter, die noch keinen praktischen Kontakt mit dem Beschlussverfahren nach §§ 126 ff. InsO hatten, die Bedeutung des Beschlussverfahrens auch eher im kollektivarbeits-

---

[319] Vgl. nur *Ostrowicz/Künzl/Schäfer*, Arbeitsgerichtsprozess, Rn. 309 ff.

rechtlichen Bereich – mithin im Bereich einer Möglichkeit zur Beteiligung vieler Arbeitnehmer vertreten durch den Betriebsrat – sehen und sich daher seltener der Antwort entzogen haben.

Es wurde ebenfalls eine Gruppierung innerhalb der Antworttendenz „Zustimmung" und „Nichtzustimmung" entsprechend der oben beschriebenen Vorgehensweise vorgenommen, vgl. Tabelle 28.

| | | Häufigkeit | Prozent | Gültige Prozente | Kumulierte Prozente |
|---|---|---|---|---|---|
| Gültig | Stimme voll zu | 30 | 8,6 | 10,9 | 10,9 |
| | Stimme überwiegend zu | 113 | 32,3 | 40,9 | 51,8 |
| | Unentschieden | 90 | 25,7 | 32,6 | 84,4 |
| | Stimme nicht zu | 31 | 8,9 | 11,2 | 95,7 |
| | Stimme überhaupt nicht zu | 12 | 3,4 | 4,3 | 100,0 |
| | Gesamt | 276 | 78,9 | 100,0 | |
| Fehlend | Gesamt | 74 | 21,1 | | |
| Gesamt | | 350 | 100,0 | | |

Tabelle 27: „Das Beschlussverfahren eignet sich für Unternehmen mit vielen Beschäftigten"

| | | Häufigkeit | Prozent | Gültige Prozente | Kumulierte Prozente |
|---|---|---|---|---|---|
| Gültig | ich stimme zu | 143 | 40,9 | 51,8 | 51,8 |
| | unentschieden | 90 | 25,7 | 32,6 | 84,4 |
| | ich stimme nicht zu | 43 | 12,3 | 15,6 | 100,0 |
| | Gesamt | 276 | 78,9 | 100,0 | |
| Fehlend | keine Antwort | 74 | 21,1 | | |
| Gesamt | | 350 | 100,0 | | |

Tabelle 28: „Das Beschlussverfahren eignet sich für Unternehmen mit vielen Beschäftigten", gruppiert

Es ergibt sich hierbei, dass – gruppiert und um die 74 Teilnehmer mit keiner Antwort bereinigt – 51,8 % der Aussage „Das Beschlussverfahren eignet sich für Unternehmen mit vielen Beschäftigten" zustimmen, lediglich 15,6 % diese ablehnen und fast jeder Dritte (= 32,6 %) in der Bewertung unentschieden ist, Tabelle 28. Eine so eindeutige Tendenz zugunsten der Eignung des Beschlussverfahrens nach §§ 126 ff. InsO für Unternehmen mit vielen Beschäftigten widerspricht zunächst der Hypothese, dass die Nichtanwendung auf der Schwerfälligkeit infolge der großen Anzahl zu beteiligender Arbeitnehmer beruht. Es ist daher erforderlich, als Vergleichsgruppe die fünf Insolvenzverwalter heranzuziehen, die in 2003 ein Beschlussverfahren betreut haben. Es liegt nahe, dass infolge der praktischen Erfahrung die Aussagetendenz innerhalb dieser Gruppe in entgegengesetzter Richtung ausfällt. Von den fünf mit einem Beschlussverfahren befassten Insolvenzverwaltern sind allerdings ebenfalls 60,0 % der Meinung, dass sich das Beschlussverfahren für Unternehmen mit vielen Beschäftigten eignet, 20,0 % stimmen dem nicht zu, weitere 20,0 % sind in der Bewertung unentschieden, Tabelle 29. Die Vergleichsgruppe bestätigt mithin die Tendenz.

| | | Häufigkeit | Prozent | Kumulierte Prozente |
|---|---|---|---|---|
| Gültig | ich stimme zu | 3 | 60,0 | 60,0 |
| | unentschieden | 1 | 20,0 | 80,0 |
| | ich stimme nicht zu | 1 | 20,0 | 100,0 |
| | Gesamt | 5 | 100,0 | |

Tabelle 29: „Das Beschlussverfahren eignet sich für Unternehmen mit vielen Beschäftigten", gruppiert und innerhalb der Gruppe der Insolvenzverwalter, die in 2003 ein Beschlussverfahren durchgeführt haben

Neben der Gruppe der Insolvenzverwalter, die das Beschlussverfahren in 2003 auch tatsächlich angewendet haben, können als Kontroll- und Vergleichsgruppe auch die Insolvenzverwalter herangezogen werden, die mindestens in einem Unternehmen bestellt wurden, das bei Eröffnung des Insolvenzverfahrens mehr als 250 Arbeitnehmer beschäftigte. Es handelt sich dabei um 24 Teilnehmer, die zusammen 42 derartige Unternehmen betreuten. Dabei wird die Tendenz zur Zustimmung zu der Aussage noch deutlicher: Um die sechs Teilnehmer ohne Antwort bereinigt stimmen 61,1 % der Aussage „Das Beschlussverfahren eignet sich für Unternehmen mit vielen Beschäftigten" zu, lediglich 22,2 % stimmen nicht zu, vgl. Tabelle 30. Der einzige Insolvenzverwalter, der ein Beschlussverfahren in einem Unternehmensinsolvenzverfahren mit mehr als 250 Arbeitnehmern beantragte, stimmte der Aussage ebenfalls zu.

| | | Häufigkeit | Prozent | Gültige Prozente | Kumulierte Prozente |
|---|---|---|---|---|---|
| Gültig | ich stimme zu | 11 | 45,8 | 61,1 | 61,1 |
| | unentschieden | 3 | 12,5 | 16,7 | 77,8 |
| | ich stimme nicht zu | 4 | 16,7 | 22,2 | 100,0 |
| | Gesamt | 18 | 75,0 | 100,0 | |
| Fehlend | keine Antwort | 6 | 25,0 | | |
| Gesamt | | 24 | 100,0 | | |

Tabelle 30: „Das Beschlussverfahren eignet sich für Unternehmen mit vielen Beschäftigten", gruppiert und innerhalb der Gruppe der Insolvenzverwalter, die in 2003 mindestens eine Unternehmensinsolvenz mit mehr als 250 Arbeitnehmern betreuten

Zur Verifizierung der Meinung kann auch hier wieder auf die Frage zurückgegriffen werden, was die Insolvenzverwalter als größtes Hindernis bei der Anwendung des Beschlussverfahrens ansehen (D 16). Die Antwort „Es müssen zu viele Arbeitnehmer beteiligt werden" wurde als Möglichkeit vorgegeben. 112 mal (= 32,0 %) wurde dies als großes Anwendungshindernis genannt, Tabelle 25, oben Seite 114. Im Vergleich zu den anderen vorgegebenen Antworten nimmt diese Variante zwar die zweite Position ein, mit 32,0 % liegt die Häufigkeit aber auch deutlich unterhalb der 46,2 %, die der Meinung sind, dass das Beschlussverfahren zu lange dauert. Innerhalb der Gruppe der Insolvenzverwalter, die 2003 mit einem Beschlussverfahren konfrontiert waren, ist die Antworthäufigkeit allerdings mit 60,0 % ebenso hoch wie bei der Frage der Verfahrensdauer, Tabelle 25, oben Seite 114.

Fasst man die Ergebnisse der beiden Fragen in einer Kreuztabelle zusammen, so ergibt sich, dass von den 143 Teilnehmern, die der Aussage „Das Beschlussverfahren eignet sich für Unternehmen mit vielen Beschäftigten" zugestimmt haben, auch die Mehrzahl (= 82 zu 61) die Beteiligung vieler Arbeitnehmer nicht als Anwendungshindernis angesehen haben, vgl. Tabelle 31. Aufgrund der Tatsache aber, dass von den 43 Insolvenzverwaltern, die der Aussage nicht zugestimmt haben, nicht die Mehrzahl die Beteiligung als Anwendungshindernis angesehen haben, spricht viel für die Annahme, dass die Beteiligung der Arbeitnehmer als weniger problematisch angesehen wird.

Im Ergebnis kann aufgrund der konkreten Daten die Begründungshypothese 3 im Hinblick auf die Beteiligung zu vieler Arbeitnehmer als widerlegt angesehen werden. Zwar sehen sowohl die konkret mit einem Beschlussverfahren befassten Insolvenzverwalter als auch die nicht befassten den Anwendungsbereich bei Unternehmen mit vielen Beschäftigten, immerhin aber fast jeder dritte Teilnehmer sieht in der Vielzahl der zu beteiligenden Arbeitnehmer ein Anwendungshindernis. Dieser Unterschied in der Erwartung an das Beschlussverfahren einerseits und der Befürchtung andererseits ist als Ausdruck der mangelnden Annahme in der Praxis anzusehen, so dass die Begründungshypothese 3 im Hinblick auf diesen Aspekt in Wechselbeziehung zur Grundhypothese steht. Je größer die Sorge um das Anwendungshindernis ist, desto weniger wird das Beschlussverfahren angewendet, je weniger das Beschlussverfahren angewendet wird, desto höher steigt die Befürchtung der aus einem Beschlussverfahren erwachsenden Risiken und Hindernisse.

| | | | Zu viele Arbeitnehmer zu beteiligen | | |
|---|---|---|---|---|---|
| | | | Nein | Ja | Gesamt |
| Eignung für viele Beschäftigte, gruppiert | ich stimme zu | Anzahl | 82 | 61 | 143 |
| | | % von Eignung für viele Beschäftigte, gruppiert | 57,3% | 42,7% | 100,0% |
| | | % von Zu viele Arbeitnehmer zu beteiligen | 48,5% | 57,0% | 51,8% |
| | | % der Gesamtzahl | 29,7% | 22,1% | 51,8% |
| | unentschieden | Anzahl | 59 | 31 | 90 |
| | | % von Eignung für viele Beschäftigte, gruppiert | 65,6% | 34,4% | 100,0% |
| | | % von Zu viele Arbeitnehmer zu beteiligen | 34,9% | 29,0% | 32,6% |
| | | % der Gesamtzahl | 21,4% | 11,2% | 32,6% |
| | ich stimme nicht zu | Anzahl | 28 | 15 | 43 |
| | | % von Eignung für viele Beschäftigte, gruppiert | 65,1% | 34,9% | 100,0% |
| | | % von Zu viele Arbeitnehmer zu beteiligen | 16,6% | 14,0% | 15,6% |
| | | % der Gesamtzahl | 10,1% | 5,4% | 15,6% |
| Gesamt | | Anzahl | 169 | 107 | 276 |
| | | % von Eignung für viele Beschäftigte, gruppiert | 61,2% | 38,8% | 100,0% |
| | | % von Zu viele Arbeitnehmer zu beteiligen | 100,0% | 100,0% | 100,0% |
| | | % der Gesamtzahl | 61,2% | 38,8% | 100,0% |

Tabelle 31: Kreuztabelle zur Eignung des Beschlussverfahrens für Unternehmen mit vielen Beschäftigten

Auch wenn die Hypothese als widerlegt angesehen werden kann, ist nicht von der Hand zu weisen, dass die Antworten der Insolvenzverwalter durch eine eher negative Tendenz geprägt sind:

*„Viel zu kompliziert, wie alles in Deutschland. Funktioniert m.E. nur, wenn vorher bereits ein vernünftiges Verhältnis zum Betriebsrat besteht und dieser die Kraft hat, Verantwortung zu übernehmen. Ähnliches gilt für Gewerkschaft im Hintergrund.“*

Die Schwerfälligkeit wurde in vielen Fragebögen genannt:

*„§§ 126 ff. InsO ist in der praktischen Anwendung zu schwerfällig.“*

*„Betriebsschließung; zu umständlich“*

Daraus kann geschlussfolgert werden, dass das Beschlussverfahren de lege lata jedenfalls nicht so ausgestaltet ist, dass es sich für die Sanierung insolventer Unternehmen eignet. Auch wenn die Hypothese nicht bestätigt wurde,[320] muss die große Anzahl zu beteiligender Arbeitnehmer zumindest als ein Hindernis angesehen werden, dass durchaus geeignet ist, die fehlende praktische Relevanz (mit) zu erklären.

### c) Rechtssicherheit

Als weiteren Grund für die Nichtanwendung muss die fehlende Rechtssicherheit angeführt werden. Wie bereits in § 2 dieser Arbeit ausgeführt, entfaltet der Beschluss Bindungswirkung, § 127 Abs. 1 Satz 1 InsO. Im Rahmen der Auslegung kommt man zwar zu dem Ergebnis, dass es sich hierbei um Rechtskraft handelt, eine darüber hinausgehende wie auch immer geartete Bindungswirkung mithin nicht existiert. Es handelt sich hierbei allerdings – derzeit und soweit ersichtlich – um Literaturansichten. Solange das Gesetz von „Bindungswirkung" spricht, kann eine Unsicherheit nicht als beseitigt angesehen werden. Daneben ist misslich, dass die Bindungswirkung bei einer wesentlichen Änderung der Sachlage entfällt, § 127 Abs. 1 Satz 2 InsO. Der unbestimmte Begriff der wesentlichen Änderung birgt ebenfalls Unsicherheiten. Ein Insolvenzverwalter beschreibt die Situation wie folgt:

*„§ 613a BGB ist in hohem Maße sanierungsfeindlich und müsste – zumindest in der Insolvenz – abgeschafft werden. Die §§ 125, 126 ff. InsO helfen, geben aber keine Rechtssicherheit für den Erwerber. Übernahmen werden erschwert, Werte und Arbeitsplätze vernichtet."*

Von Rechtssicherheit kann nur gesprochen werden, wenn der Arbeitnehmer durch den Beschluss von einer späteren Kündigungsschutzklage abgehalten wird.

Die Teilnehmer sind in der Bewertung der Aussage „Durch das Beschlussverfahren wird der Arbeitnehmer von der (späteren) Erhebung einer Kündigungsschutzklage abgehalten" unentschieden. Gruppiert und um die 77 Teilnehmer, die keine Antwort gegeben haben, bereinigt, stimmen 33,7 % dieser Aussage zu, 34,8 % sind unentschieden und 31,5 % stimmen der Aussage nicht zu, vgl. Tabelle 32. Anhand dieser Daten lässt sich daher nicht sicher feststellen, ob die fehlende Rechtssicherheit als Grund für die Nichtanwendung des Beschlussverfahrens nach §§ 126 ff. InsO angesehen werden kann.

---

320 Neben der Darstellung der absoluten Häufigkeiten haben auch statistische Auswertungen bezüglich des Zusammenhangs der untersuchten Variablen ergeben, dass im Antwortverhalten der Teilnehmer Inkonsistenzen auftraten. Das heißt, der offensichtliche und sachlogische Zusammenhang der Antworten aus Tabelle 31 fand in dem Antwortverhalten der Teilnehmer keine Bestätigung.

| | | Häufigkeit | Prozent | Gültige Prozente | Kumulierte Prozente |
|---|---|---|---|---|---|
| Gültig | ich stimme zu | 92 | 26,3 | 33,7 | 33,7 |
| | unentschieden | 95 | 27,1 | 34,8 | 68,5 |
| | ich stimme nicht zu | 86 | 24,6 | 31,5 | 100,0 |
| | Gesamt | 273 | 78,0 | 100,0 | |
| Fehlend | keine Antwort | 77 | 22,0 | | |
| Gesamt | | 350 | 100,0 | | |

Tabelle 32: „Durch das Beschlussverfahren wird der Arbeitnehmer von der (späteren) Erhebung einer Kündigungsschutzklage abgehalten", gruppiert

Auch die Gruppe der Insolvenzverwalter, die in 2003 ein Beschlussverfahren nach §§ 126 ff. InsO konkret durchgeführt haben, gibt keinen Aufschluss. Zustimmung, Ablehnung und neutrale Haltung sind gleichmäßig verteilt, vgl. Tabelle 33.

| | | Häufigkeit | Prozent | Kumulierte Prozente |
|---|---|---|---|---|
| Gültig | ich stimme zu | 2 | 40,0 | 40,0 |
| | unentschieden | 1 | 20,0 | 60,0 |
| | ich stimme nicht zu | 2 | 40,0 | 100,0 |
| | Gesamt | 5 | 100,0 | |

Tabelle 33: „Durch das Beschlussverfahren wird der Arbeitnehmer von der (späteren) Erhebung einer Kündigungsschutzklage abgehalten", gruppiert und innerhalb der Gruppe der Insolvenzverwalter, die in 2003 ein Beschlussverfahren durchgeführt haben

Die fehlende Rechtssicherheit wurde als dritte Variante innerhalb der Frage nach den größten Hindernissen bei der Anwendung des Beschlussverfahrens vorgegeben (D 16). Es haben diese Antwortmöglichkeit 101 Teilnehmer (= 28,9 %) angegeben, vgl. Tabelle 25, oben, Seite 114. Innerhalb der Gruppe, die 2003 ein Beschlussverfahren betreut haben, wurde dieses Hindernis nur von einem Insolvenzverwalter (= 20,0 %) genannt.

Von den 101 Teilnehmern, die die fehlende Rechtssicherheit als größtes Anwendungshindernis angegeben haben, vgl. Tabelle 25, oben, Seite 114, haben 95 auch eine Meinung zu der Frage, ob die Arbeitnehmer durch das Beschlussverfahren von der Erhebung einer Kündigungsschutzklage abgehalten werden, angegeben. Fast die Hälfte (= 43 oder 45,3 %) haben sowohl die fehlende Rechtssicherheit angegeben als auch der Aussage, dass die Arbeitnehmer von der Erhebung einer Kündigungsschutzklage abgehalten werden, verneint, vgl. Tabelle 34. Innerhalb Tabelle 34 ist „Nein" als fehlende Ankreuzung zu verstehen, d.h.

die verneinenden Teilnehmer sehen die fehlende Rechtssicherheit nicht als Anwendungshindernis an.

| | | | Nicht genug Rechtssicherheit | | |
|---|---|---|---|---|---|
| | | | Nein | Ja | Gesamt |
| Arbeitnehmer werden durch das Beschlussverfahren von der Erhebung einer Kündigungsschutzklage abgehalten, gruppiert | ich stimme zu | Anzahl | 67 | 25 | 92 |
| | | % von Arbeitnehmer werden durch das Beschlussverfahren von der Erhebung einer Kündigungsschutzklage abgehalten, gruppiert | 72,8% | 27,2% | 100,0% |
| | | % von Nicht genug Rechtssicherheit | 37,6% | 26,3% | 33,7% |
| | | % der Gesamtzahl | 24,5% | 9,2% | 33,7% |
| | unentschieden | Anzahl | 68 | 27 | 95 |
| | | % von Arbeitnehmer werden durch das Beschlussverfahren von der Erhebung einer Kündigungsschutzklage abgehalten, gruppiert | 71,6% | 28,4% | 100,0% |
| | | % von Nicht genug Rechtssicherheit | 38,2% | 28,4% | 34,8% |
| | | % der Gesamtzahl | 24,9% | 9,9% | 34,8% |
| | ich stimme nicht zu | Anzahl | 43 | 43 | 86 |
| | | % von Arbeitnehmer werden durch das Beschlussverfahren von der Erhebung einer Kündigungsschutzklage abgehalten, gruppiert | 50,0% | 50,0% | 100,0% |
| | | % von Nicht genug Rechtssicherheit | 24,2% | 45,3% | 31,5% |
| | | % der Gesamtzahl | 15,8% | 15,8% | 31,5% |
| Gesamt | | Anzahl | 178 | 95 | 273 |
| | | % von Arbeitnehmer werden durch das Beschlussverfahren von der Erhebung einer Kündigungsschutzklage abgehalten, gruppiert | 65,2% | 34,8% | 100,0% |
| | | % von Nicht genug Rechtssicherheit | 100,0% | 100,0% | 100,0% |
| | | % der Gesamtzahl | 65,2% | 34,8% | 100,0% |

Tabelle 34: Arbeitnehmer werden von der Erhebung einer Kündigungsschutzklage abgehalten/nicht genügend Rechtssicherheit, Kreuztabelle

Aufgrund der bisherigen Daten ist nicht abschließend festzustellen, ob die Begründungshypothese 3 zutreffend ist. Es wurde den Teilnehmern aber auch die folgende Aussage zur Bewertung gestellt: „Im Rahmen des Beschlussverfahrens sollte die Wirksamkeit einer betriebsbedingten Kündigung über die Betriebsbezogenheit und die Sozialauswahl hinaus geprüft werden“. Aus der Beantwortung dieser Frage muss sich ergeben, ob die Insolvenzverwalter das derzeitige Beschlussverfahren hinsichtlich der Frage der Rechtssicherheit als ausreichend ansehen. Denn wenn hier eine Tendenz zur Zustimmung zu finden ist, dann bedeutet dies im Umkehrschluss, dass die derzeitige Überprüfung der sozialen Rechtfertigung für die Insolvenzverwalter nicht ausreichend ist, mithin also eine Rechtsunsicherheit besteht bzw. befürchtet wird.

| | | Häufigkeit | Prozent | Gültige Prozente | Kumulierte Prozente |
|---|---|---|---|---|---|
| Gültig | Stimme voll zu | 13 | 3,7 | 4,8 | 4,8 |
| | Stimme überwiegend zu | 53 | 15,1 | 19,6 | 24,4 |
| | Unentschieden | 70 | 20,0 | 25,9 | 50,4 |
| | Stimme nicht zu | 80 | 22,9 | 29,6 | 80,0 |
| | Stimme überhaupt nicht zu | 54 | 15,4 | 20,0 | 100,0 |
| | Gesamt | 270 | 77,1 | 100,0 | |
| Fehlend | Gesamt | 80 | 22,9 | | |
| Gesamt | | 350 | 100,0 | | |

Tabelle 35: „Im Rahmen des Beschlussverfahrens sollte die Wirksamkeit einer betriebsbedingten Kündigung über die Betriebsbedingtheit und die Sozialauswahl hinaus geprüft werden“

Entsprechend der bisherigen Vorgehensweise wurde auch hier eine Gruppierung der zustimmenden und ablehnenden sowie der fehlenden Antworten vorgenommen. Daraus ergibt sich – gruppiert und um die 80 Teilnehmer, die keine Antwort gegeben haben, bereinigt – dass lediglich 24,4 % der Teilnehmer einer Ausweitung der Überprüfung im Rahmen des Beschlussverfahrens zustimmen, fast jeder zweite Insolvenzverwalter (= 49,6 %) dies hingegen ablehnt, vgl. Tabelle 36.

Auch die Gruppe der Insolvenzverwalter, die in 2003 ein Beschlussverfahren durchgeführt haben, lehnen zu 60,0 % gegen eine Ausweitung der Überprüfung im Rahmen des Beschlussverfahrens nach §§ 126 ff. InsO ab. Lediglich 40,0 % stimmen einer Ausdehnung zu, Tabelle 36.

| | | | Ausweitung der Überprüfung, gruppiert | | | |
|---|---|---|---|---|---|---|
| | | | ich stimme zu | unentschieden | ich stimme nicht zu | Gesamt |
| Anwendung des Verfahrens bereinigt | Nein | Anzahl | 64 | 70 | 131 | 265 |
| | | % von Anwendung des Verfahrens bereinigt | 24,2% | 26,4% | 49,4% | 100,0% |
| | | % von Ausweitung der Überprüfung, gruppiert | 97,0% | 100,0% | 97,8% | 98,1% |
| | | % der Gesamtzahl | 23,7% | 25,9% | 48,5% | 98,1% |
| | Ja | Anzahl | 2 | | 3 | 5 |
| | | % von Anwendung des Verfahrens bereinigt | 40,0% | | 60,0% | 100,0% |
| | | % von Ausweitung der Überprüfung, gruppiert | 3,0% | | 2,2% | 1,9% |
| | | % der Gesamtzahl | ,7% | | 1,1% | 1,9% |
| Gesamt | | Anzahl | 66 | 70 | 134 | 270 |
| | | % von Anwendung des Verfahrens bereinigt | 24,4% | 25,9% | 49,6% | 100,0% |
| | | % von Ausweitung der Überprüfung, gruppiert | 100,0% | 100,0% | 100,0% | 100,0% |
| | | % der Gesamtzahl | 24,4% | 25,9% | 49,6% | 100,0% |

Tabelle 36: Kreuztabelle zu: „Im Rahmen des Beschlussverfahrens sollte die Wirksamkeit einer betriebsbedingten Kündigung über die Betriebsbedingtheit und die Sozialauswahl hinaus geprüft werden", gruppiert

Das bedeutet, dass die Gesamtheit der antwortenden Insolvenzverwalter grundsätzlich nicht befürwortet, die Überprüfung der Rechtmäßigkeit der betriebsbedingten Kündigungen im Rahmen eines Beschlussverfahrens nach §§ 126 ff. InsO auszudehnen. Im Umkehrschluss könnte hieraus vermutet werden, dass die Insolvenzverwalter mit der geltenden Gesetzeslage zufrieden sind, eine Rechtsunsicherheit nicht besteht und damit hierin auch kein Anwendungshindernis zu sehen ist. Dies scheint angesichts der Tatsache bestätigt zu werden, dass 125 mal (= 35,7 %) kein Hindernis angegeben wurde. Innerhalb der Gruppe, die in 2003 ein Beschlussverfahren durchgeführt hat, hingegen geschah dies nicht, vgl. Tabelle 25, oben, Seite 114.

Dabei muss jedoch erneut die Relevanz des Beschlussverfahrens in der insolvenzrechtlichen Praxis beachtet werden. In lediglich 0,1 % der 4.948 Unternehmensinsolvenzverfahren 2003 und von lediglich 1,4 % der 350 Insolvenzverwalter der Antwortgruppe wurde das Beschlussverfahren nach §§ 126 ff. InsO angewendet, vgl. Tabelle 10, oben, Seite 95. Diese verschwindend geringe Bedeutung muss sich schließlich auch in den Bewertungen widerspiegeln. Auch hier spielt die bereits oben angesprochene Wechselwirkung zwischen Relevanz einerseits und Gründen hierfür andererseits eine erhebliche Rolle.

Ausdruck einer möglichen Rechtsunsicherheit ist aber auch das Verhalten der Arbeitsgerichte:

*„Das Verfahren macht nur Sinn, wenn es von den Gerichten gestützt wird. Dies ist nicht der Fall."*

*„Arbeitsgerichte entscheiden zu arbeitnehmerfreundlich."*

Auch diese Gründe für die Nichtanwendung haben ihren Grund wiederum in der geringen Relevanz des Beschlussverfahrens nach §§ 126 ff. InsO. Die Gerichte werden ebenfalls selten mit dem Verfahren befasst, so dass die negative Grundeinstellung der Insolvenzverwalter gegenüber den Gerichten als logische Konsequenz anzusehen ist.

## 5. Fazit 1

Das Beschlussverfahren spielt in der deutschen Insolvenzrechtspraxis keine Rolle. Es wird aufgrund der zu langen Dauer nicht angewendet. Daneben trägt die mangelnde Rechtssicherheit bei einem Verfahren, in dem sehr viele (vielleicht zu viele) Arbeitnehmer zu beteiligen sind, dazu bei, dass das Beschlussverfahren nicht als Sanierungserleichterung angesehen werden kann.

Ein Teilnehmer drückt dies wie folgt aus:

*„Das Beschlussverfahren ist verzichtbar."*

Das Beschlussverfahren war ursprünglich als Erleichterung der sich aus § 613a BGB und dem Kündigungsschutzgesetz ergebenden Anforderungen an eine betriebsbedingte Kündigung in die Insolvenzordnung eingeführt worden. Wäre dies im Ergebnis erfolgreich gewesen, müsste die Einstellung der Teilnehmer zu der Aussage „§ 613a BGB wirkt sanierungshemmend" eher abgelehnt, jedenfalls aber neutral bewertet werden.

Die Wichtigkeit einer Sanierungserleichterung, wie sie in den §§ 126 ff. InsO versucht wurde, hängt davon ab, inwieweit § 613a BGB überhaupt Relevanz bei der Sanierung innerhalb eines Insolvenzverfahrens hat. Keller-Stoltenhoff hat in ihrer Befragung die Wichtigkeit des Betriebsüberganges festgestellt. Auch heute sehen 78,1 % die Betriebsübertragung als sinnvolles Sanierungsinstrument an, vgl. Tabelle 37.

Ausgehend von diesem Befund kann auch der Frage nachgegangen werden, ob sich die erheblich negative Einstellung des Jahres 1984[321] verändert hat. Die Teilnehmer der Befragung wurden um ihre Meinung zu der Aussage „§ 613a BGB wirkt sanierungshemmend" gebeten.

---

321 Siehe hierzu *Keller-Stoltenhoff*, S. 81.

| | | Häufigkeit | Prozent | Gültige Prozente | Kumulierte Prozente |
|---|---|---|---|---|---|
| Gültig | ich stimme zu | 264 | 75,4 | 78,1 | 78,1 |
| | unentschieden | 32 | 9,1 | 9,5 | 87,6 |
| | ich stimme nicht zu | 42 | 12,0 | 12,4 | 100,0 |
| | Gesamt | 338 | 96,6 | 100,0 | |
| Fehlend | Gesamt | 12 | 3,4 | | |
| Gesamt | | 350 | 100,0 | | |

Tabelle 37: „Die Betriebsübertragung ist ein sinnvolles Sanierungsinstrument"

309 Insolvenzverwalter (= 90,6 %) stimmten der Aussage zu (vgl. Tabelle 39), davon immerhin 77,7 % sogar voll (= 70,4 % im Verhältnis zu allen in sachlicher Hinsicht antwortenden Insolvenzverwaltern), vgl. Tabelle 38.

| | | Häufigkeit | Prozent | Gültige Prozente | Kumulierte Prozente |
|---|---|---|---|---|---|
| Gültig | Stimme voll zu | 240 | 68,6 | 70,4 | 70,4 |
| | Stimme überwiegend zu | 69 | 19,7 | 20,2 | 90,6 |
| | Unentschieden | 23 | 6,6 | 6,7 | 97,4 |
| | Stimme nicht zu | 7 | 2,0 | 2,1 | 99,4 |
| | Stimme überhaupt nicht zu | 2 | ,6 | ,6 | 100,0 |
| | Gesamt | 341 | 97,4 | 100,0 | |
| Fehlend | Gesamt | 9 | 2,6 | | |
| Gesamt | | 350 | 100,0 | | |

Tabelle 38: „§ 613a BGB wirkt sanierungshemmend"

Dagegen sind die 2,6 % (= neun Insolvenzverwalter), die der Aussage nicht zustimmen, als sehr gering anzusehen.

Noch klarer wird dies, wenn man die Bewertung nach neuen und alten Bundesländern aufgliedert. In den sog. neuen Bundesländern haben 100,0 % (bereinigt um den einen Teilnehmer, der keine Antwort gegeben hat) der Aussage zugestimmt, vgl. Tabelle 40.

| | | Häufigkeit | Prozent | Gültige Prozente | Kumulierte Prozente |
|---|---|---|---|---|---|
| Gültig | ich stimme zu | 309 | 88,3 | 90,6 | 90,6 |
| | unentschieden | 23 | 6,6 | 6,7 | 97,4 |
| | ich stimme nicht zu | 9 | 2,6 | 2,6 | 100,0 |
| | Gesamt | 341 | 97,4 | 100,0 | |
| Fehlend | Gesamt | 9 | 2,6 | | |
| Gesamt | | 350 | 100,0 | | |

Tabelle 39: „§ 613a BGB wirkt sanierungshemmend", gruppiert

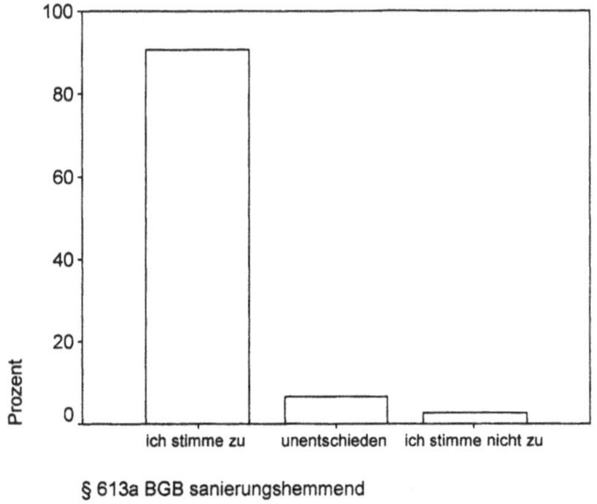


Abbildung 3: Grafik zu Tabelle 39

| | | Häufigkeit | Prozent | Gültige Prozente |
|---|---|---|---|---|
| Gültig | ich stimme zu | 47 | 97,9 | 100,0 |
| Fehlend | | 1 | 2,1 | |
| Gesamt | | 48 | 100,0 | |

Tabelle 40: „§ 613a BGB wirkt sanierungshemmend", gruppiert und in den sog. neuen Bundesländern

In den sog. alten Bundesländern fällt diese Einstellung ähnlich aus, wenn auch nicht so absolut, wie dies in den neuen Bundesländern der Fall ist. In den alten Bundesländern stimmen der Aussage „lediglich" 88,6 % (bereinigt und gruppiert) zu, immerhin 3,3 % der Insolvenzverwalter (= neun) stimmen nicht zu, vgl. Tabelle 41. 8,1 % der Insolvenzverwalter sind in der Bewertung unentschieden.

Die 15 Insolvenzverwalter, die ihren Tätigkeitsbereich sowohl im Osten als auch im Westen angegeben haben, stimmen (bereinigt und gruppiert) entsprechend der Antworttendenz in den sog. neuen Bundesländern zu 100,0 % der Aussage zu.

| | | Häufigkeit | Prozent | Gültige Prozente | Kumulierte Prozente |
|---|---|---|---|---|---|
| Gültig | ich stimme zu | 240 | 86,6 | 88,6 | 88,6 |
| | unentschieden | 22 | 7,9 | 8,1 | 96,7 |
| | ich stimme nicht zu | 9 | 3,2 | 3,3 | 100,0 |
| | Gesamt | 271 | 97,8 | 100,0 | |
| Fehlend | Gesamt | 6 | 2,2 | | |
| Gesamt | | 277 | 100,0 | | |

Tabelle 41: „§ 613a BGB wirkt sanierungshemmend", gruppiert und in den sog. alten Bundesländern

Als Zwischenergebnis kann daher zunächst festgehalten werden, dass die Einstellung zu § 613a BGB als tendenziell negativer anzusehen ist, als dies noch 1984 der Fall war. Damals haben 89,3 % der Konkursverwalter angegeben, dass sie durch § 613a BGB wesentlich behindert wurden.[322] 2003 haben bundesweit 90,6 % in § 613a BGB ein Sanierungshemmnis gesehen. Unter Berücksichtigung, dass dennoch 78,1 % die Betriebsübertragung als sinnvolles Sanierungsinstrument ansehen, muss das gesetzgeberische Anliegen der §§ 126 ff. InsO als deutlich verfehlt angesehen werden. Die wichtigen Übertragungen von Werten wurden durch die Einführung des Beschlussverfahrens nicht erleichtert.

Diese Bewertung wird auch von den Insolvenzverwaltern geteilt. Unabhängig von der sanierungshemmenden Wirkung des § 613a BGB sollten sie die Aussage „Potenzielle Erwerber werden durch § 613a BGB von einem Kauf abgeschreckt" bewerten. 289 Teilnehmer haben dieser Aussage zugestimmt (175 „voll" und 114 „überwiegend"), das bedeutet bereinigt 85,3 % im Verhältnis zur Gesamtanzahl der in sachlicher Hinsicht antwortenden Insolvenzverwalter, vgl. Tabelle 42. Nur 13 Personen konnten sich dieser Aussage nicht anschließen (= 3,8 %), 10,9 % sind in der Beurteilung unentschieden.

| | | Häufigkeit | Prozent | Gültige Prozente | Kumulierte Prozente |
|---|---|---|---|---|---|
| Gültig | ich stimme zu | 289 | 82,6 | 85,3 | 85,3 |
| | unentschieden | 37 | 10,6 | 10,9 | 96,2 |
| | ich stimme nicht zu | 13 | 3,7 | 3,8 | 100,0 |
| | Gesamt | 339 | 96,9 | 100,0 | |
| Fehlend | Gesamt | 11 | 3,1 | | |
| Gesamt | | 350 | 100,0 | | |

Tabelle 42: „Potenzielle Erwerber werden durch § 613a BGB von einem Kauf abgeschreckt", gruppiert

---

322 *Keller-Stoltenhoff*, S. 36.

In den sog. neuen Bundesländern ist die Zustimmung zu der Aussage etwas größer. Hier sehen 40 Teilnehmer (= 87,0 %) § 613a BGB als für potenzielle Erwerber abschreckend an, 13,0 % sind in der Bewertung unentschieden, keiner stimmt der Aussage nicht zu, vgl. Tabelle 43.

| | | Häufigkeit | Prozent | Gültige Prozente | Kumulierte Prozente |
|---|---|---|---|---|---|
| Gültig | ich stimme zu | 40 | 83,3 | 87,0 | 87,0 |
| | unentschieden | 6 | 12,5 | 13,0 | 100,0 |
| | Gesamt | 46 | 95,8 | 100,0 | |
| Fehlend | keine Antwort | 2 | 4,2 | | |
| Gesamt | | 48 | 100,0 | | |

Tabelle 43: „Potenzielle Erwerber werden durch § 613a BGB von einem Kauf abgeschreckt", gruppiert und für die sog. neuen Bundesländer

In den alten Bundesländern hingegen finden sich 13 Insolvenzverwalter (= 4,8 %), die sich der Aussage nicht anschließen können, aber immer noch 84,8 % der Teilnehmer stimmen zu, dass § 613a BGB potenzielle Erwerber von einem Kauf abschreckt, Tabelle 44.

| | | Häufigkeit | Prozent | Gültige Prozente | Kumulierte Prozente |
|---|---|---|---|---|---|
| Gültig | ich stimme zu | 229 | 82,7 | 84,8 | 84,8 |
| | unentschieden | 28 | 10,1 | 10,4 | 95,2 |
| | ich stimme nicht zu | 13 | 4,7 | 4,8 | 100,0 |
| | Gesamt | 270 | 97,5 | 100,0 | |
| Fehlend | Gesamt | 7 | 2,5 | | |
| Gesamt | | 277 | 100,0 | | |

Tabelle 44: „Potenzielle Erwerber werden durch § 613a BGB von einem Kauf abgeschreckt", gruppiert und für die sog. alten Bundesländer

In der Gruppe der Insolvenzverwalter, die sowohl in den neuen als auch in den alten Bundesländern tätig sind, findet sich ein ähnliches Ergebnis wie in den neuen Ländern. Hier stimmen der Aussage 86,7 % der Teilnehmer der Aussage zu, 13,3 % sind unentschieden, niemand stimmt nicht zu, Tabelle 45.

| | | Häufigkeit | Prozent | Gültige Prozente | Kumulierte Prozente |
|---|---|---|---|---|---|
| Gültig | ich stimme zu | 13 | 86,7 | 86,7 | 86,7 |
| | unentschieden | 2 | 13,3 | 13,3 | 100,0 |
| | Gesamt | 15 | 100,0 | 100,0 | |

Tabelle 45: „Potenzielle Erwerber werden durch § 613a BGB von einem Kauf abgeschreckt", gruppiert und ost-west-übergreifend

Es bleibt daher festzuhalten, dass regionenunabhängig den Aussagen zu § 613a BGB zugestimmt wird.

Das bedeutet, dass die Insolvenzverwalter die Übertragung von Betrieben in der Insolvenz durch § 613a BGB gefährdet sehen. Auch zu der Aussage „Das Beschlussverfahren erleichtert die Übertragung von Betriebsteilen" sollten die Insolvenzverwalter ihre Meinung in der bisher dargestellten Weise mitteilen. Dabei ist das Ergebnis entsprechend der bestätigten Grundhypothese weitgehend unentschieden, denn 28,3 % stimmen der Aussage zu, fast die Hälfte der Teilnehmer (= 46,5 %) ist in der Bewertung unentschieden und 25,3 % stimmen der Aussage nicht zu, vgl. Tabelle 46. Aufgrund der Tatsache, dass das Beschlussverfahren in der insolvenzrechtlichen Praxis keine Relevanz hat, war die relativ hohe Anzahl von Nichtantworten und Unentschieden zu erwarten gewesen. Die Erfahrung der Insolvenzverwalter tendiert in der Frage des Beschlussverfahrens nach §§ 126 ff. InsO regelmäßig und erwartungsgemäß um den Wert „unentschieden".

| | | Häufigkeit | Prozent | Gültige Prozente | Kumulierte Prozente |
|---|---|---|---|---|---|
| Gültig | ich stimme zu | 76 | 21,7 | 28,3 | 28,3 |
| | unentschieden | 125 | 35,7 | 46,5 | 74,7 |
| | ich stimme nicht zu | 68 | 19,4 | 25,3 | 100,0 |
| | Gesamt | 269 | 76,9 | 100,0 | |
| Fehlend | keine Antwort | 81 | 23,1 | | |
| Gesamt | | 350 | 100,0 | | |

Tabelle 46: „Das Beschlussverfahren erleichtert die Übertragung von Betriebsteilen", gruppiert

Im Ergebnis kann aber festgehalten werden, dass die Einführung des Beschlussverfahrens als gesetzgeberische Fehlleistung anzusehen ist. Es hat weder dazu geführt, dass die Einstellung der Insolvenzverwalter zu § 613a BGB positiver wurde, noch hat sich das Beschlussverfahren in irgendeiner Art und Weise positiv auf die Sanierung insolventer Schuldner – mit oder ohne Betriebsübergang – ausgewirkt.

## 6. Fazit 2

Es ist nicht zuletzt aufgrund der bisherigen Ergebnisse zu schlussfolgern, dass die Insolvenzverwalter dem Beschlussverfahren nach §§ 126 ff. InsO keine wichtige Bedeutung beimessen.

Es wurde den Insolvenzverwaltern folgende Aussage zur Bewertung gestellt: „Dem Interessenausgleich (§ 125 InsO) und dem Beschlussverfahren (§§ 126 ff. InsO) kommt eine wichtige Bedeutung bei der Sanierung zu". Unter Berücksichtigung der minimalen Relevanz des Beschlussverfahrens und der damit verbundenen geringen Vertrautheit mit dem Beschlussverfahren war allerdings damit zu rechnen, dass ein großer Anteil der Insolvenzverwalter diese Frage nicht oder mit der Bewertung „unentschieden" beantwortet.

| | | Häufigkeit | Prozent | Gültige Prozente | Kumulierte Prozente |
|---|---|---|---|---|---|
| Gültig | Stimme voll zu | 35 | 10,0 | 10,9 | 10,9 |
| | Stimme überwiegend zu | 78 | 22,3 | 24,4 | 35,3 |
| | Unentschieden | 111 | 31,7 | 34,7 | 70,0 |
| | Stimme nicht zu | 69 | 19,7 | 21,6 | 91,6 |
| | Stimme überhaupt nicht zu | 27 | 7,7 | 8,4 | 100,0 |
| | Gesamt | 320 | 91,4 | 100,0 | |
| Fehlend | keine Antwort | 30 | 8,6 | | |
| Gesamt | | 350 | 100,0 | | |

Tabelle 47: „Dem Interessenausgleich (§ 125 InsO) und dem Beschlussverfahren (§§ 126 ff. InsO) kommt eine wichtige Bedeutung bei der Sanierung zu"

113 Insolvenzverwalter (bereinigt = 35,3 %) stimmen der Aussage zu, 30,0 % (= 96 Teilnehmer) stimmen nicht zu. Mehr als jeder Dritte (= 34,7 %) ist in der Bewertung unentschieden. Zusammen mit den Insolvenzverwaltern, die keine Antwort geben konnten oder wollten, haben 141 Personen (= 40,3 %) keine oder eine unentschiedene Antwort gegeben, was wiederum die obige Vermutung bestätigt, dass hinsichtlich des Beschlussverfahrens kaum Erfahrungen und hiermit verbundene Beurteilungen vorhanden sind, vgl. Tabelle 48.

| | | Häufigkeit | Prozent | Gültige Prozente | Kumulierte Prozente |
|---|---|---|---|---|---|
| Gültig | ich stimme zu | 113 | 32,3 | 35,3 | 35,3 |
| | unentschieden | 111 | 31,7 | 34,7 | 70,0 |
| | ich stimme nicht zu | 96 | 27,4 | 30,0 | 100,0 |
| | Gesamt | 320 | 91,4 | 100,0 | |
| Fehlend | keine Antwort | 30 | 8,6 | | |
| Gesamt | | 350 | 100,0 | | |

Tabelle 48: „Dem Interessenausgleich (§ 125 InsO) und dem Beschlussverfahren (§§ 126 ff. InsO) kommt eine wichtige Bedeutung bei der Sanierung zu“, gruppiert

Dass gleichwohl relativ viele Insolvenzverwalter dem Interessenausgleich und dem Beschlussverfahren eine wichtige Bedeutung zumessen, liegt an der Struktur der Frage. Es wurde – um einen einheitlichen Regelungskomplex nicht auseinander zu reißen – nach den insolvenzrechtlichen Regelungen der §§ 125 ff. InsO gefragt, insbesondere auch darum, weil § 125 InsO bzw. das Nichtzustandekommen eines Interessenausgleiches zwingende Voraussetzung des Beschlussverfahrens nach §§ 126 ff. InsO ist. Teilweise wurde in Anmerkungen darauf hingewiesen, dass dem Interessenausgleich sehr wohl, dem Beschlussverfahren hingegen keine Bedeutung zukomme, deshalb die Bewertung auf unentschieden fallen müsse.

*„Die praktische Bedeutung des Verfahrens erscheint mir außerordentlich gering zu sein!“*

*„§ 126 ist bedeutungslos“*

Aus diesen exemplarischen Meinungen ist zu schlussfolgern, dass dem Beschlussverfahren, allein betrachtet, in der Praxis keine Bedeutung bei der Sanierung zukommt. Die Vermutung liegt nahe, dass viele Insolvenzverwalter zwar den Schritt zu einem Interessenausgleich nach § 125 InsO versuchen,[323] im Falle des Scheiterns allerdings nicht zur Anwendung des Beschlussverfahrens nach §§ 126 ff. InsO übergehen.

323 Vgl. zur Begründung dieser Überlegung die Tabelle 20, oben, Seite 106.

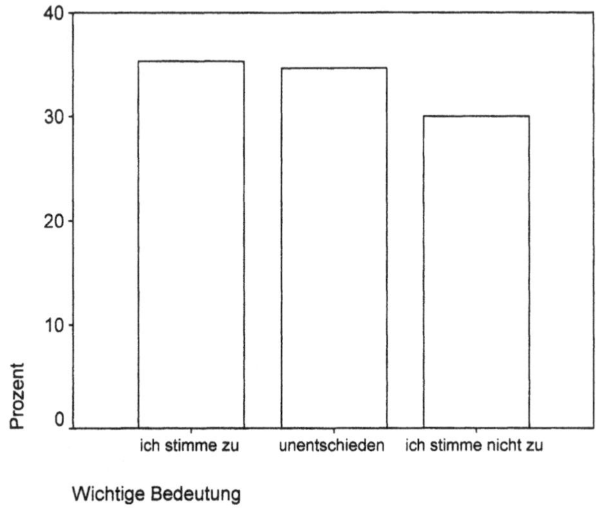


Abbildung 4: Grafik zu Tabelle 48

Erwartungsgemäß muss die Antwort auf die Aussage „Durch die Beschränkung der Sozialauswahl des KSchG auf Betriebszugehörigkeit, Lebensalter, Unterhaltspflichten und Schwerbehinderung zum 1.1.2004 verlieren die §§ 125, 126 ff. InsO an Bedeutung" ebenfalls eher unentschieden ausfallen.

29,4 % der teilnehmenden Insolvenzverwalter stimmen der Aussage des Bedeutungsverlustes zu, 22,1 % stimmen nicht zu. Fast jeder zweite Teilnehmer (= 48,5 %) ist in der Bewertung unentschieden, vgl. Tabelle 49. Das kann zum einen erneut seinen Grund in der geringen Verbreitung des Beschlussverfahrens nach §§ 126 ff. InsO haben, nicht auszuschließen ist aber auch, dass die Reformen des Gesetzgebers zum 1.1.2004 im Bereich des Arbeitsrechts im Umfragezeitraum vom 17.3.2004 bis zum 23.4.2004 noch nicht in ausreichender und eine fundierte Meinung ermöglichender Weise verbreitet war. Jedenfalls die gegebene Tendenz zur Zustimmung zu der Aussage erscheint nicht tauglich, einen Rückschluss auf den tatsächlichen Bedeutungsverlust zu geben.

| | | Häufigkeit | Prozent | Gültige Prozente | Kumulierte Prozente |
|---|---|---|---|---|---|
| Gültig | ich stimme zu | 89 | 25,4 | 29,4 | 29,4 |
| | unentschieden | 147 | 42,0 | 48,5 | 77,9 |
| | ich stimme nicht zu | 67 | 19,1 | 22,1 | 100,0 |
| | Gesamt | 303 | 86,6 | 100,0 | |
| Fehlend | keine Antwort | 47 | 13,4 | | |
| Gesamt | | 350 | 100,0 | | |

Tabelle 49: „Durch die Beschränkung der Sozialauswahl des KSchG auf Betriebszugehörigkeit, Lebensalter, Unterhaltspflichten und Schwerbehinderung zum 1.1.2004 verlieren die §§ 125, 126 ff. InsO an Bedeutung“, gruppiert

## 7. Zusammenfassung

Damit bleibt folgendes festzuhalten: Das Beschlussverfahren findet weder personenabhängig noch auf die Gesamtzahl der Unternehmensinsolvenzen bezogen eine nennenswerte Anwendung. Das Verfahren ist nicht praxisrelevant.

Die Gründe hierfür liegen zum einen darin, dass schon der gesetzgeberische Ansatz in außergewöhnlicher Weise anwendungsuntauglich ist, da sich die erheblich größere Zahl der Unternehmensinsolvenzverfahren in Deutschland nicht eignet, Grundlage eines Beschlussverfahrens zu sein.

Zum anderen wenden Insolvenzverwalter in Deutschland andere Möglichkeiten an, um eine Personalanpassung zu erreichen. Die Möglichkeiten reichen dabei von Aufhebungsverträgen über Arbeitsentgeltverzicht bis zur Beschäftigungs- und Qualifizierungsgesellschaft.

Grund ist schließlich auch die Praxisuntauglichkeit des Verfahrens. In unterschiedlicher Intensität geht die Meinung der Insolvenzverwalter dahin, dass das Beschlussverfahren nach §§ 126 ff. InsO zu lange dauert und damit Masse kostet, dass zu viele Arbeitnehmer an dem Verfahren zu beteiligen sind, dass der Beschluss nicht genügend Rechtssicherheit bietet und dass die Gerichte das Beschlussverfahren nicht ausreichend unterstützen.

Dies alles führt zu dem Ergebnis, dass trotz der Notwendigkeit einer Sanierungserleichterung im Bereich der übertragenden Sanierung dem Beschlussverfahren keine große Bedeutung zukommt, Übertragungen nicht erleichtert werden und der § 613a BGB noch immer als sanierungsfeindlich angesehen wird.

## III. Hypothese zur Strukturbildung

Anzunehmen war, dass sich im Fall der Anwendung des Beschlussverfahrens nach §§ 126 ff. InsO bestimmte Strukturen und Ähnlichkeiten ergeben, sei es innerhalb der Antragsformulierung, des Ausgangs- und oder Endpersonalbestandes und der Verfahrensbeteiligten, der Verfahrensverzögerung oder Rechtsbeschwerde.

Die erhobenen Daten sind für die Bundesrepublik repräsentativ. Das bedeutet, dass grundsätzlich auch die Daten der fünf Teilnehmer, die die Beschlussverfahren 2003 durchgeführt haben, repräsentativ sind. In Anbetracht der geringen Anzahl erscheinen aber statistische Auswertungen oder Signifikanztests entweder nicht sinnvoll oder von ihren Voraussetzungen nicht durchführbar. Es erscheint nur bedingt zweckmäßig, aus fünf Verfahren Rückschlüsse für alle Beschlussverfahren zu ziehen, da bei einer so geringen Anzahl von Verfahren Ausreißer oder Extreme die Werte verzerren können. Aus diesem Grund wird im Folgenden der Weg der Einzelauswertung gewählt, d.h. die fünf Verfahren 2003 werden einzeln analysiert und auf Zusammenhänge und Besonderheiten untersucht.

Die Untersuchung folgt in diesem Bereich dem Verfahrensablauf eines Beschlussverfahrens nach §§ 126 ff. InsO.

## 1. Die betroffenen Unternehmen und Unternehmensinsolvenzverfahren und die hiermit beschäftigten Insolvenzverwalter

Zunächst wurde von den Teilnehmern die Beschäftigtenzahl in den zugrunde liegenden Verfahren erfragt. Diese ist für eine Reihe von Hypothesen von entscheidender Bedeutung, z.B. für die Frage, ob zu viele Arbeitnehmer an dem Beschlussverfahren zu beteiligen sind oder ob es sich bei dieser von der insolvenz- und arbeitsrechtlichen Literatur getragenen Befürchtung um eine rein akademische Frage handelt. Aber auch für die Frage, in wie vielen Fällen im Nachgang des Beschlusses Kündigungen ausgesprochen und Kündigungsschutzklagen erhoben wurden, ist die Anzahl der Beschäftigten wichtig.

Dabei waren in den Unternehmen, bei denen ein Unternehmensinsolvenzverfahren durchgeführt und das Beschlussverfahren angewendet worden ist, insgesamt 490 (durchschnittlich 98) Arbeitnehmer bei Eröffnung des Unternehmensinsolvenzverfahrens beschäftigt.

In Anlehnung an die Größenklassenumschreibung des § 267 Abs. 3 HGB handelte es sich bei einem Unternehmen mit 270 Arbeitnehmern um ein über mittelständische Unternehmen hinausgehendes Großunternehmen. Im Ganzen hatten 24 Insolvenzverwalter für das Jahr 2003 insgesamt 42 Unternehmen angegeben, die mehr als 250 Arbeitnehmer hatten und die nach Verfahrenseröffnung auch tatsächlich fortgeführt wurden. Das eine hier relevante Verfahren macht dabei lediglich 2,4 % aus und 4,2 % der Insolvenzverwalter, die ein Insolvenzverfahren eines Großunternehmens betreut haben.

Auffallend ist, dass zwar nur ein Unternehmen, bei dem ein Beschlussverfahren angewendet worden ist, mehr als 250 Arbeitnehmer hatte, dass aber drei der fünf

Insolvenzverwalter wenigstens (noch) ein Verfahren mit mehr als 250 Arbeitnehmern betreuten. Daraus kann geschlossen werden, dass das Beschlussverfahren nach §§ 126 ff. InsO häufiger von Insolvenzverwaltern durchgeführt wird, die mit größeren Unternehmen zu tun haben, als von Insolvenzverwaltern, die mit kleineren Unternehmen befasst sind. Hintergrund hierfür ist, dass das Beschlussverfahren eine Vielzahl von Beteiligten erwarten lässt und damit Kapazitäten bindet, die sich innerhalb einer Einzelkanzlei oder Kanzlei mit nur wenigen weiteren Insolvenzverwaltern oder Anwälten nicht stets gewährleisten lassen.

| | | Häufigkeit | Prozent | Kumulierte Prozente |
|---|---|---|---|---|
| Gültig | 10 | 1 | 20,0 | 20,0 |
| | 60 | 2 | 40,0 | 60,0 |
| | 90 | 1 | 20,0 | 80,0 |
| | 270 | 1 | 20,0 | 100,0 |
| | Gesamt | 5 | 100,0 | |

Tabelle 50: Anzahl der Beschäftigten in den Unternehmen, in denen ein Beschlussverfahren nach §§ 126 ff. InsO durchgeführt worden ist

Überprüfen lässt sich diese Aussage anhand der Organisationsstruktur der Kanzleien und Sozietäten, in denen die befragten Insolvenzverwalter tätig waren. Dabei gilt für die Gesamtheit, dass 160 Insolvenzverwalter (= 47,2 %) jedenfalls im Hinblick auf weitere Insolvenzverwalter allein arbeiten, vgl. Tabelle 51 und Abbildung 5. Sehr große Kanzleien und Sozietäten mit mehr als 10 Insolvenzverwaltern sind mit 2,7 % eher die Ausnahme. 23,9 % arbeiten mit einem weiteren Insolvenzverwalter zusammen.

| | | Häufigkeit | Prozent | Gültige Prozente | Kumulierte Prozente |
|---|---|---|---|---|---|
| Gültig | 0 | 160 | 45,7 | 47,2 | 47,2 |
| | 1 | 81 | 23,1 | 23,9 | 71,1 |
| | 2 | 42 | 12,0 | 12,4 | 83,5 |
| | 3 | 20 | 5,7 | 5,9 | 89,4 |
| | 4 | 6 | 1,7 | 1,8 | 91,2 |
| | 5 | 7 | 2,0 | 2,1 | 93,2 |
| | 6 bis 10 | 14 | 4,0 | 4,1 | 97,3 |
| | mehr als 10 | 9 | 2,6 | 2,7 | 100,0 |
| | Gesamt | 339 | 96,9 | 100,0 | |
| Fehlend | System | 11 | 3,1 | | |
| Gesamt | | 350 | 100,0 | | |

Tabelle 51: Anzahl weiterer Insolvenzverwalter in der Kanzlei/Sozietät

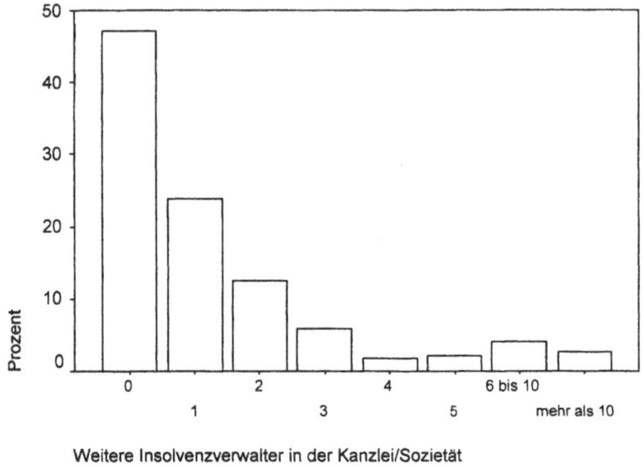


Abbildung 5: Grafik zu Tabelle 51

Verdeutlicht in einer Kreuztabelle ergibt sich für die Beschlussverfahren nach §§ 126 ff. InsO, dass drei von fünf Insolvenzverwaltern, die ein Beschlussverfahren durchgeführt haben, mit einem weiteren Insolvenzverwalter zusammenarbeiten, vgl. Tabelle 52.

Anzahl

| | | Anwendung des Verfahrens bereinigt | | |
|---|---|---|---|---|
| | | Nein | Ja | Gesamt |
| Weitere Insolvenzverwalter in der Kanzlei/Sozietät | 0 | 158 | 2 | 160 |
| | 1 | 78 | 3 | 81 |
| | 2 | 42 | | 42 |
| | 3 | 20 | | 20 |
| | 4 | 6 | | 6 |
| | 5 | 7 | | 7 |
| | 6 bis 10 | 14 | | 14 |
| | mehr als 10 | 9 | | 9 |
| Gesamt | | 334 | 5 | 339 |

Tabelle 52: Kreuztabelle zu der Tätigkeitsstruktur und der Anwendung des Beschlussverfahrens

Die Tätigkeitsstruktur der Insolvenzverwalter lässt sich auch an der Form der Kanzlei bzw. Sozietät festmachen. Im Rahmen der persönlichen Daten wurde die Frage gestellt, ob die Insolvenzverwalter in einer sog. interprofessionellen Kanzlei tätig sind. Hierunter ist zu verstehen, dass neben der Insolvenzverwaltung oder -beratung auch andere juristische Fachbereiche oder fachfremde Tätigkeiten, wie Steuer- oder Unternehmensberatung, Notartätigkeit oder Wirtschaftsprüfung abgedeckt werden. Für die Gesamtheit der befragten Insolvenzverwalter gilt dabei, dass 171 Teilnehmer (= 53,9 %) nicht in einer interprofessionellen Kanzlei tätig sind, 46,1 % hingegen schon, vgl. Tabelle 53. Innerhalb der fünf Teilnehmer, die das Beschlussverfahren angewendet haben, arbeiten drei Insolvenzverwalter in einer interprofessionellen Kanzlei.

| | | | Anwendung des Verfahrens bereinigt | | |
|---|---|---|---|---|---|
| | | | Nein | Ja | Gesamt |
| Interprofessionelle Kanzlei/Sozietät | Nein | Anzahl | 169 | 2 | 171 |
| | | % von Interprofessionelle Kanzlei/Sozietät | 98,8% | 1,2% | 100,0% |
| | | % von Anwendung des Verfahrens bereinigt | 54,2% | 40,0% | 53,9% |
| | | % der Gesamtzahl | 53,3% | ,6% | 53,9% |
| | Ja | Anzahl | 143 | 3 | 146 |
| | | % von Interprofessionelle Kanzlei/Sozietät | 97,9% | 2,1% | 100,0% |
| | | % von Anwendung des Verfahrens bereinigt | 45,8% | 60,0% | 46,1% |
| | | % der Gesamtzahl | 45,1% | ,9% | 46,1% |
| Gesamt | | Anzahl | 312 | 5 | 317 |
| | | % von Interprofessionelle Kanzlei/Sozietät | 98,4% | 1,6% | 100,0% |
| | | % von Anwendung des Verfahrens bereinigt | 100,0% | 100,0% | 100,0% |
| | | % der Gesamtzahl | 98,4% | 1,6% | 100,0% |

Tabelle 53: Kreuztabelle zu Interprofessionalität und Anwendung des Beschlussverfahrens

Interprofessionalität und Anzahl weiterer Insolvenzverwalter zusammengefasst, arbeiten zwei der drei Insolvenzverwalter, die mit einem weiteren Insolvenzverwalter in der Kanzlei oder Sozietät zusammenarbeiten, auch in einer interprofessionellen Kanzlei. Damit wird die Aussage gestärkt, dass die Beschlussverfahren mehrheitlich von Insolvenzverwaltern angewendet werden, die nicht allein arbeiten. Bemerkenswert ist aber, dass der Insolvenzverwalter, der das größte Beschlussverfahren betreute, allein arbeitet.

Neben der Tätigkeitsstruktur der Kanzlei oder Sozietät kann die Anwendung des Beschlussverfahrens auch vom Alter bzw. der Berufserfahrung abhängen. Die Berufserfahrung soll dabei als Dauer der Insolvenzverwaltertätigkeit verstanden werden, d.h. der Zeitraum seit der ersten Bestellung zum Insolvenzverwalter. Zwar lässt sich so nicht feststellen, ob die Verwalter ununterbrochen als Insolvenzverwalter tätig waren, allerdings spricht für diese Annahme, dass das deutsche System der Insolvenzverwalterbestellung traditionell so ausgestaltet ist, dass die „Alteingesessenen", die sich bewährt haben, auch künftig zu Insolvenzverwaltern in Insolvenzverfahren bestellt werden. Ein Teilnehmer kritisierte dies folgendermaßen:

*„Habe bisher leider nur 1 Verfahren als Insolvenzverwalter „erhalten"! (altes Problem der Verwalterauswahl)"*

Die Hypothese lautet: Je länger ein Insolvenzverwalter als solcher tätig ist, desto größer die Chance, dass das Beschlussverfahren auch angewendet wird. Zu vermuten ist hier, dass erst mit einer gewissen Berufserfahrung Unternehmensinsolvenzverfahren überantwortet werden, in denen eine gewisse Anzahl an Beschäftigten zu finden ist, so dass ein Beschlussverfahren – zumindest nach der Überzeugung der Insolvenzverwalter (vgl. Tabelle 27, oben, Seite 117 und Tabelle 28, oben, Seite 117) – sinnvoll ist. Auch kann – wenn auch hier ausschließlich Vermutungen zugrunde gelegt werden – mit zunehmendem Alter und steigender Berufserfahrung der „Mut", die Unvoreingenommenheit und das Durchhaltevermögen für die Durchführung eines Sammelverfahrens wie des Beschlussverfahrens gegeben sein.

In der Gesamtheit der Antwortenden waren die Teilnehmer durchschnittlich 43,8 Jahre alt und wurden vor 8,4 Jahren erstmals zum Insolvenzverwalter bestellt, vgl. Tabelle 54 und Abbildung 6, Abbildung 7. Der älteste Insolvenzverwalter war 69 Jahre, der jüngste 27. Die höchste Berufserfahrung wies ein Teilnehmer mit 38 Jahren Insolvenzverwaltertätigkeit (bis 1999 Konkursverwaltertätigkeit) auf.

| | | Alter | Berufserfahrung |
|---|---|---|---|
| N | Gültig | 341 | 339 |
| | Fehlend | 9 | 11 |
| Mittelwert | | 43,84 | 8,36 |
| Minimum | | 27 | 1 |
| Maximum | | 69 | 38 |

Tabelle 54: Mittelwert, Minimum und Maximum für Alter und Berufserfahrung innerhalb der Gruppe der in sachlicher Hinsicht Antwortenden

Mit lediglich sieben Teilnehmern (= 2,1 %) ist die Altersstufe bis 30 Jahre relativ gering vertreten, vgl. Tabelle 55. Die meisten Insolvenzverwalter finden sich innerhalb der Altersstufe 36-40 (75 Personen = 22,0 %). Die Mehrzahl ist mit 78,6 % bis zu 50 Jahre alt.

Mehr als die Hälfte der Insolvenzverwalter sind innerhalb der letzten fünf Jahre erstmals zum Insolvenzverwalter bestellt worden, Tabelle 56. Weitere 22,7 %

haben eine Berufserfahrung von sechs bis zehn Jahren, insgesamt sind 92,0 % der Teilnehmer bis zwanzig Berufsjahre im Insolvenzrecht als Verwalter tätig. Langjährigere Berufserfahrung stellt die Ausnahme dar.

| | | Häufigkeit | Prozent | Gültige Prozente | Kumulierte Prozente |
|---|---|---|---|---|---|
| Gültig | 25-30 | 7 | 2,0 | 2,1 | 2,1 |
| | 31-35 | 59 | 16,9 | 17,3 | 19,4 |
| | 36-40 | 75 | 21,4 | 22,0 | 41,3 |
| | 41-45 | 66 | 18,9 | 19,4 | 60,7 |
| | 46-50 | 61 | 17,4 | 17,9 | 78,6 |
| | 51-55 | 33 | 9,4 | 9,7 | 88,3 |
| | 56-60 | 25 | 7,1 | 7,3 | 95,6 |
| | 61-65 | 10 | 2,9 | 2,9 | 98,5 |
| | 66-70 | 5 | 1,4 | 1,5 | 100,0 |
| | Gesamt | 341 | 97,4 | 100,0 | |
| Fehlend | System | 9 | 2,6 | | |
| Gesamt | | 350 | 100,0 | | |

Tabelle 55: Alter, gruppiert

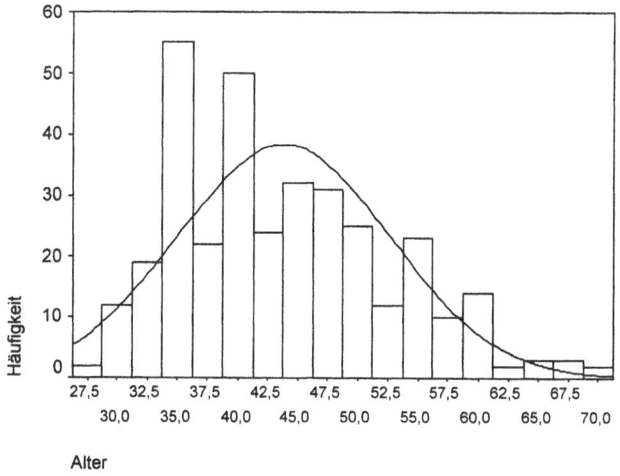


Abbildung 6: Alterstruktur aller in sachlicher Hinsicht antwortenden Insolvenzverwalter mit Gaußscher Normalverteilungskurve (Glockenkurve)

| | | Häufigkeit | Prozent | Gültige Prozente | Kumulierte Prozente |
|---|---|---|---|---|---|
| Gültig | 0-5 | 170 | 48,6 | 50,1 | 50,1 |
| | 6-10 | 77 | 22,0 | 22,7 | 72,9 |
| | 11-15 | 38 | 10,9 | 11,2 | 84,1 |
| | 16-20 | 27 | 7,7 | 8,0 | 92,0 |
| | 21-25 | 16 | 4,6 | 4,7 | 96,8 |
| | 26-30 | 6 | 1,7 | 1,8 | 98,5 |
| | 31-35 | 3 | ,9 | ,9 | 99,4 |
| | 36-40 | 2 | ,6 | ,6 | 100,0 |
| | Gesamt | 339 | 96,9 | 100,0 | |
| Fehlend | System | 11 | 3,1 | | |
| Gesamt | | 350 | 100,0 | | |

Tabelle 56: Berufserfahrung, gruppiert

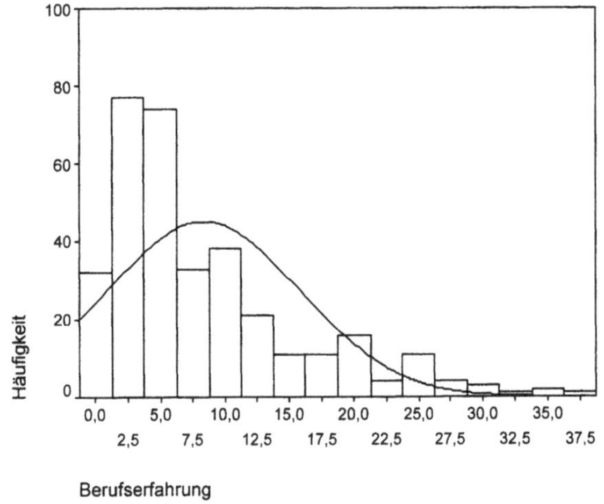


Abbildung 7: Berufserfahrung aller in sachlicher Hinsicht antwortenden Insolvenzverwalter mit Gaußscher Normalverteilungskurve (Glockenkurve)

Innerhalb der Gruppe der Insolvenzverwalter, die 2003 ein Beschlussverfahren durchgeführt haben, liegt das Durchschnittsalter mit 46 Jahren höher als in der Gesamtgruppe. Die Spanne der Teilnehmer liegt hier zwischen 43 und 49, vgl. Tabelle 57.

| | | Berufserfahrung | Alter |
|---|---|---|---|
| N | Gültig | 5 | 5 |
| | Fehlend | 0 | 0 |
| Mittelwert | | 10,60 | 46,00 |
| Minimum | | 8 | 43 |
| Maximum | | 15 | 49 |

Tabelle 57: Mittelwert, Minimum und Maximum für Alter und Berufserfahrung innerhalb der Gruppe der Insolvenzverwalter, die in 2003 ein Beschlussverfahren durchgeführt haben

Fasst man Alter, Berufserfahrung und die Anwendung des Beschlussverfahrens nach §§ 126 ff. InsO innerhalb von Kreuztabellen zusammen (vgl. Tabelle 58 und Tabelle 59), so ergibt sich, dass das Beschlussverfahren von Personen angewendet wurde, die älter als der Durchschnitt waren und eine längere Berufserfahrung als der Durchschnitt aufweisen.

Anzahl

| | | Anwendung des Verfahrens bereinigt | | |
|---|---|---|---|---|
| | | Nein | Ja | Gesamt |
| Alter_gruppiert | 25-30 | 7 | | 7 |
| | 31-35 | 59 | | 59 |
| | 36-40 | 75 | | 75 |
| | 41-45 | 64 | 2 | 66 |
| | 46-50 | 58 | 3 | 61 |
| | 51-55 | 33 | | 33 |
| | 56-60 | 25 | | 25 |
| | 61-65 | 10 | | 10 |
| | 66-70 | 5 | | 5 |
| Gesamt | | 336 | 5 | 341 |

Tabelle 58: Kreuztabelle zu Alter und Anwendung des Beschlussverfahrens

Damit kann festgehalten werden, dass weder die jüngeren, noch die älteren, sondern vielmehr die leicht über dem Altersdurchschnitt liegenden Insolvenzverwalter das Beschlussverfahren nach §§ 126 ff. InsO anwenden. Aufgrund des hohen Anteiles von Insolvenzverwaltern, die bis zu 5 Jahren Berufserfahrung aufweisen, liegen auch hier die Teilnehmer, die das Beschlussverfahren angewendet haben, über dem Durchschnitt. Dieser Argumentation folgend kann die Hypothese als bestätigt angesehen werden.

Anzahl

| | | Anwendung des Verfahrens bereinigt | | |
|---|---|---|---|---|
| | | Nein | Ja | Gesamt |
| Berufserfahrung_gruppiert | 0-5 | 170 | | 170 |
| | 6-10 | 74 | 3 | 77 |
| | 11-15 | 36 | 2 | 38 |
| | 16-20 | 27 | | 27 |
| | 21-25 | 16 | | 16 |
| | 26-30 | 6 | | 6 |
| | 31-35 | 3 | | 3 |
| | 36-40 | 2 | | 2 |
| Gesamt | | 334 | 5 | 339 |

Tabelle 59: Kreuztabelle zu Berufserfahrung und Anwendung des Beschlussverfahrens

Neben der Beschäftigtenzahl, dem Alter und der Berufserfahrung wurde auch nach dem Vorhandensein eines Betriebsrats im Schuldnerunternehmen gefragt. Dieses wurde von 2,3 % der Insolvenzverwalter fälschlicherweise als Anwendungsvoraussetzung für das Beschlussverfahren angesehen (siehe Tabelle 20, oben, Seite 106).

Die 350 Insolvenzverwalter – bereinigt um die Teilnehmer, die für die Bestellung in einem Unternehmensinsolvenzverfahren 2003 den Wert „0" angaben – gaben für die 4.948 Unternehmensinsolvenzverfahren lediglich in 282 Fällen einen Betriebsrat an (= 26,6 % im Verhältnis zu den tatsächlich fortgeführten Unternehmen). 197 Insolvenzverwalter (= 64,8 %) betreuten ausschließlich Insolvenzverfahren, in denen die Schuldnerunternehmen keinen Betriebsrat hatten, vgl. Tabelle 60. In den neuen Bundesländern bestand in lediglich 26 von 133 nach der Eröffnung tatsächlich fortgeführten Unternehmen ein Betriebsrat (= 19,6 %), in den alten Bundesländern beträgt diese Quote 25,4 % (= 191 von 753), bei den Insolvenzverwaltern, die sowohl im Osten als auch im Westen tätig sind, 40,0 % (= 62 von 155). Damit ist in den neuen Bundesländern ein Betriebsrat erheblich seltener zu finden als in den alten Bundesländern.

| | | Häufigkeit | Prozent | Gültige Prozente | Kumulierte Prozente |
|---|---|---|---|---|---|
| Gültig | 0 | 197 | 63,8 | 64,8 | 64,8 |
| | 1 bis 5 | 98 | 31,7 | 32,2 | 97,0 |
| | 5 bis 10 | 7 | 2,3 | 2,3 | 99,3 |
| | mehr als 10 | 2 | ,6 | ,7 | 100,0 |
| | Gesamt | 304 | 98,4 | 100,0 | |
| Fehlend | System | 5 | 1,6 | | |
| Gesamt | | 309 | 100,0 | | |

Tabelle 60: Vorhandensein eines Betriebsrats, gesamt

In drei der fünf Unternehmen, bei denen das Beschlussverfahren angewendet wurde, bestand ein Betriebsrat, so dass das Beschlussverfahren an sich schon durch einen Interessenausgleich ausgeschlossen werden könnte. Die Hypothese, dass das Beschlussverfahren mehrheitlich in Unternehmen durchgeführt worden ist, in denen ein Betriebsrat nicht bestand, weil die Insolvenzverwalter hier langwierige (dreiwöchige) Verhandlungen mit dem Betriebsrat vermeiden könnten, kann somit nicht bestätigt werden.

Schließlich stellt sich die Frage, ob vor Einleitung des Beschlussverfahrens bereits betriebsbedingte Kündigungen ausgesprochen wurden. In der arbeitsrechtlichen und insolvenzrechtlichen Literatur sowie in dieser Arbeit wird diese Vorgehensweise empfohlen. Wenn der Insolvenzverwalter die Kündigungen bereits vor der Einleitung des Beschlussverfahrens ausspricht, kann er die dreiwöchige Frist gem. § 4 Satz 1 KSchG (bis 31.12.2003: § 113 Abs. 2 Satz 1 InsO) abwarten und lediglich die Arbeitnehmer im Feststellungsantrag nach § 126 Abs. 1 Satz 1 InsO namentlich bezeichnen, die innerhalb der Frist Kündigungsschutzklage gem. § 4 Satz 1 KSchG erhoben haben. Für alle anderen gilt die Kündigung als rechtswirksam, § 7 KSchG.

In der insolvenzrechtlichen Praxis scheint diese Vorgehensweise zwar im Einzelfall, nicht jedoch generell angewendet zu werden. Lediglich in zwei Fällen wurden vor Einleitung des Beschlussverfahrens betriebsbedingte Kündigungen ausgesprochen, vgl. Tabelle 61.

| | | Häufigkeit | Gültige Prozente |
|---|---|---|---|
| Gültig | Nein | 3 | 60,0 |
| | Ja | 2 | 40,0 |
| | Gesamt | 5 | 100,0 |

Tabelle 61: „Hatten Sie bereits vor Einleitung des Beschlussverfahrens betriebsbedingt gekündigt?"

Dabei ist überraschend, dass diese beiden Fälle Unternehmen betrafen, die vergleichsweise wenige Arbeitnehmer hatten, nämlich 10 und 60 Arbeitnehmer, vgl. Tabelle 62. Gerade in Fällen, in denen möglicherweise viele Arbeitnehmer zu beteiligen gewesen wären, konnte vermutet werden, dass der Insolvenzverwalter im Vorfeld durch die Möglichkeit der materiellen Präklusion des § 7 KSchG die Beteiligtenzahl zu reduzieren versucht. Die Zahlen widerlegen jedoch diese Vermutung. Aber auch in den beiden Fällen, in denen betriebsbedingte Kündigungen schon im Vorfeld des Beschlussverfahrens ausgesprochen worden sind, erfolgte im Verhältnis zu der Beschäftigtenzahl keine Reduzierung der Arbeitnehmer, die beteiligt werden mussten.

Anzahl

| | | Beschäftigte Verfahren 1 | | | | Gesamt |
|---|---|---|---|---|---|---|
| | | 10 | 60 | 90 | 270 | |
| Kündigung vor Verfahren | Nein | | 1 | 1 | 1 | 3 |
| | Ja | 1 | 1 | | | 2 |
| Gesamt | | 1 | 2 | 1 | 1 | 5 |

Tabelle 62: Kreuztabelle zum Verhältnis von Kündigungen vor Einleitung des Beschlussverfahrens zu der Anzahl der Beschäftigten

## 2. Beantragung und Einleitung des Beschlussverfahrens

Das Beschlussverfahren wird durch einen Feststellungsantrag eingeleitet. Dieser ist gem. § 126 Abs. 1 Satz 1 InsO erst zulässig, wenn ein Interessenausgleich nach § 125 InsO nicht zustande gekommen ist. Dies kann seine Gründe zum einen in der Nichtexistenz eines Betriebsrats zum anderen aber auch im Scheitern der Interessenausgleichsverhandlungen nach Ablauf von drei Wochen haben.[324] Wie gesehen, existierte in drei von fünf Unternehmen, bei denen ein Beschlussverfahren nach §§ 126 ff. InsO angewendet wurde, ein Betriebsrat.

Die Insolvenzverwalter wurden nach den Gründen für das Nichtzustandekommen gefragt. Im Rahmen einer teilweise offenen, teilweise geschlossenen Frage wurden die beiden Hauptmöglichkeiten vorgegeben.

Zwei Teilnehmer haben entsprechend der Angabe, dass ein Betriebsrat nicht bestand, dies als Grund für das Nichtzustandekommen des Interessenausgleiches angegeben, zwei weitere gaben an, dass trotz rechtzeitiger und umfassender Unterrichtung des Betriebsrats keine Einigung erzielt werden konnte, der fünfte Teilnehmer hat keine Antwort gegeben. Der Aussage „Die umfassende und rechtzeitige Unterrichtung des Betriebsrates erscheint als praktisch schwer erreichbar und beweisbar“ stimmten von den Insolvenzverwaltern, die das Beschlussverfahren durchgeführt haben, zwei zu, einer stimmte nicht zu und zwei waren in der Bewertung unentschieden, vgl. Tabelle 63. Somit sieht eine leichte Mehrheit in der Unterrichtung des Betriebsrats eine Verfahrensbehinderung.

[324] Vgl. hierzu näher § 2 A. I. 5. (Seite 13).

| | | Häufigkeit | Prozent | Kumulierte Prozente |
|---|---|---|---|---|
| Gültig | ich stimme zu | 2 | 40,0 | 40,0 |
| | Unentschieden | 2 | 40,0 | 80,0 |
| | ich stimme nicht zu | 1 | 20,0 | 100,0 |
| | Gesamt | 5 | 100,0 | |

Tabelle 63: „Die umfassende und rechtzeitige Unterrichtung des Betriebsrates erscheint als praktisch schwer erreichbar und beweisbar", gruppiert

Von der konkreten Durchführung des Beschlussverfahrens unabhängig fällt die Beurteilung dieser Aussage unentschieden aus. Mehr als jeder vierte Teilnehmer ist in der Bewertung unentschieden (= 25,4 %). Zustimmung mit 37,1 % und Ablehnung mit 37,5 % halten sich die Waage, vgl. Tabelle 64.

| | | Häufigkeit | Prozent | Gültige Prozente | Kumulierte Prozente |
|---|---|---|---|---|---|
| Gültig | ich stimme zu | 108 | 30,9 | 37,1 | 37,1 |
| | unentschieden | 74 | 21,1 | 25,4 | 62,5 |
| | ich stimme nicht zu | 109 | 31,1 | 37,5 | 100,0 |
| | Gesamt | 291 | 83,1 | 100,0 | |
| Fehlend | Gesamt | 59 | 16,9 | | |
| Gesamt | | 350 | 100,0 | | |

Tabelle 64: „Die umfassende und rechtzeitige Unterrichtung des Betriebsrates erscheint als praktisch schwer erreichbar und beweisbar", gruppiert und von der konkreten Durchführung eines Beschlussverfahrens unabhängig

Hat sich der Insolvenzverwalter entschieden, das Beschlussverfahren nach §§ 126 ff. InsO durchzuführen, stellt sich die Frage, wie viele Arbeitnehmer er in seinem Antrag bezeichnet, da diese gem. § 126 Abs. 2 Satz 1 HS. 2 InsO Beteiligte sind.

Der Teilnehmer, der das größte Beschlussverfahren mit 270 Beschäftigten betreute, gab keine Antwort, so dass sich die Durchschnittszahl der Beteiligten bei insgesamt 220 Arbeitnehmern auf 55 reduziert. In allen anderen Verfahren wurden alle Beschäftigten auch zu Beteiligten, vgl. Tabelle 65 und Tabelle 50, oben, Seite 137. Daraus kann aber nicht geschlussfolgert werden, dass es sich hier um Betriebsstilllegungen handeln sollte, da in einem solchen Fall die Sozialauswahl und damit auch die Anwendbarkeit des Beschlussverfahrens entfielen. Zu erklären ist die einhundertprozentige Beteiligung der Arbeitnehmer durch sog. Hilfsanträge, die zusammen mit dem Hauptfeststellungsantrag gestellt werden und in denen weitere Arbeitnehmer für den Fall namentlich bezeichnet werden, dass das Arbeitsgericht dem Hauptantrag nicht folgt.

| | | Häufigkeit | Prozent | Gültige Prozente |
|---|---|---|---|---|
| Gültig | 10 | 1 | 20,0 | 25,0 |
| | 60 | 2 | 40,0 | 50,0 |
| | 90 | 1 | 20,0 | 25,0 |
| | Gesamt | 4 | 80,0 | 100,0 |
| Fehlend | System | 1 | 20,0 | |
| Gesamt | | 5 | 100,0 | |

Tabelle 65: Beteiligte Arbeitnehmer an Beschlussverfahren

Dabei haben vier von fünf Insolvenzverwaltern dem Gericht bezüglich der Sozialauswahl eine konkrete Rangfolge vorgegeben oder die Arbeitnehmer in Gruppen eingeteilt. Durch die Kombination von Rangfolge, Gruppenbildung und Hilfsanträgen wird nach Ansicht der Literatur eine relativ hohe Wahrscheinlichkeit dafür erreicht, dass ein Antrag zugunsten des Insolvenzverwalters entschieden wird. Ob diese Vorgehensweise erfolgreich war, ist Gegenstand der Ausführungen zum Ergebnis und Verfahrensausgang (sogleich).

### 3. Verfahrensdurchführung

Das Beschlussverfahren nach §§ 126 ff. InsO kann zum einen zur Sicherstellung der sozialen Rechtfertigung von betriebsbedingten Kündigungen in der Insolvenz in einem Unternehmen erfolgen, in dem kein Betriebsübergang möglich oder angestrebt ist. Es kann allerdings auch dann angewendet werden, wenn der Betrieb oder ein Betriebsteil an einen potenziellen Erwerber übertragen werden soll. In einem solchen Fall ist der potenzielle Erwerber gem. § 128 Abs. 1 Satz 2 InsO an dem Verfahren beteiligt und die Rechtskraft des Beschlusses erstreckt sich auch darauf, dass die Kündigung der Arbeitsverhältnisse nicht wegen des Betriebsüberganges erfolgt, § 128 Abs. 2 InsO. Der Beschluss wirkt dann auch für und gegen den potenziellen Erwerber.

Die Insolvenzverwalter wurden befragt, bei wie vielen Verfahren 2003 ein potenzieller Erwerber beteiligt war. Ein Teilnehmer hat mehr als vier Verfahren angegeben. Diese Antwort ist nicht möglich, da jeder der fünf Verwalter nur ein Beschlussverfahren 2003 hatte. In Anbetracht der Tatsache, dass die Beantwortungen in Bezug auf andere Fragen von einem Verfahren ausgehen, muss es sich hier um einen Ausreißer handeln, der auf den logischen Wert 1 reduziert wird.

Dabei fällt auf, dass lediglich in zwei Beschlussverfahren ein potenzieller Erwerber gem. § 128 InsO beteiligt war (Tabelle 66), aber in vier Verfahren das Beschlussverfahren zu dem Zweck angestrebt wurde, dass die von einem Erwerber beabsichtigten Kündigungen der Rechtskraft des Beschlusses unterliegen (Tabelle 67). Es handelt sich nur um solche Fallkonstellationen, in denen die betriebsbedingten Kündigungen aufgrund eines Erwerberkonzeptes erfolgen sollten, mithin die Umstrukturierung des Betriebes schon vom Insolvenzverwalter durchgeführt wurden.

| | | Häufigkeit | Prozent | Kumulierte Prozente |
|---|---|---|---|---|
| Gültig | Nie | 3 | 60,0 | 60,0 |
| | 1 mal | 2 | 40,0 | 100,0 |
| | Gesamt | 5 | 100,0 | |

Tabelle 66: Beteiligung potenzieller Erwerber

| | | Häufigkeit | Prozent | Kumulierte Prozente |
|---|---|---|---|---|
| Gültig | Nie | 1 | 20,0 | 20,0 |
| | 1 mal | 4 | 80,0 | 100,0 |
| | Gesamt | 5 | 100,0 | |

Tabelle 67: Beschlussverfahren angestrebt, dass die von einem Erwerber angestrebten Kündigungen den Privilegien des Beschlussverfahrens unterliegen

Ein bereits angesprochenes generell zu vermutendes Problem des Beschlussverfahrens nach §§ 126 ff. InsO ist die Schwerfälligkeit aufgrund der Vielzahl zu beteiligender Arbeitnehmer. Es wurde bereits festgestellt, dass dieses Problem zwar grundsätzlich von den Insolvenzverwaltern gesehen und gefürchtet wird, die Mehrheit aber der Meinung ist, dass sich das Beschlussverfahren für Unternehmen mit vielen Beschäftigten eignet, vgl. Tabelle 28, oben, Seite 117 und Tabelle 29, oben, Seite 118.

Eine Verzögerung kann sich insbesondere aus der Beteiligtenzahl ergeben. In einem Unternehmen mit 100 Arbeitnehmern, die alle – wie das in den hier abgefragten Beschlussverfahren der Fall war – im Antrag des Insolvenzverwalters namentlich bezeichnet und mithin Beteiligte sind, können bis zu 100 Anwälte und Rechtsbeistände hinzukommen. Es drängt sich damit die Frage auf, welche Auswirkungen diese Prozessvertretungen hatten. Die Insolvenzverwalter sollten mitteilen, ob die Prozessvertretung eines jeden Arbeitnehmers das Beschlussverfahren verzögerte. Dies wurde von lediglich zwei der fünf Teilnehmer bejaht. In

Anbetracht der Vielzahl der Beteiligten (vgl. Tabelle 65, oben, Seite 148) erscheint dies überraschend. Unter Berücksichtigung der konkreten Fälle allerdings kommt man zu dem Ergebnis, dass die Bejahung in den beiden Insolvenzverfahren mit den meisten Beschäftigten (270 und 90) erfolgte, so dass die Vermutung nahe liegt, dass die Bejahung der Frage nach der Verfahrensverzögerung häufiger erfolgte, je mehr Beschäftigte (und Beteiligte) im Unternehmen waren.

Das Beschlussverfahren kann u.a. durch Beschluss beendet werden oder aber indem eine seiner Voraussetzungen wegfällt. Es ist nicht ausgeschlossen, dass der Insolvenzverwalter auch nach der Antragstellung weiter mit dem Betriebsrat verhandelt. Im Sinne einer möglicherweise angestrebten weiteren Vertrauensbasis kann dies sogar empfehlenswert sein. Kommt trotz laufenden Beschlussverfahrens ein Interessenausgleich hinsichtlich der dem Antrag zugrunde liegenden Betriebsänderung und der namentlich bezeichneten Arbeitnehmer zustande, wird das Beschlussverfahren vorzeitig und ohne Beschluss beendet.[325] Auch diesbezüglich wurden die Insolvenzverwalter befragt. Dabei fiel entsprechend den obigen Ausführungen ein weiterer Insolvenzverwalter auf, der auf die Frage „Wie oft kam 2003 noch vor Abschluss des Beschlussverfahrens ein Interessenausgleich (§ 125 InsO) mit dem Betriebsrat zustande?“ mehr als vier Verfahren angab, was auch hier nicht möglich ist. Da auch dieser Teilnehmer aber bei allen weiteren Fragen von einem Verfahren ausging, wird die Antwort auf das mitumfasste Minus „1 mal“ reduziert. Dabei ergab sich, dass in immerhin zwei von fünf Beschlussverfahren weiter mit dem Betriebsrat verhandelt worden sein muss, da hier ein Interessenausgleich noch vor Abschluss des Beschlussverfahrens zustande kam, vgl. Tabelle 68.

| | | Häufigkeit | Prozent |
|---|---|---|---|
| Gültig | Nie | 3 | 60,0 |
| | 1 mal | 2 | 40,0 |
| | Gesamt | 5 | 100,0 |

Tabelle 68: Interessenausgleich vor Abschluss des Beschlussverfahrens

## 4. Ergebnis und Verfahrensausgang

Wird das Beschlussverfahren nach §§ 126 ff. InsO allerdings bis zu Ende geführt, so stellen sich Fragen hinsichtlich des Ergebnisses, also des Beschlusses, dessen Bestand und der Rechtsmittel.

[325] Zu der prozessualen Vorgehensweise *Müller-Limbach*, Beschlussverfahren, S. 47 f.

Die Anträge der Insolvenzverwalter enthielten in vier von fünf Fällen eine konkrete Rangfolge oder Gruppeneinteilung, um dem Gericht eine gewisse Marschroute zu geben. Ausgehend von diesem Befund war mithin die Frage zwingend, „In wie vielen Verfahren ist das Arbeitsgericht ihrem Antrag im Wesentlichen gefolgt?". Entsprechend des Umstandes, dass in zwei Fällen ein Beschluss infolge des nachträglich zustande gekommenen Interessenausgleiches nicht ergehen konnte, haben drei Insolvenzverwalter angegeben, dass das Arbeitsgericht ihrem Antrag gefolgt ist, vgl. Tabelle 69. Überraschenderweise handelt es sich bei den Teilnehmern, die „nie" angegeben haben, nicht um dieselben, die das nachträgliche Zustandekommen eines Interessenausgleiches angegeben haben. Im Gegenteil, die Verwalter, die sich nachträglich mit dem Betriebsrat noch auf einen Interessenausgleich einigen konnten, haben auch angegeben, dass das Arbeitsgericht ihrem Antrag gefolgt ist. Das Zustandekommen dieses Ergebnisses lässt sich aufgrund der Fragebögen und der hieraus stammenden Ergebnisse nicht erklären.

Den ablehnenden Beschluss des Arbeitsgerichts kommentierte ein Insolvenzverwalter mit folgenden Worten:

*„In einem Verfahren habe ich die Zustimmung gem. §§ 126 ff. InsO beantragt und diese vom Arbeitsgericht nicht erhalten!"*[326]

| | | Häufigkeit | Prozent |
|---|---|---|---|
| Gültig | Nie | 2 | 40,0 |
| | 1 mal | 3 | 60,0 |
| | Gesamt | 5 | 100,0 |

Tabelle 69: „In wie vielen Verfahren ist das Arbeitsgericht ihrem Antrag im Wesentlichen gefolgt?"

Einigkeit besteht dann allerdings dahingehend wieder, wenn es um die Kündigungen im Anschluss an das Beschlussverfahren ging. Den Insolvenzverwaltern wurde die Frage gestellt „Wenn das Arbeitsgericht Ihrem Antrag nicht folgte, haben Sie dann trotzdem betriebsbedingt gekündigt?" Diese Frage wurde von zwei Verwaltern nicht beantwortet, einer verneinte die Frage, vgl. Tabelle 70. Das bedeutet allerdings nicht, dass in drei Fällen keine betriebsbedingten Kündigungen ausgesprochen wurden. Der Teilnehmer, der die Frage verneint hat, hatte bereits die Antwort gegeben, dass das Arbeitsgericht dem Antrag gefolgt ist. Es war daher keine andere Antwort als „nein" möglich.

---

326 Hervorhebung durch den Insolvenzverwalter.

| | | Häufigkeit | Prozent | Gültige Prozente |
|---|---|---|---|---|
| Gültig | Nein | 1 | 20,0 | 33,3 |
| | Ja | 2 | 40,0 | 66,7 |
| | Gesamt | 3 | 60,0 | 100,0 |
| Fehlend | System | 2 | 40,0 | |
| Gesamt | | 5 | 100,0 | |

Tabelle 70: „Wenn das Arbeitsgericht Ihrem Antrag nicht folgte, haben Sie dann trotzdem betriebsbedingt gekündigt?“

Hinsichtlich der Verfahren ergibt sich in Bezug auf die betriebsbedingten Kündigungen Folgendes, vgl. Tabelle 71:

Beschlussverfahren Nr. 4 kann sozusagen als das Musterbeispiel für das Beschlussverfahren nach §§ 126 ff. InsO angesehen werden. Der Insolvenzverwalter wurde für ein Schuldnerunternehmen mit 60 Beschäftigten bestellt. Von diesen hat er alle Arbeitnehmer in seinem Antrag nach § 126 Abs. 1 Satz 1 InsO namentlich bezeichnet und sie somit am Beschlussverfahren beteiligt. Das Arbeitsgericht ist dem Antrag gefolgt und hat die Kündigungen für sozial gerechtfertigt erklärt. Der Insolvenzverwalter hat hieraus dann 30 Arbeitnehmer betriebsbedingt gekündigt. Die Bindungswirkung des Beschlusses hat hier dazu geführt, dass von den 30 gekündigten Arbeitnehmern keiner eine Kündigungsschutzklage eingereicht hat. Der Insolvenzverwalter hat mithin durch den arbeitsgerichtlichen Beschluss die im Rahmen einer Betriebsänderung erforderlichen betriebsbedingten Kündigungen erleichtert und zusammengefasst gerichtlich klären lassen können.

Ein weiteres „Schulbeispiel“ für die Durchführung eines Beschlussverfahrens liegt im Fall des Beschlussverfahrens Nr. 3 vor. Von den hier 60 Beschäftigten wurden ebenfalls 60 Arbeitnehmer im Antrag namentlich bezeichnet und mithin zu Beteiligten. Das Arbeitsgericht hat auch hier dem Antrag stattgegeben und erklärte eine bestimmte Anzahl von betriebsbedingten Kündigungen für sozial gerechtfertigt. Im Unterschied zu Beschlussverfahren Nr. 4 hat der Insolvenzverwalter allerdings die Kündigungen bereits vor der Einleitung des Beschlussverfahrens ausgesprochen, die ausgesprochenen Kündigungen also vom Gericht bestätigen lassen, so dass bei „Kündigungen nach Abschluss des Beschlussverfahrens“ die „0“ stehen müsste, vgl. Tabelle 71. Wie vielen Arbeitnehmern der Insolvenzverwalter im Vorfeld des Antrages nach § 126 Abs. 1 Satz 1 InsO gekündigt hat, lässt sich der Umfrage nicht entnehmen, allerdings liegt die Vermutung nahe, dass es sich um ähnlich viele Kündigungen wie bei Beschlussverfahren Nr. 4 handelt. Im Ergebnis scheint auch hier das Ziel des Beschlussverfahrens erreicht worden zu sein, da von 60 Beteiligten lediglich zwei Arbeitnehmer eine Kündigungsschutzklage erhoben haben. Hier muss allerdings davon ausgegangen werden, dass es sich bei diesen Kündigungsschutzklagen um bereits vor dem Antrag nach § 126 Abs. 1 Satz 1 InsO Erhobene handeln muss, da anderenfalls die materielle Präklusion des § 113 Abs. 2 InsO (= § 4 Satz 1 KSchG n.F.) eingetreten wäre, wenn der Insolvenzverwalter die Kündigungen bereits vor dem Beschlussverfahren ausgesprochen hat.

Ein Beispiel für die Überflüssigkeit eines Beschlussverfahrens in der jetzigen Form des § 126 InsO findet sich in Beschlussverfahren Nr. 2, vgl. Tabelle 71. Der Insolvenzverwalter hat – wie die Verwalter in Beschlussverfahren Nr. 3 und 4 – alle Beschäftigten zu Beteiligten gemacht. Der wesentliche Unterschied besteht allerdings darin, dass das Arbeitsgericht dem Antrag des Insolvenzverwalters nicht gefolgt ist. Gleichwohl – und vielleicht gerade wegen der Entscheidung des Arbeitsgerichts – wurden alle Beschäftigten und Beteiligten betriebsbedingt gekündigt. Durch die Tatsache, dass das Arbeitsgericht der Sichtweise des Insolvenzverwalters nicht folgte, haben alle 90 Arbeitnehmer Kündigungsschutzklage gegen die Kündigungen eingereicht. Der Sinn eines Beschlussverfahrens und der Bindungswirkung wurde in keiner Weise erreicht.

Ein Gegenbeispiel ist Beschlussverfahren Nr. 1. Auch hier wurden alle Beschäftigten durch den Antrag des Insolvenzverwalters zu Beteiligten des Beschlussverfahrens, auch hier wurde dem Antrag durch das Arbeitsgericht nicht entsprochen. Auch hier hat der Insolvenzverwalter allen zehn Arbeitnehmern betriebsbedingt gekündigt, jedoch unterscheidet sich dieses Beschlussverfahren Nr. 1 von Nr. 2 dadurch, dass keine Kündigungsschutzklagen erhoben wurden. Auffallend ist hier schließlich, dass der Insolvenzverwalter einerseits zehn Kündigungen nach Abschluss des Beschlussverfahrens ausgesprochen, andererseits aber auch vor Einleitung des Beschlussverfahrens betriebsbedingt gekündigt hat. Eine Erklärung für dieses Antwortverhalten kann aufgrund der erhobenen Daten nicht gegeben werden, unter Berücksichtigung allerdings, dass eine Wiederholungskündigung nicht auf dieselben betriebsbedingten Gründe gestützt werden darf, die auch schon der ursprünglichen Kündigung zugrunde lagen, muss hier von Widersprüchlichkeit ausgegangen werden.

Das Verfahren Nr. 1 zeigt allerdings eine weitere Besonderheit. Im zugrunde liegenden Unternehmen waren lediglich zehn Arbeitnehmer beschäftigt. Nach der hier vertretenen Ansicht zu den Voraussetzungen einer Betriebsänderung[327] hätte das Beschlussverfahren nicht durchgeführt werden dürfen. Es kann hieraus geschlussfolgert werden, dass die Rechtsprechung trotz bisher noch nicht veröffentlichter Stellungnahme der Ansicht zuneigt, das Beschlussverfahren nicht von den Zahlenvorgaben des § 111 BetrVG abhängig zu machen.

---

327 § 2 A. I. 3. (Seite 6).

Aufgrund der teilweisen Unvollständigkeit der Antworten innerhalb des Beschlussverfahrens Nr. 5 (fehlende Angaben zu der Anzahl der Beteiligten), können Rückschlüsse aus diesem Verfahren nur bedingt erfolgen. Gleichwohl ist festzuhalten, dass das Arbeitsgericht dem Antrag des Insolvenzverwalters stattgegeben hat und im Nachgang hierzu betriebsbedingte Kündigungen für 100 Arbeitnehmer erfolgten. Von diesen 100 Arbeitnehmern haben lediglich 20 Beschäftigte eine Kündigungsschutzklage erhoben, d.h. bei 80 % der Kündigungen scheint der Beschluss des Arbeitsgerichts die Arbeitnehmer von der Erhebung einer Kündigungsschutzklage abgehalten zu haben.

Im Ergebnis kann damit festgehalten werden, dass gleich wie das Beschlussverfahren ausgegangen ist, Kündigungen auf jeden Fall erfolgten – mit mehr oder weniger Erfolg hinsichtlich der Vermeidung der späteren Kündigungsschutzklagen. Jedenfalls spricht dieser Befund erneut gegen die Sinnhaftigkeit der Regelung der §§ 126 ff. InsO, wenn unabhängig von einem stattgebenden oder ablehnenden Beschluss Kündigungen ausgesprochen werden. Dann kann man – von Einzelfällen wie Beschlussverfahren Nr. 4 abgesehen – das Beschlussverfahren als zeitintensiv und wenig nützlich ansehen (insbesondere bei Beschlussverfahren Nr. 2). Rechtssicherheit konnte lediglich in zwei Verfahren ansatzweise erkannt werden.

| | Beschäftigte | Beteiligte | | Bestätigung des Antrages durch Beschluss | Kündigungen nach Abschluss des Beschlussverfahrens | | | Kündigungsschutzklage nach Abschluss des Beschlussverfahrens | | | |
|---|---|---|---|---|---|---|---|---|---|---|---|
| | Absolut | Absolut | Verhältnis zu Beschäftigten in % | | Absolut | Verhältnis zu Beschäftigten in % | Verhältnis zu Beteiligten in % | Absolut | Verhältnis zu Beschäftigten in % | Verhältnis zu Beteiligten in % | Verhältnis zu Kündigungen in % |
| Beschlussverfahren 1 | 10 | 10 | 100 | nein | 10 | 100 | 100 | 0 | 0 | 0 | 0 |
| Beschlussverfahren 2 | 90 | 90 | 100 | nein | 90 | 100 | 100 | 90 | 100 | 100 | 100 |
| Beschlussverfahren 3 | 60 | 60 | 100 | ja | 0 | 0 | 0 | 2 | 3,3 | 3,3 | --- |
| Beschlussverfahren 4 | 60 | 60 | 100 | ja | 30 | 50 | 50 | 0 | 0 | 0 | 0 |
| Beschlussverfahren 5 | 270 | --- | --- | ja | 100 | 37 | --- | 20 | 7,4 | --- | 20 |
| Gesamt | 490 | 220 | | | 230 | | | 112 | | | |
| Durchschnitt | 98 | 55 | 100 | | 46 | 57,4 | 62,5 | 22,4 | 22,1 | 25,8 | 30 |

Tabelle 1: Vergleich von Beschäftigten, Beteiligten, Kündigungen und Kündigungsschutzklagen

Der Gesetzgeber wollte das Beschlussverfahren möglichst straff gestalten. Mit dem Beschluss des Arbeitsgerichts sollte der Rechtsstreit hinsichtlich des Streitpunktes der sozialen Rechtfertigung rechtskräftig abgeschlossen sein. Deshalb wurde auch nur eine beschränkte Rechtmitteleinlegung ermöglicht. Die Beschwerde an das Landesarbeitsgericht ist nicht möglich und die Rechtsbeschwerde an das Bundesarbeitsgericht bedarf der Zulassung durch das Arbeitsgericht. Im Rahmen der konkreten Fragen zu dem Beschlussverfahren nach §§ 126 ff. InsO sollten die Teilnehmer auch zum Themenkomplex „Rechtsbeschwerde" Stellung nehmen. Gefragt wurde zum einen danach, in wie vielen Fällen die Rechtsbeschwerde nach §§ 126 Abs. 2 Satz 2, 122 Abs. 3 Satz 3 InsO zugelassen wurde, zum zweiten, in wie vielen Verfahren die Rechtsbeschwerde zum Bundesarbeitsgericht von Seiten der Arbeitnehmer eingelegt worden ist, und schließlich wie oft dies von Seiten des Insolvenzverwalters erfolgte. Die Arbeitsgerichte haben die Rechtsbeschwerde in keinem Beschlussverfahren zugelassen (vgl. Tabelle 72), so dass hier von einer Auswertung der weiteren Fragen abzusehen war.

| | | Häufigkeit | Prozent |
|---|---|---|---|
| Gültig | Nie | 5 | 100,0 |

Tabelle 72: „In wie vielen Fällen wurde die Rechtsbeschwerde an das Bundesarbeitsgericht zugelassen?"

## IV. Hypothesen zu einem Beschlussverfahren de lege ferenda

Wegen der Vielzahl der Streitigkeiten eines praktisch so unbedeutenden Verfahrens wie dem des Beschlussverfahrens nach §§ 126 ff. InsO einerseits und der zahlreichen Probleme in der Anwendung andererseits wird der Ansatz zu einem Beschlussverfahren de lege ferenda in § 4 dieser Arbeit weiter verfolgt. Wird dem Arbeitgeber ein Instrumentarium an die Hand gegeben, mithilfe dessen er schnell, rechtssicher und sozial gerecht betriebsbedingte Kündigungen bereits im Vorfeld des eigentlichen Ausspruches gerichtlich klären lassen kann, so könnten Personalanpassungen bereits in der Krise eines Unternehmens und nicht erst im eröffneten Insolvenzverfahren erfolgen. Möglicherweise kann hierdurch die Insolvenz vermieden werden.

Die Insolvenzverwalter nehmen zwar im eröffneten Insolvenzverfahren gem. § 80 Abs. 1 InsO die Funktion eines Arbeitgebers ein, sie können jedoch zu der Hypothese der Verlagerung des Beschlussverfahrens auf den außerinsolvenzrechtlichen Bereich nur bedingt Auskunft geben, da sie außerhalb der Insolvenzverwalterbestellung nur selten unternehmerisch tätig sind. Die Beantwortung der Frage kann allerdings auch schon für das vorläufige Insolvenzverfahren gestellt werden. Der vorläufige Insolvenzverwalter nimmt nur dann die Arbeitgeberfunktion ein, wenn dem Schuldner ein allgemeines Verfügungsverbot auferlegt worden ist, § 22 Abs. 1 Satz 1 InsO (= sog. starker vorläufiger Insolvenzverwalter). Ist dies nicht der Fall (= schwacher vorläufiger Insolvenzverwalter), gilt dies nur, wenn das Insolvenzgericht die Arbeitgeberfunktionen zu Pflichten des vorläufigen Insolvenzverwalters macht, § 22 Abs. 2 Satz 2 InsO. Jedenfalls aber kann das Beschlussverfahren nach §§ 126 ff. InsO in der vorläufigen Insolvenzverwaltung nicht angewendet werden. Gerade in der Phase nach Antragstellung kann aber ein Bedürfnis bestehen, dass Personalentscheidungen im Interesse der Erleichterung von Übertragungen schnell und verbindlich getroffen werden können.

Im Rahmen der Befragung sollten die Insolvenzverwalter daher ihre Meinung zu der Aussage „Das Beschlussverfahren sollte auch für den vorläufigen Insolvenzverwalter gelten" angeben. Entsprechend der bereits mehrfach angewendeten Vorgehensweise werden die zustimmenden und ablehnenden Antworten zusammengefasst und die Teilnehmer, die nichts angekreuzt haben, denen, die „keine Antwort" angekreuzt haben, gleichgestellt. Die Statistik wird um diese Teilnehmer bereinigt.

Dabei ergibt sich, dass die Hälfte aller Insolvenzverwalter eine Anwendung des Beschlussverfahrens auch in der vorläufigen Insolvenzverwaltung befürwortet, 30,6 % dies ablehnen und 19,4 % in der Bewertung unentschieden sind. 72 Teilnehmer gaben zu dieser Frage keine Antwort, vgl. Tabelle 73 und Abbildung 8.

| | | Häufigkeit | Prozent | Gültige Prozente | Kumulierte Prozente |
|---|---|---|---|---|---|
| Gültig | ich stimme zu | 139 | 39,7 | 50,0 | 50,0 |
| | unentschieden | 54 | 15,4 | 19,4 | 69,4 |
| | ich stimme nicht zu | 85 | 24,3 | 30,6 | 100,0 |
| | Gesamt | 278 | 79,4 | 100,0 | |
| Fehlend | Gesamt | 72 | 20,6 | | |
| Gesamt | | 350 | 100,0 | | |

Tabelle 73: „Das Beschlussverfahren sollte auch für den vorläufigen Insolvenzverwalter gelten", gruppiert

Innerhalb der Gruppe der Insolvenzverwalter, die 2003 ein Beschlussverfahren durchgeführt haben, liegt der Trend allerdings in entgegengesetzter Richtung. Hier sind drei von fünf Teilnehmern der Meinung, dass das Beschlussverfahren nach §§ 126 ff. InsO nicht auch für die vorläufige Insolvenzverwaltung gelten sollte, vgl. Tabelle 74. Hieraus den Schluss zu ziehen, dass eine Übertragung abzulehnen sei, erscheint allerdings angesichts der lediglich fünf Insolvenzverwalter, die ein Beschlussverfahren durchgeführt haben, im Vergleich zu der Gesamttendenz nicht angebracht, insbesondere weil zwei der drei nicht zustimmenden Verwalter mit ihren Beschlussverfahren jeweils relativ erfolgreich waren, und daher möglicherweise auch kein Bedürfnis für die Anwendung schon in der vorläufigen Insolvenzverwaltung sehen. Dem dritten Insolvenzverwalter wurde die Zustimmung vollkommen versagt, von 90 dennoch gekündigten Arbeitnehmern haben alle 90 Kündigungsschutzklage erhoben. Es ist davon auszugehen, dass dieser Insolvenzverwalter dem Beschlussverfahren keine sehr optimistische Einstellung entgegen bringt.

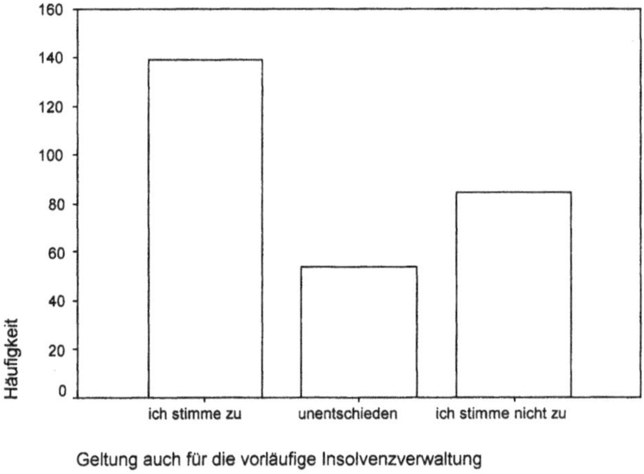


Abbildung 8: Grafik zu Tabelle 73

| | | Häufigkeit | Prozent |
|---|---|---|---|
| Gültig | ich stimme zu | 2 | 40,0 |
| | ich stimme nicht zu | 3 | 60,0 |
| | Gesamt | 5 | 100,0 |

Tabelle 74: „Das Beschlussverfahren sollte auch für den vorläufigen Insolvenzverwalter gelten", gruppiert und innerhalb der Gruppe der Insolvenzverwalter, die in 2003 ein Beschlussverfahren nach §§ 126 ff. InsO durchgeführt haben.

Das Beschlussverfahren bietet für 28,9 % der Insolvenzverwalter nicht genügend Rechtssicherheit, vgl. Tabelle 25, oben, Seite 114. Dies kann Ausfluss der nicht umfassenden Prüfung der Rechtswirksamkeit sein. Hieraus war zu schlussfolgern, dass sich die Insolvenzverwalter eine umfassendere Einbeziehung von Unwirksamkeitsgründen in die gerichtliche Überprüfung wünschen. Im Rahmen der Begründungshypothese 3 wurde hierzu bereits ausgeführt, dass die Mehrheit der Insolvenzverwalter diese Hypothese nicht bestätigten, vgl. Tabelle 36, oben, Seite 125. Auch hier muss allerdings darauf hingewiesen werden, dass die Befragten als Insolvenzverwalter keine Unternehmer – die de lege ferenda vorgesehenen Antragsberechtigten im Beschlussverfahren – sind.

Ebenso wurde bereits die Frage nach der Schwierigkeit der Beweis- und Darlegungslast hinsichtlich der umfassenden und rechtzeitigen Unterrichtung des Betriebsrats erörtert, vgl. Tabelle 63, oben, Seite 147 und Tabelle 64, oben, Seite 147.

Darüber hinaus wurde den Teilnehmern die Aussage zur Beurteilung gestellt, ob das Beschlussverfahren den Insolvenzverwalter ausreichend von der Darlegungslast bei einer betriebsbedingten Kündigung entlastet.

| | | Häufigkeit | Prozent | Gültige Prozente | Kumulierte Prozente |
|---|---|---|---|---|---|
| Gültig | Ich stimme zu | 82 | 23,4 | 30,4 | 30,4 |
| | Unentschieden | 116 | 33,1 | 43,0 | 73,3 |
| | Ich stimme nicht zu | 72 | 20,6 | 26,7 | 100,0 |
| | Gesamt | 270 | 77,1 | 100,0 | |
| Fehlend | Gesamt | 80 | 22,9 | | |
| Gesamt | | 350 | 100,0 | | |

Tabelle 75: „Das Beschlussverfahren entlastet den Insolvenzverwalter ausreichend von der Darlegungslast bei einer betriebsbedingten Kündigung“, gruppiert

Die Frage bezog sich auf die Darlegungslast im Rahmen des Beschlussverfahrens. Es gilt der Amtsermittlungsgrundsatz, der durch die Mitwirkungspflicht der Beteiligten abgeschwächt ist.[328] Aus dem Ergebnis lassen sich Rückschlüsse zu einer Beibehaltung oder Abschwächung des Amtsermittlungsgrundsatzes de lege ferenda ziehen. 30,4 % der Insolvenzverwalter sind der Meinung, dass durch das Beschlussverfahren die Darlegungslast abgeschwächt wird, 26,7 % sind nicht der Meinung, vgl. Tabelle 75. 43,0 % sind in der Frage unentschieden, was auf die geringe Anwendung des Beschlussverfahrens zurückzuführen ist. Innerhalb der Gruppe der Insolvenzverwalter, die das Beschlussverfahren 2003 angewendet haben, verschiebt sich die Antwortrichtung. Hier sind 60,0 % der Teilnehmer (= drei von fünf) der Meinung, dass das Beschlussverfahren nicht hinreichend von der Darlegungslast befreit. Daher kann insgesamt davon ausgegangen werden, dass das Beschlussverfahren de lege ferenda die Frage der Darlegungs- und Beweislast weiter flexibilisieren muss.

[328] Vgl. hierzu § 2 A. III. 1. (Seite 29).

§ 18 KSchG schreibt vor, dass Entlassungen, die nach § 17 anzuzeigen sind, vor Ablauf eines Monats nach Eingang der Anzeige bei der Agentur für Arbeit nur mit deren Zustimmung wirksam werden. Im Einzelfall kann diese Frist gem. § 18 Abs. 2 KSchG auf längstens zwei Monate verlängert werden. Diese Regelung verhindert, dass durch schnelle Personalentscheidungen die Insolvenzmasse erhalten bleibt. Es erscheint mithin wichtig, dass in einem Beschlussverfahren de lege ferenda das Anzeigeverfahren mit seinen hinderlichen Rechtsfolgen inkorporiert und entschärft wird. Den Insolvenzverwaltern wurde folgende Aussage zur Bewertung gestellt: „Im Fall der Massenentlassungen im Insolvenzverfahren stellte sich die Anzeigepflicht nach §§ 17 ff. KSchG als hinderlich dar".

Es ergibt sich, dass 48,7 % der Teilnehmer die Anzeigepflicht als hinderlich ansehen, nur 32,7 % nicht, 18,6 % sind in der Bewertung unentschieden, vgl. Tabelle 76. Innerhalb der Gruppe der Insolvenzverwalter, die 2003 ein Beschlussverfahren durchgeführt haben, halten sich Zustimmung und Ablehnung aufgrund einer fehlenden Antwort mit jeweils 50,0 % die Waage.

| | | Häufigkeit | Prozent | Gültige Prozente | Kumulierte Prozente |
|---|---|---|---|---|---|
| Gültig | ich stimme zu | 149 | 42,6 | 48,7 | 48,7 |
| | unentschieden | 57 | 16,3 | 18,6 | 67,3 |
| | ich stimme nicht zu | 100 | 28,6 | 32,7 | 100,0 |
| | Gesamt | 306 | 87,4 | 100,0 | |
| Fehlend | Gesamt | 44 | 12,6 | | |
| Gesamt | | 350 | 100,0 | | |

Tabelle 76: „Im Fall der Massenentlassungen im Insolvenzverfahren stellte sich die Anzeigepflicht nach §§ 17 ff. KSchG als hinderlich dar", gruppiert

Ein Insolvenzverwalter äußerte sich zu diesem Themenkomplex folgendermaßen:

*„Die Anzeige nach §§ 17 ff. KSchG ist wegen § 37b SGB III m.E. weitgehend unsinnig und allenfalls bürokratischer Aufwand."*

Gem. § 37b Satz 1 SGB III sind Personen, deren Versicherungspflichtverhältnis endet, verpflichtet, sich unverzüglich nach Kenntnis des Beendigungszeitpunkts persönlich der Agentur für Arbeit arbeitsuchend zu melden. Hierdurch erhält die Agentur für Arbeit Kenntnis von den Kündigungen, so dass der Sinn der Anzeigepflicht, nämlich das Auftreten einer massierten Arbeitslosigkeit zu vermeiden,[329] schon individuell durch die jeweiligen Arbeitnehmer erreicht wird.

---

[329] *Löwisch*, Rn. 1432.

Abschließend sollte der Frage nachgegangen werden, ob ein Beschlussverfahren de lege ferenda Erleichterungen dadurch erreichen kann, indem in die (prozessualen) Arbeitnehmerrechte und Handlungsmöglichkeiten eingegriffen wird. Den Insolvenzverwaltern wurde daher folgende Aussage zur Bewertung gestellt: „Die Arbeitnehmerinteressen werden durch das Beschlussverfahren derzeit zu stark berücksichtigt". Dieser Aussage stimmten 45,2 % der Teilnehmer zu, weitere 42,7 % waren unentschieden und lediglich 12,2 % stimmten der Aussage nicht zu, vgl. Tabelle 77. Daraus kann geschlussfolgert werden, dass die Insolvenzverwalter einer Beschränkung der Arbeitnehmerrechte zum Zwecke der Sanierungserleichterung grundsätzlich offen gegenüber stehen.

Den Insolvenzverwaltern wurde im Rahmen einer offenen Frage die Möglichkeit gegeben, Hindernisse und Verbesserungsvorschläge zu dem Beschlussverfahren zu unterbreiten. In Anbetracht der Tatsache, dass dem Beschlussverfahren in der insolvenzrechtlichen Praxis praktisch keine Bedeutung zukommt, waren die Antworten im Bereich der Verbesserungsvorschläge eher selten und weniger intensiv. Gleichwohl werden im Folgenden die Vorschläge systematisch aufgearbeitet.

| | | Häufigkeit | Prozent | Gültige Prozente | Kumulierte Prozente |
|---|---|---|---|---|---|
| Gültig | Ich stimme zu | 126 | 36,0 | 45,2 | 45,2 |
| | Unentschieden | 119 | 34,0 | 42,7 | 87,8 |
| | Ich stimme nicht zu | 34 | 9,7 | 12,2 | 100,0 |
| | Gesamt | 279 | 79,7 | 100,0 | |
| Fehlend | Gesamt | 71 | 20,3 | | |
| Gesamt | | 350 | 100,0 | | |

Tabelle 77: „Die Arbeitnehmerinteressen werden durch das Beschlussverfahren derzeit zu stark berücksichtigt"

Sehr oft fand sich die – aus Sicht der Verbesserung oder Neuschaffung eines Beschlussverfahrens (de lege ferenda) wenig nützliche – Forderung:

*„§ 613a BGB gehört abgeschafft! Nur dadurch wären mehr Sanierungen möglich."*

Der zitierte Insolvenzverwalter gehörte zu der Gruppe der Teilnehmer, die 2003 ein Beschlussverfahren durchgeführt haben. Obwohl das Arbeitsgericht seinem Antrag gefolgt ist, weist er eine negative Einstellung zum Sinn des Beschlussverfahrens auf.

Die Forderungen nach Abschaffung des § 613a BGB wurden aber auch weiter differenziert. So sprachen sich nicht alle, die als Lösung § 613a BGB beseitigen wollten, für die vollständige Abbedingung aus.

*„§ 613a BGB im eröffneten Insolvenzverfahren abbedingen, wie bei GesO.“*[330]

*„Die Anwendbarkeit des § 613a BGB im eröffneten Verfahren sollte – wie zu Zeiten der GesO – vollständig abgeschafft werden.“*

*„Abschaffung von § 613a BGB! (wenigstens in Insolvenzverfahren)“*

*„Abschaffung des § 613a BGB in Insolvenzverfahren“*

*„§ 613a BGB nicht auf Insolvenzverfahren anwenden. Die Bremse schlechthin.“*

*„§ 613a BGB ist in hohem Maße sanierungsfeindlich und müsste – zumindest in der Insolvenz – abgeschafft werden. Die §§ 125, 126 ff. InsO helfen, geben aber keine Rechtssicherheit für den Erwerber. Übernahmen werden erschwert, Werte und Arbeitsplätze vernichtet.“*

Ein Teilnehmer anerkannte allerdings auch, dass die Aufhebung des § 613a BGB sowohl politisch als auch unter Berücksichtigung der geltenden europarechtlichen Vorgaben nicht durchsetzbar ist und „bot“ einen Kompromiss „an“.

*„§ 613a BGB in der Insolvenz abschaffen, wenn wenigstens 50 % der Arbeitsplätze für 6 Monate erhalten bleiben.“*

Es fragt sich allerdings, inwieweit eine solche Forderung den praktischen Anforderungen einer flexiblen Regelung gerecht wird. Im Einzelfall erscheint es nämlich nicht ausgeschlossen, dass der Erwerber eines Betriebes sogar noch weniger als 50 % der Belegschaft übernehmen will und kann. Der Erhalt der Arbeitsplätze wäre hier – ähnlich wie in §§ 17 ff. KSchG – nur auf Zeit.

Dabei scheint folgender Insolvenzverwalter zunächst die Masse im Auge zu haben:

*„Ausschluss des Entstehens von Masseverbindlichkeiten bzw. bei Betriebsübergang Zahlungsverpflichtung des Übernehmers für freigestellte Arbeitnehmer bis rechtliches Ende des Arbeitsverhältnisses.“*

Zum Verständnis dieser Aussage ist erforderlich, sich einen kurzen Überblick über die Kosten des Beschlussverfahrens zu verschaffen. Gerichtskosten werden nicht erhoben. Die außergerichtlichen Kosten – etwa die für die Herbeiziehung eines Rechtsanwaltes – werden wegen der entsprechenden Anwendung des § 12a Abs. 1 Satz 1 und Satz 2 ArbGG nicht ersetzt, § 126 Abs. 3 Satz 1 InsO. Gleichwohl besteht ein Anspruch des Betriebsrats (als Beteiligter) gem. § 40 Abs. 1 BetrVG auf Ersatz der Kosten, die durch die Tätigkeit des Betriebsrats

---

330 Hervorhebung durch den Insolvenzverwalter.

entstehen. Diese Kosten sind Masseverbindlichkeiten und mithin vorrangig vor den Insolvenzgläubigern, zu deren Lasten ein Beschlussverfahren daher geht. Der Insolvenzverwalter muss sich der Frage stellen, ob ein Beschlussverfahren gerechtfertigt war und die Massebelastung sinnvoll war.

Eher rechtspolitisch ist die Forderung des folgenden Insolvenzverwalters:

*„Weg von Bürokratie und Formalismus – hin zu pragmatischen Lösungen“*

*„Kürzer und praktikabler! Zu viele 'Fallstricke'“*

In eine ähnliche Richtung wie die Abschaffung des § 613a BGB geht der Vorschlag eines Insolvenzverwalters, der im Rahmen des § 128 InsO folgende Anpassung vornehmen will:

*„Ergänzung zu § 128 Abs. 2: Ein Betriebsübergang der gekündigten Arbeitsverhältnisse auf den Erwerber des Betriebes findet nicht statt“*

Dabei bleibt allerdings offen, welcher über den derzeitigen Regelungsgehalt des § 128 Abs. 2 InsO hinausgehender Gewinn erreicht werden soll. Wenn ein Beschluss ergeht oder wenn ein Interessenausgleich im Anwendungsbereich des § 128 Abs. 1 InsO zustande kommt, erstreckt sich die Vermutung oder die Bindungswirkung gem. § 128 Abs. 2 InsO ohnehin auch darauf, dass die Kündigungen der Arbeitsverhältnisse nicht wegen des Betriebsüberganges erfolgen. Im Umkehrschluss dazu wird auch vermutet bzw. festgestellt, dass die Kündigung durch dringende betriebliche Erfordernisse bedingt und sozial gerechtfertigt ist.

Einen Ansatzpunkt nicht für die Verbesserung des Beschlussverfahrens, als vielmehr als Kritik an der Arbeitsmarktpolitik stellte ein Insolvenzverwalter fest:

*„Arbeitnehmer weigern sich häufig Arbeit in einer Auffanggesellschaft anzunehmen, weil es bequemer ist, Leistungen vom Arbeitsamt in Anspruch zu nehmen und nebenher schwarz zu arbeiten.“*

Daran schließt sich folgende Aussage an, wonach die Einzelinteressen der Arbeitnehmer zugunsten einer Gesamtlösung aufgeweicht werden sollen.

*„Im gesamten Insolvenzverfahren werden die Einzelinteressen eines Arbeitnehmers zulasten der Masse der Arbeitnehmer zu stark berücksichtigt. Die gesamten Regelungen hindern die Sanierung und führen zur Vernichtung von Arbeitsplätzen.“*

In eine andere Richtung und auf die missliche Bezeichnung der Bindungswirkung zielt folgender Vorschlag:

*„§ 127 Abs. 1 Satz 2 InsO sollte gestrichen werden.“*

Eine ersatzlose Abschaffung des § 127 Abs. 1 Satz 2 InsO erscheint aber unter dem Gesichtspunkt des Rechtsschutzes für den Arbeitnehmer, aber auch unter

Berücksichtigung der Rechtssicherheit des Insolvenzverwalters als problematisch. Dem Arbeitnehmer wird zwar im Rahmen des Beschlussverfahrens die Möglichkeit der Geltendmachung seiner Rechte gegeben, allerdings darf ein Beschluss nicht dazu führen, dass Arbeitnehmer und Insolvenzverwalter dauerhaft an die Entscheidung gebunden sind. Die Wahrung der Einheitlichkeit der Rechtsordnung, d.h. ein gewisser Gleichlauf der Prozessvorschriften muss dabei bedeuten, dass auch in einem kündigungsschutzrechtlichen Beschlussverfahren die Möglichkeit besteht, sich gegen eine erhebliche Änderung in der Sachlage wehren zu können.

Im Ergebnis bleibt festzuhalten, dass Veränderungen im Bereich des Beschlussverfahrens von den Insolvenzverwaltern überwiegend positiv aufgenommen werden und Verbesserungsvorschläge durchaus über die Forderung nach einer Abschaffung des § 613a BGB hinausgehen. Auf einzelne Vorschläge wird im Rahmen des § 4 dieser Arbeit zurückzukommen sein.

## C. Ergebnis und Auswertung der Zielsetzung und Überprüfung der Hypothesen

Ziel der empirischen Erhebung war es, die praktische Irrelevanz des Beschlussverfahrens gem. §§ 126 ff. InsO aufzuzeigen und die Anwendungshindernisse und Probleme sowie mögliche Verbesserungsvorschläge herauszufinden.

Dafür wurden 1.621 Insolvenzverwalter angeschrieben, von denen 350 in sachlicher Hinsicht antworteten, was einer Quote von 21,6 % entspricht. Die Insolvenzverwalter waren als Antragsberechtigte die einzige Zielgruppe herauszufinden, weshalb das Beschlussverfahren in der insolvenzrechtlichen Praxis keinerlei Relevanz hat.

Bundesweit haben lediglich 1,4 % der Insolvenzverwalter 2003 ein Beschlussverfahren durchgeführt. Die fünf Beschlussverfahren nach §§ 126 ff. InsO bedeuten innerhalb der angegebenen Unternehmensinsolvenzverfahren, dass in lediglich 0,1 % der Verfahren eine Anwendung erfolgte. In den sog. neuen Bundesländern spielt das Beschlussverfahren keine Rolle.

Als ein Grund für die fehlende Relevanz stellte sich im Rahmen der Untersuchung der sehr geringe Anwendungsbereich des Beschlussverfahrens heraus. In lediglich 16,4 % der Unternehmensinsolvenzverfahren hätte das Beschlussverfahren nach §§ 126 ff. InsO überhaupt angewendet werden können.

Als weitere Ursache für die Nichtanwendung des Beschlussverfahrens wurde das Ausweichen der Insolvenzverwalter auf andere Möglichkeiten zur Reduzierung der Belegschaft genannt, wie Aufhebungsverträge, Eigenkündigungen oder der Abschluss eines Interessenausgleiches. Mithilfe dieser Instrumentarien oder

Vorgehensweisen versuchen die Verwalter die sanierungshemmenden Wirkungen des § 613a BGB abzumildern oder zu umgehen.

Innerhalb des schmalen Anwendungsbereiches wird das Beschlussverfahren ferner als zu langwierig, zu schwerfällig und mit zu wenig Rechtssicherheit ausgestattet angesehen. Dabei schwanken die Einschätzungen dieser Gesichtspunkte leicht, jedenfalls aber werden sie als Anwendungshindernis angesehen. In der Zusammenschau dieser Erkenntnisse muss als Ergebnis festgehalten werden, dass das Beschlussverfahren in der deutschen Insolvenzrechtspraxis keine Relevanz hat.

Daraus ergibt sich das Fazit, dass § 613a BGB noch immer als sanierungshemmend angesehen wird. Obwohl die Betriebsübertragung als ein sinnvolles und wichtiges Sanierungsinstrument gilt, wird dem Interessenausgleich nach § 125 InsO und dem Beschlussverfahren nach §§ 126 ff. InsO keine wichtige Bedeutung bei der Sanierung eines Unternehmens beigemessen.

Die Analyse der fünf konkreten Beschlussverfahren führte zu dem Ergebnis, dass das Beschlussverfahren mehrheitlich von Insolvenzverwaltern durchgeführt wird, die nicht allein oder in einer monoprofessionellen Kanzlei/Sozietät arbeiten und außerdem auch mit großen Unternehmensinsolvenzen beschäftigt sind. Das Alter aber auch die Berufserfahrung der das Verfahren anwendenden Insolvenzverwalter liegt etwas über dem Bundesdurchschnitt.

Betriebsräte fanden sich in den nach der Insolvenzeröffnung fortgeführten Unternehmen in 26,6 % der Fälle.

Vier von fünf Insolvenzverwaltern haben bei der Beantragung des Beschlussverfahrens dem Gericht bezüglich der Sozialauswahl eine Rangfolge an die Hand gegeben. Überwiegend stand die Einleitung des Beschlussverfahrens in Verbindung mit einem potenziellen Erwerber eines Betriebes oder Betriebsteils.

Die Arbeitsgerichte haben in drei von fünf Fällen dem Antrag des Insolvenzverwalters stattgegeben. Aber betriebsbedingte Kündigungen wurden in allen Verfahren durchgeführt, tws. auch schon vor Beantragung des Beschlussverfahrens. Eine Rechtsbeschwerde zum Bundesarbeitsgericht wurde in keinem Verfahren zugelassen.

Die Insolvenzverwalter sind der Meinung, dass das Beschlussverfahren nach §§ 126 ff. InsO de lege ferenda auch für den vorläufigen Insolvenzverwalter gelten sollte. Aufgrund dieser Tatsache liegt der Schluss nahe, dass ein Bedürfnis für die Übertragung auch auf den außerinsolvenzrechtlichen Bereich besteht. Fast die Hälfte aller Insolvenzverwalter sind schließlich der Meinung, dass im Fall der Massenentlassungen die Anzeigepflicht gem. §§ 17 ff. KSchG hinderlich sind.

Im Gesamtergebnis lässt sich eine eher pessimistische Einstellung der Insolvenzverwalter feststellen. In Anbetracht zahlreicher Anmerkungen und der hohen Rücklaufquote allerdings, kann davon ausgegangen werden, dass die Insolvenzverwalter eine Ausweitung oder zumindest eine Verbesserung des Beschlussverfahrens nach §§ 126 ff. InsO befürworten und hierin eine nicht zu unterschätzende Chance zur Verbesserung der Sanierung innerhalb der Insolvenz sehen. Die von vielen geforderte Abschaffung des § 613a BGB jedenfalls kann nicht als Lösung angesehen werden.

## D. Ausblick

Eine rechtstatsächliche Erhebung führt zwangsläufig auch immer zu neuen Erkenntnissen. Vom Umfang eines Fragebogens her können eine Reihe von Fragen nicht gestellt werden. Praktiker sind zeitlich nicht in der Lage oder gewillt, sich durch einen mehrseitigen Fragebogen hindurchzuarbeiten, selbst wenn die hieraus stammenden Ergebnisse zu einer vielleicht umfassenden und abschließenden Untersuchung führen können.

Es blieben damit für weitere Untersuchungen eine Reihe interessanter Fragen. Zum einen könnte der Versuch unternommen werden, die Erhebung über den Zeitraum eines Jahres hinaus anzulegen, unter anderem um möglicherweise bestehende Unterschiede in der Relevanz des Beschlussverfahrens herauszufinden. Dabei werden aber die eben genannten Probleme deutlich zu Tage treten, so dass sich die Erhebung allenfalls realistischerweise auf die Frage reduzieren ließe „Haben Sie überhaupt schon einmal mit dem Beschlussverfahren zu tun gehabt?“ „Wenn ja, in welcher Situation und Eigenschaft?“ Denn kaum ein Insolvenzverwalter wird sich die Mühe machen können, in den Unterlagen der vergangenen Jahre nach den relevanten und vielleicht voneinander abweichenden Daten zu suchen. Schätzungen und sich daraus ergebende Unsicherheiten bzgl. der Qualität einer Befragung wären die Folge.

Dabei könnte die Umfrage auch auf die übrigen Beteiligten ausgeweitet werden, wobei fraglich bleibt, welchen Gewinn eine Befragung der Arbeitnehmer oder des Betriebsrats bringen kann. Allenfalls noch die Arbeitsgerichte können als geeignete Teilnehmer angesehen werden. Die Erfahrung der Gerichte allerdings dürfte sich als noch schwieriger erlangbar herausstellen. Dem Versuch herauszubekommen, wie viele Beschlussverfahren in Thüringen stattgefunden haben, war im Vorfeld der hier vorliegenden Untersuchung kein Erfolg beschieden, trotz umfangreicher Konsultation mit dem Präsidenten des Landesarbeitsgerichts.

Zu denken ist auch an die Möglichkeit der umfangreicheren Untersuchung der Unternehmensinsolvenzen und der zugrunde liegenden Unternehmen. Auch hier werden praktische Probleme auftauchen hinsichtlich der konkreten Zahlen. Bereits im Rahmen der durchgeführten Pretests äußerte sich ein Insolvenzverwalter besorgt, dass die im Rahmen des Teiles A. des Fragebogens abgerufenen Informationen in der Mehrzahl Schätzwerte sein könnten. Je detaillierter gefragt wird, desto größer wird diese Gefahr. Eine Befragung mittels Interview würde regelmäßig an der Repräsentativität scheitern.

Die fünf Beschlussverfahren könnten schließlich zum Anlass genommen werden, in Experteninterviews und Einzelgesprächen weiteren Gründen für den Misserfolg des Beschlussverfahrens nach §§ 126 ff. InsO unter besonderer Berücksichtigung der Punkte Dauer, Schwerfälligkeit und Rechtsicherheit nachzugehen. Aber auch die Frage, welche konkreten Auswirkungen die Anwendung des Beschlussverfahrens auf den Sanierungserfolg hatte, ließe sich erfragen, wobei dies aber eher eine betriebswirtschaftliche, denn insolvenz- oder arbeitsrechtliche Frage ist.

Dies alles muss zu der Aussage zusammengefasst werden, dass die vorliegende Umfrage nicht abschließend das Beschlussverfahren gem. §§ 126 ff. InsO beleuchten kann. Es ist aber wichtig, rein deskriptiv die repräsentative Relevanz des Beschlussverfahrens sowie die grundlegenden Probleme zu erfassen.

## § 4 – Beschlussverfahren de lege ferenda

### A. Das Beschlussverfahren de lege ferenda

Im Rahmen der Überlegungen eines Beschlussverfahrens zum Kündigungsschutz de lege ferenda wird von der Regelung des Beschlussverfahrens gem. §§ 126 ff. InsO ausgegangen. Nicht alle Überlegungen zur Regelung in der Insolvenzordnung haben sich dabei in der Praxis bewährt. Im Rahmen der folgenden Ausführungen wird das Beschlussverfahren de lege ferenda unter kritischer Bewertung des Beschlussverfahrens de lege lata erarbeitet. Dies steht unter folgender Vorgabe:

„Es darf bei der Regelung nicht zu der Situation kommen, dass für jedes gelöste Problem zwei neue entstehen oder dass sich die Norm zu einer Fundstelle juristischer Seminare und Dissertationen entwickelt“[331] Es muss auch darauf geachtet werden, dass „de lege ferenda“ wirklich neu und innovativ bedeutet, denn „...wenn das Verfahren nicht deutlich neuartig ist, werden die organisatorischen Vorkehrungen für einen Neuanfang als unnötiger Aufwand erscheinen.“[332] Das Beschlussverfahren de lege ferenda folgt daher eher einem positivistischen Ansatz, d.h. mehr als die Rechtsschöpfung durch den Richter steht die der Legislative im Vordergrund.

#### I. Analogieschluss des Beschlussverfahrens gem. §§ 126 ff. InsO?

Eines eigenständigen Verfahrens bedürfte es dann nicht, wenn das Beschlussverfahren gem. §§ 126 ff. InsO in den außerinsolvenzrechtlichen Bereich übertragbar wäre.

Grundvoraussetzung einer analogen Anwendung ist eine planwidrige Regelungslücke im Gesetz. Es wurde bereits oben festgestellt, dass die präventive kollektive Überprüfung der Sozialwidrigkeit betriebsbedingter Kündigungen nach geltendem Recht nicht möglich ist.[333] Beschlussverfahren sind zwar in verschiedenen Situationen möglich, jedoch steht hier der Konflikt zwischen Betriebsrat und Arbeitgeber im Vordergrund. Dass der Arbeitgeber die Kündigungen der Arbeitnehmer in einem Kollektivverfahren klären lassen kann, ist nicht möglich. Diese Regelungslücke ist allerdings nicht planwidrig, wenn sich aus dem Gesetz selbst, dem Willen des Gesetzgebers oder aus den historischen und systematischen Zusammenhängen ergibt, dass ein Sachverhalt ungeregelt bleiben soll, was sich neben einer – seltenen - ausdrücklichen Anordnung auch mit-

---

[331] *Kohte*, BB 1998, 946.

[332] *Haug/Pfarr/Struck*, Beschleunigung, 102, allerdings in einem anderen Zusammenhang.

[333] § 2 A. II. (Seite 20).

telbar aus der abschließenden Regelung eines Komplexes ergeben kann. Das Beschlussverfahren gem. §§ 126 ff. InsO steht im engen Zusammenhang mit dem Interessenausgleich des § 125 InsO. Das Nichtzustandekommen eines Interessenausgleiches bedeutet – vorbehaltlich weiterer Voraussetzungen – die Anwendbarkeit des Beschlussverfahrens. Zum 1.1.2004 hat der Gesetzgeber den Regelungsgehalt des § 125 InsO in das allgemeine Kündigungsschutzrecht übertragen und in § 1 Abs. 5 KSchG die Möglichkeit des Interessenausgleiches mit Namensliste geschaffen. §§ 126 ff. InsO allerdings wurden nicht übertragen. Der Gesetzgeber hat mithin einen einheitlichen Regelungskomplex getrennt. Dabei betont er ausdrücklich die praktische Relevanz des § 125 InsO.[334] Indem der Gesetzgeber also einzelne – bewährte Teile – des Regelungskomplexes der §§ 125 ff. InsO übertragen hat, gab er auch zu erkennen, dass das Beschlussverfahren nicht in das allgemeine Kündigungsschutzrecht Einzug halten soll. Das steht auch im Einklang mit der Überlegung, dass die kollektive und bis zum 31.12.2003 wegen der reduzierten Sozialauswahl auch erleichterte Überprüfung der betriebsbedingten Kündigungen als Antwort auf die schwierige Sanierungssituation der Insolvenz verstanden werden kann, nicht jedoch als allgemeinverbindliches Instrumentarium zur Umgehung der klassischen Kündigungsschutzklagen angewendet werden soll. Insbesondere weil die Überprüfung der Sozialauswahl nach §§ 126 ff. InsO erheblich erleichtert war, drängt sich die Frage auf, ob Beschränkungen des Kündigungsschutzes von Arbeitnehmern allein deshalb zulässig sein sollen, weil das Ereignis Insolvenz den normalen Ablauf des Arbeitsverhältnisses in Frage stellt und so Einschnitte möglich sein müssen. Ohne die Frage näher beantworten zu wollen, ergibt sich allerdings, dass das Beschlussverfahren gem. §§ 126 ff. InsO bewusst nicht im allgemeinen Kündigungsschutzgesetz angesiedelt wurde. Als insolvenzrechtliche Sonderregelung kann im Umkehrschluss aus der Übertragung des § 125 InsO die Planwidrigkeit verneint werden.

---

[334] BTDrucks 15/1204, S. 9.

## II. Beschlussverfahren des Kündigungsschutzgesetzes de lege ferenda

### 1. Gesetzesvorschlag

**Gesetz zur Schaffung**

**eines Kollektivverfahrens zum Kündigungsschutz**

**Artikel 1**

**Änderung des Kündigungsschutzgesetzes**

1. § 1 Absatz 3 Satz 2 wird wie folgt geändert:

   „In die soziale Auswahl nach Satz 1 sind Arbeitnehmer nicht einzubeziehen, deren Weiterbeschäftigung, insbesondere wegen ihrer Kenntnisse, Fähigkeiten und Leistungen oder zur Sicherung oder Schaffung einer ausgewogenen Personalstruktur des Betriebes, im berechtigten betrieblichen Interesse liegt."

2. § 1 Absatz 5 wird wie folgt geändert:

   a) Nach Satz 2 wird folgender Satz 3 neu eingefügt:

      „Die Sozialauswahl ist nicht als grob fehlerhaftig anzusehen, wenn eine ausgewogene Personalstruktur gesichert oder geschaffen werden soll."

   b) Die bisherigen Sätze 3 und 4 werden zu den Sätzen 4 und 5.

   c) Der neue Satz 4 wird wie folgt geändert:

      „Die Sätze 1 bis 3 gelten nicht, soweit sich die Sachlage nach Zustandekommen des Interessenausgleichs wesentlich geändert hat."

3. In das Kündigungsschutzgesetz wird folgender § … neu eingefügt:

„§ … KSchG

Beschlussverfahren zum Kündigungsschutz

(1)[1] Der Arbeitgeber kann beantragen festzustellen, dass die ordentliche betriebsbedingte Kündigung der Arbeitsverhältnisse oder die Änderung der Arbeitsbedingungen bestimmter, im Antrag bezeichneter Arbeitnehmer infolge einer Betriebsänderung (§ 111 des Betriebsverfassungsgesetzes) rechtswirksam ist. [2] Der Feststellung des Gerichtes steht nicht entgegen, dass die Betriebsänderung erst nach einem Betriebsübergang gem. § 613a des Bürgerlichen Gesetzbuches durchgeführt werden soll.

(2) Zuständig ist das Arbeitsgericht.

(3) [1] Die Vorschriften des Arbeitsgerichtsgesetzes über das Beschlussverfahren sowie § 46 Abs. 2 des Arbeitsgerichtsgesetzes gelten entsprechend, soweit sich aus diesem Gesetz nichts anderes ergibt. [2] Der Antrag ist vorrangig zu erledigen. [3] § 80 Absatz 2 Satz 2 des Arbeitsgerichtsgesetzes findet keine Anwendung [4] Nach Zustellung der Antragsschrift haben die Beteiligten binnen einer Notfrist von 2 Wochen schriftlich alle Angriffs- und Verteidigungsmittel, insbesondere Behauptungen, Bestreiten, Einwendungen, Einreden, Beweismittel und Beweiseinreden schriftlich vorzubringen. [5] Der Zustellung der Antragserwiderungen nach Satz 4 an die übrigen Beteiligten bedarf es nicht. [6] Der Antrag und die Antragserwiderungen nach Satz 4 sind für eine angemessene Dauer für die Beteiligten auszulegen. [7] Mit Zustellung der Antragschrift hat der Vorsitzende auf die Möglichkeit sowie Ort und Dauer der Einsichtnahme hinzuweisen. [8] In der mündlichen Verhandlung sind Angriffs- und Verteidigungsmittel, die erst nach Ablauf der Frist des Satzes 4 vorgebracht werden, nur zuzulassen, wenn nach der freien Überzeugung des Gerichts ihre Zulassung die Erledigung des Rechtsstreits nicht verzögert oder ein Vorbringen erst aufgrund der Antragserwiderungen der anderen Beteiligten möglich ist. [9] Der Vorsitzende hat rechtzeitig vor der mündlichen Verhandlung schriftlich auf die Umstände hinzuweisen, die aufgrund der Antragserwiderungen nach der freien Überzeugung des Gerichts einer Feststellung in der mündlichen Verhandlung bedürfen. [10] Ist zwischen Arbeitgeber und Betriebsrat ein Interessenausgleich im Sinne des § 1 Abs. 5 des Kündigungsschutzgesetzes zustande gekommen, so gilt § 1 Abs. 5 KSchG abweichend von § 83 Abs. 1 des Arbeitsgerichtsgesetzes auch im Rahmen des Beschlussverfahrens. [11] Entsprechendes gilt für § 1 Abs. 4 des Kündigungsschutzgesetzes.

(4) [1] Wurde durch das Arbeitsgericht für einzelne namentlich bezeichnete Arbeitnehmer ein Sonderkündigungsschutz anerkannt, ist die Feststellung der Rechtswirksamkeit der Kündigungen nach Absatz 1 nicht zulässig. [2] Besteht zugunsten eines Arbeitnehmers ein anderes Zustimmungserfordernis, so kann die Feststellung nach Absatz 1 nur erfolgen, wenn der Arbeitgeber dem Arbeitsgericht bis zum Schluss der letzten mündlichen Anhörung erforderliche Zustimmungen vorgelegt hat. [3] Ist eine verwaltungsgerichtlich anfechtbare Zustimmung zur Kündigung bis zum Schluss der letzten mündlichen Anhörung nicht bestandskräftig, ist eine Feststellung der Rechtswirksamkeit der Kündigungen nach Absatz 1 nicht zulässig. [4] Die Frist des § 88 Abs. 3 des SGB IX beginnt im Fall des stattgebenden Beschlusses mit der Verkündung. [5] § 102 Absatz 1, Ab-

satz 2 Sätze 1, 2 und 4, Absatz 4 des Betriebsverfassungsgesetzes finden keine Anwendung, wenn die Kündigungen nach Verkündung des Beschlusses ausgesprochen werden sollen. [6] Einer gesonderten Unterrichtung und Beratung gem. § 111 Satz 1 des Betriebsverfassungsgesetzes bedarf es im Fall des Satzes 5 nicht.

(5) [1] Beabsichtigt der Arbeitgeber anzeigepflichtige Entlassungen (§ 17 Abs. 1 des Kündigungsschutzgesetzes), ist die zuständige Agentur für Arbeit Beteiligte. [2] Im Fall des Satzes 1 findet § 17 Abs. 2 bis 3a des Kündigungsschutzgesetzes keine Anwendung. [3] Sollen die Kündigungen infolge eines ganz oder teilweise stattgebenden Beschlusses ausgesprochen werden, gilt die Zustimmung der Agentur für Arbeit gem. § 18 des Kündigungsschutzgesetzes als erteilt, wenn der Arbeitgeber die Kündigungen unverzüglich nach Zustellung des Beschlusses ausspricht oder den Antrag gem. Abs. 10 Satz 1 stellt.

(6) [1] Für die Kosten, die den Beteiligten im Verfahren des ersten Rechtszuges entstehen, gilt § 12a Abs. 1 Satz 1 und 2 des Arbeitsgerichtsgesetzes entsprechend. [2] Im Verfahren vor dem Bundesarbeitsgericht gelten die Vorschriften der Zivilprozessordnung über die Erstattung der Kosten des Rechtsstreits entsprechend.

(7) [1] Beteiligte sind der Arbeitgeber, der Betriebsrat sowie die Arbeitnehmer, die im Antrag des Arbeitgebers namentlich bezeichnet sind. [2] Eine Beteiligung scheidet für die Arbeitnehmer aus, die sich bis zum Abschluss der letzten mündlichen Anhörung schriftlich mit den Kündigungen einverstanden erklärt haben. [3] Der Verzicht auf den Kündigungsschutz vor Zugang der Kündigung ist nur zulässig, wenn er im Rahmen des Beschlussverfahrens erfolgt. [4] Im Fall des Absatzes 1 Satz 1 ist auch der Betriebserwerber Beteiligter, sofern der Betriebsübergang bereits greifbare Formen angenommen hat. [5] Die Vorschriften der §§ 66-70 und 72-74 der Zivilprozessordnung gelten entsprechend.

(8) [1] Gegen den Beschluss des Arbeitsgerichtes findet eine Beschwerde an das Landesarbeitsgericht nicht statt. [2] Die Rechtsbeschwerde an das Bundesarbeitsgericht findet statt, wenn sie in dem Beschluss des Arbeitsgerichtes zugelassen wird.

[3] Sie ist zuzulassen, wenn

1. die Rechtssache grundsätzliche Bedeutung hat oder

2. der Beschluss von einer Entscheidung des Bundesverfassungsgerichts, von einer Entscheidung des Gemeinsamen Senats der obersten Gerichtshöfe des Bundes oder von einer Entscheidung des Bundesarbeitsgerichtes abweicht und die Entscheidung auf dieser Abweichung beruht oder

3. ein Verfahrensmangel geltend gemacht wird, auf dem die Entscheidung beruhen kann.

[4] § 92a des Arbeitsgerichtsgesetzes gilt mit der Einschränkung entsprechend, dass die Notfrist für die Einlegung und die Begründung der Nichtzulassungsbeschwerde einen Monat beträgt. [5] Die Rechtsbeschwerde ist innerhalb eines Monats nach Zustellung der in vollständiger Form abgefassten Entscheidung des Arbeitsgerichtes beim Bundesarbeitsgericht einzulegen und zu begründen. [6] § 64 Abs. 8 des Arbeitsgerichtsgesetzes gilt entsprechend.

(9) [1] Der rechtskräftige Beschluss wirkt für und gegen die Beteiligten. [2] Satz 1 gilt nicht hinsichtlich der Wirksamkeitsvoraussetzungen, die zum Zeitpunkt der letzten mündlichen Verhandlung nicht abschließend beurteilt werden konnten. [3] Satz 1 gilt nicht, wenn sich die Sachlage nach dem Schluss der letzten mündlichen Verhandlung zum Zeitpunkt des Zugangs der Kündigung wesentlich geändert hat; dies gilt nicht, wenn der Zugang gem. Absatz 10 Satz 1 erfolgt. [4] Hat der Arbeitnehmer schon vor der Rechtskraft der Entscheidung Klage gem. § 4 des Kündigungsschutzgesetzes erhoben, so ist die Verhandlung über die Klage auf Antrag des Arbeitgebers bis zu diesem Zeitpunkt auszusetzen.

(10) [1] Die schriftlichen Kündigungen sind im Fall einer ganz oder teilweise stattgebenden Entscheidung im Rahmen der Zustellung des Beschlusses zuzustellen, wenn der Arbeitgeber dies bis zur Verkündung des Beschlusses beantragt. [2] Die Zustellung richtet sich dabei nach den Vorschriften der Zivilprozessordnung über Zustellungen von Amts wegen und ersetzt alle besonderen Formvorschriften, die sich aus Vertrag, Gesetz, Betriebsvereinbarung oder Tarifvertrag ergeben."

## Artikel 2

## Änderung der Insolvenzordnung

1. § 122 Absatz 1 Satz 3 wird aufgehoben.

2. Die §§ 125 bis 128 werden aufgehoben.

3. § 279 Satz 3 wird wie folgt geändert:

   „Die Rechte nach den §§ 120, 122 kann er wirksam nur mit Zustimmung des Sachwalters ausüben."

## Artikel 3

## Änderung des Betriebsverfassungsgesetzes

1. § 102 wird wie folgt geändert:

   Absatz 3 Nr. 1 wird wie folgt geändert:

   „der Arbeitgeber bei der Auswahl des zu kündigenden Arbeitnehmers die Dauer der Betriebszugehörigkeit, das Lebensalter, die Unterhaltspflichten und die Schwerbehinderung des Arbeitnehmers nicht oder nicht ausreichend berücksichtigt hat,“

## 2. Begründung

Der Gesetzesvorschlag wird im Folgenden erläutert. Dabei richtet sich die Begründung abweichend von den sich aus den Bundestagsdrucksachen ergebenden Gesetzesbegründungen hier nach dem Ablauf eines Beschlussverfahrens.

### a) Beschlussverfahren zum Kündigungsschutz außerhalb der Insolvenzordnung?

Es stellt sich zunächst die Frage, weshalb sich ein kündigungsschutzrechtliches Beschlussverfahren außerhalb der Insolvenzordnung anbietet. Die Verallgemeinerung eines sanierungserleichternden Instruments ohne Rücksicht auf eine Insolvenzsituation mindert die Gefahr des Anscheines eines wettbewerbswidrigen, weil wettbewerbsverzerrenden Krisen-Arbeitsrechts und damit der missbräuchlichen Möglichkeit der sog. „Flucht in die Insolvenz".[335]

Ein Beschlussverfahren kennzeichnet sich dadurch, dass es elastischer als der Zwei-Parteien-Prozess des Klageverfahrens ist, es die Einbeziehung vieler Beteiligter gestattet und eine Berücksichtigung der wechselseitigen Abhängigkeit der Rechtsverhältnisse zulässt.[336] Ferner können durch ein Beschlussverfahren Rechtsfragen für eine Vielzahl von Arbeitnehmern verbindlich geklärt werden. Insbesondere im Bereich der Beendigungskündigungen sind in der Realität Betriebsänderungen oft mit einem erheblichen Personalabbau verbunden. Die Entlassung einer großen Anzahl von Arbeitnehmern kann durch das individualrechtlich ausgelegte Kündigungsschutzgesetz nicht befriedigend erfasst werden. Es besteht die Gefahr, dass eine Vielzahl an Kündigungsschutzverfahren und damit ein erhebliches Prozess- und Kostenrisiko auf den Arbeitgeber zukommt. In den einzelnen Verfahren könnten unterschiedliche oder sich einander widersprechende Ergebnisse zustande kommen. Gerichte haben in der Vergangenheit Kündigungen für unwirksam erklärt, allein deswegen, weil der Insolvenzverwalter ihrer Ansicht nach seiner sich in einem Individualprozess ergebenden Darlegungs- und Beweislasten nicht nachgekommen ist.[337]

Für die Frage, wie viele und welche Arbeitnehmer entlassen werden müssen oder wie die Individualarbeitsverhältnisse der neuen Situation angepasst werden müssen, geht es nicht nur um das individuelle Schicksal des Einzelnen, sondern

---

[335] Diese Gefahr sieht auch *Heinrich*, Insolvenzarbeitsrecht, S. 95.

[336] *Henckel*, ZGR 1984, 225, 253.

[337] Vgl. hierzu die Nachweise bei *Zwinkmann*, Interessenausgleich, S. 191, Fn. 1.

um die Erhaltung oder den Verlust vieler Arbeitsplätze und um die soziale Auswahl unter den Arbeitnehmern.[338]

Daneben kann durch das Beschlussverfahren in verschiedener – in den folgenden Ausführungen näher zu behandelnder – Art und Weise die Beschleunigung der gemeinsamen Kündigungsschutzstreitigkeit im Vergleich zu Individualkündigungsstreitigkeiten erreicht werden.

Daher bietet sich das Instrumentarium des Beschlussverfahrens an. Es kann eine einheitliche und weitgehend abschließende Klärung der kündigungsrechtlichen Fragen erfolgen.

Die Regelungen des Beschlussverfahrens des Arbeitsgerichtsgesetzes finden über Abs. 3 Satz 1 Eingang in das Beschlussverfahren de lege ferenda. Daneben gilt aber auch § 46 Abs. 2 ArbGG entsprechend. Hierdurch wird der Streit entschärft, ob über § 80 Abs. 2 ArbGG hinaus auch die Regelungen der Zivilprozessordnung Anwendung finden, die nicht über die Vorschriften des arbeitsgerichtlichen Urteilsverfahrens in Bezug genommen werden.[339] Es gilt künftig: 1) spezielle Regelungen des Beschlussverfahrens de lege ferenda; 2) §§ 80 ff. ArbGG; 3) Regelungen der Zivilprozessordnung nach Maßgabe des § 46 Abs. 2 ArbGG. Nicht anwendbar sind nach dieser Konzeption die Regeln des arbeitsgerichtlichen Urteilsverfahrens, die nicht in § 80 Abs. 2 ArbGG genannt sind (Umkehrschluss des Verweises in Abs. 3 Satz 1).

### b) Anwendungsvoraussetzungen

Für das Beschlussverfahren gem. §§ 126 ff. InsO ist streitig, ob die Anwendung das Vorliegen einer Betriebsänderung iSd. § 111 BetrVG voraussetzt. Unter Hinweis auf Sinn und Zweck und den systematischen Zusammenhang zu § 125 InsO wurde diese Frage bejaht.[340] Aufgrund der Tatsache, dass die Frage jedoch noch immer nicht abschließend geklärt ist, sollte die Frage im Rahmen des Beschlussverfahrens de lege ferenda eindeutig beantwortet werden. Im Abs. 1 Satz 1 findet sich deshalb der Hinweis auf § 111 des Betriebsverfassungsgesetzes, dessen Fehlen in § 126 InsO zu der Streitfrage führte. Fraglich ist, ob die Voraussetzung der Betriebsänderung künftig nicht entfallen sollte. Dies allerdings hätte zu einer Reihe von Problemen geführt, die folgend kurz dargestellt werden.

---

338 *Henckel*, ZGR 1984, 225, 252.

339 Das Bundesarbeitsgericht hat anerkannt, dass die Regelungen der Zivilprozessordnung zur Ausfüllung etwaiger Lücken heranzuziehen sind, BAG 16.7.1996, NZA 1997, 337, 337.

340 § 2 A. I. 3. (Seite 6).

Das Beschlussverfahren de lege ferenda soll dem Arbeitgeber die Möglichkeit geben, sich im Rahmen der einheitlichen Klärung der Rechtmäßigkeit der ausgesprochenen oder noch auszusprechenden Kündigungen gegen die Risiken der Kündigung vieler Arbeitnehmer abzusichern. Erfasst werden ausschließlich betriebsbedingte Kündigungen. Alle anderen Beendigungstatbestände sollen weiterhin nach den Regelungen des klassischen Arbeitsrechts und des klassischen Prozessrechts beurteilt werden. Lediglich im Bereich der betriebsbedingten Kündigungen soll eine Vereinfachung erfolgen. Dieses Anliegen muss gegen missbräuchliche Anwendung abgesichert werden, damit der Arbeitgeber nicht beliebige Kündigungen – z.B. außerordentliche oder verhaltensbedingte Kündigungen – in einem Verfahren klären kann. Das Beschlussverfahren soll gerade nicht die gesamte Personalsituation des Unternehmens erfassen und anpassen (gleichsam der Herstellung der ausgewogenen Personalstruktur), sondern sich ausschließlich auf die sich aus dem Wegfall von Arbeitsplätzen ergebende und eine wirtschaftliche Schieflage beseitigende Personalreduzierung richten.

Mit der Einführung des Erfordernisses der Betriebsänderung ist ein Korrektiv gegeben. Das Beschlussverfahren kann nur dann durchgeführt werden, wenn ein Unternehmen mit mehr als zwanzig wahlberechtigten Arbeitnehmern besteht und die geplante Betriebsänderung wesentliche Nachteile für die Belegschaft oder erhebliche Teile der Belegschaft zur Folge haben könnte, was sich nach ständiger Rechtsprechung nach den Zahlenangaben des § 17 Abs. 1 KSchG richtet.[341] Wenn die Vorgaben des § 17 Abs. 1 KSchG nicht erreicht werden, kann gerade nicht die Erforderlichkeit einer Erleichterung und vereinheitlichten Klärung von Massenentlassungen angenommen werden. Den Arbeitsvertragsparteien ist zuzumuten, die Wirksamkeit der Kündigungen in diesen Fällen im klassischen Kündigungsschutzverfahren feststellen zu lassen.

Daneben muss die Frage beantwortet werden, ob das Beschlussverfahren de lege ferenda auch die Anwendbarkeit des Kündigungsschutzgesetzes voraussetzt. Die Frage kann zunächst nicht entsprechend § 126 InsO damit begründet werden, dass Gegenstand der gerichtlichen Überprüfung nur die soziale Rechtfertigung sei und deswegen das Kündigungsschutzgesetz Anwendung finden müsste. Die Kündigungen – beabsichtigt oder ausgesprochen – werden künftig hinsichtlich aller Unwirksamkeitsgründe überprüft. Es kann daher grundsätzlich auch ein Arbeitnehmer im Antrag bezeichnet sein, der etwa die Wartezeit des § 1 KSchG noch nicht erfüllt hat. Entscheidend ist allein, dass die Kündigung im Anwendungsbereich des § 111 BetrVG beabsichtigt oder ausgesprochen ist. Dass sich ein Arbeitnehmer auf die soziale Rechtfertigung der betriebsbedingten Kündigung berufen kann, setzt aber auch künftig voraus, dass das Arbeitsverhältnis in

---

[341] Vgl. nur: BAG 6.12.1988, AP Nr. 26 zu § 111 BetrVG.

demselben Betrieb oder Unternehmen ohne Unterbrechung länger als sechs Monate bestanden hat, § 1 KSchG. Auch die Mindestanzahl von Arbeitnehmern (§ 23 KSchG) hat in der Praxis keine eigenständige Bedeutung, da mehr als zwanzig Arbeitnehmer im Unternehmen beschäftigt sein müssen, § 111 BetrVG.

Im Beschlussverfahren gem. §§ 126 ff. InsO ist Anwendungsvoraussetzung das Nichtzustandekommen eines Interessenausgleiches, vgl. § 126 Abs. 1 Satz 1 InsO. Diese Voraussetzung wurde de lege ferenda gestrichen. Hintergrund hierfür ist, dass sich die Überprüfung nicht mehr ausschließlich auf die soziale Rechtfertigung stützt, sondern alle Unwirksamkeitsgründe Gegenstand des Beschlussverfahrens sind. Ein Interessenausgleich kann aber nicht verbindlich klären, was nicht im Bereich der Regelungskompetenzen der Betriebspartner liegt. Daher kann das Beschlussverfahren auch nicht als Auffangregelung zu einem gescheiterten oder nicht möglichen Interessenausgleich angesehen werden. Gleichwohl ist die Möglichkeit des Interessenausgleiches nicht vollkommen gestrichen worden. In § 1 Abs. 5 KSchG findet sich auch weiterhin die Möglichkeit, einen Interessenausgleich mit Namensliste zu erreichen. Um dieses Mitbestimmungsrecht des Betriebsrats nicht leer laufen zu lassen, wurde der Interessenausgleich in die Sachverhaltsermittlung integriert. Abweichend von dem grundsätzlich geltenden Amtsermittlungsgrundsatz gelten die Rechtsfolgen des § 1 Abs. 5 KSchG nun auch im Beschlussverfahren, d.h. zum einen wird vermutet, dass die Kündigung durch dringende betriebliche Erfordernisse bedingt ist, zum anderen kann die soziale Rechtfertigung der Kündigungen nur noch auf grobe Fehlerhaftigkeit überprüft werden. Insofern besteht für den Arbeitgeber der Anreiz, sich mit dem Betriebsrat auf einen Interessenausgleich mit Namensliste zu einigen.

### c) Antrag

Das Beschlussverfahren wird gem. Abs. 1 Satz 1 durch einen Antrag des Arbeitgebers eingeleitet. Wenn der Arbeitgeber Kündigungen ausspricht und erst dann ein Beschlussverfahren anstrebt, bestehen keine grundsätzlichen Bedenken gegen das gerichtliche Verfahren, denn hier können die Arbeitnehmer sich mit der Kündigung ohne weiteres einverstanden erklären, so dass eine Beteiligung gar nicht in Betracht kommt. Erklären sie sich hingegen nicht einverstanden, so besteht weitgehend dieselbe Situation, als wenn die Arbeitnehmer selbst Kündigungsschutzklagen erhoben hätten. Wenn aber die Kündigungen erst nach dem Beschluss ausgesprochen werden sollen, dann besteht die Gefahr, dass die Arbeitnehmer schon vor dem eigentlichen Kündigungsausspruch in einen Prozess hineingezogen werden – und möglicherweise auch Prozessvertreter engagieren. Es handelt sich hierbei aber um dieselbe Situation, als wenn der Arbeitnehmer vom Arbeitgeber nach klassischem Zivilprozessrecht verklagt würde, was in anderen Streitigkeiten als der über die Rechtmäßigkeit einer erst noch auszusprechenden Kündigung möglich ist. Es besteht kein Anspruch darauf, nicht Beklagter oder Beteiligter eines Rechtsstreites zu werden. Die Rechtskraft des Beschlusses stärkt auch die Rechtsstellung der Arbeitnehmer, da sie sich de facto sicher sein können, dass eine Kündigung infolge der beabsichtigten Betriebsänderung nicht ausgesprochen wird, wenn dem Beschluss nicht stattgegeben wird. Geschieht dies hingegen doch, so hatten sie entgegen der sonstigen Vorgehensweise bei Kündigungen die gerichtliche Möglichkeit, ihre Interessen zu vertreten. Diese Selbstvertretung steht qualitativ nicht hinter einem die prozessualen Möglichkeiten ebenfalls einschränkenden Interessenausgleich zwischen Betriebsrat und Arbeitgeber zurück. Schließlich können sich die Arbeitnehmer im Prozess mit den Kündigungen einverstanden erklären. Es bestehen mithin keine Bedenken gegen die Einleitung eines Beschlussverfahrens durch den Arbeitgeber.

Erfasst werden durch einen solchen Antrag ordentliche betriebsbedingte Beendigungs- und Änderungskündigungen[342]. Der Arbeitgeber hat in seinem Antrag die Arbeitnehmer namentlich zu bezeichnen. Insoweit sind an den Antrag dieselben Anforderungen zu stellen, die sich auch für den Antrag nach § 126 Abs. 1 Satz 1 InsO ergeben.[343] Arbeitnehmer, denen der Arbeitgeber nicht primär kündigen will, weil er sie – im Rahmen seines Beurteilungsspielraumes – z.B. für sozial schutzwürdiger hält, sollten in Hilfsanträgen benannt werden, damit sie Beteiligte werden und das Gericht eine umfassende Kontrolle der Sozialauswahl durchführen kann.[344] Die Rechtskraft der Beschlüsse erstreckt sich auf alle formell Beteiligten. Da nach herrschender Meinung auch die Arbeitnehmer von Anfang an Beteiligte sind, die lediglich in Hilfsanträgen bezeichnet sind,[345] erstreckt sich die Rechtskraft auch auf diese Arbeitnehmer.

Es stellt sich auch de lege ferenda die Frage, wann der Antrag gestellt werden sollte. Das Beschlussverfahren bietet dem Arbeitgeber – entsprechend der Regelung zu § 126 InsO – verschiedene Möglichkeiten. Als Regelfall liegt dem neuen Beschlussverfahren die Situation zugrunde, dass der Arbeitgeber sich im Vorfeld umfassende Gedanken zu den zu kündigenden Arbeitnehmern macht. Im Antrag bezeichnet er diese namentlich und beantragt festzustellen, dass die Kündigungen dieser Arbeitnehmer rechtswirksam sind bzw. sein werden. Dabei fügt er die seinen Antrag stützenden Informationen – etwa zur sozialen Schutz-

---

342 Vgl. zu den Arten der Änderungskündigungen: Schaub, Arbeitsrechtshandbuch, § 137, Rn. 9 ff.

343 Vgl. hierzu § 2 A. II. (Seite 20).

344 Vgl. zur Zulässigkeit der Hilfsanträge im Beschlussverfahren § 2 A. II. (Seite 20).

345 *Müller-Limbach*, Beschlussverfahren, S. 27; *Caspers*, Personalabbau, Rn. 253; *Grunsky* in: FS für Lüke, S. 197 f.

bedürftigkeit, zu Sonderkündigungsschutz, Zustimmungsbedürftigkeit oder zu Beteiligungsrechten der Arbeitnehmervertretungen – bei. Gibt das Arbeitsgericht dem Antrag statt und erklärt die beabsichtigten Kündigungen für rechtswirksam, obliegt es dem Arbeitgeber, die Kündigungen auszusprechen. Um hierbei aber möglichst rechtssicher agieren zu können, kann der Arbeitgeber vor der Verkündung des Beschlusses beantragen, dass die Kündigungen durch das Arbeitsgericht zugestellt werden, Abs. 10. Damit kann eventuellen Form-, Bevollmächtigungs- oder Zustellungsmängeln begegnet werden.[346]

Aus Sicht der angestrebten Beschleunigung können zunächst die Kündigungen ausgesprochen und abgewartet werden, welche Arbeitnehmer Kündigungsschutzklage gem. § 4 KSchG erheben. Diese Arbeitnehmer können anschließend im Antrag namentlich bezeichnet werden. Im Ergebnis kann so die Beteiligtenzahl reduziert werden.

Der Antrag nach Abs. 1 Satz 1 muss schließlich die sich aus den Regelungen des Arbeitsgerichtsgesetzes zum Beschlussverfahren ergebenden Anforderungen erfüllen.[347]

### d) Zuständigkeit des Arbeitsgerichts

Auch wenn in Abs. 3 Satz 1 auf die Vorschriften des Arbeitsgerichtsgesetzes verwiesen wird, bedurfte es der Anordnung der Zuständigkeit des Arbeitsgerichts.[348] Denn gem. § 80 Abs. 1 ArbGG findet das Beschlussverfahren in den in § 2a bezeichneten Fällen Anwendung, zu dem das Beschlussverfahren de lege ferenda nicht gehört und § 82 ArbGG regelt ausschließlich die örtliche Zuständigkeit.

Zu denken war in Anbetracht der de lege ferenda fehlenden zweiten Tatsacheninstanz auch an eine teilweise Verlagerung der Beschlussverfahren in den Zu-

---

346 Vgl. hierzu aber genauer § 4 A. II. 2. n) (Seite 211).

347 Vgl. näher: *Hauck* in: Hauck/Helml, ArbGG, § 81, Rn. 2 ff.; *Matthes* in: Germelmann/Matthes/Prütting/Müller-Glöge, ArbGG, § 81, Rn. 1 ff.; *Ascheid*, Urteils- und Beschlussverfahren, S. 409 ff.; *Herbst/Reiter/Schindele*, Beschlussverfahren, Rn. 170 ff.; *Ostrowicz/Künzl/Schäfer*, Arbeitsgerichtsprozess, S. 356 ff.; *Weth*, Beschlussverfahren, S. 233 ff.; *Thon*, AuR 1996, 175, 177 ff.

348 Für das Beschlussverfahren gem. §§ 126 ff. InsO wurde diskutiert, ob das Insolvenzgericht zuständig sein sollte; So auch noch § 120 DiskEInsO; Kritisch hierzu: *Gravenbrucher Kreis*, ZIP 1989, 468, 474; *Hanau*, ZIP 1989, 422, 425; *Schaub*, ZIP 1989, 205, 206; *Dörner*, NZA 1989, 546, 549; *Berscheid* in: FS-Arbeitsgerichtsverband, 405, 423 sieht in der Übertragung auf das Insolvenzgericht eine Gefahr für die Gewährleistung einer einheitlichen dogmatischen Kündigungsrechtsprechung. Da es de lege ferenda allerdings nicht zu einer Insolvenzsituation kommen muss, stellte sich die Frage vorliegend nicht.

ständigkeitsbereich der Landesarbeitsgerichte.[349] Dies hätte etwa wie folgt formuliert werden können:

*In Verfahren, in denen der Arbeitgeber mehr als 50 Arbeitnehmer namentlich bezeichnet, ist das Landesarbeitsgericht zuständig.*

Damit hätte auch den Bedenken der befragten Insolvenzverwalter bzgl. der Dauer und der Schwerfälligkeit des Verfahrens Rechnung getragen werden können.[350] Allerdings kann nicht angenommen werden, dass durch diese Verlagerung ein Zeitgewinn erreicht werden könnte, da in der Kammer eine den Arbeitsgerichten entsprechende Besetzung zu finden ist, so dass die Argumentation fehl geht, dass ein Landesarbeitsgericht für größere Verfahren qualifizierter wäre als ein Arbeitsgericht. Daneben hätten sich komplizierte und damit keinesfalls die Regelung erleichternde Fragen in der Rechtsmittelkonzeption ergeben (Bsp.: Divergenzrechtsbeschwerde). Die Verlagerung auf die Landesarbeitsgerichte führt zu einem Anwaltszwang der Arbeitnehmer (§ 11 Abs. 2 Satz 1 ArbGG), so dass Kosten für ein Verfahren entstünden, das die Arbeitnehmer selbst gar nicht anstreben wollten. Auf der Ebene der Arbeitsgerichte besteht kein Anwaltszwang (§ 11 Abs. 1 Satz 1 ArbGG). Schließlich muss das Arbeitsgericht auch als das in Kündigungsstreitigkeiten sachnähere Gericht angesehen werden.

#### e) § 613a BGB

Von den Insolvenzverwaltern wurde sehr oft die Forderung nach Abschaffung des § 613a BGB laut.[351] Dass dieser Forderung vielleicht noch in der Insolvenz, keinesfalls aber in der außerinsolvenzrechtlichen Situation Rechnung getragen werden kann, ergibt sich aus der schon im Rahmen der Frage der Anwendbarkeit des § 613a BGB in der Insolvenz dargestellten europarechtlichen Vorgabe der Richtlinie 2001/23/EG.[352] Aus der Streichung der Regelung des § 128 InsO und Übernahme in das allgemeine Kündigungsschutzrecht kann künftig vermehrt die Argumentation vertreten werden, dass § 613a BGB in der Insolvenz keine Anwendung findet. Die dem § 613a BGB zugrunde liegenden europarechtlichen Bestimmungen gelten nicht im Fall der Insolvenz, sofern die Mitgliedsstaaten nichts anderes vorsehen. Mit Streichung des § 128 InsO hätte Deutschland nichts anderes vorgesehen.

---

349 So schon *Henckel*, ZGR 1984, 225, 253, der dies allerdings für die Insolvenzsituation anregte.

350 Vgl. § 3 B. II. 4. (Seite 111).

351 Vgl. § 3 B. IV. (Seite 156).

352 Siehe hierzu § 2 A. VIII. 4. (Seite 60).

§ 128 Abs. 1 InsO erfasst den Fall, dass der Insolvenzverwalter das Beschlussverfahren einleitet und erst der Erwerber die Kündigungen ausspricht („...dass die Betriebsänderung, die dem Interessenausgleich oder dem Feststellungsantrag zugrunde liegt, erst nach einer Betriebsveräußerung durchgeführt werden soll."). Die hierdurch zum Ausdruck kommende Zulässigkeit der Veräußererkündigung aufgrund Erwerberkonzepts wurde auch durch das Bundesarbeitsgericht anerkannt,[353] so dass das Beschlussverfahren auch in der Form angewendet werden kann, dass die vom Veräußerer aufgrund des Konzeptes des Erwerbers ausgesprochenen Kündigungen mithilfe des Beschlussverfahrens überprüft werden. Dieselbe Situation wird von Abs. 1 Satz 2 des Beschlussverfahrens de lege ferenda erfasst. Hierdurch sollen die sanierungshindernden Wirkungen des § 613a BGB abgemildert werden. Auch in der Krise eines Unternehmens kann es für den Veräußerer nämlich sinnvoll sein, dass er den Betrieb schon im Sinne des Erwerbers umstellt.

Allerdings sollte in den Gesetzesvorschlag nicht der komplette § 128 InsO übernommen werden. Die Feststellung, dass die Kündigungen nicht wegen des Betriebsüberganges erfolgt sind, erübrigt sich in der Insolvenz, wenn festgestellt wird, dass die Kündigungen durch dringende betriebliche Erfordernisse bedingt und sozial gerechtfertigt sind. Mehr noch trifft diese Ansicht de lege ferenda zu. Wenn festgestellt wird, dass die Kündigungen rechtswirksam sind, umfasst dies auch die Frage des Betriebsüberganges.

### f) Formelle Voraussetzungen anzeigepflichtiger Massenentlassungen

Das hier vorgeschlagene Beschlussverfahren soll die Probleme der Massenentlassungen de lege lata abmildern.[354] Die Insolvenzverwalter sahen die Anzeigepflichten nach §§ 17 ff. KSchG zu 48,7 % als hinderlich an.[355]

Die §§ 17 ff. KSchG regeln die insoweit geltenden formellen Anforderungen. Der Arbeitgeber ist verpflichtet seinen Anzeigepflichten aus § 17 Abs. 1 bis 3 KSchG nachzukommen. Voraussetzung ist, dass er anzeigepflichtige Entlassungen durchführt, mithin also innerhalb von 30 Kalendertagen die sich aus § 17 Abs. 1 Satz 1 Nr. 1 bis 3 KSchG ergebende Anzahl von Arbeitnehmern entlässt. Bei der Anwendung des Beschlussverfahrens de lege ferenda liegt die Annahme

---

353 Vgl. BAG 20.3.2003, DZWIR 2003, 374 f.

354 Auch wenn gem. § 37b SGB III die Arbeitnehmer verpflichtet sind, sich unverzüglich nach Kenntnis des Beendigungszeitpunkts bei der Agentur für Arbeit arbeitsuchend zu melden, und die Agentur für Arbeit so ohnehin von den Entlassungen erfährt, verbietet sich die generelle Nichtanwendbarkeit der §§ 17 ff. KSchG unter europarechtlichen Gesichtspunkten, vgl. RL 98/59/EG.

355 Vgl. § 3 B. IV. (Seite 156).

dieser Voraussetzungen nahe, da die Anwendbarkeit des Beschlussverfahrens von den Vorgaben des § 111 BetrVG abhängig ist.

Nach bisheriger Rechtsprechung des Bundesarbeitsgerichts entließ der Arbeitgeber Arbeitnehmer im Sinne des § 17 Abs. 1 KSchG, wenn er aufgrund der Kündigung das Ausscheiden des Arbeitnehmers aus dem Arbeitsverhältnis tatsächlich herbeiführt.[356] Mit Urteil vom 27.1.2005 hat der Europäische Gerichtshof dieser Rechtsprechung die Grundlage entzogen und festgestellt, dass die Kündigungserklärung das Ereignis ist, das als Entlassung im Sinne der Art. 2 bis 4 der Richtlinie 98/59/EG zu verstehen ist.[357]

Für das Beschlussverfahren de lege ferenda gilt daher folgendes: Werden die Kündigungen ausgesprochen und erfolgt die gerichtliche Überprüfung im Rahmen des Beschlussverfahrens nachträglich, so werden die Anforderungen der §§ 17 ff. KSchG nicht modifiziert. Die Kündigungen sind unheilbar unwirksam, wenn zum Zeitpunkt des Kündigungsausspruches die Anzeige- und Konsultationspflicht nicht eingehalten wurde. Ein stattgebender Beschluss könnte nicht erfolgen. In dieser Situation ist die Beteiligung der Agentur für Arbeit entbehrlich.

Im Fall der präventiven Feststellung wird die Agentur für Arbeit Beteiligte, Abs. 5 Satz 1. Durch den Antrag, der regelmäßig eine Rangordnung und die soziale Schutzbedürftigkeit, Entlassungszeiträume, Gründe und sonstige Angaben zur Betriebsänderung enthält, erhält die Agentur für Arbeit Kenntnis von der beabsichtigten Betriebsänderung und den geplanten Kündigungen. Entsprechendes gilt für den Betriebsrat. Möglicherweise ist dieser im Vorfeld auch schon in Verhandlungen über einen Interessenausgleich iSd. § 1 Abs. 5 KSchG beteiligt gewesen. Infolge der Tatsache, dass daher Betriebsrat und Agentur für Arbeit die erforderlichen Informationen vorliegen, bedarf es im Fall der präventiven Feststellung der Wirksamkeit der Kündigungen der Absätze 2 bis 3a des § 17 KSchG nicht mehr, Abs. 5 Satz 2.

Erfolgt ein stattgebender Beschluss, d.h. werden die Kündigungen für rechtswirksam erklärt, wird die Zustimmung iSd. § 18 KSchG fingiert, wenn der Arbeitgeber die Kündigungen unverzüglich nach der Zustellung des Beschlusses ausspricht oder den Antrag nach Abs. 10 Satz 1 stellt, Abs. 5 Satz 3. Einer weitergehenden Anpassung des § 18 KSchG bedarf es nicht. § 18 Abs. 4 KSchG bleibt bestehen. Der Arbeitgeber hat mithin die Möglichkeit, 90 Tage lang die Kündigungen aufgrund des Beschlusses auszusprechen, läuft dabei allerdings

---

[356] BAG 31.7.1986, NZA 1987, 587, 587; 13.4.2000, AP Nr. 13 zu § 17 KSchG 1969; 13.4.2000, NZA 2001, 144, 145; *Moll* in Kündigungsrecht, § 17 KSchG, Rn. 26.

[357] EuGH 27.1.2005, NJW 2005, 1099.

Gefahr, dass Abs. 9 Satz 3 eingreift, mithin eine wesentliche Änderung der Sachlage die Rechtskraft des Beschlusses beseitigt.

Die sich durch das Beschlussverfahren de lege ferenda ergebenden Modifikationen der §§ 17 ff. KSchG sind schließlich unter europarechtlichen Gesichtspunkten zu prüfen.

Gem. Art. 2 Abs. 3 RL 98/59/EG sind an den Betriebsrat eine Reihe von Informationen mitzuteilen, damit die Arbeitnehmervertreter konstruktive Vorschläge unterbreiten können. Über den Antrag zum Beschlussverfahren sowie die Unterrichtung noch vor Ausspruch der Kündigungen sind diese Informationen sichergestellt. Allein die Vorgabe, dass sich die Konsultationen auf die Möglichkeit erstrecken sollen, Massenentlassungen zu vermeiden oder zu beschränken (Abs. 2 Satz 1), findet sich nicht direkt wieder. Da es allerdings im Rahmen der mündlichen Verhandlung zu einem Austausch der Informationen und Standpunkte kommt, ist die minimale Abweichung von der europarechtlichen Vorgabe als zulässig anzusehen.

Auch in Bezug auf die Agentur für Arbeit sind die in einer schriftlichen Anzeige geforderten Informationen (Art. 3 Abs. 1 RL 98/59/EG) durch den Antrag im Beschlussverfahren gegeben.

Schließlich wird auch gegen Art. 4 RL 98/59/EG nicht verstoßen, denn mit dem Antrag wird die 30tägige Frist in Gang gesetzt. Die Zustimmungsmöglichkeit des § 18 KSchG findet sich in Art. 4 zwar nicht direkt wieder, allerdings hat der europäische Gesetzgeber den Mitgliedsstaaten die Möglichkeit gegeben, die Frist zu verkürzen. Dass dies auch durch die deutsche Regelung über eine Zustimmung zulässig ist, kann nicht bestritten werden. Soweit das Beschlussverfahren daher diese Möglichkeit der Zustimmung durch Fiktion aufgreift, kann hierin kein Verstoß gegen die Richtlinie gesehen werden, insbesondere, weil in der vorgelegten Konzeption ein Gericht die Kündigungen für wirksam erklärt.

Schließlich ist festzustellen, dass die wechselseitigen Informationen über die Anzeige an die Agentur für Arbeit oder die Unterrichtung des Betriebsrats (Art. 2 Abs. 3, Art. 3, Abs. 1 RL 98/59/EG) durch die Zustellung der Stellungnahmen im Rahmen des Beschlussverfahrens ersetzt werden.

Die de lege ferenda vorgesehenen Modifikationen durch das Beschlussverfahren verstoßen mithin nicht gegen europarechtliche Vorgaben. Soweit eine nachträgliche Überprüfung der Kündigungen erfolgen soll, finden ohnehin keine Abweichungen statt. Soweit es um die präventive Überprüfung geht, werden die Konsultations- und Informationspflichten eingehalten.

### g) Sozialauswahl

Im Rahmen des Beschlussverfahrens de lege ferenda erfolgt die Überprüfung der sozialen Auswahl im Anwendungsbereich des Kündigungsschutzgesetzes entsprechend den Grundsätzen der Individualkündigungsschutzklage. Durch die Streichung der §§ 125 ff. InsO wird allerdings erreicht, dass der Widerspruch innerhalb der Sozialauswahlkriterien zwischen der Regelung des § 125 InsO einerseits und § 1 Abs. 3 KSchG andererseits beseitigt wird. Eine Konformität der Regelungen besteht im Moment wegen des Kriteriums der Schwerbehinderung nicht. Die Sozialauswahl erfolgt künftig einheitlich nach den Kriterien Lebensalter, Dauer der Betriebszugehörigkeit, Unterhaltspflichten und Schwerbehinderung. Dabei können auch die Arbeitnehmer ausgeklammert werden, deren Weiterbeschäftigung zur Schaffung einer ausgewogenen Personalstruktur im berechtigten betrieblichen Interesse liegt:

*§ 1 Abs. 3 Satz 2: „In die soziale Auswahl nach Satz 1 sind Arbeitnehmer nicht einzubeziehen, deren Weiterbeschäftigung, insbesondere wegen ihrer Kenntnisse, Fähigkeiten und Leistungen oder zur Sicherung oder Schaffung einer ausgewogenen Personalstruktur des Betriebes, im berechtigten betrieblichen Interesse liegt."*

Hierdurch werden die Regelungen des § 1 Abs. 3 und 5 KSchG aufeinander abgestimmt. In beiden Regelungen findet sich die Sicherung einer ausgewogenen Personalstruktur. Im Sinne der Streichung des § 125 InsO sollte einheitlich auch die Schaffung einer ausgewogenen Personalstruktur eingeführt werden, damit der Arbeitgeber nicht schlechter gestellt ist, wenn ein Betriebsrat im Unternehmen nicht besteht.

De lege lata ist durch die Beschränkung der Sozialauswahlkriterien generell und der Überprüfung lediglich auf grobe Fehlerhaftigkeit bei Auswahlrichtlinien gem. § 1 Abs. 4 KSchG die Sozialauswahl bei Massenentlassungen rechtssicherer geworden. Die Gefahr, dass alle betriebsbedingten Kündigungen bei rechtzeitiger Klageerhebung hinfällig werden und es so zu erheblichen Betriebsablaufstörungen kommen kann, besteht aber – in leicht abgeschwächter Form – noch immer. Hiervon ausgehend drängt sich die Forderung nach einem kollektiven Instrumentarium neben den Auswahlrichtlinien auf. Wenn der Arbeitgeber im Rahmen eines Beschlussverfahrens die Wirksamkeit sämtlicher mit einer Betriebsänderung im Zusammenhang stehenden Kündigungen klären lassen kann, dann kann dem Beschluss auch entnommen werden, welcher Arbeitnehmer konkret zu kündigen ist und welche Arbeitnehmer sich auf die Fehler in der Sozialauswahl berufen können. Hat der Arbeitgeber bestimmte Arbeitnehmer trotz geringerer Schutzbedürftigkeit nicht in die Sozialauswahl einbezogen, besteht die Möglichkeit, dies – im Falle einer mangelhaften Aufklärung im Rahmen der Amtsermittlung – in der Rechtsbeschwerde mithilfe der Aufklärungsrüge anzugreifen. Hat der eine Rechtsbeschwerde einlegende Arbeitnehmer trotz Kenntnis dieses weniger schutzbedürftigen Arbeitnehmers nicht im Rahmen seiner Mitwirkungspflichten (§ 83 Abs. 1 Satz 2 ArbGG) das seinerseits Erforderliche getan, wird er mit seinem Vorbringen nicht gehört. Der Arbeitgeber kann eine umfassende Prüfung erreichen und die Gefahr einer erfolgreichen Rechtsbeschwerde durch die Arbeitnehmer begrenzen, wenn er dem Gericht die Sozialdaten aller Arbeitnehmer zukommen lässt, die nicht schon Beteiligte sind. Das Gericht kann dann im Rahmen seiner Amtsermittlung weiter ermitteln, so dass es nachträglich als ausgeschlossen angesehen werden muss, dass die Rechtsbeschwerde – zumindest in diesem Teilbereich – Erfolg hat.

Das Beschlussverfahren, der Interessenausgleich (§ 1 Abs. 5 KSchG) und die Möglichkeit der Auswahlrichtlinien nach § 1 Abs. 4 KSchG können damit zusammen die derzeitige Situation der Massenentlassungen im Bereich der Sozialauswahl deutlich entschärfen.

Im Rahmen der Sozialauswahl war auch an eine Beschränkung der gerichtlichen Überprüfung auf grobe Fehlerhaftigkeit iSd. § 1 Abs. 5 Satz 2 KSchG zu denken. Dies konnte aber nicht gerechtfertigt werden, da es an jeglicher Richtigkeitsgewähr für die Anknüpfung an die grobe Fehlerhaftigkeit fehlt. Würde man die Sozialauswahlüberprüfung hier reduzieren, so könnte zwar eine Beschleunigung des Verfahrens erreicht werden, es fehlt aber jeglicher Grund entsprechend etwa der Insolvenzsituation. Um die Regelung des § 1 Abs. 5 KSchG nicht leer laufen zu lassen, kann sich der Arbeitgeber künftig um einen Interessenausgleich mit Namensliste bemühen. Kommt eine solche Einigung zustande, erstreckt sich die durch § 1 Abs. 5 KSchG angeordnete Vermutung auch auf das Beschlussverfahren und der Grundsatz der Amtsermittlung wird in diesem Teilbereich abgeschwächt bzw. sogar ganz aufgehoben (vgl. Abs. 3 Satz 10).[358] Aufgrund der Tatsache, dass die §§ 125 ff. InsO aufgehoben werden,[359] war es erforderlich, in § 1 Abs. 5 KSchG den Satz 3 einzufügen: „Die Sozialauswahl ist nicht als grob fehlerhaftig anzusehen, wenn eine ausgewogene Personalstruktur gesichert oder geschaffen werden soll." Damit fällt die Schaffung einer ausgewogenen Personalstruktur nicht ersatzlos weg.

### h) Andere Unwirksamkeitsgründe, Sonderkündigungsschutz, Zustimmungsvorbehalte

Das Beschlussverfahren gem. §§ 126 ff. InsO erfasst lediglich die soziale Rechtfertigung der betriebsbedingten Kündigungen. Gem. § 126 Abs. 1 Satz 1 InsO

---

[358] Vgl. hierzu näher § 4 A. II. 2. k) cc) (Seite 195) und § 4 A. II. 2. l) cc) (Seite 206).

[359] Vgl. unten § 4 A. II. 2. q) (Seite 220).

wird festgestellt, dass die Kündigungen der Arbeitsverhältnisse durch dringende betriebliche Erfordernisse bedingt und sozial gerechtfertigt sind. Wenn man der herrschenden Meinung folgt, kann sich darüber hinaus die Feststellung auch darauf gesondert erstrecken, dass die Kündigungen der Arbeitsverhältnisse nicht wegen eines Betriebsübergangs erfolgen, § 128 Abs. 2 InsO. Dieser Umstand ist von vielen Insolvenzverwaltern als misslich und mithin als Anwendungshindernis angesehen worden, so dass de lege ferenda über den beschränkten Prüfungskreis hinaus die Wirksamkeit der betriebsbedingten Kündigungen unter allen in Betracht kommenden Gesichtspunkten geprüft wird. Hierdurch kann ein erheblich höheres Maß an Rechtssicherheit geschaffen werden. Unbestreitbar ist, dass eine umfassende und abschließende Klärung der Frage der Wirksamkeit am unkompliziertesten bei bereits ausgesprochenen Kündigungen, d.h. nachträglich erfolgen kann. Dass auch diese Situation vom Beschlussverfahren de lege ferenda erfasst ist, wurde dargestellt. Insofern musste allerdings nach einer Möglichkeit gesucht werden, dass auch erst später auszusprechende Kündigungen im präventiven Beschlussverfahren geprüft werden können. Die grundlegende Problematik kann bereits aus §§ 126 ff. InsO erkannt werden. Gem. § 127 Abs. 1 Satz 2 InsO entfällt die Bindungswirkung des Beschlusses dann, wenn sich die Sachlage nach dem Schluss der letzen mündlichen Verhandlung wesentlich geändert hat. Möglich ist, dass der Insolvenzverwalter beantragt festzustellen, dass die Kündigungen bestimmter namentlich bezeichneter Arbeitnehmer sozial gerechtfertigt sind und er sich hierbei auf möglicherweise langwierige Verhandlungen mit dem Betriebsrat oder gerichtliche Verfahren einlässt. Nach Ende der letzten mündlichen Verhandlung werden die sich aus dem Beschluss ergebenden Kündigungen ausgesprochen. Hat sich bei Zugang der Kündigungen die Sachlage wesentlich geändert, ist der gesamte Beschluss hinfällig. Dies hat Masse gekostet, für deren Verlust der Insolvenzverwalter unter bestimmten Umständen haftbar gemacht werden kann, vgl. § 60 InsO. Im eigenen Interesse wird der Verwalter daher das Beschlussverfahren nicht anwenden.

Für die vorgeschlagene Vorgehensweise spricht ferner, dass durch die Nichterfassung aller Unwirksamkeitsgründe das Ziel einer Beschleunigung nicht nur nicht erreicht, sondern sogar konterkariert werden kann, da es schließlich zu zwei Verfahren kommen wird.[360] Wenn sich die Rechtskraft allein auf die Frage der Sozialwidrigkeit beschränkt, kann der Arbeitnehmer hinsichtlich aller anderen möglichen Unwirksamkeitsgründe das Arbeitsgericht im Wege der Feststellungsklage anrufen. Andererseits ist nicht von der Hand zu weisen, dass die Prüfung aller Unwirksamkeitsgründe einen erheblichen Mehraufwand bedeutet, der

360 *Berscheid* in: FS-Arbeitsgerichtsverband, 405, 424, allerdings unter dem Gesichtspunkt, dass der DiskE noch die Zuständigkeit des Insolvenzgerichts für das Beschlussverfahren vorsah; *Dörner*, NZA 1989, 546, 549

das Verfahren verzögern kann.[361] Die Frage, ob ein einheitliches oder mehrere einzelne Verfahren sinnvoller sind, lässt sich nicht ohne weiteres beantworten. Jedenfalls unter dem Gesichtpunkt der Entlastung der Gerichte und der umfassenden und abschließenden Beurteilung der Rechtmäßigkeit der Kündigungen sollte dem Beschlussverfahren der Vorzug gegeben werden.

Besteht die Möglichkeit, im Beschlussverfahren de lege ferenda alle Unwirksamkeitsgründe klären zu lassen, ist der Anreiz für die Anwendung des Beschlussverfahrens gegeben. Die möglichen Unwirksamkeitsgründe sind allerdings vielfältig, zum einen, weil das Arbeitsrecht eine Vielzahl an Anforderungen und Schutzvorschriften zugunsten der Arbeitnehmer enthält, zum anderen, weil die Kündigung als Rechtsgeschäft den allgemeinen Regelungen des Bürgerlichen Gesetzbuches über die Wirksamkeit von Willenserklärungen unterliegt. Neben der Unwirksamkeit der Kündigung wegen fehlender sozialer Rechtfertigung (§§ 1 ff. KSchG) kann die Kündigung auch wegen des Verstoßes gegen ein gesetzliches Verbot nichtig (§ 134 BGB iVm. z.B. § 85 SGB IX, § 9 Abs. 1 MuSchG, § 15 KSchG, § 29a HAG, § 18 Abs. 1 BErzGG, § 2 ArbPlSchG; § 102 Abs. 1 Satz 3 BetrVG) oder sonst unzulässig (z.B. § 15 Abs. 2 BBiG) sein. Im Rahmen der Regelungen über die Wirksamkeit von Willenserklärungen können sich Wirksamkeitshindernisse z.B. aus einer fehlenden Kündigungsberechtigung oder fehlenden bzw. fehlerhaften Bevollmächtigung (§§ 174, 180 BGB), der Nichteinhaltung der richtigen Form (z.B. Nichtigkeit gem. § 125 BGB iVm. § 623 BGB, § 15 Abs. 3 BBiG) oder aufgrund eines mangelhaften bzw. gar nicht erfolgten Zugangs ergeben. Insbesondere letztgenannter Mangel kann von erheblicher Relevanz sein, wenn der Arbeitgeber zwar einen Beschluss in den Händen hält, aufgrund dessen die Kündigungen bestimmter, namentlich bezeichneter Arbeitnehmer rechtswirksam sind, er dann aber den Zugang der Kündigungen nicht oder nicht genügend sicherstellen kann. Auf diesen Unwirksamkeitsgrund könnte sich ein Arbeitnehmer ohne Probleme berufen, denn die Frage des Zugangs der Kündigungen ist nicht Gegenstand des Beschlussverfahrens gewesen, so dass dieser Teilbereich auch nicht in Rechtskraft erwachsen kann.

Innerhalb der Unwirksamkeitsgründe kann danach unterschieden werden, ob eine Zustimmung erforderlich ist, bei deren Vorliegen die Kündigungen ausgesprochen werden können, oder ob es sich um Sonderkündigungsschutz im engeren Sinne handelt, bei dem die Kündigungen ohne weiteres unwirksam sind. Das Beschlussverfahren de lege ferenda unterscheidet hierbei. Während die Feststellung der Rechtswirksamkeit der Kündigung bei einem Sonderkündigungsschutz, der durch Zustimmung nicht ausgeschlossen werden kann, nicht erfolgen darf

---

[361] *Müller-Limbach*, Beschlussverfahren, S. 99, die diese Frage stellt, aber nicht beantwortet.

(vgl. Abs. 4 Satz 1), steht dem Arbeitgeber im anderen Fall frei, eine eventuell erforderliche Zustimmung bis zum Schluss der letzten mündlichen Verhandlung nachzureichen, Abs. 4 Satz 2. Bereits Henckel[362] schlug vor, in einem einheitlichen Beschlussverfahren eine angemessene Regelung für den Sonderkündigungsschutz zu finden. Er schlug vor, die Hauptfürsorgestelle (heute: Integrationsamt) am Verfahren zu beteiligen, so dass eine Verweigerung der Zustimmung unter Ausschluss des oft langwierigen Verwaltungsrechtsweges gerichtlich geprüft werden könnte.[363] Eine Inkorporation in das Beschlussverfahren de lege ferenda müsste aber als Systembruch angesehen werden, da schon nach bisher einhelliger Meinung die Arbeitsgerichtsbarkeit nicht über die Frage der Wirksamkeit eines Verwaltungsaktes des Integrationsamtes entscheidet.[364] Es besteht kein sachlicher Grund, dem Arbeitgeber das eigene Bemühen um eine Zustimmung durch ein Beschlussverfahren, in dem der Amtsermittlungsgrundsatz gilt, abzunehmen. Daher war der Variante der Vorzug zu geben, dass der Arbeitgeber selbst verantwortlich ist, dass bis zum Schluss der letzten mündlichen Verhandlung die Zustimmung vorliegt.

Zu betonen ist, dass alle Unwirksamkeitsgründe im Rahmen des Beschlussverfahrens de lege ferenda geltend gemacht werden können, und es daher aufgrund der zusammengefassten Klärung zu keiner Rechtsverkürzung kommt. Zum Zwecke der Rechtssicherheit und Beschleunigung des Verfahrens ist die einzige Möglichkeit, der dargestellten Situation in befriedigender Weise Rechnung zu tragen, in der verstärkten Anordnung sog. Präklusionswirkungen zu finden. Im Rahmen des Verfahrensgangs werden bestimmte Angriffs- und Verteidigungsmittel (auch bezüglich der Unwirksamkeitsgründe) nach Ablauf einer Notfrist nicht mehr gehört.[365]

### i) Beteiligte

Anders als im klassischen Beschlussverfahren des Arbeitsgerichtsgesetzes und des Betriebsverfassungsgesetzes bestimmt der Arbeitgeber de lege ferenda mit seinem Antrag die Beteiligten. Der Arbeitgeber selbst ist als Antragsteller Beteiligter. Ebenso ist ein bestehender Betriebsrat immer Beteiligter. Im Rahmen des Beschlussverfahrens de lege ferenda wird die Bedeutung und Stellung des Be-

---

362 ZGR 1984, 225, 253.

363 *Henckel*, ZGR 1984, 225, 253.

364 BAG 17.2.1982, AP Nr. 1 zu § 15 SchwbG; BVerwG 10.9.1992, E 91, 7, 9 (zum SchwbG).

365 Vgl. hierzu näher unten § 4 A. II. 2. l) aa) (Seite 196).

triebsrats gleichwohl geringer.[366] Zum einen aus der rein tatsächlichen Beobachtung, dass immer mehr Unternehmen keinen Betriebsrat besitzen.[367] Zum anderen aber auch aus rechtlichen Gesichtpunkten: Haben sich Betriebsrat und Arbeitgeber auf einen Interessenausgleich nach § 1 Abs. 5 KSchG geeinigt, so kann sich der Betriebsrat im Beschlussverfahren nicht in Widerspruch zu seiner eigenen Einigung setzen, § 2 Abs. 1 BetrVG iVm. § 242 BGB.[368] In diesem Fall wird der Betriebsrat eine eher beobachtende, passive Rolle einnehmen. Besteht ein Betriebsrat und kommt ein Interessenausgleich nicht zustande, kann der Betriebsrat am Beschlussverfahren aktiv teilnehmen. Er kann seine Bedenken als Beteiligter geltend machen. Die Arbeitnehmer werden zum Zwecke der rechtlichen Vertretung eigene Anwälte zuziehen, so dass die Rolle des Betriebsrats auch hier sinkt.[369]

Beteiligte sind auch die Arbeitnehmer, die im Antrag des Arbeitgebers namentlich bezeichnet sind. Das kann im Hauptantrag, aber auch in Hilfsanträgen der Fall sein. Aus Abs. 7 Satz 2 ergibt sich, dass Arbeitnehmer, die im Antrag namentlich bezeichnet sind, dann nicht Beteiligte werden oder aus einem laufenden Verfahren ausscheiden, wenn sie sich bis zum Abschluss der letzten mündlichen Verhandlung schriftlich mit der Kündigung einverstanden erklären. Durch diese Formulierung wird dem Streit im Rahmen des § 126 Abs. 2 Satz 1 HS. 2 InsO vorgebeugt, ob eine eindeutige Äußerung des Nichteinverstandenseins erforderlich ist oder ob sich die Arbeitnehmer ausdrücklich einverstanden erklären müssen.[370] Wurden die Kündigungen noch nicht ausgesprochen, kann ein Verzicht nur im Rahmen des Beschlussverfahrens erfolgen (Abs. 7 Satz 3),

---

366 Vgl. aber näher zu den Rechten des Betriebsrats de lege ferenda, § 4 A. II. 2. k) (Seite 193).

367 Vgl. die Unternehmen, die Gegenstand der Untersuchung im § 3 waren, § 3 B. III. 1. (Seite 135).

368 Das in § 2 Abs. 1 BetrVG normierte Gebot der vertrauensvollen Zusammenarbeit ist eine Konkretisierung des allgemeinen Grundsatzes von Treu und Glauben im Betriebsverfassungsrecht (*Richardi* in: Richardi, BetrVG, § 2, Rn. 7). Da das Bundesarbeitsgericht in § 2 Abs. 1 BetrVG die gegenüber § 242 BGB speziellere Regelung sieht (BAG 21.4.1983, E 42, 259, 272), können auch die Grundsätze des § 242 BGB herangezogen werden. Hierbei ist anerkannt und auch für die Zusammenarbeit von Arbeitgeber und Betriebsrat anzuerkennen, dass der Grundsatz des venire contra factum proprium auch für prozessuale Verhaltensweisen Geltung erlangen muss. Wenn mithin der Betriebsrat einer Einigung im Rahmen des Interessenausgleiches zugestimmt hat, dann kann er sich redlicherweise im Prozess – bei dem er Beteiligter ist – nicht widersprüchlich verhalten.

369 Vgl. hierzu aber die Ablehnung einer generellen Repräsentation durch den Betriebsrat im Rahmen des Beschlussverfahrens de lege ferenda, unten § 4 A. II. 2. l) bb) 3) (Seite 205).

370 Siehe zu diesem Streit oben § 2 A. IV. (Seite 39).

da es allgemein anerkannt ist, dass auf den Kündigungsschutz außerhalb eines gerichtlichen Verfahrens nur nach Zugang der Kündigung wirksam verzichtet werden kann. Auch kann eine größere Rechtssicherheit und ein erhöhter Arbeitnehmerschutz erreicht werden, wenn das Einverständnis im Rahmen eines gerichtlichen Verfahrens erklärt wird. Davon unberührt bleibt freilich die Möglichkeit des Aufhebungsvertrags.

Da gem. Abs. 6 Satz 1 für die Kosten im Verfahren des ersten Rechtszuges § 12a Abs. 1 Satz 1 und 2 ArbGG gilt, mithin also ein Anspruch der obsiegenden Partei auf Entschädigung wegen Zeitversäumnis oder auf Erstattung der Kosten für die Zuziehung eines Prozessbevollmächtigen oder Beistandes nicht besteht, kann der Arbeitnehmer – auf eigenes Kostenrisiko – am Beschlussverfahren aktiv mitwirken und sich erst in der letzten mündlichen Anhörung einverstanden erklären, wenn abzusehen ist, dass seine Kündigung für rechtswirksam erklärt werden wird. Um das Verfahren weiter zu beschleunigen, wird der Arbeitgeber um eine einvernehmliche Einigung mit vielen Arbeitnehmern bemüht sein und so die Beteiligtenzahl möglicherweise erheblich reduzieren können. Das Schriftlichkeitserfordernis ermöglicht Rechtssicherheit für alle Beteiligten und stellt sicher, dass sich der Arbeitnehmer der Tragweite seiner Willenserklärung bewusst wird.

Der Arbeitnehmer kann das Einverständnis gegenüber dem Arbeitgeber oder dem Arbeitsgericht erklären. Das Einverständnis im Verhältnis zwischen Arbeitgeber und Arbeitnehmer muss allerdings von prozessualen Handlungen innerhalb eines bereits begonnenen Beschlussverfahrens unterschieden werden. Es ist anerkannt, dass auch im Rahmen eines Beschlussverfahrens ein Anerkenntnis in entsprechender Anwendung des § 307 ZPO möglich ist, soweit die Beteiligten über den Streitgegenstand verfügen können.[371] Ein Anerkenntnis muss durch einseitige Prozesshandlung dem Gericht gegenüber erklärt werden.[372] Ist dies der Fall, so scheidet der Arbeitnehmer nach entsprechender in Rechtskraft erwachsender Anerkenntnisentscheidung aus dem Verfahren aus.[373] Entsprechend kann der Arbeitgeber auch den Antrag in Bezug auf einzelne mit der Kündigung einverstandene Arbeitnehmer ohne das Erfordernis der Zustimmung der übrigen Beteiligten zurücknehmen (vgl. § 81 Abs. 2 Satz 1 ArbGG).[374]

---

[371] *Fenn* in: FS für Schiedermair, S. 117, 137 f.; *ders.* in: 25 Jahre Bundesarbeitsgericht, S. 90, 113; *Leipold* in: Stein/Jonas, ZPO, § 307, Rn. 52; Grunsky, ArbGG, § 80, Rn. 30.

[372] Vollkommer in: Zöller, ZPO, vor § 306, Rn. 12; Hartmann in: Baumbach/Lauterbach/Albers/Hartmann, ZPO, § 307, Rn. 9.

[373] Zu §§ 126 ff. InsO: *Müller-Limbach*, Beschlussverfahren, S. 112.

[374] Zu § 126 InsO: *Müller-Limbach*, Beschlussverfahren, S. 110 und allgemein *Matthes* in: Germelmann/Matthes/Prütting/Müller-Glöge, ArbGG, § 81, Rn. 76. Zu beachten sind

Im Einzelfall kann die Situation auftreten, dass der Arbeitgeber seinen Antrag gestellt hat und in diesem einzelne Arbeitnehmer nicht einbezogen hat, da diese nicht innerhalb der Frist des § 4 KSchG Klage erhoben haben und der Arbeitgeber davon ausgehen konnte, dass diese Arbeitnehmer mit ihrem Vorbringen materiell präkludiert sind. Werden diese Arbeitnehmer nun aber nachträglich wieder zugelassen (§ 5 KSchG), muss die Möglichkeit bestehen, diese Arbeitnehmer zu Beteiligten des Beschlussverfahrens de lege ferenda zu machen, damit die Klärung der Wirksamkeit der Kündigungen umfassend erfolgen kann. Das kann allerdings zu einer dem Zweck des Beschlussverfahrens zuwiderlaufenden Verzögerung führen. Im Arbeitsgerichtsgesetz findet sich lediglich die Änderung des Antrages gem. § 81 Abs. 3 Satz 1 ArbGG, die zulässig ist, wenn die übrigen Beteiligten zustimmen oder das Gericht die Änderung für sachdienlich hält. Da hier allerdings neben den bislang bezeichneten Arbeitnehmern weitere hinzukommen sollen, handelt es sich nicht um eine Antragsänderung, sondern um einen Parteibeitritt, der unter den Voraussetzungen der entsprechend geltenden §§ 59, 60 ZPO zulässig ist.[375] Der Arbeitgeber kann auch hier eine Erleichterung erreichen, indem er auch die Arbeitnehmer in Hilfsanträgen bezeichnet, hinsichtlich derer abzusehen ist, dass eine nachträgliche Zulassung der Klage erfolgen könnte.

Gem. Abs. 7 Satz 4 ist auch der Betriebserwerber Beteiligter, sofern der Betriebsübergang bereits greifbare Formen angenommen hat. Die Regelung geht auf § 128 Abs. 1 Satz 2 InsO zurück, allerdings soll künftig vermieden werden, dass eine Vielzahl von Personen an dem Beschlussverfahren teilnimmt, die als mögliche Betriebserwerber charakterisiert werden, tatsächlich aber gar kein ernsthaftes Interesse an der Übernahme haben. Hinsichtlich der „greifbaren Formen“ wird an die Rechtsprechung des Bundesarbeitsgerichts zur Veräußererkündigung aufgrund Erwerberkonzeptes angeknüpft. Sie unterliegen dabei als unbestimmter Rechtsbegriff der Auslegung durch die Arbeitsgerichte. Da die Gerichte im klassischen Beschlussverfahren des Arbeitsgerichtsgesetzes die Beteiligten von Amts wegen ermitteln, muss auch die Frage der Beteiligung potenzieller Erwerber durch das Arbeitsgericht geprüft werden.

---

schließlich die Möglichkeiten der Erledigung der Hauptsache sowie des Vergleichs. Die beiderseitige Erledigungserklärung ist in § 83a Abs. 1 ArbGG zu finden. Innerhalb der einseitigen Erledigungserklärung (§ 83a Abs. 3 ArbGG) prüft das Gericht nach der Rechtsprechung des Bundesarbeitsgerichts abweichend vom Urteilsverfahren lediglich, ob ein erledigendes Ereignis eingetreten ist; es kommt nicht darauf an, dass der Antrag ursprünglich zulässig und begründet ist, Vgl. BAG 26.4.1990, BAGE 65, 105. Die Möglichkeit des – praktisch wohl häufiger durchgeführten teilweisen – Vergleiches richtet sich nach § 83a Abs. 1 ArbGG.

375 Vgl. näher: *Greger* in: Zöller, ZPO, § 263, Rn. 20 ff. und *Rosenberg/Schwab/Gottwald*, ZPO, § 42, Rn. 13 ff.

### j) Nebenintervention und Streitverkündung

Im Beschlussverfahren de lege ferenda wird die Streitfrage um die Anwendbarkeit der Regelungen zu Nebenintervention und Streitverkündung geklärt,[376] weil sich zum einen die Anwendbarkeit aus Abs. 3 Satz 1 ergibt, wonach § 46 Abs. 2 ArbGG Anwendung findet, soweit sich aus dem Gesetzesvorschlag de lege ferenda und den Regelungen des Beschlussverfahrens gem. §§ 80 ff. ArbGG nichts anderes ergibt, zum anderen, weil in Abs. 7 Satz 5 die §§ 66-70 und 72-74 ZPO für entsprechend anwendbar erklärt werden. Dieser ausdrücklichen Anordnung bedurfte es, weil z.T. die Nichtanwendung mit dem Hinweis darauf begründet wird, dass sich aus den §§ 81-84 ArbGG etwas „...anderes ergibt", § 80 Abs. 2 Satz 1 a.E. ArbGG, so dass der Rückgriff auf die Regelungen der Zivilprozessordnung ausgeschlossen wäre.[377] De lege ferenda kann die Streitfrage endgültig beseitigt werden. Die Anwendung der Regelungen zu Nebenintervention und Streitverkündung kann zwar zu einer Verzögerung des Verfahrens führen. Unter dem Gesichtspunkt aber, dass durch diese Instrumentarien der Rechtsstreit noch umfassender geklärt werden kann, ist die Verzögerung hinzunehmen.

### k) Rechte des Betriebsrats

Ein Problem bei der Umsetzung betriebsbedingter Kündigungen ist die umfassende Beteiligung des Betriebsrats. Das Beschlussverfahren muss diese Rechte inkorporieren. Dies ist schon deswegen erforderlich, weil der Antrag des Arbeitgebers auf Feststellung der Rechtswirksamkeit lautet und diese nicht erfolgen könnte, wenn z.B. der Betriebsrat nicht gem. § 102 BetrVG angehört worden ist. Aber auch unter Beschleunigungsgesichtspunkten ist die Einbeziehung der Mitwirkungsrechte des Betriebsrats geboten.

#### aa) Prozessuale Stellung des Betriebsrats

Hinsichtlich der prozessualen Stellung des Betriebsrats ist der Betriebsrat gem. Abs. 7 Satz 1 Beteiligter. Als solcher hat er die gleichen prozessualen Rechte und Pflichten wie die anderen Beteiligten. Zwar unterfällt auch der Betriebsrat der Regelung des Abs. 6 Satz 1 iVm. § 12a Abs. 1 Satz 1 ArbGG, wonach ein Anspruch der obsiegenden Partei auf Entschädigung wegen Zeitversäumnis und auf Erstattung der Kosten für die Zuziehung eines Prozessbevollmächtigten oder Bestandes nicht besteht. Allerdings unterliegt die prozessuale Tätigkeit des Be-

---

[376] § 2 A. V. (Seite 42).

[377] LAG Frankfurt 24.10.1989, DB 1990, 2126, 2127; hiergegen aber: *Weth*, Beschlussverfahren, S. 213.

triebsrats der Kostenregelung des § 40 Abs. 1 BetrVG, wonach der Arbeitgeber die durch die Tätigkeit des Betriebsrats entstehenden Kosten trägt.

### bb) Anhörung des Betriebsrats gem. § 102 BetrVG

Eines der wichtigsten Mitwirkungsrechte des Betriebsrats im Rahmen einer betriebsbedingten Kündigung stellt die Anhörungspflicht gem. § 102 BetrVG dar. Das Beschlussverfahren gem. §§ 126 ff. InsO greift in diese Anhörungspflicht nicht ein.[378] Für den Fall bereits ausgesprochener Kündigungen (nachträgliche Überprüfung der Rechtswirksamkeit) gilt, dass zwingende Voraussetzung die Anhörung zum Zeitpunkt des Zugangs der Kündigungen ist. Ist dies nicht erfolgt, sind die Kündigungen gem. § 102 Abs. 1 Satz 3 BetrVG unwirksam, was durch das Beschlussverfahren nicht geheilt werden kann.

Ist die Kündigung allerdings noch nicht erfolgt, so erübrigen sich künftig gesonderte Anhörungspflichten, Abs. 4 Satz 5. Das Gericht setzt sich mit der Argumentation des Betriebsrats im Rahmen des Beschlussverfahrens auseinander. Als Beteiligter kann sich der Betriebsrat, wenn die Zustimmung schon erteilt ist (der Arbeitgeber also angehört hat), nicht auf eine gegenteilige Ansicht berufen (widersprüchliches Verhalten), ist sie nicht erteilt, kann (und muss, Abs. 3 Satz 8) der Betriebsrat die gegen die Kündigung sprechenden Gründe im Rahmen des schriftlichen Verfahrens vorbringen. Durch diese Klärung im Rahmen des Beschlussverfahrens wird dem Sinn und Zweck des § 102 BetrVG Rechnung getragen, der darin zu sehen ist, dass der Arbeitgeber veranlasst werden soll, vom Betriebsrat vorgetragene Bedenken zu berücksichtigen und gegebenenfalls vom Ausspruch einer Kündigung abzusehen.[379]

Zu beachten ist, dass die Frist des § 102 Abs. 2 Satz 1 mit der Folge des Abs. 2 Satz 2 BetrVG (Fiktion der Zustimmung) im Rahmen des Beschlussverfahrens nicht gilt (Abs. 4 Satz 5). An ihre Stelle tritt die Präklusionsvorschrift des Abs. 3 Satz 8. Dass § 102 Abs. 3 BetrVG nicht außer Anwendung gesetzt wurde, rechtfertigt sich daraus, dass durch das Beschlussverfahren die Gründe einer gegenteiligen Ansicht des Betriebsrats nicht unterlaufen werden sollten. An die Stelle der Frist nach § 102 Abs. 2 Satz 1 BetrVG, auf den § 102 Abs. 3 BetrVG verweist, muss infolge ihrer Nichtanwendung (Abs. 4 Satz 5) die Frist des Abs. 3 Satz 4 treten.

---

[378] Siehe oben § 2 A. VII. (Seite 47).

[379] *Preis*, Arbeitsrecht, S. 675.

### cc) Interessenausgleich gem. § 1 Abs. 5 KSchG

Die Möglichkeit des Abschlusses eines Interessenausgleiches mit Namensliste gem. § 1 Abs. 5 KSchG besteht auch künftig. Im Fall des Abschlusses eines Interessenausgleiches wird der Amtsermittlungsgrundsatz abgeschwächt. Als Voraussetzung für die Einleitung des Beschlussverfahrens ist der Interessenausgleich künftig nicht mehr anzusehen.[380]

### dd) Interessenausgleich und Sozialplan gem. §§ 111 ff. BetrVG

Der Arbeitgeber hat gem. § 111 BetrVG den Betriebsrat umfassend und rechtzeitig zu unterrichten und die geplanten Betriebsänderungen mit dem Betriebsrat zu beraten. Er kann nicht zu einem Interessenausgleich, wohl aber zu einem Sozialplan gezwungen werden. Der Interessenausgleich soll Regelungen dazu enthalten, ob Arbeitnehmer entlassen, versetzt oder umgeschult werden, der Sozialplan hingegen dient dem Ausgleich oder der Milderung der wirtschaftlichen Nachteile, die den Arbeitnehmern infolge der geplanten Betriebsänderung entstehen, § 112 Abs. 1 Satz 2 BetrVG.

Weder die nachträgliche noch die präventive Überprüfung der Kündigungen im Rahmen des Beschlussverfahrens de lege ferenda begründen Anlass dafür, die Möglichkeiten für den Abschluss eines Interessenausgleichs oder Sozialplans außer Kraft zu setzen. Kommt eine Einigung über einen Interessenausgleich zustande, kann der Arbeitgeber sich im Rahmen seines Antrages zum Beschlussverfahren de lege ferenda nicht in Widerspruch zu dieser Einigung setzen. Wurde hier z.B. der Abbau von 20 % der Belegschaft beschlossen, wäre es ein Verstoß gegen den Grundsatz der vertrauensvollen Zusammenarbeit (§ 2 BetrVG), wenn der Arbeitgeber nunmehr 50 % der Belegschaft unter Hinweis auf dieselbe Betriebsänderung kündigen möchte. Da der Arbeitgeber aber nicht gezwungen werden kann, einen Interessenausgleich abzuschließen, besteht auch keine Notwendigkeit, dieses Beteiligungsrecht in das Beschlussverfahren de lege ferenda einzubauen. Der Arbeitgeber wird um den Abschluss eines Interessenausgleiches bemüht sein, da anderenfalls ein Nachteilsausgleichsanspruch gem. § 113 Abs. 3 BetrVG entstehen kann. Für einen Sozialplan gilt schließlich das Gleiche. Dieser ist zwar erzwingbar (§§ 112 Abs. 4 und 5, 112a BetrVG), allerdings hat diese Einigung keinerlei Auswirkungen auf die Umsetzung von Kündigungen, da hierdurch nur die Nachteile abgefedert werden sollen, nicht aber über den Bestand von Arbeitsverhältnissen entschieden wird. Daraus ist zu schlussfolgern, dass trotz laufender Verhandlungen über einen Sozialplan die Durchführung eines Beschlussverfahrens de lege ferenda möglich ist.

---

[380] § 4 A. II. 2. b) (Seite 176) und § 4 A. II. 2. l) cc) (Seite 206).

Einzig die Unterrichtung und Beratung nach § 111 Satz 1 BetrVG war nicht erforderlich,[381] wenn die Kündigungen noch nicht ausgesprochen sind, Abs. 4 Satz 6. Mit Zustellung der Antragsschrift ist diesem Zweck hinlänglich Rechnung getragen,[382] da der Betriebsrat im Rahmen seiner Stellungnahme seine Bedenken äußern kann und eine Erörterung in der mündlichen Verhandlung erfolgt.

#### ee) Unterrichtungspflicht gem. § 17 Abs. 2 KSchG

Schließlich bestehen sowohl de lege lata (§§ 17 ff. KSchG), als auch de lege ferenda Mitwirkungsrechte des Betriebsrats im Rahmen sog. anzeigepflichtiger Massenentlassungen. Dabei sei allerdings auf die Ausführungen oben verwiesen.[383]

### l) Verfahren und Beschleunigung

#### aa) Vorrangige Erledigung und Verfahren

Die übermäßige Dauer des Beschlussverfahrens gem. §§ 126 ff. InsO wurde von 46,3 % der Befragten als Hindernis bei der Anwendung des Beschlussverfahrens angesehen.[384] Auch wenn diese Aussage zunächst nur für die Insolvenzsituation gilt, erscheint es aber auch im Rahmen des Beschlussverfahrens de lege ferenda unabdingbar, das Verfahren zu beschleunigen. Teilweise konnte hierfür auf die Regelungen des arbeitsgerichtlichen Beschlussverfahrens zurückgegriffen werden, deren Beschleunigungsbestrebungen in der Insolvenz an dem eng bemessenen Zeitfenster scheitern.

Die verfahrensrechtliche Ausgestaltung muss allerdings stets die verfassungsrechtliche Garantie des rechtlichen Gehörs berücksichtigen. Das rechtliche Gehör umfasst dabei Informationspflicht, Äußerungsrecht und Beachtenspflicht seitens des Gerichts.[385] Im Rahmen der Informationspflicht hat das Gericht darüber zu wachen, dass das Verfahren nicht in ein für den Gehörsberechtigten ungünstiges Entscheidungsstadium tritt, bevor dieser von Verfahren und Verfah-

---

381 Beteiligt der Arbeitgeber bei einer nachträglichen Überprüfung im Rahmen des Beschlussverfahrens de lege ferenda den Betriebsrat nicht gem. §§ 111 ff. BetrVG führt dies auch nicht dazu, dass die Kündigungen unwirksam werden (*Annuß* in: Richardi, BetrVG, § 111, Rn. 164.), vielmehr kann ein Nachteilsausgleich entstehen, § 113 Abs. 3 BetrVG.

382 Vgl. zu diesem Zweck: *Annuß* in: Richardi, BetrVG, § 111, Rn. 15 f.

383 § 4 A. II. 2. f) (Seite 182).

384 § 3 B. II. 4. a) (Seite 112).

385 Vgl. hierzu schon § 2 B. V. (Seite 69).

rensstand Kenntnis erlangt hat.[386] Mitzuteilen sind nicht lediglich die Einleitung des gerichtlichen Verfahrens und die rechtsmittelfähigen Entscheidungen des Gerichts, sondern auch sonstige Entscheidungen und Äußerungen, Anträge und Stellungnahmen anderer Beteiligter.[387] Auch wenn von Verfassungs wegen keine bestimmte Form des Informationsweges als notwendig erachtet wird,[388] wird in Verfahren, in denen sich lediglich wenige Beteiligte gegenüberstehen, dieser Vorgabe im Rahmen des rechtlichen Gehörs durch die förmliche Zustellung der gegnerischen Schriftsätze Rechnung getragen. Wenn aber wie hier viele Personen am Beschlussverfahren beteiligt sind, liefe die Zustellung aller Schriftstücke auf eine unvertretbare Erschwernis in logistischer und finanzieller, vor allem aber auch in zeitlicher Hinsicht hinaus. Bei 50 beteiligten Arbeitnehmern neben dem Arbeitgeber müssten, wenn jeder auf den Antrag des Arbeitgebers erwidert, 2.550 Schriftstücke zugestellt werden, bei 251 Beteiligten sind dies 62.750. Es wird ersichtlich, dass hier Kosten und Aufwand entstünden, die in keinem Verhältnis zu dem Ziel der Beschleunigung stehen.

Für das Beschlussverfahren de lege ferenda wurde daher ein anderer Weg zur Vorbereitung gewählt. Im Vordergrund steht die schriftliche Aufarbeitung des Sachverhaltes, ohne dabei unter praktischen Gesichtspunkten an der Frage der Zustellung der Schriftsätze zur Gewährleistung des rechtlichen Gehörs zu scheitern. Vollkommen entbehrlich wäre eine mündliche Verhandlung allerdings nur dann, wenn die Beteiligten hierauf verzichten (§ 83 Abs. 4 Satz 3 ArbGG), wovon in Anbetracht der möglicherweise großen Beteiligtenzahl nur in den seltensten Fällen auszugehen sein dürfte. Die gesetzliche Normierung eines rein schriftlichen Verfahrens würde zwar nicht an Art. 103 Abs. 1 GG scheitern, da hieraus kein verfassungsrechtlicher Anspruch auf Mündlichkeit herzuleiten ist.[389] Ein rein schriftliches Verfahren kann jedoch nur dann das rechtliche Gehör der Beteiligten wahren, wenn es allen Beteiligten die Stellungnahmen aller Beteiligter zukommen ließe, denn die Gerichte dürfen keine für das Verfahren wesentliche bzw. entscheidungserhebliche Äußerung eines der Verfahrensbeteiligten verwerten, ohne dass der Gegner hierzu angehört worden ist.[390] Anhörung würde in einem schriftlichen Verfahren wiederum eine schriftliche Äußerung zur Folge haben. Das aber bedeutete die Zustellung der Erwiderungen auf die Antragserwiderungen, was im Ergebnis zu einer Flut von Schriftsätzen und In-

---

386 In diesem Sinne: BVerfG 9.10.1973, BVerfGE 36, 85, 88.

387 *Schmidt-Aßmann* in: Maunz-Dürig, Art. 103 Abs. 1, Rn. 73; vgl. näher *Waldner*, Rn. 44 ff.

388 *Voßen*, S. 301.

389 Vgl. nur: BVerfG 5.11.1986, BVerfGE 74, 1, 6; 8.2.1994, E 89, 381, 391.

390 BVerfG 10.12.1963, BVerfGE 17, 194, 196; 18.4.1965, E 19, 32, 36.

formationen führt, so dass im Ergebnis ein praktisch und zeitlich zumutbares und sinnvolles Verfahren vor den Arbeitsgerichten nicht mehr möglich wäre.

Das Beschlussverfahren de lege ferenda kombiniert mithin schriftliches Vorverfahren und mündliche Hauptverhandlung. Zunächst geht dem Beschlussverfahren keine Güteverhandlung voran. Die Möglichkeit der Ansetzung durch den Vorsitzenden entfällt, Abs. 3 Satz 3. Hintergrund ist der Umstand, dass die Tatsachen etwa der sozialen Rechtfertigung ohnehin umfassend durch das Gericht erörtert werden und die gütliche Streitbeilegung bei der Vielzahl der Beteiligten nicht zu erwarten ist. Dass einige Arbeitnehmer möglicherweise freiwillig infolge ihres Einverständnisses als Beteiligte ausscheiden, rechtfertigt nicht die zeitintensive Güteverhandlung, die, wenn sie den Grundsatz der prozessualen Gleichbehandlung beachten will, alle Arbeitnehmer schon in der Güteverhandlung umfassend anhören müsste.[391] Die Einbeziehung dieses Verfahrensabschnittes in die mündliche Verhandlung dient der angestrebten Straffung des Verfahrens.

Nachdem der Arbeitgeber den Antrag gestellt hat, wird – entsprechend der Regelungen des arbeitsrechtlichen Beschlussverfahrens – von Amts wegen die Antragsschrift allen Beteiligten zugestellt. Nach Zustellung der Antragschrift haben die Beteiligten zwei Wochen Zeit, sich zu dem Antrag zu äußern. Sie haben alle Angriffs- und Verteidigungsmittel vorzubringen. Tun sie dies nicht innerhalb der Frist, können spätere Einwendungen gem. Abs. 3 Satz 8 aus Gründen des formellen Rechts ganz oder teilweise unberücksichtigt bleiben. Gleichwohl wird hierdurch gegen das rechtliche Gehör nicht verstoßen, da das Gericht den verspäteten Sachvortrag zur Kenntnis nimmt.[392] Einer Zustellung der Antragserwiderungen bedarf es nicht, Abs. 3 Satz 5. Damit einerseits dennoch dem rechtlichen Gehör Rechnung getragen wird und andererseits die oben dargestellten Zustellungsprobleme nicht eintreten, schließt sich nach Ablauf der zweiwöchigen Notfrist ein sog. Auslegeverfahren an, das mit dem Institut der Akteneinsicht zu vergleichen ist. Angelehnt ist das Auslegeverfahren an § 3 Abs. 2 BauGB, wonach die Entwürfe der Bauleitpläne mit dem Erläuterungsbericht für die Dauer eines Monats öffentlich auszulegen sind. Das Beschlussverfahren de lege ferenda ermöglicht aber keine öffentliche Auslegung, sondern gibt die Möglichkeit der Einsichtnahme für die Beteiligten in die Schriftsätze der übrigen Beteiligten. Die Dauer der Einsichtnahmemöglichkeit richtet sich dabei nach dem Umfang der einzusehenden Schriftstücke und liegt im Ermessen des Gerichts. Das Recht

---

391 Generell kritisch für die Möglichkeit einer Güteverhandlung im Beschlussverfahren, *Germelmann*, NZA 2000, 1017, 1024.

392 Vgl. zu § 56 Abs. 2 ArbGG: *Germelmann* in: Germelmann/Matthes/Prütting/Müller-Glöge, ArbGG, § 56, Rn. 19.; vgl. auch BVerfG 2.7.1979, AP Nr. 31 zu Art. 103 GG; 13.9.1979, AP Nr. 32 zu Art. 103 GG.

zur Einsichtnahme ist dabei nicht von einem Antrag der Beteiligten abhängig. Jeder Beteiligte wird mit der Zustellung der Antragsschrift des Arbeitgebers auf die Möglichkeit sowie Ort und Dauer der Einsichtnahme hingewiesen, Abs. 3 Satz 7. Aufgrund der Tatsache, dass nach Ablauf der zweiwöchigen Frist das Tatsachenmaterial grundsätzlich abschließend im Gericht vorliegt, stößt das Auslegeverfahren nicht unter dem Gesichtspunkt an verfassungsrechtliche Grenzen, dass die bloße Möglichkeit der Einsichtnahme dann nicht ausreichen soll, wenn der Gehörsberechtigte keine Kenntnis davon hat, dass dem Gericht von Dritten neues Tatsachenmaterial übermittelt und Akteninhalt geworden ist.[393] Sollte ausnahmsweise eine nachträgliche Zulassung erfolgen, sind die Beteiligten hierauf hinzuweisen. Die auszulegenden Unterlagen müssen an dem bezeichneten Ort vollständig sichtbar, griffbereit und als zusammengehörig erkennbar zugänglich sein.[394] Nach Ablauf der angemessenen Auslegungspflicht erfolgt keine erneute Stellungnahme der Beteiligten zu den Antragserwiderungen der weiteren Beteiligten, vielmehr schließt sich die mündliche Verhandlung an. Rechtzeitig vor der mündlichen Verhandlung hat der Vorsitzende auf die Umstände hinzuweisen, die aufgrund der Antragserwiderungen nach der freien Überzeugung des Gerichts einer Feststellung bzw. Beweiserhebung in der mündlichen Verhandlung bedürfen, Abs. 3 Satz 9. In der mündlichen Verhandlung kann das Gericht Beweis erheben, um den Sachverhalt umfassend zu ermitteln.

Daneben haben die Beteiligten jetzt Gelegenheit, sich zu den Antragserwiderungen zu äußern. Ihnen wird die verfassungsrechtlich garantierte Gelegenheit gegeben, sich zum Vorbringen der anderen Beteiligten zu erklären. Bringen sie neue Angriffs- oder Verteidigungsmittel vor, werden diese nur dann gehört, wenn sie nach der freien Überzeugung des Gerichts erst aufgrund der Antragserwiderungen der anderen Beteiligten möglich sind oder die Erledigung des Rechtsstreits nicht verzögern würde. In der Regel wird die mündliche Verhandlung nicht in einem Termin zu beenden sein, da sich aus den Äußerungen der Beteiligten zu den Antragserwiderungen der übrigen Beteiligten neue beweisbedürftige Fragen ergeben können. Die sich hieraus ergebende Streckung des Beschlussverfahrens durch möglicherweise zwei Termine wird jedoch durch die abschließende und umfassende Klärung der Rechtswirksamkeit der Kündigungen aufgewogen. Ist ein neuer Termin anzusetzen, besteht die Möglichkeit, neue Angriffs- und Verteidigungsmittel vorzubringen, sofern sie im Rahmen der nächsten Verhandlung ohne Verzögerung geklärt werden können. Da gem. §§ 80 Abs. 2, 57 Abs. 1 Satz 1 ArbGG die Verhandlung möglichst in einem Termin zu Ende zu führen ist, darf das Arbeitsgericht aber einen zweiten Termin

---

393 Vgl. zu dieser Anforderung: *Voßen*, S. 306 f.

394 Vgl. zu § 3 Abs. 2 BauGB: VGH Mannheim 25.7.1973, BauR 1974, 40.

nicht dazu verwenden, die Konzeption des Vorverfahrens mit seinem Ausschluss bestimmter Angriffs- und Verteidigungsmittel zu umgehen.

Wesentlicher Kern des Beschlussverfahrens ist mithin ein schriftliches Vorverfahren. Gleich wie viele Beteiligte am Verfahren teilnehmen, die wesentliche Sachverhalts- und Tatsachenermittlung erfolgt vor der mündlichen Verhandlung; eine Differenzierung danach, ob der Sachverhalt leicht zu klären ist oder nicht, soll für das Beschlussverfahren de lege ferenda nicht entscheidend sein. Für den Zivilprozess wird das schriftliche Vorverfahren tws. als die beste Möglichkeit zur Vorbereitung des Haupttermins angesehen.[395] Grunsky[396] bezweifelt zwar die Möglichkeit einer Beschleunigung durch ein schriftliches Verfahren, da erhebliche Zeit vergehen könne, bis sämtliche Stellungnahmen vorliegen. Dieser Befürchtung wird allerdings dergestalt entgegengetreten, dass durch Präklusionswirkungen das Vorbringen nach einem bestimmten Zeitpunkt nicht mehr berücksichtigt werden muss. Vergleicht man diese Zeit mit der, die benötigt würde, ließen alle Arbeitnehmer ihre Kündigungen in Kündigungsschutzverfahren prüfen, wird von einem Zeitgewinn auszugehen sein. Außerdem führt die konzentrierte Behandlung verschiedener Kündigungsschutzbegehren zu einer deutlichen Entlastung der Arbeitsgerichte.

Nach Abs. 3 Satz 2 ist der Antrag des Arbeitgebers vorrangig zu erledigen. Entgegen der Regelung in §§ 126 Abs. 2 Satz 2, 122 Abs. 2 Satz 3 InsO soll dies aber nicht nach Maßgabe des § 61a Abs. 3 bis 6 ArbGG erfolgen. Der Verweis auf § 61a Abs. 3 bis 6 ArbGG erscheint in Anbetracht des § 83 Abs. 1, 1a ArbGG überflüssig und war daher zu streichen.[397] Dass in Satz 2 noch immer die vorrangige Erledigung des Antrags normiert ist, bedeutet in Anbetracht der Regelungen des Beschlussverfahrens lediglich eine Betonung der Beschleunigung und ist vergleichbar mit § 9 Abs. 1 ArbGG, wonach das Verfahren in allen Rechtszügen zu beschleunigen ist und aus dem sich keine direkten Rechtsfolgen für das Verfahren ergeben.[398] Es ist anerkannt, dass die vorrangige Erledigung grundsätzlich Sache des Gerichts ist und dieses der Forderung z.B. durch Bildung besonderer Kündigungsschutzkammern, durch besondere personelle Ausstattung oder auf sonstige Weise nachkommen kann.[399] Das Gesetz sieht keine

---

395 *Schellhammer*, Zivilprozess, Rn. 276.

396 *Grunsky* in: FS für Lüke, S. 191, 197.

397 § 2 A. III. 3. (Seite 37).

398 *Prütting* in: Germelmann/Matthes/Prütting/Müller-Glöge, ArbGG, § 9, Rn. 5; *Smid*, BB 1986, 2263, 2264.

399 *Germelmann* in: Germelmann/Matthes/Prütting/Müller-Glöge, ArbGG, § 61a, Rn. 9; *Helml* in: Hauck/Helml, ArbGG, § 61a, Rn. 3; *Grunsky*, ArbGG, § 61a, Rn. 10 f. mit weiteren Vorschlägen.

Rechtsfolgen bei Verstößen des Vorsitzenden gegen § 61a ArbGG vor.[400] Der Beschleunigungs- bzw. Vorrangigkeitsgedanke findet sich an verschiedenen Stellen im Arbeitsgerichtsgesetz wieder. So besteht etwa gem. § 83 Abs. 4 Satz 2 ArbGG nicht die Möglichkeit der „Flucht in die Säumnis".[401] Bleibt ein Beteiligter auf Ladung unentschuldigt aus, so ist der Pflicht zur Anhörung genügt. Ist der Sachverhalt hinreichend aufgeklärt, so dass Entscheidungsreife besteht, kann das Gericht entscheiden.[402] Anderenfalls muss das Gericht weiter aufklären, wobei sich der „säumige" Beteiligte an den Ausschluss seines Vorbringens halten lassen muss.

### bb) Sonstige Überlegungen zum Zwecke der Verfahrensbeschleunigung

Das hier beschriebene Verfahren führt im Ergebnis zu einer Beschleunigung. Es war aber auch an andere Möglichkeiten der Beschleunigung und Konzentration zu denken, die im Folgenden weiter ausgeführt werden. Es wird dargestellt, warum diese Möglichkeiten nicht zur Anwendung kommen oder aber nicht verbindlich festgelegt werden können.

### 1) Beschleunigungsbemühungen im Verfahrensablauf

Derartige nicht verbindlich festlegbare Beschleunigungsmöglichkeiten im Rahmen des Beschlussverfahrens de lege ferenda bestehen hauptsächlich im innergerichtlichen Bereich. Diese Regelungen entziehen sich weitgehend einer gesetzlichen Normierung. Das Mittel der Fristsetzungen, das Gericht zu einem zeitlich dichteren Arbeitseinsatz zu bewegen, findet seine Grenze stets daran, dass es innerprozessual keine Sanktionen gibt und externe Dienstaufsichtsmaßnahmen bei der generellen Überlastung der Justiz als taugliches Mittel ausscheiden.[403] Effektiver ist die Fristsetzung an die Parteien, verbunden mit der Rechtsfolge der Präklusion. Daher war der hier vorgeschlagenen Vorgehensweise des Ausschlusses materiellen Vorbringens nach Ablauf von Fristen der Vorzug zu geben.

Zu denken war auch an eine stärkere Segmentierung des Verfahrensganges durch jeweils abschnittsabschließende Protokolleintragungen. Dadurch müssten durch das explizite Festhalten von Zwischenergebnissen nicht alle Stränge des Gesamtkonfliktes bis zum Ende verfolgt werden. Z.B. wäre es möglich gewesen,

---

[400] *Koch* in: ErfK, § 61a ArbGG, Rn. 1.

[401] LAG Berlin 5.3.1990, NZA 1990, 577, 578; *Hauck* in: Hauck/Helml, ArbGG, § 83, Rn. 24.

[402] LAG Berlin 5.3.1990, NZA 1990, 577, 578; *Weth*, Beschlussverfahren, S. 258.

[403] *Haug/Pfarr/Struck*, Beschleunigung, S. 42.

die Klärung einzelner Unwirksamkeitsgründe im Protokoll festzuhalten, um sich dann z.B. ausschließlich mit der Frage der sozialen Rechtfertigung zu beschäftigen. Zu konstatieren ist allerdings, dass ein erhebliches Kürzungsvolumen nicht zu erwarten ist.[404]

Eine erhebliche Beschleunigung war schließlich auch von einer gemeinsamen Prozessvertretung zu erwarten. Jeder Arbeitnehmer darf sich durch einen Anwalt im Beschlussverfahren vertreten lassen, § 11 Abs. 1 Satz 1 ArbGG. Eine Bündelung dergestalt, dass ab einer bestimmten Anzahl von Beteiligten und/oder für einzelne Arbeitnehmergruppen (z.B. Sonderkündigungsschutz) ein einheitlicher Prozessvertreter zu benennen ist, würde zumindest die Anzahl der in der mündlichen Verhandlung anwesenden Personen reduzieren. Eine entsprechende Regelung findet sich in § 67a VwGO. Danach besteht die Möglichkeit, dass das Gericht mehreren beteiligten Personen durch Beschluss aufgibt, sich innerhalb einer angemessenen Frist einen gemeinsamen Bevollmächtigten zu bestellen, wenn mehr als zwanzig Personen im gleichen Interesse beteiligt sind, ohne dabei durch einen Prozessbevollmächtigten vertreten zu sein. Problematisch ist dabei allerdings, dass sich die Beteiligten dieser Regelung durch die individuelle Bestellung eines Prozessbevollmächtigten entziehen können.[405] Auch wird sich ein gleiches Interesse selten feststellen lassen, denn die Arbeitnehmer stehen hinsichtlich der sozialen Auswahl im Konkurrenzverhältnis. Die Möglichkeit der Bestellung eigener Prozessbevollmächtigter und das fehlende gleiche Interesse hindern daher die Einführung einer Regelung entsprechend § 67a VwGO.

### 2) Class-Action als Alternative

Zur Begrenzung der Personenzahl und aufgrund der Probleme einer gemeinschaftlichen Prozessvertretung war das amerikanische System der Class-Action zu erwägen. Bei der Class-Action handelt es sich um die Klage einer Einzelperson, die als Repräsentantin einer Gruppe gleichartig betroffener Personen auftritt.[406] Dabei sollen im Sinne von kostengünstiger Prozessführung und effektiver Rechtsdurchsetzung[407] zahlreiche Klagen dadurch vermieden werden, dass ein Verfahren repräsentativ durchgeführt wurde.[408] Im Rahmen des angestrebten kollektiven Kündigungsschutzes ließe sich diese Definition in dem Sinne interpretieren, dass sich alle vom Arbeitgeber namentlich bezeichneten Arbeitnehmer

---

404 *Haug/Pfarr/Struck*, Beschleunigung, S. 62 f..

405 *Kopp/Schenke*, VwGO, § 67a, Rn. 1, 3.

406 *Pfarr/Kocher*, Kollektivverfahren, S. 177; *Heß*, JZ 2000, 373, 373.

407 *Brönneke*, Kollektiver Rechtsschutz, S. 18.

408 *Koch*, S. 35.

durch die Umsetzung einer Betriebsänderung der Möglichkeit einer betriebsbedingten Kündigung gegenüber sehen und das sich hieraus ergebende Bestandsinteresse am Arbeitsverhältnis die betroffenen Arbeitnehmer zu einer Gruppe verbindet. Die Class-Action des Bundes in den Vereinigten Staaten von Amerika hat vier Voraussetzungen. Zum ersten: die Gruppe muss so groß sein, dass eine Streitgenossenschaft nicht praktikabel wäre; zum zweiten: die Mitglieder der Gruppe müssen von tatsächlichen oder Rechtsfragen gemeinsam betroffen sein ("question of law or fact common to the class"); zum dritten: die Einwände oder Ansprüche des Repräsentanten sind typisch für die Gruppe; und schließlich: der Repräsentant muss die Interessen der Gruppe gerecht und angemessen vertreten.[409] Während sich die ersten drei Punkte noch erfüllen lassen, bedeutet die letzte Voraussetzung, dass zwischen dem Repräsentanten und den repräsentierten Gruppenmitgliedern keine Interessengegensätze bestehen dürfen.[410] Genau an dieser Stelle aber liegt ein Problem der Einführung der Class-Action für die hier gegebene Konstellation. Im Kündigungsschutzverfahren werden alle Arbeitnehmer zu Konkurrenten um die beste Ausgangsposition z.B. im Hinblick auf die soziale Schutzbedürftigkeit. Jeder versucht sein Arbeitsverhältnis zu erhalten und – wenn auch nicht primär beabsichtigt – die Kündigung eines anderen Arbeitnehmers statt seiner selbst zu erreichen. Wenn aber ein derartiger Konkurrenzkampf innerhalb der Arbeitnehmergruppe besteht,[411] kann nicht davon ausgegangen werden, dass eine angemessene und gerechte Interessenvertretung erfolgt. Auch ein Rückgriff auf sog. subclasses (Unterklassen)[412], unterteilt nach den jeweiligen neben der sozialen Rechtfertigung weiteren möglichen Unwirksamkeitsgründen erscheint nicht sinnvoll, wenn feststeht, dass Kündigungen erforderlich sind und es lediglich um die konkreten Namen geht. Am Konkurrenzkampf ändert auch dies nichts,[413] und sicher erscheint auch nicht, dass die Aufteilung in subclasses eine erhebliche Erleichterung des Verfahrens bedeutet (entsprechend der gemeinschaftlichen Prozessvertretung für abgrenzbare Arbeitnehmergruppen).

---

409 Vgl. zu den Voraussetzungen: *Pfarr/Kocher*, Kollektivverfahren, S. 178 f.; *Schlachter*, Gleichberechtigung, S. 357 f. Die Voraussetzungen ergeben sich aus der Rule 23 der bundeseinheitlichen Rules of Civil Procedures in den Vereinigten Staaten von Amerika, abgedruckt bei: *Eichholtz*, Class Action, S. 325 ff.

410 *Pfarr/Kocher*, Kollektivverfahren, S. 179, 209; *Schlurmann*, S. 132.

411 *Pfarr/Kocher*, Kollektivverfahren, S. 209 nennt den Konkurrenzkampf für den Fall sog. Employment Discrimination-Fälle, bei denen es um die Einstellung oder Beförderung bezüglich einer begrenzten Anzahl von Stellen geht.

412 Vgl. hierzu *Schlachter*, Gleichberechtigung, S. 361, Fn. 403.

413 Diese Gefahr sieht auch *Schlachter*, Gleichberechtigung, S. 362 f.

Die Class-Action ist auch in verfahrenstechnischer Hinsicht nicht unproblematisch. Zwar hat der Richter im Class-Action-Verfahren eine erheblich höhere Bedeutung als im übrigen US-amerikanischen Zivilprozess.[414] Wie das gesamte US-amerikanische Zivilprozessrecht ist aber auch das Class-Action-Verfahren von den Parteien dominiert,[415] d.h. hielte man am Amtsermittlungsgrundsatz des Beschlussverfahrens fest, müsste dieser weiter aufgeweicht werden. Das allerdings erscheint in Anbetracht der hier bereits vorgeschlagenen Abschwächung als faktische Abschaffung verbunden mit der vollkommenen Änderung der Verfahrensart.

Schließlich muss die Verfassungsmäßigkeit der Einführung der Class-Action in Zweifel gezogen werden. Insbesondere unter dem Gesichtpunkt des rechtlichen Gehörs erscheint die Vorgehensweise der Feststellung der Gruppe als bedenklich.[416] Nach amerikanischem Vorbild muss kein Nachweis geführt werden, dass die sog. notices (Benachrichtigungen) den möglichen Gruppenmitgliedern zugegangen sind. Unter einer notice versteht man die Information des Gerichts an die Gruppenmitglieder, dass das Urteil in Rechtskraft für und gegen sie erwächst, wenn sie nicht ausdrücklich ihren Ausschluss aus der Gruppe verlangen (sog. "opt-out-procedure")[417]. Daher kann sich die Bindungswirkung der Entscheidung auch auf Abwesende erstrecken, denen ein rechtliches Gehör nicht gewährt worden ist. Für die Übertragung auf das Beschlussverfahren zum Kündigungsschutz allerdings kann diese Argumentation nicht greifen, denn zum einen ist die Gruppe der von den beabsichtigten oder durchgeführten Kündigungen betroffenen Arbeitnehmern klar abgrenzbar und es ließe sich das Erfordernis des Zugangs der Benachrichtigung ohne Probleme im Gesetz verankern. Mit der Einräumung einer opt-out-Möglichkeit allerdings wäre das primäre Ziel des hier vorgeschlagenen kollektiven Feststellungsverfahrens weitgehend aufgehoben. Wenn einzelne Arbeitnehmer sich dem Kollektivverfahren nicht anschließen müssen bzw. ihren Ausschluss aus der Gruppe verlangen können, dann wird ei-

---

414 *Pfarr/Kocher*, Kollektivverfahren, S. 186.

415 *Pfarr/Kocher*, Kollektivverfahren, S. 184.

416 *Schlachter*, Gleichberechtigung, S. 444; *Thiere*, S. 331; *Mann*, NJW 1994, 1187, 1188 f., der darüber hinaus auch einen Verstoß gegen die allgemeine Handlungsfreiheit des Art. 2 Abs. 1 GG sieht, wenn ein Gruppenmitglied ohne seinen Willen in einen Prozess einbezogen werden kann; kritisch auch: *Greiner*, S. 180; *Brönneke*, Kollektiver Rechtsschutz, S. 16 f.

417 Im Gegensatz hierzu kann das Verfahren auch das sog. "opt-in" vorsehen, bei dem sich die Klassenmitglieder dem Verfahren ausdrücklich anschließen müssen, vgl. hierzu: *Brönneke*, Kollektiver Rechtsschutz, S. 14. Die Vorgehensweise nach dem "opt-in" ähnelt der vorgeschlagenen Regelung zu den beteiligten Arbeitnehmern, die nur dann nicht Beteiligte werden, wenn sie sich mit den Kündigungen einverstanden erklären.

ne umfassende und kollektive Klärung der Rechtmäßigkeit aller in Rede stehender Kündigungen nicht erreicht.

Die Einführung der Class-Action in das Beschlussverfahren de lege ferenda zur Reduzierung der Personenzahl im Prozess kann mithin nicht als taugliche Alternative zum gegebenen Vorschlag angesehen werden. Wird den verfassungsrechtlichen Vorgaben Rechnung getragen, ist die Class-Action schon nicht geeignet, das Verfahren zu beschleunigen, zu vereinfachen und zu erleichtern. Ferner kann bei mehreren von mit einer Betriebsänderung im Zusammenhang stehenden Kündigungen nicht von einer adäquaten Interessenvertretung ausgegangen werden. Die Zielsetzung der Class-Action im Common Law schließlich ist auch eine andere, die Bedeutung erstreckt sich primär auf Schadensersatzansprüche in der Form der Streu- und Großschäden.[418]

### 3) Repräsentationsgedanke

Die adäquate Interessenvertretung bietet möglicherweise ein Beschlussverfahren, in dem entsprechend der klassischen Regelungen zum arbeitsrechtlichen Beschlussverfahren die (alleinige) Beteiligung des Betriebsrats erfolgt („Repräsentation durch den Betriebsrat"). Auch nach der hier vorgeschlagenen Vorgehensweise ist der Betriebsrat Beteiligter des Beschlussverfahrens. Wenn man den Repräsentationsgedanken aufgreift, könnte das Beschlussverfahren nicht angewendet werden, wenn ein Betriebsrat nicht gebildet werden kann oder wird. Im Fall der fehlenden Gründungsvoraussetzungen kann das Beschlussverfahren de lege ferenda aber ohnehin nicht angewendet werden, weil dann auch die Anwendungsvoraussetzungen des § 111 BetrVG nicht gegeben sind. Wenn aber – was auch in großen Betrieben der Fall ist – ein Betriebsrat nicht gebildet worden ist, entfiele für den Arbeitgeber die Möglichkeit, eine kollektive gerichtliche Klärung der Rechtswirksamkeit der Kündigungen zu erreichen. Schon nach der derzeit geltenden Regelung der §§ 126 ff. InsO ist das Vorhandensein eines Betriebsrats jedoch keine Voraussetzung. Der Insolvenzverwalter kann den Antrag hier sofort stellen. Wenn ein Beschlussverfahren die Insolvenzsituation und darüber hinausgehend die außerinsolvenzrechtliche Situation abdecken soll, darf das Beschlussverfahren de lege ferenda nicht hinter den Anwendungsvoraussetzungen de lege lata zurückbleiben. Schon aus diesem Grund kann der Betriebsrat als repräsentativer Beteiligter anstelle der von den Kündigungen betroffenen Arbeitnehmer nicht installiert werden.

---

418 Allgemein zur Entwicklung und Bedeutung der Class-Action, *Eichholtz*, Class Action, S. 29 ff.; *Brönneke*, Kollektiver Rechtsschutz, S. 13 ff.; *Pfarr/Kocher*, Kollektivverfahren, S. 191 ff. mit der Frage der Übertragung auf arbeitsrechtliche Fragen (S. 217 ff.).

Dabei ist aber nicht von der Hand zu weisen, dass der Betriebsrat als objektiver Vertreter aller Arbeitnehmer eine grundsätzlich geeignete Institution darstellt, die Interessen zu vertreten. Für die Fälle der Betriebsverfassung, bei denen es um Angelegenheiten geht, die die gesamte Belegschaft in gleicher Weise betrifft, ist dies unbestreitbar. Bei Kündigungen allerdings, kann der Betriebsrat in einen Konflikt geraten, denn er müsste die Interessen des einen zulasten eines anderen vertreten. Ist er der Meinung Arbeitnehmer X sollte gekündigt werden, bedeutet dies im Gegenzug, dass vielleicht Arbeitnehmer Y nicht entlassen wird. In Anbetracht der Anbindung des Betriebsrats in der Belegschaft wird die Objektivität der Repräsentation bei solchen Entscheidungen fraglich sein. Schließlich ist der Betriebsrat immer auf seinen Tätigkeitskreis beschränkt. Das Betriebsverfassungsgesetz eröffnet dem Betriebsrat z.B. nicht die Möglichkeit, über die Frage eines Sonderkündigungsschutzes zu entscheiden. Entsprechend der Ausführungen, dass der Abschluss eines Interessenausgleiches nach § 1 Abs. 5 KSchG nicht Voraussetzung für die Einleitung des Beschlussverfahrens sein kann,[419] muss mithin auch die Repräsentation abgelehnt werden.

#### cc) Sachverhaltsermittlung und Amtsermittlungsgrundsatz

Im Beschlussverfahren de lege ferenda gilt der Amtsermittlungsgrundsatz, Abs. 3 Satz 1 iVm. § 83 Abs. 1 Satz 1 ArbGG. Schon im arbeitsgerichtlichen Beschlussverfahren gem. §§ 80 ff. ArbGG ist dieser Grundsatz durch die Mitwirkungspflicht der Beteiligten durchbrochen, § 83 Abs. 1 Satz 2 ArbGG. Mehr noch wird der Amtsermittlungsgrundsatz im Beschlussverfahren de lege ferenda abgeschwächt. Dies lässt sich dadurch rechtfertigen, dass der Entscheidung keine über den Kreis der Beteiligten hinausgehende Bedeutung zukommt, wie dies etwa in den klassischen Beschlussverfahren der Fall ist.[420] Dass der Untersuchungsgrundsatz allerdings dennoch Anwendung findet, ist auf die Einordnung als Beschlussverfahren und den erhöhten Schutz der Arbeitnehmer zurückzuführen. Denn die Aufklärungspflicht des Gerichts bezieht sich nicht nur auf die Tatsachen, die den Antrag des Arbeitgebers stützen, sondern auch auf jene, die einer stattgebenden Entscheidung entgegenstehen.[421]

Im Sinne der Beschleunigung wurde die Mitwirkungspflicht durch spezielle Regelungen zum Verfahrensablauf konkretisiert. Auch diese Einschränkungen las-

---

419 § 4 A. II. 2. b) (Seite 176).

420 Zu dieser Bedeutung: *Matthes* in: Germelmann/Matthes/Prütting/Müller-Glöge, ArbGG, § 83, Rn. 85; *Hauck* in: Hauck/Helml, ArbGG, § 83, Rn. 2; *Herbst/Reiter/Schindele*, Beschlussverfahren, Rn. 119; *Germelmann*, NZA 2000, 1017, 1024.

421 *Matthes* in: Germelmann/Matthes/Prütting/Müller-Glöge, ArbGG, § 83, Rn. 86; *Herbst/Reiter/Schindele*, Beschlussverfahren, Rn. 127.

sen sich mit dem grundsätzlich geltenden Amtsermittlungsgrundsatz vereinbaren, da auch de lege lata Fristsetzungen und Mitwirkungspflichten bestehen, vgl. § 83 Abs. 1a ArbGG. Im Ergebnis kann man daher von einem eingeschränkten Amtsermittlungsgrundsatz sprechen. Soweit das Beschlussverfahren keine speziellen Regelungen trifft, greift der Amtsermittlungsgrundsatz in seiner sich aus dem Arbeitsgerichtsgesetz ergebenden Form.

Der Arbeitgeber bezeichnet die Arbeitnehmer namentlich, hinsichtlich derer die Feststellung der Rechtswirksamkeit der Kündigungen begehrt wird. Mit seinem Antrag bestimmt er den Umfang der Aufklärungspflicht. Allgemein anerkannt ist dabei, dass der Antragsteller diejenigen Tatsachen vorzutragen hat, aus denen er sein mit dem Antrag verfolgtes Begehren herleitet.[422] Allerdings sind an die Begründung des Sachantrages geringere Anforderungen zu stellen als an die Begründung durch den Kläger im Urteilsverfahren.[423] Dabei sollte er – um die Beschleunigung der Sachverhaltsermittlung zu ermöglichen – möglichst umfassend die Personal- und Sozialdaten der Arbeitnehmer angeben. Es empfiehlt sich, andere Arbeitnehmer in Hilfsanträgen zu bezeichnen und deren Personaldaten ebenfalls anzugeben. Die Antragsschrift wird allen Beteiligten zugestellt, mit dem Hinweis, dass sie sich innerhalb einer Notfrist von zwei Wochen erklären und dabei alle Angriffs- und Verteidigungsmittel vorbringen müssen. Das Gericht hat anschließend die Stellungnahmen der Beteiligten zu prüfen und sich ergebende Widersprüche aufzuklären und ist im Rahmen dieser Sichtung des Prozessstoffes nicht an das Vorbringen der Beteiligten gebunden, sondern hat im Rahmen der Amtsermittlung die Möglichkeit, festgestellte – von den Beteiligten nicht geltend gemachte – Widersprüche aufzuklären.[424] Denn im Antrag des Arbeitgebers wird die Feststellung der Rechtswirksamkeit begehrt. Wenn das Gericht nunmehr Zweifel an der Rechtsmäßigkeit in einem Punkt hat, der von den Beteiligten nicht gesehen wurde, so ist die Ermittlung dieses Umstandes gerade als Ausfluss des Amtsermittlungsgrundsatzes anzusehen. Dem steht nicht entgegen, dass der Arbeitgeber mit seinem Antrag den Umfang der Amtsermittlung bestimmt. Denn das Gericht hält sich gerade im Rahmen des Antrages mit dem

---

[422] BAG 26.6.1973, AP Nr. 3 zu § 20 BetrVG 1972; 9.9.1975, AP Nr. 6 zu § 83 ArbGG 1953; einschränkend: *Matthes* in: Germelmann/Matthes/Prütting/Müller-Glöge, ArbGG, § 83, Rn. 89, wonach der Antragsteller nicht von sich aus verpflichtet ist, einen vollständigen und schlüssigen Sachverhalt vorzutragen.

[423] *Herbst/Reiter/Schindele*, Beschlussverfahren, Rn. 122.

[424] a.A. für das klassische Beschlussverfahren: *Hauck* in: Hauck/Helml, ArbGG, § 83, Rn. 3, wonach das Gericht zur Ermittlung des Sachverhaltes von Amts wegen nur insoweit verpflichtet ist, als das Vorbringen der Beteiligten Anhaltspunkte liefert; Ermittlungen über Gesichtspunkte, die im Vorbringen der Beteiligten keine Grundlage haben, erfolgen nicht.

Begehren der Feststellung der „Rechtswirksamkeit“. Das Beschlussverfahren de lege ferenda ist schließlich aufgrund der umfassenden Klärung der Rechtswirksamkeit in genau diesen Fragen weit gefasst. Aus diesem Grund kann es sein, dass das Arbeitsgericht einen namentlich nicht bezeichneten Arbeitnehmer als weniger sozial schutzwürdig ansieht und den Arbeitgeber in diesem Punkt zu weiteren Ausführungen auffordert.

Nach Abschluss dieser Sondierungsphase hat das Gericht für die mündliche Verhandlung auf alle sich ergebenden Widersprüche hinzuweisen, damit in der streitigen Verhandlung diese Fragen – gegebenenfalls durch Beweisaufnahme – abschließend geklärt werden können. Die mündliche Verhandlung selbst folgt den Regeln des klassischen Beschlussverfahrens, wobei aber lediglich die Angriffs- und Verteidigungsmittel geltend gemacht werden können, die sich nach der freien Überzeugung des Gerichts erst aufgrund der Antragserwiderungen ergeben haben. Das kann etwa dann der Fall sein, wenn die Arbeitnehmer im Rahmen der Erwiderungen gegenseitig die entsprechende soziale Schutzbedürftigkeit bestreiten. Das Gericht darf sich dann nicht auf die Erwiderungen der Beteiligten verlassen, sondern muss die soziale Auswahl im Rahmen der mündlichen Verhandlung klären.

Gem. § 83 Abs. 2 ArbGG kann das Gericht zum Zwecke der Aufklärung des Sachverhalts Urkunden einsehen, Auskünfte einholen, Zeugen, Sachverständige und Beteiligte vernehmen und den Augenschein einnehmen, wobei diese Aufzählung nicht abschließend ist[425]. Für die genannten Beweismittel gelten gem. §§ 80 Abs. 2, 46 Abs. 2 ArbGG, § 495 Abs. 1 ZPO die Regelungen der Zivilprozessordnung (§§ 373 ff., 402 ff., 377 ff., 415 ff. ZPO).

Das Beschlussverfahren de lege ferenda beinhaltet im Hinblick auf die Sachverhaltsermittlung noch eine weitere Besonderheit. Das Beschlussverfahren gem. §§ 126 ff. InsO schaltet als Voraussetzung den Versuch einer Einigung des Insolvenzverwalters mit dem Betriebsrat vor. Der Versuch eines Interessenausgleiches wird de lege ferenda nicht mehr zur Voraussetzung des Beschlussverfahrens gemacht. Die vollkommene Wirkungslosigkeit eines Interessenausgleiches gem. § 1 Abs. 5 KSchG würde allerdings die Regelung generell in Frage stellen. Der Einflussbereich des Betriebsrats wäre erheblich beeinträchtigt, da für den Arbeitgeber kaum eine Veranlassung bestünde, sich mit dem Betriebsrat über den Interessenausgleich zu einigen, wenn er die Frage der Rechtswirksamkeit ohnehin durch einen Beschluss erlangen könnte. Aus diesem Grund stellt Abs. 3 Satz 10 klar, dass der Amtsermittlungsgrundsatz dann abgeschwächt wird, wenn ein Interessenausgleich zustande gekommen ist. In diesem Fall wird

---

425 *Hauck* in: Hauck/Helml, ArbGG, § 83, Rn. 7; *Matthes* in: Germelmann/Matthes/Prütting/Müller-Glöge, ArbGG, § 83, Rn. 98.

vermutet, dass die Kündigung durch dringende betriebliche Erfordernisse bedingt und sozial gerechtfertigt ist. Folge aus dieser dem Amtsermittlungsgrundsatz fremden Wirkung ist, dass die Darlegungs- und Beweislast hinsichtlich der Frage der sozialen Rechtfertigung auf die Arbeitnehmer übergeht, die im Antrag und im Interessenausgleich namentlich bezeichnet sind.

Aus dieser Regelung bietet sich für den Arbeitgeber folgende Vorgehensweise an. Der Arbeitgeber schließt mit dem Betriebsrat einen Interessenausgleich, in dem bestimmte Arbeitnehmer namentlich bezeichnet sind. Diese kündigt er anschließend. Die Mehrzahl der Arbeitnehmer wird keine Möglichkeit haben, mit einer Kündigungsschutzklage erfolgreich zu sein, wenn die oftmals entscheidende Frage der sozialen Rechtfertigung durch die Darlegungs- und Beweislastumkehr des § 1 Abs. 5 KSchG de facto geklärt ist. Sie werden mithin von einer Klage Abstand nehmen. Nach Ablauf von drei Wochen (§§ 4, 7 KSchG) kann der Arbeitgeber die Arbeitnehmer, die Kündigungsschutzklage erhoben haben, namentlich bezeichnen und die Rechtswirksamkeit der übrigen Fragen klären lassen. Durch diese Vorgehensweise wird das Kostenrisiko noch einmal erheblich reduziert, durch Entlastung der mündlichen Verhandlung eine Beschleunigung erreicht und der Arbeitgeber riskiert nicht, sich durch die Übergehung des Betriebsrat durch das Beschlussverfahren in ein die vertrauensvolle Zusammenarbeit gefährdendes Verhältnis zum Betriebspartner zu begeben.

### dd) Beschluss des Arbeitsgerichts

Der Beschluss ist schriftlich abzufassen (§ 84 Satz 2 ArbGG) und zu begründen (§§ 84 Satz 3, 60 Abs. 2 bis 4 ArbGG). Die Gefahr, dass das Gericht in Bezug auf die soziale Rechtfertigung einem erheblichen Begründungsaufwand unterworfen wird, wenn die Entscheidung rechtsmittelsicher die genaue Platzierung der Arbeitnehmer innerhalb der Sozialauswahl feststellen will, und es hierdurch zu Verzögerungen kommt, wird durch die Beschränkung der Sozialauswahlkriterien in § 1 Abs. 3 KSchG relativiert.[426] Außerdem wird der Zeitaufwand durch

---

[426] In der Literatur wird die Ansicht vertreten, durch einen Rechtsmittelverzicht über § 313a Abs. 2 ZPO – unterstellt, die Regelung findet im ArbGG Anwendung (kritisch hierzu: *Haug/Pfarr/Struck*, Beschleunigung, S. 97) – und der sich hieraus ergebenden Entbehrlichkeit des Tatbestands und der Entscheidungsgründe eine erhebliche Beschleunigung der Verfahren erreichen zu können, vgl. *Haug/Pfarr/Struck*, Beschleunigung, S. 95 ff. Gleich, ob diese Ansicht so in der Praxis bestätigt wird, kann durch einen Rechtsmittelverzicht für das Beschlussverfahren de lege ferenda eine Beschleunigung nicht erreicht werden. Denn die Beschlussbegründung muss insbesondere im Bereich der sozialen Rechtfertigung für alle Beteiligten einheitlich ausfallen (z.B. Rangfolgebegründung), so dass alle Beteiligten verzichten müssten, um dem Arbeitsgericht eine Arbeitserleichterung verschaffen zu können. Wenn auch nur ein Beteiligter nicht verzichtet, so kann auf-

das Fehlen späterer Kündigungsschutzverfahren sowie die eingeschränkte Rechtsmittelkonstruktion aufgewogen.

Die Möglichkeit, den Beschluss bereits am Ende der letzten mündlichen Verhandlung zu verkünden (§§ 84 Satz 3, 60 Abs. 1 Satz 1 ArbGG), wird in Anbetracht der Vielzahl zu berücksichtigender Umstände nicht in Betracht kommen. Die Zustellung des Beschlusses erfolgt gem. §§ 80 Abs. 2 Satz 1, 50 Abs. 1 Satz 1 ArbGG von Amts wegen.

### m) Rechtskraft statt Bindungswirkung

Gem. § 127 Abs. 1 Satz 1 InsO ist die rechtskräftige Entscheidung im Verfahren nach § 126 für die Parteien bindend. Die Bindungswirkung hat dabei die Bedeutung der Rechtskraft. Es war daher de lege ferenda nicht erforderlich, an der Formulierung „bindend" festzuhalten. Durch die Bezeichnung als Rechtskraft steht fest, dass ein abweisender Beschluss für und gegen den Arbeitgeber wirkt.

Entsprechend der Regelung zu § 127 Abs. 2 InsO kann der Arbeitgeber gem. Abs. 9 Satz 4 beantragen, die Klage eines Arbeitnehmers, die dieser vor Rechtskraft der Entscheidung erhoben hat, bis zur rechtskräftigen Entscheidung im Beschlussverfahren auszusetzen.

Sind die Kündigungen noch nicht ausgesprochen, kann sich die Rechtskraft nur auf die Wirksamkeitsvoraussetzungen einer Kündigung beziehen, die zum Zeitpunkt der letzten mündlichen Verhandlung abschließend beurteilt werden konnten. Dies ist etwa für Fragen bezüglich des konkreten Kündigungszugangs oder der Kündigungsberechtigung bei Ausspruch der Kündigung zum Zeitpunkt der letzten mündlichen Verhandlung nicht beurteilbar, so dass sich hierauf auch die Rechtskraft nicht bezieht, Abs. 9 Satz 2. Die Rechtskraft entfällt schließlich, wenn sich die Sachlage zum Zeitpunkt des Zugangs der Kündigung wesentlich geändert hat. Die Anordnung rechtfertigt sich aus der Tatsache, dass durch den Beschluss die Rechtswirksamkeit der Kündigungen zum Zeitpunkt der letzten mündlichen Verhandlung festgestellt wird und der Arbeitgeber die Feststellung für eine bestimmte Betriebsänderung begehrt hat. Die zugrunde liegenden Umstände können sich aber ändern. Die Beteiligten dürfen dann nicht an der Entscheidung festgehalten werden.

Für das Beschlussverfahren gem. §§ 126 ff. InsO ist nicht abschließend geklärt, innerhalb welchen Zeitraumes die wesentliche Änderung der Sachlage gem. § 127 Abs. 1 Satz 2 InsO zu berücksichtigen ist. Arend[427] nennt als mögliche

---

grund dieser Einheitlichkeit der Beschlussbegründung auch die Begründung allen gegenüber zugestellt werden. Daher war dieser Überlegung hier nicht weiter nachzugehen.

[427] Personalabbau, S. 159.

Zeitpunkte den Zugang der Kündigung, den Zeitpunkt, zu dem die Kündigungsschutzklage durch den Arbeitnehmer erhoben wird, und den Zeitpunkt der letzten mündlichen Verhandlung im Kündigungsschutzprozess. Sie meint dabei, der entscheidende Zeitpunkt sei wie bei allen Kündigungen deren Zugang. Später eintretende Veränderungen könnten allenfalls noch durch Wiedereinstellungsansprüche berücksichtigt werden. Sie fordert aus Rechtssicherheitsgründen, dem Insolvenzverwalter eine Frist zuzugestehen, innerhalb welcher er die Kündigungen aussprechen darf, ohne dass sich der Arbeitnehmer auf die wesentliche Änderung der Sachlage berufen kann.[428] Diese Streitfrage ist künftig abschließend geklärt. Für Kündigungen, die erst nach Schluss der mündlichen Verhandlung ausgesprochen werden, ist – wie bei allen Kündigungsschutzklagen – der entscheidende Zeitpunkt der Zugang der Kündigungen. Hat sich bis zu diesem Zeitpunkt die Sachlage wesentlich geändert, kann der Beschluss seine Rechtskraft nicht mehr entfalten. Entsprechend der Möglichkeit der Zustellung der Kündigungen durch das Gericht gilt dies nicht, wenn von der Möglichkeit des Abs. 10 Gebrauch gemacht wird, Abs. 9 Satz 3 HS. 2.

### n) Zustellung von Kündigungen

Werden die Kündigungen nachträglich auf ihre Rechtswirksamkeit überprüft, kann das Gericht alle Unwirksamkeitsgründe umfassend überprüfen. Es ist z.B. möglich festzustellen, ob der Zugang der Kündigungsschreiben ordnungsgemäß erfolgt ist und ob die Kündigungsberechtigung gegeben war. Mit einem stattgebenden Beschluss ist mithin die Wirksamkeit abschließend festgestellt.

Erfolgt das Beschlussverfahren allerdings präventiv, wird zwar festgestellt, dass die beabsichtigten Kündigungen rechtswirksam sind. Diese Feststellung kann aber ausschließlich die zum Zeitpunkt der letzten mündlichen Verhandlung beurteilbaren Wirksamkeitsfragen umfassen. Nicht erfasst werden von dem Beschluss Fragen der Umsetzung der Kündigung, mithin also Formfragen oder Zugang der Kündigungsschreiben. Um dem Arbeitgeber eine größtmögliche Rechtssicherheit bei einer präventiven Klärung der Rechtswirksamkeit der Kündigungen zu ermöglichen, ist es erforderlich, diese Restrisiken so weit als möglich auszuschließen. Das Beschlussverfahren de lege ferenda eröffnet daher die Möglichkeit, die Kündigungen im Rahmen der Zustellung des Beschlusses zustellen zu lassen. Dies erfolgt allerdings nur auf Antrag des Arbeitgebers. Da er aber nicht sicher wissen kann, ob und in welchem Umfang dem Antrag stattgegeben wird, empfiehlt es sich für den Arbeitgeber, schon im Rahmen des verfahrenseinleitenden Antrages die Kündigungsschreiben beizufügen und den Antrag so zu formulieren, dass die Kündigungsschreiben nur an die Arbeitnehmer zuge-

---

[428] *Arend*, Personalabbau, S. 177.

stellt werden, hinsichtlich derer das Arbeitsgericht die auszusprechenden Kündigungen für rechtswirksam erklärt. Die Zustellung folgt dabei den Vorschriften der Zivilprozessordnung über Zustellungen von Amts wegen (§§ 166 ff. ZPO). Auch die Zustellung des Beschlusses erfolgt gem. §§ 80 Abs. 2 Satz 1, 50 Abs. 1 Satz 1 ArbGG von Amts wegen, so dass hier eine einheitliche Vorgehensweise erreicht wird. Zu denken war auch an die Zustellung auf Betreiben der Parteien (§§ 191 ff. ZPO), da der Arbeitgeber Veranlasser des Staatshoheitsaktes ist. Allerdings sollte das Gericht nicht auf verschiedene Zustellungswege hinsichtlich eines einheitlichen Vorganges verwiesen werden, da hierdurch die Rechtssicherheit beeinträchtigt würde.

Dem Arbeitgeber verschafft diese Zustellung den Urkundenbeweis für den Zugang der Kündigung. Daneben kann sich der Arbeitnehmer bis zur Zustellung der Kündigungen nicht auf eine wesentliche Änderung der Sachlage berufen, wenn der Arbeitgeber den Weg über Absatz 10 wählt, Abs. 9 Satz 3 HS. 2. Grund für die Normierung ist die Tatsache, dass die Zustellung des Beschlusses gem. §§ 80 Abs. 2, 50 Abs. 1 ArbGG binnen drei Wochen seit Übergabe an die Geschäftstelle erfolgen muss, also ein Zeitraum bestünde, innerhalb dessen der Arbeitgeber nicht sicher weiß, ob die ausgesprochenen Kündigungen wirksam ausgesprochen werden können. Bei der Regelung handelt es sich um die modifizierte Aufnahme der Forderung, dass dem Insolvenzverwalter nach dem Beschluss eine bestimmte Zeit zur Umsetzung der Kündigungen eingeräumt wird, ohne dass eine wesentliche Änderung der Sachlage die Bindungswirkung beseitigen könnte.[429]

Die Zustellung durch das Gericht ersetzt alle besonderen Formvorschriften, die sich aus Vertrag, Gesetz, Betriebsvereinbarung oder Tarifvertrag ergeben. Im Rahmen des § 623 BGB ist anerkannt, dass die ausdrückliche Erklärung in einem Schriftsatz gegenüber einem Gericht dann die Schriftform wahrt, wenn dem Kündigungsempfänger eine mit einem Beglaubigungsvermerk versehene Abschrift zugeht, wobei der Beglaubigungsvermerk vom Verfasser des Schriftsatzes wiederum eigenhändig zu unterzeichnen ist.[430] Die Möglichkeit, die Kündigungen durch das Gericht zustellen zu lassen, ist mithin anerkannt. De lege ferenda werden hier nicht lediglich Ausfertigungen oder Abschriften, sondern die Originalkündungsschreiben zugestellt. Problematisch stellt sich aber der konkrete Zugang dar. Die Zustellung erfolgt zusammen mit dem Beschluss durch das Gericht. In Tarifverträgen kann der Zugang aber formalisiert sein,[431] so dass die

---

429 Vgl. die Forderung von *Arend*, Personalabbau, S. 177.

430 *Oetker* in: Staudinger, § 623, Rn. 59; *Müller-Glöge* in: ErfK, § 623, Rn. 22; *Preis* in: Kündigungsrecht, § 623 BGB, Rn. 24.

431 Vgl. dazu: *Oetker* in: Staudinger, § 623, Rn. 14 f.; *Preis/Gotthardt*, NZA 2000, 348, 349.

Kündigung z.B. den eingeschriebenen Brief voraussetzt. Die gesetzliche Neuregelung kann dann in die Tarifautonomie eingreifen, wenn diese Formalisierung durch die gerichtliche Zustellung ersetzt wird. Dabei wird aber zunächst zu klären sein, ob die Anordnung einer weitergehenden Form Wirksamkeitsvoraussetzung ist (konstitutive Klausel) oder lediglich der Beweiserleichterung dienen soll (deklaratorische Klausel). Wenn die Anforderung deklaratorischer Natur ist, würde auch jede andere Form gesicherten Zugangs eines Schreibens genügen.[432] Das Bundesarbeitsgericht hat anerkannt, dass die Vereinbarung einer bestimmten Versendungsart im Gegensatz zum Schriftformerfordernis in der Regel nur Beweiszwecken dient.[433] Die Zustellung zusammen mit einem gerichtlichen Beschluss erfüllt diese Beweiszwecke, so dass der Abs. 10 Satz 2 keinen Verstoß gegen Tarifvorschriften darstellt.

Zusammenfassend ist festzustellen, dass durch die Möglichkeit des Absatzes 10 die präventive Klärung zu einer der nachträglichen Überprüfung ähnlich hohen Rechtssicherheit führt. Der Zugang wird nachgewiesen, die Schriftform ist eingehalten und unter materiellen Gesichtspunkten kann sich der Arbeitnehmer innerhalb der Zustellungszeit nicht auf eine wesentliche Änderung der Sachlage berufen.

### o) Rechtsmittel

Eine Besonderheit des Beschlussverfahrens gem. §§ 126 ff. InsO ist die beschränkte Rechtsmittelkonstruktion, wonach die Beschwerde an das Landesarbeitsgericht nicht stattfindet und eine Rechtsbeschwerde an das Bundesarbeitsgericht nur dann möglich ist, wenn diese durch das Arbeitsgericht zugelassen ist. Die Vorschriften des Arbeitsgerichtsgesetzes ermöglichen die Umgehung der Beschwerdeinstanz generell beim arbeitsgerichtlichen Beschlussverfahren, wenn die Sprungrechtsbeschwerde gem. § 96a ArbGG eingelegt wird. Dabei ist aber zwingend erforderlich, dass die übrigen Beteiligten schriftlich zustimmen und die Zulassung durch das Arbeitsgericht erfolgt. Die Zustimmung allerdings ist in einem Beschlussverfahren mit einer sehr hohen Anzahl von Beteiligten nicht zu erwarten. Es genügt schon ein Arbeitnehmer, der seine Zustimmung nicht erteilt und eine zweite Tatsacheninstanz wäre eröffnet. Das kann nicht als Alternative zur Rechtslage des insolvenzrechtlichen Beschlussverfahrens angesehen werden.

De lege ferenda wird an dem sich aus der Insolvenzordnung ergebenden System grundsätzlich festgehalten. Die Beschwerde an das Landesarbeitsgericht ist aus-

---

[432] BAG 4.3.1965, AP Nr. 5 zu § 130 BGB.

[433] BAG 14.3.2001, AP Nr. 4 zu § 620 BGB Schuldrechtliche Kündigungsbeschränkung; 4.3.1965, AP Nr. 5 zu § 130 BGB.

geschlossen. Das Arbeitsgericht muss im Beschluss festlegen, ob die Rechtsbeschwerde zugelassen wird. Hinsichtlich der Frage der grundsätzlichen Bedeutung der Rechtssache kann auf die Ausführungen zu dem Beschlussverfahren gem. §§ 126 ff. InsO verwiesen werden.[434]

Eine Veränderung findet sich aber im Rahmen des Abs. 8 Satz 3 Nr. 2. Durch die Beschränkung der Divergenzrechtsbeschwerde auf die abweichende Entscheidung von der Entscheidung des Bundesarbeitsgerichtes kann die Beschleunigung verbessert werden, da nicht stets die Rechtsbeschwerde an das Bundesarbeitsgericht zugelassen werden muss, wenn ein Arbeitsgericht von der Entscheidung eines anderen abweichen will (so aber die hier vertretene Ansicht zum status quo beim Beschlussverfahren gem. §§ 126 ff. InsO[435]). Da es keine Instanz beim Landesarbeitsgericht gibt, konnte diesbezüglich auch keine Divergenz gegeben sein. Entscheidungen, die in der Berufungsinstanz von Landesarbeitsgerichten im klassischen Kündigungsschutzverfahren getroffen wurden und von denen abgewichen wurde oder werden soll, sind für die Zulassung der Rechtsbeschwerde künftig nicht relevant. Damit kommen zum Bundesarbeitsgericht ausschließlich die Fälle, die für die weitere Rechtsentwicklung oder die Einheitlichkeit der Rechtsprechung von entscheidender und grundsätzlicher Bedeutung sind.

Schließlich ist die Rechtsbeschwerde auch dann zuzulassen, wenn ein Verfahrensmangel geltend gemacht wird, auf dem die Entscheidung beruhen kann (Nr. 3). Obwohl anerkannt ist, dass die Verletzung einer Verfahrensnorm einen Rechtsbeschwerdegrund darstellt (vgl. sogleich), war die Einfügung unter dem Gesichtspunkt des Ausgleiches für die fehlende zweite Tatsacheninstanz erforderlich, damit die Zulassung erleichtert und damit der Rechtsschutz verbessert werden kann. In der Verwaltungsgerichtordnung hat die sog. Zulassung aufgrund eines Verfahrensmangels unmittelbar im Gesetzestext als Zulassungsgrund Eingang gefunden. Gem. § 132 Abs. 2 Nr. 3 VwGO ist die Revision zuzulassen, wenn ein Verfahrensmangel geltend gemacht wird und vorliegt, auf dem die Entscheidung beruhen kann. Als ein solcher Verfahrensmangel ist anzusehen, wenn sich dem Gericht aufgrund des gesamten Sachverhaltes die Notwendigkeit einer weiteren Aufklärung hätte aufdrängen müssen.[436] Von Nachteil für den Rechtsschutz im Verwaltungsgerichtsprozess ist die Tatsache, dass hier der Verfahrensmangel nicht nur gerügt werden muss, sondern er auch tatsächlich vorliegen muss.[437] Das sollte im Beschlussverfahren vermieden werden, so dass

---

[434] § 2 A. VI. (Seite 44).

[435] § 2 A. VI. (Seite 44).

[436] *Kopp/Schenke*, VwGO, § 132, Rn. 21.

[437] Vgl. nur *Kopp/Schenke*, VwGO, § 132, Rn. 20.

es ausreichend ist, wenn ein Verfahrensmangel schlüssig dargelegt wird und die Entscheidung auf diesem Mangel beruhen kann.

Unter dem Gesichtspunkt „Insolvenz" wurde der eingeschränkte Rechtsweg ohne zweite Tatsacheninstanz nicht zuletzt wegen des Beschleunigungserfordernisses auch verfassungsrechtlich anerkannt[438]. Durch die Beteiligtenstellung des Arbeitnehmers wird ihm die Möglichkeit des rechtlichen Gehörs gewährt. Auf einen bestimmten Instanzenzug (mit einer zweiten Tatsacheninstanz) gibt es nach ständiger Rechtsprechung des Bundesverfassungsgerichts keinen Anspruch.[439] Sowohl dem Rechtsstaatsprinzip, als auch Art. 19 Abs. 4 GG wird schon durch die Einrichtung eines gerichtlichen Verfahrens mit einer Instanz genügt.[440]

Außerhalb der Insolvenz bedarf die hier vorgeschlagene Rechtsmittelbeschränkung allerdings einer weitergehenden Begründung, zumal im Rahmen einer klassischen Kündigungsschutzklage dem Arbeitnehmer eine zweite Tatsacheninstanz gewährt wird, die ihm de lege ferenda im Fall des Beschlussverfahrens entzogen werden soll. Zwar hat das Bundesverfassungsgericht anerkannt, dass es keinen Anspruch auf einen bestimmten Instanzenzug gibt, so dass verfassungsrechtlich – in diesem Bereich – keine Bedenken bestehen sollten. Es erscheint aber unter Arbeitnehmerschutzgesichtspunkten eine Rechtfertigung erforderlich, wenn dem Arbeitgeber die Möglichkeit einer kollektiven Klärung mit abgekürztem Rechtsweg gegeben werden soll. Zum einen ist nicht ohne weiteres der Sachzusammenhang zwischen Einrichtung von Rechtsmittelinstanzen und der Effektivitätssteigerung des Rechtsschutzes evident.[441] Zum anderen ist eine weitere Besonderheit des Beschlussverfahrens die Geltung des Amtsermittlungsgrundsatzes. Das Arbeitsgericht ermittelt von sich aus – unter grundsätzlicher Mitwirkungspflicht der Beteiligten gem. § 83 Abs. 1 Satz 2 ArbGG – den seiner Entscheidung zugrunde zu legenden Sachverhalt, so dass der Arbeitnehmer prozessual entlastet wird.

Daneben gilt gem. Abs. 8 Satz 4 § 92a ArbGG entsprechend, so dass eine Nichtzulassungsbeschwerde – anders als im Beschlussverfahren gem. §§ 126 ff. InsO – existiert. Danach kann jeder Beteiligte, der im Fall der Zulassung der Rechtsbeschwerde rechtsmittelbefugt gewesen wäre, die Nichtzulassungsbeschwerde

---

[438] *Müller-Limbach*, Beschlussverfahren, S. 114.

[439] BVerfG 21.10.1954, BVerfGE 4, 74, 94 f.; 7.7.1992, E 87, 48, 61.

[440] BVerfG 22.6.1960, E 11, 232, 233; 18.2.1970, E 28, 21, 36; *Haug/Pfarr/Struck*, Beschleunigung, S. 34.

[441] *Haug/Pfarr/Struck*, Beschleunigung, S. 34.

an das Bundesarbeitsgericht einlegen.[442] Eine Beschränkung der Überprüfung der Zulassungsentscheidung auf die Fälle mit besonders wesentlichen Verfahrensgegenständen verbietet sich allerdings unter verfassungsrechtlichen Gesichtspunkten.[443] Abweichend von dem über § 92a Satz 2 ArbGG grundsätzlich geltenden § 72a Abs. 3 Satz 1 ArbGG wird die Begründungsfrist mit der Einlegungsfrist für die Nichtzulassungsbeschwerde auf einen Monat gleichgesetzt. Das bedeutet den Gleichlauf der Einlegungs- und Begründungsfristen von Nichtzulassungsbeschwerde und Rechtsbeschwerde (vgl. Abs. 8 Satz 5). Solange Einlegungs- und Begründungsfristen nicht praktisch auf die Verweigerung von Rechtsschutz hinauslaufen oder dem rechtsstaatlichen Prinzip des Übermaßverbotes entgegenstehen, kann eine Verkürzung der Fristen nicht als verfassungswidrig angesehen werden.[444] Aufgrund der Tatsache, dass es sich um Notfristen handelt, kann bei unverschuldeter, insbesondere auf höherer Gewalt beruhender Fristversäumnis die Wiedereinsetzung in den vorigen Stand in Betracht kommen.[445] Durch die Amtsermittlung und die Nichtzulassungsbeschwerde lässt sich die Beschneidung der zweiten Tatsacheninstanz mithin auch rechtspolitisch rechtfertigen.

Die Rechtsbeschwerde ist wie die Revision keine Tatsacheninstanz, so dass neuer Tatsachenvortrag nicht zulässig ist.[446] Beruft sich ein Arbeitnehmer darauf, dass z.B. ein anderer – nicht im Antrag bezeichneter – Arbeitnehmer sozial weniger schutzwürdig ist, so wird er grundsätzlich mit diesem Vorbringen nicht mehr gehört. Problematisch hieran ist, dass das Arbeitsgericht möglicherweise nach freiem Belieben die Tatsachen feststellen kann. Die Rechtsbeschwerdeinstanz lässt zwar keine neuen Tatsachen zu, dem Rechtsbeschwerdeführer steht aber die Möglichkeit offen, die sich aus dem Amtsermittlungsgrundsatz ergebende hinreichende Tatsachenaufklärung im Rahmen der sog. Verfahrensrechtsbeschwerde zu rügen. Entsprechendes gilt in der Verwaltungsgerichtsordnung und in der Strafprozessordnung – beides Verfahrensordnungen, in denen der Amtsermittlungsgrundsatz gilt. An diesen Verfahrensordnungen kann und muss sich für die Frage der Überprüfung im Rahmen einer Rechtsbeschwerde orientiert werden.

Der Rechtsbeschwerdeführer muss innerhalb der abgekürzten Einlegungs- und Begründungsfristen (Abs. 8 Satz 5) darlegen, welche Umstände das Gericht zu

---

442 *Matthes* in: Germelmann/Matthes/Prütting/Müller-Glöge, ArbGG, 92a, Rn. 8 f.

443 Vgl. näher dazu: *Haug/Pfarr/Struck*, Beschleunigung, S. 35.

444 *Haug/Pfarr/Struck*, Beschleunigung, S. 22.

445 *Haug/Pfarr/Struck*, Beschleunigung, S. 22.

446 Vgl. *Ostrowicz/Künzl/Schäfer*, Arbeitsgerichtsprozess, S. 400.

weiteren Ermittlungen hätten veranlassen müssen, in welche Richtung und mit welchen Mitteln.[447] Voraussetzung muss dabei sein, dass die Entscheidung auf der Verletzung des Untersuchungsgrundsatzes beruht und sie sich aus anderen Gründen nicht als richtig erweist.[448] Bei einem Verfahrensverstoß genügt dabei schon, dass die Möglichkeit nicht auszuschließen ist, dass ohne den Fehler die Entscheidung günstiger ausgefallen wäre.[449] Dieses Beruhen wird aber immer dann auszuschließen sein, wenn sich im Rahmen der Sozialauswahl die Position des Arbeitnehmers durch die veränderte Sachlage zwar verbessert hätte, er aber aufgrund des Antrages des Arbeitgebers noch immer zu den Gekündigten oder zu Kündigenden gehören würde (Bsp.: Statt Nr. 30 von 50 zu Kündigenden müsste der Arbeitnehmer Platz Nr. 39 einnehmen). Denn Gegenstand des Kündigungsschutzverfahrens ist der Bestand des Arbeitsverhältnisses, nicht jedoch die Positionierung innerhalb einer Rangliste sozialer Schutzbedürftigkeit. Keinen Erfolg hat der Rechtsbeschwerdeführer auch dann, wenn er trotz Aufforderung des Gerichts zur Aufklärung des Sachverhaltes nicht oder nicht hinreichend beigetragen hat und das Gericht deswegen auf andere vertretbare Weise keine weiteren Feststellungen treffen konnte.[450]

Gem. Abs. 8 Satz 6 gilt der aus den Berufungsregelungen stammende und damit im Rahmen der Rechtsbeschwerde nicht anwendbare § 64 Abs. 8 ArbGG entsprechend, d.h. auch in der Rechtsmittelinstanz ist die Rechtsbeschwerde vorrangig zu erledigen.

Gibt das Bundesarbeitsgericht der Rechtsbeschwerde statt, wird der Rechtsstreit gem. §§ 96 Abs. 1 Satz 2 ArbGG, 563 ZPO an das Arbeitsgericht zurückverwiesen und der Beschluss des Arbeitsgerichtes insoweit aufgehoben, §§ 96 Abs. 1 Satz 2 ArbGG, 562 ZPO. Das Arbeitsgericht entscheidet dann aber nur über die Frage der Wirksamkeit der Kündigung des Arbeitnehmers, der Rechtsbeschwerde eingelegt hat. Für alle anderen gilt der Beschluss als rechtskräftig.[451] In den Fällen des § 563 Abs. 3 ZPO entscheidet das Bundesarbeitsgericht selbst,

---

447 *Herbst/Reiter/Schindele*, Beschlussverfahren, Rn. 140; 1287.

448 *Matthes* in: Germelmann/Matthes/Prütting/Müller-Glöge, ArbGG, § 83, Rn. 117; *Herbst/Reiter/Schindele*, Beschlussverfahren, Rn. 140.

449 *Koch* in: ErfK, § 73 ArbGG, Rn. 23; ähnlich *Eisemann* in: ErfK, § 96 ArbGG, Rn. 1: „Die Rüge mangelhafter Sachaufklärung hat nur Erfolg, wenn das Beschwerdegericht hätte weiter aufklären müssen und nicht auszuschließen ist, dass die ermittelten Tatsachen zu einer anderen Entscheidung geführt hätten."; vgl. auch *Matthes* in: Germelmann/Matthes/Prütting/Müller-Glöge, ArbGG, § 96, Rn. 16.

450 *Matthes* in: Germelmann/Matthes/Prütting/Müller-Glöge, ArbGG, § 93, Rn. 5.

451 So für das Beschlussverfahren nach §§ 126 ff. InsO: BAG 29.6.2000, NZA 2000, 1180, 1181.

wenn also der Sachverhalt fehlerfrei festgestellt worden ist und der Rechtsstreit entscheidungsreif ist.[452] Gegenüber der Situation, wie sie sich im Fall der Massenentlassung im Bereich der Sozialauswahl ergibt,[453] kann mit dem hier vorgeschlagenen Verfahren eine erhebliche Vereinfachung und Risikominimierung erreicht werden, denn es kann sich nur der auf die fehlerhafte Sozialauswahl berufen, dem gegenüber der Beschluss noch nicht in Rechtskraft erwachsen ist und die Rechtsbeschwerde und das sich anschließende Verfahren vor dem Arbeitsgericht zum Erfolg geführt hat. Diese Vorgehensweise entspricht im Wesentlichen der Überlegung in der Literatur, wonach sich der klagende Arbeitnehmer nicht auf den Auswahlfehler berufen können soll, wenn sich dieser Fehler offensichtlich nicht zu seinen Gunsten ausgewirkt hat.[454] Dieser Ansatz wird lediglich in die Rechtsbeschwerde verlagert. Hinsichtlich der ursprünglichen Sozialauswahl bleibt es bei den klassischen Grundsätzen.

Mithilfe der Rechtsbeschwerde kann also einer eventuell missbräuchlichen Tatsachenaufklärung durch das Arbeitsgericht begegnet werden. Es bleibt aber dabei, dass in der Rechtsbeschwerdeinstanz keine neuen Tatsachen eingebracht werden können. Durch die Zusammenfassung der Kündigungsschutzverfahren und die abschließende Beurteilung der Rechtswirksamkeit ohne zweite Tatsacheninstanz kann es zu einer deutlichen Arbeitsentlastung bei den Arbeitsgerichten kommen. Diese Arbeitsentlastung spiegelt sich schließlich darin wieder, dass die Gerichte Beschlussverfahren wie das vorliegende vorrangig und schnell bearbeiten können, ohne dass es zu einem Schutzverlust der Arbeitnehmer kommt.

Rechtsbeschwerde, Nichtzulassungsbeschwerde und Amtsermittlung bilden mithin ein in sich geschlossenes und den Arbeitnehmer hinreichend schützendes Rechtsmittelsystem.

### p) Verhältnis von betriebsbedingten Kündigungen, Kündigungsschutzklage und Rechtsmittel

Aus der hier vorgeschlagenen Rechtsmittelkonzeption sowie der Besonderheit, dass mit Zustellung des (stattgebenden) Beschlusses durch das Arbeitsgericht auch der Ausspruch der Kündigungen erfolgen kann, stellt sich die Frage, welche Auswirkungen dies auf die Durchführung des Arbeitsverhältnisses hat, wenn

---

452 Vgl. hierzu näher bei: *Matthes* in: Germelmann/Matthes/Prütting/Müller-Glöge, ArbGG, § 96, Rn. 20 ff.

453 § 2 A. VIII. 5. (Seite 64).

454 *Bütefisch*, S. 354 ff.; *Kiel* in: Kündigungsrecht, § 1, Rn. 776; *Stahlhacke/Preis/Vossen*, Rn. 1144; kritisch unter Hinweis auf den Fall, dass der sozial schutzbedürftigste Arbeitnehmer gerade keine Klage erhoben hat und mithin präkludiert ist: *v. Hoyningen-Huene/Linck*, § 1, Rn. 487.

ein betroffener Arbeitnehmer die Rechtsbeschwerde oder die Nichtzulassungsbeschwerde eingelegt hat. Sowohl die Rechtsbeschwerde als auch die Nichtzulassungsbeschwerde haben aufschiebende Wirkung, §§ 92a Satz 2, 72a Abs. 4 Satz 1 ArbGG, 92 Abs. 3 Satz 1 ArbGG.

Für die klassische Kündigungsschutzstreitigkeit gilt, dass ein allgemeiner Weiterbeschäftigungsanspruch des Arbeitnehmers über den Ablauf der Kündigungsfristen hinaus nicht gegeben ist für den Zeitraum des erstinstanzlichen Rechtstreites. Wenn aber eine Instanz der Kündigungsschutzklage stattgegeben hat, besteht ein allgemeiner Weiterbeschäftigungsanspruch, den das Bundesarbeitsgericht wie folgt beschreibt:

*„Außerhalb der Regelung der §§ 102 Abs. 5 BetrVG, 79 Abs. 2 BPersVG hat der gekündigte Arbeitnehmer einen arbeitsvertragsrechtlichen Anspruch auf vertragsgemäße Beschäftigung über den Ablauf der Kündigungsfrist oder bei einer fristlosen Kündigung über deren Zugang hinaus bis zum rechtskräftigen Abschluss des Kündigungsprozesses, wenn die Kündigung unwirksam ist und überwiegende schutzwerte Interessen des Arbeitgebers einer solchen Beschäftigung nicht entgegenstehen. Außer im Falle einer offensichtlich unwirksamen Kündigung begründet die Ungewissheit über den Ausgang des Kündigungsprozesses ein schutzwertes Interesse des Arbeitgebers an der Nichtbeschäftigung des gekündigten Arbeitnehmers für die Dauer des Kündigungsprozesses. Dieses überwiegt in der Regel das Beschäftigungsinteresse des Arbeitnehmers bis zu dem Zeitpunkt, in dem im Kündigungsprozess ein die Unwirksamkeit der Kündigung feststellendes Urteil ergeht. Solange ein solches Urteil besteht, kann die Ungewissheit des Prozessausgangs für sich allein ein überwiegendes Gegeninteresse des Arbeitgebers nicht mehr begründen. Hinzu kommen müssen dann vielmehr zusätzliche Umstände, aus denen sich im Einzelfall ein überwiegendes Interesse des Arbeitgebers ergibt, den Arbeitnehmer nicht zu beschäftigen.“*[455]

Für das Beschlussverfahren de lege ferenda stellt sich die Frage der Übertragbarkeit dieser Rechtsprechung. Dabei sind verschiedene Szenarien zu unterscheiden.

Spricht der Arbeitgeber die Kündigungen vor Beantragung des Beschlussverfahrens aus und beantragt bezüglich der betroffenen Arbeitnehmer das Beschlussverfahren, die fristgerecht gem. § 4 KSchG Klage erhoben haben,[456] so handelt es sich um eine mit der regulären Kündigungsschutzklage vergleichbare Situation. Die Klage wird gem. Abs. 9 Satz 4 auf Antrag des Arbeitgebers ausgesetzt,

---

[455] BAG 27.2.1985, NZA 1985, 702, 702.

[456] Kündigungen von Arbeitnehmern, die nicht rechtzeitig Kündigungsschutzklage erhoben haben, gelten gem. § 7 KSchG ohnehin als von Anfang an wirksam. Bezüglich dieser Arbeitnehmer erübrigt sich die Frage nach einem Weiterbeschäftigungsanspruch.

so dass das Beschlussverfahren das Kündigungsschutzverfahren „ersetzt". Innerhalb dieses Zeitraumes besteht nach schon bisher herrschender Meinung kein Anspruch auf Weiterbeschäftigung. Ergeht dann ein stattgebender Beschluss, so gilt dieser auch für das ausgesetzte Kündigungsschutzverfahren. Legt ein Arbeitnehmer Rechtsbeschwerde oder im Fall der Nichtzulassung die Nichtzulassungsbeschwerde ein, dann handelt es sich um die oben vom Bundesarbeitsgericht angesprochene Situation. Die Beschwerden sind wertungsmäßig einer weiteren Instanz gleichzusetzen, dem Arbeitnehmer steht aber gleichwohl kein Weiterbeschäftigungsanspruch zu, da es an einer die Unwirksamkeit der Kündigungen feststellenden Entscheidung fehlt. Wird dem Beschluss nicht stattgegeben und legt der Arbeitgeber die Rechtsbeschwerde oder die Nichtzulassungsbeschwerde ein, so wurde die Rechtswirksamkeit der Kündigungen durch ein Instanzgericht nicht festgestellt, so dass der Arbeitnehmer einen Anspruch auf Weiterbeschäftigung hat.

Komplizierter wird die Situation allerdings, wenn die Kündigungen erst mit dem Beschluss zugestellt werden sollen. Wird dem Beschluss hier nicht stattgegeben, werden auch die Kündigungen in der Regel nicht ausgesprochen. In diesem Fall bedarf es keiner Weiterbeschäftigungsansprüche, da das Arbeitsverhältnis fortbesteht. Spricht der Arbeitgeber die Kündigungen dennoch aus, dann handelt es sich um die klassische Situation der Kündigung mit den Weiterbeschäftigungsansprüchen, die sich aus den allgemeinen Grundsätzen bei einer Kündigungsschutzklage ergeben. Wird dem Beschluss hingegen stattgegeben und werden nun die Kündigungen ausgesprochen (und zugestellt), besteht keine die Unwirksamkeit der betriebsbedingten Kündigungen feststellende Entscheidung, so dass sich ein Weiterbeschäftigungsanspruch nicht ergeben kann. Es stellt sich aber die Frage, ob hierdurch nicht eine unangemessene Benachteiligung der Arbeitnehmer zu befürchten ist, die unfreiwillig in ein gerichtliches Verfahren hineingezogen wurden. Diese Frage muss aber verneint werden, denn bis zum Ausspruch der Kündigungen sind die Arbeitnehmer ohnehin weiterbeschäftigt; danach besteht die Beschäftigungspflicht bis zum Auslauf der Kündigungsfristen. Es ergibt sich keine vom klassischen Kündigungsschutzverfahren abweichende Situation.

### q) Änderungen anderer Gesetze

Aus dem Vorstehenden ergibt sich die Streichung der §§ 125 bis 128 InsO. Es ist weder erforderlich, ein eigenständiges Beschlussverfahren in der Insolvenzordnung aufrechtzuerhalten, noch den Interessenausgleich sowohl in § 1 Abs. 5 KSchG als auch in § 125 InsO zu normieren. Denn die arbeitsrechtlichen Regelungen gelten auch in der Insolvenz, so dass sich der Insolvenzverwalter des hier vorgeschlagenen Beschlussverfahrens bedienen kann. Ob er über einen ausreichenden zeitlichen Korridor verfügt, erscheint zwar fraglich, da aber wesentliche Teile des Beschlussverfahrens gem. §§ 126 ff. InsO übernommen wurden und sich das insolvenzrechtliche Beschlussverfahren in der Praxis nicht bewährt und durchgesetzt hat, bedurfte es einer Aufrechterhaltung nicht mehr. Außerdem wird dem Insolvenzverwalter eine möglicherweise endgültige Klärung der Personalanpassung ermöglicht. Potenzielle Interessenten mögen hier gegebenenfalls auf den Ausgang des Beschlussverfahrens warten.

Bereits im Rahmen der Ausführungen zur Sozialauswahl wurden die Änderungen im Kündigungsschutzgesetz angesprochen. In § 1 Abs. 3 Satz 2 KSchG wird die „...Schaffung einer ausgewogenen Personalstruktur des Betriebes..." eingefügt (Artikel 1 Nr. 1). In § 1 Abs. 5 wird ein neuer Satz 2 eingefügt, wonach die Sozialauswahl (als Ergebnis und unter Berücksichtigung des Interessenausgleiches) dann nicht als grob fehlerhaftig anzusehen ist, wenn eine ausgewogene Personalstruktur gesichert oder geschaffen werden soll (Artikel 1 Nr. 2). Hierdurch wird der Gleichlauf zu § 1 Abs. 3 Satz 2 KSchG hergestellt.

Zur umfassenden Abstimmung der Beteiligungsrechte des Betriebsrats und der Sozialauswahl ist die Änderung des § 102 BetrVG erforderlich. Gem. § 102 Abs. 3 Nr. 1 BetrVG geltendes Recht kann der Betriebsrat der ordentlichen Kündigung widersprechen, wenn der Arbeitgeber bei der Auswahl des zu kündigenden Arbeitnehmers soziale Gesichtspunkte nicht oder nicht ausreichend berücksichtigt hat. Mit den Reformgesetzen zum 1.1.2004 allerdings wurde die Formulierung des § 1 Abs. 3 KSchG von „soziale Gesichtpunkte" in die abschließende Aufzählung der Kriterien Dauer der Betriebszugehörigkeit, Lebensalter, Unterhaltspflichten und Schwerbehinderung geändert. Im Betriebsverfassungsgesetz erfolgte diese Änderung nicht. D.h., allein nach dem Wortlaut des § 102 BetrVG könnte der Betriebsrat hinsichtlich der sozialen Auswahl in Bezug auf Umstände widersprechen, die der Arbeitgeber gar nicht berücksichtigen müsste. Dass es sich hier eher um ein Redaktionsversehen handelt, denn um eine (ungerechtfertigte) Erhaltung von Betriebsratskompetenzen, erscheint offensichtlich. Da aber de lege ferenda die Sozialauswahl in allen Bereichen einheitlich gefasst werden sollte, war die legislative Änderung anzuregen, zumal der Betriebsrat ansonsten möglicherweise im Rahmen des Beschlussverfahrens soziale Kriterien geltend macht, die der Arbeitgeber selbst nicht hätte berücksichtigen müssen.

## B. Ergebnis zum Beschlussverfahren de lege ferenda

Mithilfe des Beschlussverfahrens de lege ferenda ist eine umfassende und abschließende Klärung der Rechtswirksamkeit betriebsbedingter Kündigungen möglich. Dabei werden die Besonderheiten von sog. Massenentlassungen in formeller Hinsicht und auch innerhalb der Sozialauswahl einbezogen. Das Verfahren ist dabei abhängig von den Voraussetzungen des § 111 BetrVG und kann sowohl präventiv als auch nach Ausspruch der Kündigungen angewendet werden. Durch die Zustellung der Kündigungen im Rahmen der Zustellung des Beschlusses sowie der in diesem Zusammenhang fehlenden Möglichkeit, sich auf eine wesentliche Änderung der Sachlage zu berufen, kann der Beschluss bei noch nicht ausgesprochenen Kündigungen die Rechtswirksamkeit der Kündigungen annähernd so abschließend und rechtssicher feststellen, wie dies bei der sich dem Kündigungsausspruch anschließenden kollektiven Überprüfung der Fall ist.

Das Beschlussverfahren beschränkt sich nicht auf die Feststellung der sozialen Rechtfertigung, sondern erfasst alle Unwirksamkeitsgründe. Der sich hieraus ergebende zeitliche Mehraufwand wird durch die Tatsache aufgewogen, dass eine umfassende Wirksamkeitsprüfung erfolgen kann. Zeitintensive Kündigungsschutzverfahren werden die Ausnahme bleiben. Verbunden mit den Anpassungen des Kündigungsschutzgesetzes, insbesondere der Reduzierung der Sozialkriterien und die Klagefrist gem. §§ 4, 7 KSchG kann durch das Beschlussverfahren de lege ferenda eine erhebliche Flexibilisierung von Personalanpassungen erreicht werden. Dabei wird das Institut Betriebsrat nicht unterlaufen. Sowohl die Möglichkeit der Einflussnahme über den Interessenausgleich mit Namensliste als auch die Beteiligungsrechte bei Kündigungen bleiben erhalten bzw. werden in das gerichtliche Verfahren einbezogen.

Das sich im Rahmen des insolvenzrechtlichen Beschlussverfahrens ergebende Anwendungshindernis der zu langen Verfahrensdauer wird de lege ferenda durch ein beschleunigtes und formalisiertes Verfahren abgemildert. Vor allem aber ist in der außerinsolvenzrechtlichen Situation eine mit der Insolvenz vergleichbare Dringlichkeit schneller Personalentscheidungen nicht gegeben. In der Krise steht häufig noch die Sanierung durch Reorganisation des Betriebes, in der Insolvenz hingegen oftmals lediglich die Zerschlagung und übertragende Sanierung im Vordergrund.

Das Beschlussverfahren de lege ferenda greift nicht bzw. lediglich am Rande in den bestehenden Kündigungsschutz ein und unterscheidet sich daher von den Forderungen einer Beschränkung oder Abschaffung der sozialen Arbeitnehmerschutzmechanismen. Erleichterungen finden sich vielmehr in der prozessualen Handlungsmöglichkeit eines kollektiven Verfahrens, generell auf prozessualer Ebene und in der Bündelung verschiedener, miteinander in Zusammenhang stehender Wirksamkeitsfragen.

Das größte Anwendungshindernis für das Beschlussverfahren gem. §§ 126 ff. InsO stellt die übermäßig lange Verfahrensdauer dar. Im Beschlussverfahren de lege ferenda wird die Agentur für Arbeit Beteiligte, wenn die Voraussetzungen anzeigepflichtiger Massenentlassungen vorliegen und die Kündigungen noch nicht ausgesprochen worden sind, die Rechte des Betriebsrats sind in das gerichtliche Verfahren einbezogen, die Überprüfung beschränkt sich nicht lediglich auf die soziale Rechtfertigung. Durch die Möglichkeit, im Vorfeld einen Interessenausgleich mit Namensliste abzuschließen, kann eine Beschleunigung des Verfahrens erreicht werden. Der Amtsermittlungsgrundsatz sowie das schriftliche Vorverfahren mit der konzentrierten Sachverhaltsermittlung tragen zur Beschleunigung bei, da in der mündlichen Verhandlung lediglich Widersprüche ausgeräumt werden, auf deren Vorliegen der Vorsitzende regelmäßig hinzuweisen hat. Im Vergleich zu der Situation des Beschlussverfahrens de lege lata erfahren die Beteiligten de lege ferenda nicht erst im Rahmen der mündlichen Verhandlung vom Inhalt der Antragserwiderungen, so dass die Chance einer schnellen mündlichen Verhandlung gegeben ist. Zeitintensive Rechtsmittel bestehen nicht.

Die genannten Besonderheiten sind verfassungsrechtlich nicht zu beanstanden und ermöglichen ein Verfahren, das im bisherigen Prozessrecht nicht zu finden ist. Inwieweit das Verfahren auch den Praxistest erfolgreich besteht, müsste durch die legislative Umsetzung des Vorschlages und anschließende empirische Erhebung geklärt werden.

## § 5 – Zusammenfassung der Ergebnisse

Unter normativen Gesichtspunkten ist das Beschlussverfahren gem. §§ 126 ff. InsO als nicht hinreichend sanierungserleichternd anzusehen. Rechtsprechung und Literatur thematisieren das Beschlussverfahren vergleichsweise selten. Die Einführung eines Verfahrens, mithilfe dessen ein Insolvenzverwalter im eröffneten Insolvenzverfahren die soziale Rechtfertigung mit einer Betriebsänderung im Zusammenhang stehender Kündigungen prüfen lassen kann, ist eine prozessuale Erweiterung arbeitsrechtlicher Handlungsinstrumentarien, die sich bislang lediglich durch die Sondersituation der Insolvenz rechtfertigen ließ. Im engen Zusammenhang mit dem Beschlussverfahren ist die Möglichkeit des Interessenausgleiches mit Namensliste zu sehen, da dessen Nichtzustandekommen Grundvoraussetzung für die Anwendung des Beschlussverfahrens ist. Zwischenzeitlich hat der Gesetzgeber den Interessenausgleich ohne Streichung in der Insolvenzordnung in das allgemeine Kündigungsschutzrecht übernommen. Das Beschlussverfahren hingegen ist nach wie vor ein Spezifikum der Insolvenzordnung.

Das Beschlussverfahren setzt betriebsbedingte Kündigungen voraus, ist vom Vorliegen einer Betriebsänderung iSd. § 111 BetrVG abhängig und kann nur im Anwendungsbereich des Kündigungsschutzgesetzes Geltung erlangen. Das Beschlussverfahren kann unabhängig vom Bestehen eines Betriebsrats angewendet werden.

Die Regelungen der §§ 126 ff. InsO erfassen lediglich die Frage der sozialen Rechtfertigung einer betriebsbedingten Kündigung bei gleichzeitiger Reduzierung der Sozialauswahlkriterien um die Schwerbehinderung. Damit aber bezüglich der sozialen Rechtfertigung eine weitgehend abschließende Klärung erfolgen kann, empfiehlt es sich für den Insolvenzverwalter trotz geltender Amtsermittlung die namentliche Bezeichnung der Arbeitnehmer durch eine Rangfolge und Hilfsanträge zu ergänzen. Der Beschluss entfaltet Bindungswirkung, die nichts anderes als Rechtskraft bedeutet und nicht auf den Fall einer stattgebenden Entscheidung beschränkt ist, sondern beiderseitig wirkt. Dadurch wird zwar ein Mehr an Rechtssicherheit geschaffen, die Gefahr, einer Vielzahl anderer Feststellungsklagen hinsichtlich der übrigen Unwirksamkeitsgründe ausgesetzt zu sein, kann allerdings in Anbetracht der Beschränkung der Bindungswirkung auf die soziale Rechtfertigung nicht beseitigt werden. Für den Insolvenzverwalter besteht das Risiko, die Insolvenzmasse statt mit einem gerichtlichen Verfahren mit mehreren Prozessen zu belasten, eine Entscheidung, die den Insolvenzverwalter möglicherweise in Haftungsrisiken bringt. Dies wird auch nicht durch die eng gefasste Rechtsmittelkonstruktion aufgewogen, nach der eine Beschwerde an das Landesarbeitsgericht nicht und die Rechtsbeschwerde an das Bundesarbeitsgericht nur durch Zulassung möglich ist. Vor allem die hier vertretene Ansicht, wonach die Rechtsbeschwerde auch dann zuzulassen ist, wenn ein

Arbeitsgericht von der Entscheidung eines anderen Arbeitsgerichtes abweichen will, trägt zu einer erheblichen Verzögerung bei. Ferner haben sich trotz (oder gerade wegen) der geringen Relevanz in Literatur und Rechtsprechung eine Vielzahl von Streitfragen entwickelt, die das Verfahren unsicher und daher wenig anwendungsfreundlich machen. Bei Unternehmen, bei denen eine Vielzahl von Arbeitnehmern gekündigt werden sollen, ergeben sich aufgrund der Beteiligung dieser Personen bereits Kapazitätsprobleme deutscher Gerichtssäle. Aufgrund der unklaren Gesetzesformulierung ist nicht einmal sicher, wann ein Arbeitnehmer bei grundsätzlichem Einverständnis Beteiligter ist. Im Ergebnis führen diese Unsicherheiten und Verzögerungen dazu, dass in der Insolvenzsituation das gerichtliche Verfahren trotz der gesetzgeberischen Versuche zur Beschleunigung kaum sinnvoll anzuwenden ist.

Das Beschlussverfahren verliert schließlich seine sanierungsfördernden Wirkungen immer dann, wenn sich die Sachlage wesentlich geändert hat, was nur in der Variante stattfinden kann, dass die Kündigungen noch nicht ausgesprochen worden sind.

Im Ergebnis kann das Beschlussverfahren die Personalanpassungen erleichtern, eine Anwendung scheitert aber regelmäßig an dem eng bemessenen Zeitfenster nach Eröffnung des Insolvenzverfahrens.

Die empirische Erhebung unter 1.621 Insolvenzverwaltern führte daher auch zu dem Ergebnis, dass sich die geringe theoretische Bedeutung des Beschlussverfahrens in der praktischen Relevanz widerspiegelt. In lediglich 0,1 % der deutschen Unternehmensinsolvenzen findet das Beschlussverfahren Anwendung. In 2003 haben nur 1,4 % der eingesetzten Insolvenzverwalter das Verfahren beantragt.

Hintergrund dieser fehlenden Bedeutung ist der Anwendungsbereich des Beschlussverfahrens. Nur 16,4 % der Verfahren eignen sich für das kollektive Verfahren. Das Beschlussverfahren wird von den Befragten als zu langwierig, zu schwerfällig angesehen und führt nach ihrer Einschätzung nicht zu ausreichender Rechtssicherheit. Daher wird vermehrt auf Aufhebungsverträge, veranlasste Eigenkündigungen oder den Interessenausgleich ausgewichen.

Daraus folgt, dass das Ziel einer Sanierungserleichterung verfehlt wurde. § 613a BGB wird noch immer als sanierungshemmend angesehen, das Beschlussverfahren wird unter Sanierungsgesichtspunkten insgesamt negativ bewertet.

De lege ferenda befürworten die Insolvenzverwalter die Ausweitung des Anwendungsbereiches des Beschlussverfahrens. Neben der Forderung nach Abschaffung des § 613a BGB wird auch die Forderung nach Flexibilisierung der formellen Anforderungen bei Massenentlassungen, nach Erleichterung der Darlegungslasten und Ausweitung des Prüfungsumfanges in unterschiedlicher Intensität deutlich.

Aufgrund des Ergebnisses, dass das Beschlussverfahren zumindest in der Insolvenz nicht sinnvoll angewendet werden kann, konnte der Schluss gezogen werden, dass das Beschlussverfahren außerhalb der Insolvenz möglich und sanierungsfördernd ist, wenn neben der sozialen Rechtfertigung auch weitere Unwirksamkeitsgründe Gegenstand des Verfahrens sind. Durch die abschließende Klärung wird ein hohes Maß an Rechtssicherheit erreicht. Eine Analogie des Beschlussverfahrens gem. §§ 126 ff. InsO verbietet sich jedoch, so dass de lege ferenda ein neues Beschlussverfahren zu entwickeln war, bei dem gleichwohl teilweise auf die Regelungen des insolvenzrechtlichen Instituts zurückgegriffen werden konnte, da sich ein Beschlussverfahren besonders eignet, kollektive zusammenhängende Streitigkeiten zu klären.

Daher setzt auch das Beschlussverfahren de lege ferenda eine Betriebsänderung iSd. § 111 BetrVG voraus, nicht jedoch zwingend die Anwendbarkeit des Kündigungsschutzgesetzes, da künftig auch alle anderen Unwirksamkeitsgründe erfasst sind. Im Unterschied zu § 126 InsO beantragt nicht der Insolvenzverwalter, sondern bereits der Arbeitgeber das Verfahren. Entsprechend der insolvenzrechtlichen Regelung kann auch hier der Antrag vor oder nach Ausspruch der Kündigungen erfolgen, wobei durch die Möglichkeit der Zustellung der Kündigungsschreiben im Rahmen der Zustellung des Beschlusses eine hohe Rechtssicherheit auch für die präventive Feststellung erreicht werden kann. Durch die Anknüpfung der Beteiligtenstellung eines potenziellen Erwerbers an die sich aus der Rechtsprechung des Bundesarbeitsgerichts ergebende greifbare Form des Betriebsüberganges sowie den geltenden Amtsermittlungsgrundsatz werden Missbrauchsmöglichkeiten zur Umgehung des Kündigungsschutzes vermieden. Neben den Arbeitnehmern, dem Betriebsrat und dem Arbeitgeber ist die Agentur für Arbeit Beteiligte, wenn anzeigepflichtige Entlassungen vorliegen und die Kündigungen noch nicht ausgesprochen worden sind. Der künftig ausschließlich in § 1 Abs. 5 KSchG zu findende Interessenausgleich mit Namensliste schwächt den Amtsermittlungsgrundsatz durch das Aufstellen der Vermutung der Betriebsbedingtheit ab. Um die Frage der Sozialauswahl umfassender zu klären, besteht die Möglichkeit der Streitverkündung und Nebenintervention. Schließlich werden auch die Beteiligungsrechte des Betriebsrats in das Verfahren inkorporiert, so dass alle Fragen einer betriebsbedingten Kündigung aufgrund einer Betriebsänderung einheitlich und abschließend festgestellt werden können.

Das Beschlussverfahren de lege ferenda zeichnet sich – nicht zuletzt durch die umfangreiche Normierung – durch ein hohes Maß an Rechtssicherheit aus, nimmt dafür allerdings auch ein umfangreiches Verfahren in Kauf. Sich hieraus ergebende zeitliche Verzögerungen werden durch die rechtssicherere Personalanpassungsmöglichkeit aufgewogen. Um diese Verzögerungen allerdings berechenbarer zu machen, wird die mündliche Verhandlung durch eine umfassende schriftliche Sachverhaltsermittlung vorbereitet. Dabei wird auf die Zustellung der gegnerischen Schriftsätze verzichtet und das rechtliche Gehör zunächst durch ein Auslegeverfahren gewährleistet. Die mündliche Verhandlung dient daher lediglich der Aufklärung von Widersprüchen. Eine Beschleunigung erfolgt schließlich durch eine an die Regelungen der §§ 126 ff. InsO angelehnte Rechtsmittelkonstruktion, bei der ebenfalls lediglich die Möglichkeit der Rechtsbeschwerde an das Bundesarbeitsgericht besteht, die allerdings durch die Zulassung der Nichtzulassungsbeschwerde ergänzt wird.

Ob das hier vorgeschlagene Verfahren vom Gesetzgeber aufgenommen wird, erscheint in Anbetracht des Eingriffs in das bestehende System des Rechtsschutzes gegen betriebsbedingte Kündigungen fraglich. Die Gefahr von Insolvenzen allerdings könnte durch eine Flexibilisierung der Personalanpassung im Zeitpunkt der Krise des Unternehmens erreicht werden, da ein prozessuales Instrument bürokratische Schranken, wie das Nebeneinander an sich zusammenfassbarer Rechte des Betriebsrats, überwinden kann – eine Forderung, die sich im Rahmen der empirischen Erhebung seitens der Insolvenzverwalter gefunden hat. Durch das Beschlussverfahren de lege ferenda wird die sog. „Flucht in die Insolvenz" zumindest unter dem Gesichtspunkt „Arbeitsrecht" eingeschränkt.

Jedenfalls das Beschlussverfahren gem. §§ 126 ff. InsO hat sich weder theoretisch, noch praktisch als sanierungsfördernd erwiesen.

# Anlage 1

**Ulrich Becker**
Hilgenfeldweg 5
07743 Jena
✆: 03641/514234
@: Ulrich-Becker@web.de

in Zusammenarbeit mit der

Friedrich-Schiller-Universität Jena

Lehrstuhl für Bürgerliches Recht, Handels-, Gesellschafts- und Arbeitsrecht
Univ.-Prof. Dr. Hartmut Oetker

und unterstützt durch den

THÜRINGER ARBEITSKREIS FÜR UNTERNEHMENS- UND INSOLVENZRECHT E. V.

17. März 2004

Sehr geehrte (r),

derzeit schreibe ich an meiner Doktorarbeit zum Thema „Die betriebsbedingte Kündigung bei Betriebsübergang in der Insolvenz – zugleich zur Übertragbarkeit des Beschlussverfahrens nach §§ 126 ff. InsO". Im Rahmen dieser Arbeit führe ich mit der Unterstützung meines Doktorvaters, Herrn Univ.-Prof. Dr. Hartmut Oetker, sowie des Thüringer Arbeitskreises für Unternehmens- und Insolvenzrecht e.V. eine empirische Erhebung zur Durchsetzung der Vorschriften des Beschlussverfahrens in der insolvenzrechtlichen Praxis durch. Ziel der Erhebung ist es, Verbesserungsvorschläge zu unterbreiten bzw. eine Ausweitung der Normen anzuregen.

Da Sie, , als Insolvenzverwalter über den praktischen Erfahrungsschatz verfügen, um mir die für die tatsächliche Grundlage meiner Arbeit notwendigen Informationen zu vermitteln, bin ich zur Umsetzung meines Vorhabens dringend auf Ihre Unterstützung angewiesen. Deshalb möchte ich Sie bitten, meine wissenschaftliche Arbeit zu unterstützen und den beiliegenden Fragebogen sorgfältig auszufüllen, auch dann, wenn Sie mit dem Beschlussverfahren noch keine Erfahrungen gemacht haben. Das Ausfüllen der maximal drei Bögen dürfte nicht mehr als 10 Minuten in Anspruch nehmen, da sich viele Fragen sehr schnell beantworten lassen. Selbstverständlich sichere ich Ihnen Vertraulichkeit zu. Die eingesandten Daten werden von mir erfasst, anonymisiert, anschließend ausgewertet und in meiner Dissertation verarbeitet.

Ich darf Sie bitten, den Fragebogen bis zum

**23. April 2004**

in dem beiliegenden an mich adressierten Rückumschlag zurückzusenden.

Sollten Sie Interesse an den Ergebnissen der Umfrage bzw. meiner Dissertation haben, senden Sie mir bitte eine E-Mail an Ulrich-Becker@web.de. Ich werde Sie dann zu gegebener Zeit informieren.

Ich danke Ihnen für Ihre Hilfe und verbleibe mit freundlichen Grüßen aus Jena,

Ulrich Becker

## Anlage 2

**Ulrich Becker**
Hilgenfeldweg 5
07743 Jena
✆: 03641/514234
@: Ulrich-Becker@web.de

in Zusammenarbeit mit der

Friedrich-Schiller-Universität Jena

Lehrstuhl für Bürgerliches Recht, Handels-, Gesellschafts- und Arbeitsrecht
Univ.-Prof. Dr. Hartmut Oetker

Friedrich-Schiller-Universität
Rechtswissenschaftliche Fakultät
Lehrstuhl Univ. Prof. Dr. H. Oetker
– z. Hd. Herrn Ulrich Becker –
Carl-Zeiss-Straße 3
07743 Jena

und unterstützt durch den

THÜRINGER ARBEITSKREIS FÜR UNTERNEHMENS- UND INSOLVENZRECHT E. V.

17. März 2004

Sehr geehrte Tagungsteilnehmerin, sehr geehrter Tagungsteilnehmer,

ich schreibe derzeit an meiner Doktorarbeit zum Thema „Die betriebsbedingte Kündigung bei Betriebsübergang in der Insolvenz – zugleich zur Übertragbarkeit des Beschlussverfahrens nach §§ 126 ff. InsO". Im Rahmen dieser Arbeit führe ich mit der Unterstützung meines Doktorvaters, Herrn Univ.-Prof. Dr. Hartmut Oetker, sowie des Thüringer Arbeitskreises für Unternehmens- und Insolvenzrecht e.V. eine empirische Erhebung zur Durchsetzung der Vorschriften des Beschlussverfahrens in der insolvenzrechtlichen Praxis durch. Ziel der Erhebung ist es, Verbesserungsvorschläge zu unterbreiten bzw. eine Ausweitung der Normen anzuregen.

Da Sie als Insolvenzverwalter über den praktischen Erfahrungsschatz verfügen, um mir die für die tatsächliche Grundlage meiner Arbeit notwendigen Informationen zu vermitteln, bin ich zur Umsetzung meines Vorhabens dringend auf Ihre Unterstützung angewiesen. Deshalb möchte ich Sie bitten, meine wissenschaftliche Arbeit zu unterstützen und den beiliegenden Fragebogen sorgfältig auszufüllen, auch dann, wenn Sie mit dem Beschlussverfahren noch keine Erfahrungen gemacht haben. Das Ausfüllen der maximal drei Bögen dürfte nicht mehr als 10 Minuten in Anspruch nehmen, da sich viele Fragen sehr schnell beantworten lassen. Selbstverständlich sichere ich Ihnen Vertraulichkeit zu. Die eingesandten Daten werden von mir erfasst, anonymisiert, anschließend ausgewertet und in meiner Dissertation verarbeitet.

Ich darf Sie bitten, den Fragebogen entweder bis zum **23. April 2004** an **die oben eingetragene Adresse zu senden** oder ihn **bei dem Tagungscounter abzugeben.**

Ich schreibe zeitgleich Insolvenzverwalter in ganz Deutschland an. Wenn Sie also von mir angeschrieben werden oder bereits wurden, bitte füllen Sie den Fragebogen nur einmal aus.

Sollten Sie Interesse an den Ergebnissen der Umfrage bzw. meiner Dissertation haben, senden Sie mir bitte eine E-Mail an Ulrich-Becker@web.de. Ich werde Sie dann zu gegebener Zeit informieren.

Ich danke Ihnen für Ihre Hilfe und verbleibe mit freundlichen Grüßen aus Jena,

Ulrich Becker

# Anlage 3



| A | **Daten zu den durchgeführten Unternehmensinsolvenzverfahren** | |
|---|---|---|
| 1 | In wie vielen 2003 neu eröffneten Unternehmensinsolvenzverfahren sind Sie zum endgültigen Insolvenzverwalter bestellt worden (keine Verbraucher-, Klein-, Nachlass- und Sonderinsolvenzverfahren)? | ________ Insolvenzverfahren (wenn Sie kein Verfahren hatten, gehen Sie bitte zu Teil C und D über) |
| 2 | In wie vielen der 2003 eröffneten Insolvenzverfahren wurde nach Insolvenzeröffnung das Unternehmen von Ihnen tatsächlich fortgeführt? | ________ Insolvenzverfahren |
| 3 | In wie vielen der nach der Eröffnung fortgeführten Unternehmen bestand ein Betriebsrat? | ________ Unternehmen |
| 4 | Wie viele der nach der Eröffnung fortgeführten Unternehmen hatten bei Verfahrenseröffnung mehr als 250 Arbeitnehmer? | ________ Unternehmen |
| 5 | In wie vielen der über die Verfahrenseröffnung hinaus fortgeführten Unternehmen haben Sie betriebsbedingt Kündigungen ausgesprochen? | ________ Unternehmen |
| 6 | Wenn Sie Kündigungen in Erwägung gezogen haben, haben Sie dann 2003 das Beschlussverfahren nach §§ 126 ff. InsO beantragt? | ❑ Ja ❑ Nein |
| 7 | Wenn Sie Frage 6 mit „Nein" beantwortet haben, geben Sie bitte den Grund dafür an, warum Sie das Beschlussverfahren nicht angewendet haben!<br>(Mehrfachnennungen möglich) | ❑ Ich habe vorher einen Interessenausgleich abgeschlossen, § 125 InsO<br>❑ Ich habe mich mit den Arbeitnehmern auf Aufhebungsverträge geeinigt<br>❑ Es gab freiwillige Eigenkündigungen<br>❑ Die Arbeitnehmer haben freiwillig auf Teile ihrer Vergütung verzichtet<br>❑ Der Erwerber hat die Arbeitnehmer bei Minderung des Kaufpreises übernommen |
| | Sonstige Gründe: | |

**Wenn Sie die Frage 6 des Teiles A mit „Nein" beantwortet, Sie also das Beschlussverfahren noch nicht angewendet haben, überspringen Sie bitte den Teil B und beantworten Teil C und D.**

| B | **Beschlussverfahren, §§ 126-128 InsO** | |
|---|---|---|
| 1 | Wie oft haben Sie in den 2003 eröffneten Insolvenzverfahren das Beschlussverfahren (§§ 126 ff. InsO) durchgeführt? | ________ mal |
| 2 | In wie vielen dieser Fälle bestand ein Betriebsrat? | in ________ Fällen |
| 3 | Wie viele Arbeitnehmer waren in den einzelnen Unternehmen bei Eröffnung des Insolvenzverfahrens ca. beschäftigt? Sollten Sie mehr als 4 Beschlussverfahren durchgeführt haben, geben Sie bitte einen ca. Gesamtdurchschnittswert an! | Verfahren 1: ca._____ Arbeitnehmer<br>Verfahren 2: ca._____ Arbeitnehmer<br>Verfahren 3: ca._____ Arbeitnehmer<br>Verfahren 4: ca._____ Arbeitnehmer<br>oder > 4: Ø_____ Arbeitnehmer |
| 4 | Wieso kam – als Voraussetzung für die Einleitung des Beschlussverfahrens – ein Interessenausgleich nach § 125 InsO nicht zustande (Mehrfachnennung möglich)? | ❑ Es existierte kein Betriebsrat<br>❑ Es konnte trotz rechtzeitiger und umfassender Unterrichtung des Betriebsrats keine Einigung erzielt werden |
| | Sonstige Gründe: | |

| | | |
|---|---|---|
| 5 | Wie oft kam 2003 noch vor Abschluss des Beschlussverfahrens ein Interessenausgleich (§ 125 InsO) mit dem Betriebsrat zustande? | ❑ nie ❑ 1x ❑ 2x ❑ 3x ❑ 4x ❑ >4 |
| 6 | Bei wie vielen Verfahren in 2003 war ein potenzieller Erwerber beteiligt, § 128 InsO? | ❑ nie ❑ 1x ❑ 2x ❑ 3x ❑ 4x ❑ >4 |
| 7 | Wie oft haben Sie das Beschlussverfahren zum Zweck angestrebt, dass die von einem Erwerber beabsichtigten Kündigungen den Privilegien des Beschlussverfahrens unterliegen, § 128 InsO? | ❑ nie ❑ 1x ❑ 2x ❑ 3x ❑ 4x ❑ >4 |
| 8 | Wie viele Arbeitnehmer waren an den Beschlussverfahren <u>ca. beteiligt</u>? Sollten Sie mehr als 4 Beschlussverfahren durchgeführt haben, geben Sie bitte einen ca. Gesamtdurchschnittswert an! | Verfahren 1: ca._____ Arbeitnehmer<br>Verfahren 2: ca._____ Arbeitnehmer<br>Verfahren 3: ca._____ Arbeitnehmer<br>Verfahren 4: ca._____ Arbeitnehmer<br>oder > 4: Ø _____ Arbeitnehmer |
| 9 | Verzögerte die Prozessvertretung eines jeden Arbeitnehmers das Beschlussverfahren? | ❑ Ja ❑ Nein |
| 10 | Haben Sie dem Gericht bezüglich der Sozialauswahl eine konkrete Rangfolge vorgegeben oder die Arbeitnehmer in Gruppen eingeteilt? | ❑ Ja ❑ Nein |
| 11 | In wie vielen Verfahren ist das Arbeitsgericht ihrem Antrag im Wesentlichen gefolgt? | ❑ nie ❑ 1x ❑ 2x ❑ 3x ❑ 4x ❑ >4 |
| 12 | Wenn das Arbeitsgericht Ihrem Antrag nicht folgte, haben Sie trotzdem betriebsbedingt gekündigt? Wenn ja, in wie vielen Verfahren? | ❑ Ja ❑ Nein<br>Anzahl:______ |
| 13 | Hatten Sie bereits vor Einleitung des Beschlussverfahrens betriebsbedingt gekündigt? | ❑ Ja ❑ Nein |
| 14 | Wie viele Arbeitnehmer wurden von Ihnen nach Abschluss des Beschlussverfahrens ca. betriebsbedingt gekündigt? Sollten Sie mehr als 4 Beschlussverfahren durchgeführt haben, geben Sie bitte einen ca. Gesamtdurchschnittswert an! | Verfahren 1: ca._____ Arbeitnehmer<br>Verfahren 2: ca._____ Arbeitnehmer<br>Verfahren 3: ca._____ Arbeitnehmer<br>Verfahren 4: ca._____ Arbeitnehmer<br>oder > 4: Ø _____ Arbeitnehmer |
| 15 | Ca. wie oft wurden nach Abschluss des Beschlussverfahrens Kündigungsschutzklagen eingereicht? Sollten Sie mehr als 4 Beschlussverfahren durchgeführt haben, geben Sie bitte einen ca. Gesamtdurchschnittswert an! | Verfahren 1: ca._____ mal<br>Verfahren 2: ca._____ mal<br>Verfahren 3: ca._____ mal<br>Verfahren 4: ca._____ mal<br>oder > 4: Ø _____ mal |
| 16 | In wie vielen Fällen wurde die Rechtsbeschwerde an das BAG zugelassen, §§ 126 Abs. 2 Satz 2, 122 Abs. 3 Satz 2 InsO? | ❑ nie ❑ 1x ❑ 2x ❑ 3x ❑ 4x ❑ >4 |
| 17 | In wie vielen Verfahren wurde die Rechtsbeschwerde zum BAG von Seiten der Arbeitnehmer eingelegt? | ❑ nie ❑ 1x ❑ 2x ❑ 3x ❑ 4x ❑ >4 |
| 18 | Wie oft haben Sie die Beschwerde eingelegt? | ❑ nie ❑ 1x ❑ 2x ❑ 3x ❑ 4x ❑ >4 |

**Bitte beantworten Sie zu statistischen Zwecken die Fragen zu Ihrer Person, mit deren Hilfe eine wissenschaftliche Aufarbeitung ermöglicht wird. Dies ist erforderlich, da der Fragebogen ansonsten anonym gehalten ist.**

| C | **Daten zu Ihrer Person** | |
|---|---|---|
| 1 | Welches ist Ihr beruflicher Hintergrund?<br>(Mehrfachnennungen mgl.) | ❑ Rechtsanwalt<br>❑ Steuerberater/Wirtschaftsprüfer<br>❑ Diplom-Betriebs-/Volkswirt<br>❑ ____________________ |
| 2 | Wie alt sind Sie in vollen Jahren? | ____ Jahre |
| 3 | Geschlecht? | Männlich: ❑ Weiblich: ❑ |
| 4 | Vor wie vielen Jahren wurden Sie zum ersten Mal zum Insolvenzverwalter bestellt? | vor ____ Jahren |
| 5 | Wie viele Insolvenzverwalter sind außer Ihnen in Ihrer Kanzlei/Sozietät noch tätig? | ________ Insolvenzverwalter |

| | | |
|---|---|---|
| 6 | Arbeiten Sie in einer interprofessionellen Kanzlei/Sozietät? | ❑ Ja ❑ Nein |
| 7 | In welchem Bundesland/welche Bundesländer sind Sie als Insolvenzverwalter hauptsächlich tätig? | ____________________ |

**Bitte beantworten Sie abschließend die folgenden Fragen auch dann, wenn Sie mit dem Beschlussverfahren noch keine Erfahrungen gemacht haben. Es interessiert mich dann Ihre Meinung zum Verfahren und zu einigen Verbesserungsvorschlägen.**

| D | **Beurteilungen** 1 = stimme voll zu; 2 = stimme überwiegend zu; 3 = unentschieden; 4 = stimme nicht zu; 5 = stimme überhaupt nicht zu | 1 | 2 | 3 | 4 | 5 | Keine Antwort |
|---|---|---|---|---|---|---|---|
| 1 | § 613a BGB wirkt sanierungshemmend | ❑ | ❑ | ❑ | ❑ | ❑ | ○ |
| 2 | Potenzielle Erwerber werden durch § 613a BGB von einem Kauf abgeschreckt | ❑ | ❑ | ❑ | ❑ | ❑ | ○ |
| 3 | Die Betriebsübertragung ist ein sinnvolles Sanierungsinstrument | ❑ | ❑ | ❑ | ❑ | ❑ | ○ |
| 4 | Dem Interessenausgleich (§ 125 InsO) und dem Beschlussverfahren (§§ 126 ff. InsO) kommt eine wichtige Bedeutung bei der Sanierung zu | ❑ | ❑ | ❑ | ❑ | ❑ | ○ |
| 5 | Durch die Beschränkung der Sozialauswahl des KSchG auf Betriebszugehörigkeit, Lebensalter, Unterhaltspflichten und Schwerbehinderung zum 1.1.2004 verlieren die §§ 125, 126 ff. InsO an Bedeutung | ❑ | ❑ | ❑ | ❑ | ❑ | ○ |
| 6 | Das Beschlussverfahren dauert zu lange | ❑ | ❑ | ❑ | ❑ | ❑ | ○ |
| 7 | Das Beschlussverfahren eignet sich für Unternehmen mit vielen Beschäftigten | ❑ | ❑ | ❑ | ❑ | ❑ | ○ |
| 8 | Das Beschlussverfahren entlastet den Insolvenzverwalter ausreichend von der Darlegungslast bei einer betriebsbedingten Kündigung | ❑ | ❑ | ❑ | ❑ | ❑ | ○ |
| 9 | Die umfassende und rechtzeitige Unterrichtung des Betriebsrates erscheint als praktisch schwer erreichbar und beweisbar | ❑ | ❑ | ❑ | ❑ | ❑ | ○ |
| 10 | Die Arbeitnehmerinteressen werden durch das Beschlussverfahren derzeit zu stark berücksichtigt | ❑ | ❑ | ❑ | ❑ | ❑ | ○ |
| 11 | Das Beschlussverfahren sollte auch für den vorläufigen Insolvenzverwalter gelten | ❑ | ❑ | ❑ | ❑ | ❑ | ○ |
| 12 | Das Beschlussverfahren erleichtert die Übertragung von Betriebsteilen | ❑ | ❑ | ❑ | ❑ | ❑ | ○ |
| 13 | Durch das Beschlussverfahren wird der Arbeitnehmer von der (späteren) Erhebung einer Kündigungsschutzklage abgehalten | ❑ | ❑ | ❑ | ❑ | ❑ | ○ |
| 14 | Im Rahmen des Beschlussverfahrens sollte die Wirksamkeit einer betriebsbedingten Kündigung über die Betriebsbedingtheit und die Sozialauswahl hinaus geprüft werden | ❑ | ❑ | ❑ | ❑ | ❑ | ○ |
| 15 | Im Fall der Massenentlassungen im Insolvenzverfahren stellte sich die Anzeigepflicht nach §§ 17 ff. KSchG als hinderlich dar | ❑ | ❑ | ❑ | ❑ | ❑ | ○ |

| | | |
|---|---|---|
| 16 | Was ist für Sie das größte Hindernis, das bei der Anwendung des Beschlussverfahrens auftritt oder auftreten kann? Haben Sie Verbesserungsvorschläge bezüglich des Beschlussverfahrens? | ❑ Es müssen zu viele Arbeitnehmer beteiligt werden<br>❑ Das Verfahren dauert zu lange<br>❑ Das Verfahren bietet nicht genug Rechtssicherheit |
| | Sonstiges/Verbesserungen: | |

**Ich danke *Ihnen* für die Unterstützung meiner Arbeit!**

**Abkürzungsverzeichnis**

| | |
|---|---|
| *a.A.* | anderer Ansicht |
| *aaO.* | am angegebenen Ort |
| *a.F.* | alte Fassung |
| *ABl.* | Amtsblatt |
| *Abs.* | Absatz |
| *AG* | Aktiengesellschaft |
| *AiB* | Arbeitsrecht im Betrieb |
| *Anm.* | Anmerkung |
| *AnwBl.* | Anwaltsblatt |
| *AP* | Arbeitsrechtliche Praxis – Nachschlagewerk des Bundesarbeitsgerichts |
| *ArbGG* | Arbeitsgerichtsgesetz |
| *AR-Blattei* | Arbeitsrechts-Blattei |
| *ArbPlSchG* | Gesetz über den Schutz des Arbeitsplatzes bei Einberufung zum Wehrdienst (Arbeitsplatzschutzgesetz) |
| *ArbRB* | Der Arbeitsrechtsberater |
| *ArbRGgw.* | Das Arbeitsrecht der Gegenwart |
| *arg.* | argumentum |
| *Art.* | Artikel |
| *AuA* | Arbeit und Arbeitsrecht |
| *AuR* | Arbeit und Recht – Zeitschrift für Arbeitsrechtspraxis |
| *BAG* | Bundesarbeitsgericht |
| *BAGE* | Entscheidungen des Bundesarbeitsgerichts |
| *BauR* | Baurecht |
| *BB* | Der Betriebs-Berater |
| *BBiG* | Berufsbildungsgesetz |
| *BErzGG* | Gesetz zum Erziehungsgeld und zur Elternzeit (Bundeserziehungsgeldgesetz) |
| *BetrVG* | Betriebsverfassungsgesetz |
| *BGBl.* | Bundesgesetzblatt |
| *BlStSozArbR* | Blätter für Steuerrecht, Sozialversicherung und Arbeitsrecht |
| *BPersVG* | Bundespersonalvertretungsgesetz |
| *BSG* | Bundessozialgericht |
| *BSGE* | Entscheidungen des Bundessozialgerichts |
| *Bsp.* | Beispiel |
| *BTDrucks* | Bundestagsdrucksache |
| *BuW* | Betrieb und Wirtschaft- Zeitschrift für Rechnungswesen, Steuern, Wirtschafts-, Arbeits- und Sozialrecht im Betrieb |

| | |
|---|---|
| *BVerfG* | Bundesverfassungsgericht |
| *BVerfGE* | Entscheidungen des Bundesverfassungsgerichts |
| *BVerfGG* | Gesetz über das Bundesverfassungsgericht |
| *d.h.* | das heißt |
| *DB* | Der Betrieb |
| *ders.* | derselbe |
| *Dipl.* | Diplom |
| *DZWIR* | Deutsche Zeitschrift für Wirtschafts- und Insolvenzrecht |
| *ES* | Entscheidungssammlung |
| *EuGH* | Gerichtshof der Europäischen Gemeinschaften |
| *EWG* | Europäische Wirtschaftsgemeinschaft |
| *EzA* | Entscheidungssammlung zum Arbeitsrecht |
| *FS* | Festschrift |
| *GG* | Grundgesetz |
| *ggf.* | gegebenenfalls |
| *GK-BetrVG* | Gemeinschaftskommentar zum Betriebsverfassungsgesetz |
| *GmbH* | Gesellschaft mit beschränkter Haftung |
| *h.M.* | herrschende Meinung |
| *HAG* | Heimarbeitergesetz |
| *HS.* | Halbsatz |
| *i.d.F.* | in der Fassung/Form |
| *Ing.* | Ingenieur |
| *insb.* | insbesondere |
| *InsO* | Insolvenzordnung |
| *iSd.* | im Sinne des/der |
| *JW* | Juristische Wochenschrift |
| *JZ* | Juristenzeitung |
| *KG* | Kommanditgesellschaft |
| *KGaA* | Kommanditgesellschaft auf Aktien |
| *KR* | Gemeinschaftskommentar zum Kündigungsschutzgesetz und zu sonstigen kündigungsrechtlichen Vorschriften |
| *KSchG* | Kündigungsschutzgesetz |
| *KTS* | Konkurs-, Treuhand- und Schiedsgerichtswesen |
| *LAG* | Landesarbeitsgericht |
| *LAGE* | Entscheidungen der Landesarbeitsgerichte |
| *LG* | Landgericht |
| *m.E.* | meines Erachtens |
| *m.w.N.* | mit weiteren Nachweisen |
| *MDR* | Monatsschrift des Deutschen Rechts |

| | |
|---|---|
| *MünchArbR* | Münchener Handbuch zum Arbeitsrecht |
| *MünchKommInsO* | Münchener Kommentar zur Insolvenzordnung |
| *MünchKommZPO* | Münchener Kommentar zur Zivilprozessordnung mit Gerichtsverfassungsgesetz und Nebengesetzen |
| *MuSchG* | Gesetz zum Schutze der erwerbtätigen Mutter (Mutterschutzgesetz) |
| *n.F.* | neue Fassung |
| *NJW* | Neue Juristische Wochenschrift |
| *NK-KSchG* | Nomos Kommentar – Kündigungsschutzgesetz |
| *Nr.* | Nummer |
| *NZA* | Neue Zeitschrift für Arbeits- und Sozialrecht |
| *NZA-RR* | Neue Zeitschrift für Arbeitsrecht, Rechtsprechungs-Report |
| *NZI* | Neue Zeitschrift für das Recht der Insolvenz und Sanierung |
| *OHG* | Offene Handelsgesellschaft |
| *OLG* | Oberlandesgericht |
| *OLG-Rspr.* | Die Rechtsprechung der Oberlandesgerichte auf dem Gebiete des Zivilrechts |
| *RdA* | Recht der Arbeit |
| *RG* | Reichsgericht |
| *RInsO* | Referentenentwurf Gesetz zur Reform des Insolvenzrechts |
| *RL* | Richtlinie |
| *Rn.* | Randnummer |
| *SAE* | Sammlung arbeitsrechtlicher Entscheidungen |
| *SchwbG* | Schwerbehindertengesetz |
| *SD* | Systematische Darstellung |
| *SGB* | Sozialgesetzbuch |
| *sog.* | sogenannte/-er/-es |
| *St. Rspr.* | Ständige Rechtsprechung |
| *StB* | Steuerberater |
| *TzBfG* | Gesetz über Teilzeitarbeit und befristete Arbeitsverträge (Teilzeit- und Befristungsgesetz) |
| *Urt.* | Urteil |
| *VGH* | Verwaltungsgerichtshof |
| *Vgl.* | Vergleiche |
| *VwGO* | Verwaltungsgerichtsordnung |
| *WP* | Wirtschaftsprüfer |
| *ZDG* | Zivildienstgesetz |
| *ZfA* | Zeitschrift für Arbeitsrecht |
| *ZGR* | Zeitschrift für Unternehmens- und Gesellschaftsrecht |

| | |
|---|---|
| *ZInsO* | Zeitschrift für das gesamte Insolvenzrecht |
| *ZIP* | Zeitschrift für Wirtschaftsrecht |
| *ZMR* | Zeitschrift für Miet- und Raumrecht |
| *ZPO* | Zivilprozessordnung |
| *z.T.* | zum Teil |
| *ZTR* | Zeitschrift für Tarifrecht |
| *ZZP* | Zeitschrift für Zivilprozess |

**Verarbeitete Literatur**

*Adam, Roman F.*, Anmerkung zu BAG 20.3.2003, DZWIR 2003, 376

*Annuß, Georg*, Die Betriebsänderung in der Insolvenz, NZI 1999, 344

*Arend, Katrin*, Der Personalabbau nach der Insolvenzordnung, Frankfurt, Berlin, Bern, New York, Paris, Wien 1998 (zit.: Arend, Personalabbau)

*Ascheid, Reiner/Preis, Ulrich/Schmidt, Ingrid*, Kündigungsrecht – Großkommentar zum gesamten Recht der Beendigung von Arbeitsverhältnissen, 2. Auflage München 2004 (zit.: Bearbeiter in: Kündigungsrecht)

*ders.*, Urteils- und Beschlussverfahren im Arbeitsrecht, 2. Auflage Neuwied, Kriftel 1998 (zit.: Ascheid, Urteils- und Beschlussverfahren)

*Bader, Peter*, Neuregelungen im Bereich des Kündigungsschutzgesetzes durch das Arbeitsrechtliche Beschäftigungsförderungsgesetz, NZA 1996, 1125

*Baumbach, Adolf/Lauterbach, Wolfgang/Albers, Jan/Hartmann, Peter*, Zivilprozessordnung mit Gerichtsverfassungsgesetz und anderen Nebengesetzes, 63. Auflage, München 2005 (zit.: Bearbeiter in: Baumbach/Lauterbach/Albers/Hartmann, ZPO)

*Berkowsky, Wilfried*, Das neue Insolvenz-Kündigungsrecht, NZI 1999, 129

*Berscheid, Ernst-Dieter*, Vorschläge zur Änderung und Ergänzung der Vorschriften des Insolvenzarbeitsrechts, in: Festschrift für Peter Schwerdtner zum 65. Geburtstag, hrsg. von Hubertus Bauer und Dietrich Boewer, München 2003, S. 517 (zit.: Berscheid in: FS für Schwerdtner)

*ders.*, Die Arbeitsgerichtsbarkeit im Insolvenzverfahren, in: „Die Arbeitsgerichtsbarkeit – Festschrift zum 100jährigen Bestehen des Deutschen Arbeitsgerichtsverbandes", S. 405, Neuwied, Kriftel, Berlin 1994 (zit.: Berscheid in: FS-Arbeitsgerichtsverband)

*ders.*, Interessenausgleich mit Namensliste – Wirkungen und Zeitpunkt des Zustandekommens, MDR 1998, 816

*ders.*, Personalabbau vor und in der Insolvenz unter Berücksichtigung des Betriebsüberganges, AnwBl. 1995, 8

*Bichlmeier, Wilhelm/Oberhofer, Hermann*, Neues Arbeitsrecht im Konkurs, AiB 1997, 161

*Birkholz, Christian*, Betriebsübergang nach § 613a BGB in der Insolvenz – Unter Berücksichtigung des Regierungsentwurfes einer Insolvenzordnung, Berlin u.a. 1995 (zit.: Birkholz)

*Bitter, Walter/Kiel, Heinrich*, 40 Jahre Rechtsprechung des Bundesarbeitsgerichts zur Sozialwidrigkeit von Kündigungen, RdA 1994, 333

*Böhler, Heymo*, Marktforschung, 3. Auflage, Stuttgart 2004 (zit.: Böhler, Marktforschung)

*Brönneke, Tobias*, Kollektiver Rechtsschutz im Zivilprozessrecht – Gruppenklagen, Verbandsmusterklagen, Verbandsklagebefugnis und Kosten des kollektiven Rechtsschutzes, Baden-Baden 2001 (zit.: Brönneke, Kollektiver Rechtsschutz)

*Buschmann, Rudolf*, Gemeine Marktwirtschaft, AuR 1996, 285

*Bühl, Achim/Zöfel, Peter*, SPSS Version 8 – Einführung in die moderne Datenanalyse unter Windows, 5. Auflage Bonn 1998 (zit.: Bühl/Zöfel, SPSS)

*Bundesministerium der Justiz*, Diskussionsentwurf Gesetz zur Reform des Insolvenzrechts, Köln 1988 (zit.: Gesetz zur Reform des Insolvenzrechts)

*Bundesministerium der Justiz*, Referentenentwurf Gesetz zur Reform des Insolvenzrechts, Köln 1989 (zit.: Referentenentwurf)

*Bütefisch, Wylka*, Die Sozialauswahl – Praxisorientierte Darstellung der §§ 1 Abs. 3, 4 KSchG und 125 Abs. 1 S. 1 Nr. 2 InsO, Köln 2000 (zit.: Bütefisch)

*Caspers, Georg*, Personalabbau und Betriebsänderung im Insolvenzverfahren – Die Neuregelungen zum Kündigungsschutz und zur Mitbestimmung bei Betriebsänderungen durch die Insolvenzordnung und das Arbeitsrechtliche Beschäftigungsförderungsgesetz 1996, RWS-Beiträge, Köln 1998 (zit.: Caspers, Personalabbau)

*Dauenheimer, Horst G.*, Anmerkung zu ArbG Lübeck 17.8. 1978, BB 1979, 989

*Däubler, Wolfgang/Kittner, Michael/Klebe, Thomas*, BetrVG Betriebsverfassungsgesetz mit Wahlordnung, §§ 121-128 InsO und EBR-Gesetz – Kommentar für die Praxis, 9. Auflage Frankfurt/Main 2004 (zit.: Bearbeiter in Däubler/Kittner/Klebe, BetrVG)

*Derleder, Peter*, Ist der Übergang der Arbeitnehmerrechte bei einer Betriebsveräußerung im Konkurs ausgeschlossen?, AuR 1976, 129

*Diekmann, Andreas*, Empirische Sozialforschung – Grundlagen, Methoden, Anwendungen, Hamburg 1995 (zit.: Diekmann)

*Dörner, Klemens*, Arbeitsrechtliche Aspekte der Reform des Insolvenzrechts, NZA 1989, 546

*Dütz, Wilhelm*, Arbeitsgerichtliches Beschlussverfahren und Individualprozess, in: Arbeit und Recht – Festschrift für Albert Gnade zum 65. Geburtstag, Hrsg.:

Wolfgang Däubler, Manfred Bobke, Karl Kehrmann, S. 487, Köln 1992 (zit.: Dütz in: FS für Gnade)

*Düwell, Franz Josef*, Das arbeitsrechtliche Gesetz zur Förderung von Wachstum und Beschäftigung, AiB 1996, 393

*Eichholtz, Stephanie*, Die US-amerikanische Class Action und ihre deutschen Funktionsäquivalente, Tübingen 2002 (zit.: Eichholtz, Class Action)

*Eidenmüller, Horst*, Unternehmenssanierung zwischen Markt und Gesetz – Mechanismen der Unternehmensreorganisation und Kooperationspflichten im Reorganisationsrecht, Köln 1999 (zit.: Eidenmüller, Unternehmenssanierung)

*Erfurter Kommentar zum Arbeitsrecht*, Hrsg.: Dieterich, Thomas/Schaub, Günther/Müller-Glöge, Rudi/Preis, Ulrich, 5. Auflage München 2005 (zit.: Bearbeiter in: ErfK)

*Ettwig, Bettina*, Die betriebsbedingte Kündigung in der Insolvenz, Neuwied, Kriftel 2000 (zit.: Ettwig)

*Everhardt, Karl-Hans*, Die Bedeutung des § 613a BGB für die Insolvenzsicherung der betrieblichen Altersversorgung, BB 1976, 1611

*Fenn, Herbert*, „Effektivere Gestaltung des Beschlussverfahrens" durch vermehrte Dispositionsbefugnisse für die Beteiligten – Das Beschlussverfahren im Entwurf eines Gesetzes zur Beschleunigung und Bereinigung des arbeitsgerichtlichen Verfahrens, in: 25 Jahre Bundesarbeitsgericht, hrsg. von Gamillscheg, Franz/Hueck, Götz und Wiedemann, Herbert, München 1979 (zit.: Fenn in: 25 Jahre Bundesarbeitsgericht)

*ders.*, Dispositions- oder Offizialmaxime im arbeitsgerichtlichen Beschlussverfahren, in: Festschrift für Gerhard Schiedermair zum 70. Geburtstag; hrsg. von Lüke, Gerhard und Jauernig, Othmar, S. 117, München 1976 (zit.: Fenn in: FS für Schiedermair)

*Fischer, Ulrich*, Die Kündigungsliste nach § 1 Abs. 5 KSchG – Betriebsverfassungsrechtliche Voraussetzungen, Anforderungen und Wirkungen, AuR 1998, 261

*Fischermeier, Ernst*, Die betriebsbedingte Kündigung nach den Änderungen durch das Arbeitsrechtliche Beschäftigungsförderungsgesetz, NZA 1997, 1089

*Fitting, Karl/Kaiser, Heinrich/Heither, Friedrich/Engels, Gerd/Schmidt, Ingrid*, Betriebsverfassungsgesetz – Handkommentar, 21. Auflage, München 2002 (zit.: Fitting/Kaiser/Heither/Engels/Schmidt)

*Foerste, Ulrich*, Insolvenzrecht, 2. Auflage, München 2004 (zit.: Foerste, Insolvenzrecht)

*Franke, Günter*, Ökonomische Überlegungen zur Gestaltung eines gerichtlichen Sanierungsverfahrens, KTS 1983, 37

*Frankfurter Kommentar zur Insolvenzordnung*, 3. Auflage, Neuwied, Kriftel 2002 (zit.: Bearbeiter in: Frankfurter Kommentar)

*Franzen, Martin*, Die Richtlinie 98/50/EG zur Änderung der Betriebsübergangsrichtlinie 77/187/EWG und ihre Auswirkungen auf das deutsche Arbeitsrecht, RdA 1999, 361

*Friedrichs, Jürgen*, Methoden empirischer Sozialforschung, 14. Auflage Opladen 1990 (Friedrichs, Sozialforschung)

*Friese, Birgit*, Das kollektive Kündigungsschutzverfahren in der Insolvenz nach § 126 InsO, ZInsO 2001, 350

*Galperin, Hans/Löwisch, Manfred*, Kommentar zum Betriebsverfassungsgesetz, Band II: Regelung der Mitbestimmung (§§ 74-132), 6. Auflage, Heidelberg 1982 (zit.: Galperin/Löwisch)

*Gaul, Björn*, Rechtsprechung zur Namensliste gemäß § 1 Abs. 5 KSchG, AuA 1998, 168

*Gemeinschaftskommentar zum Betriebsverfassungsgesetz* Band II: §§ 74-132 mit Kommentierung des BetrVG 1952, hrsg. von Kraft, Alfons/Wiese, Günter/Kreutz, Peter/Oetker, Hartmut/Raab, Thomas/Weber, Christoph, 7. Auflage Neuwied, Kriftel 2002 (zit.: Bearbeiter in: GK-BetrVG)

*Gemeinschaftskommentar zum Kündigungsschutzgesetz* und zu sonstigen kündigungsrechtlichen Vorschriften, mitbegr. von Friedrich Becker und Wilfried Hilbrecht, 7. Auflage München/Unterschleißheim 2004 (zit.: Bearbeiter in: KR)

*Germelmann, Claas-Hinrich/Matthes, Hans-Christoph/Müller-Glöge, Rudi/ Prütting, Hanns*, Arbeitsgerichtsgesetz, 5. Auflage München 2004 (zit.: Bearbeiter in Germelmann/Matthes/Prütting/Müller-Glöge, ArbGG)

*Germelmann, Claas-Hinrich/Matthes, Hans-Christoph/Müller-Glöge, Rudi/ Prütting, Hanns*, Arbeitsgerichtsgesetz, 4. Auflage München 2002 (zit.: Bearbeiter in: Germelmann/Matthes/Prütting/Müller-Glöge [4. A.], ArbGG)

*Germelmann, Claas-Hinrich*, Neue prozessuale Probleme durch das Gesetz zur Beschleunigung des arbeitsgerichtlichen Verfahrens, NZA 2000, 1017

*Giesen, Richard*, Das neue Kündigungsschutzrecht in der Insolvenz, ZIP 1998, 46

*Gift, Emil/Baur, Hansjörg*, Das Urteilsverfahren vor den Gerichten für Arbeitssachen, München 1993 (zit.: Bearbeiter in: Gift/Baur, Urteilsverfahren)

*Gravenbrucher Kreis*, Stellungnahme zum Diskussionsentwurf eines Insolvenzrechtsreformgesetzes, ZIP 1989, 468.

*Greiner, Christoph*, Die Class Action im amerikanischen Recht und deutscher Ordre Public, Frankfurt am Main 1998 (zit.: Greiner)

*Grub, Volker*, Zur wirtschaftlichen Bedeutung des § 613a BGB bei Betriebsveräußerungen im Konkurs – aus der Sicht eines Konkursverwalters, KTS 1978, 129

*Grunsky, Wolfgang*, Probleme des Beschlussverfahrens nach § 126 InsO, in: Verfahrensrecht am Ausgang des 20. Jahrhunderts – Festschrift für Gerhard Lüke zum 70. Geburtstag, S. 190, Hrsg.: Hanns Prütting und Helmut Rüssmann, München 1997 (zit.: Grunsky in: FS für Lüke)

*ders.*, Grundzüge des Zwangsvollstreckungs- und Konkursrechts, 4. Auflage Tübingen 1987 (zit.: Grunsky, Zwangvollstreckungs- und Konkursrechts)

*ders.*, Arbeitsgerichtsgesetz – Kommentar, 7.Auflage, München 1995 (zit.: Grunsky, ArbGG)

*ders.*, Sozialplan und Konkurs des Arbeitgebers, RdA 1978, 174

*Grunsky, Wolfgang/Moll, Wilhelm*, Arbeitsrecht und Insolvenz – Neuerungen in InsO und KSchG, erschienen in: RWS-Skripten-Reihe Band 289, Köln 1997 (zit.: Grunsky/Moll)

*Hanau, Peter*, Harmonisierung von Arbeits- und Insolvenzrecht, ZIP 1989, 422

*Hauck, Friedrich/Helml, Ewald*, Arbeitsgerichtsgesetz – Kommentar, 2. Auflage, München 2003 (zit.: Bearbeiter in: Hauck/Helml, ArbGG)

*Haug, Ulrich/Pfarr, Heide M./Struck, Gerhard*, Möglichkeiten der Beschleunigung des arbeitsgerichtlichen Verfahrens, Berlin 1985 (zit.: Haug/Pfarr/Struck, Beschleunigung)

*Heidelberger Kommentar zur Insolvenzordnung* von: Eickmann, Dieter/Flessner, Axel/Irschlinger, Friedrich/Kirchhof, Hans-Peter/Kreft, Gerhart/Landfermann, Hans-Georg/Marotzke, Wolfgang/Stephan, Guido, 3. Auflage Heidelberg 2003 (zit.: Bearbeiter in: Heidelberger Kommentar)

*Heinrich, Christian*, Das Insolvenzarbeitsrecht – ein Weg aus der Krise?, Hamburg 2004 (zit.: Heinrich, Insolvenzarbeitsrecht)

*Heinze, Meinhard*, Ein insolvenzspezifisches Arbeitsrecht, in: Festschrift für Hans Friedhelm Gaul zum 70. Geburtstag; Hrsg.: Eberhard Schilken, Ekkehard Becker-Eberhard, Walter Gerhardt, S. 185, Bielefeld 1997 (zit.: Heinze in: FS für Gaul)

*ders.*, Das Arbeitsrecht der Insolvenzordnung, NZA 1999, 57 *ders.*, Die Arbeitgeber-Nachfolge bei Betriebsübergang – Die Regelungsstruktur des § 613a BGB und rechtliche Konsequenzen, insbesondere im Konkurs, DB 1980, 205

*ders.*, Die Ausübung von Arbeitgeberfunktionen durch Konkursverwalter und Testamentsvollstrecker, AuR 1976, 33

*Henckel, Wolfram*, Die Anpassung des Rechts der Betriebsübernahme (§ 613a BGB) an die Insolvenzsituation des lege lata und de lege ferenda, ZGR 1984, 225

*ders.*, Die Betriebsveräußerung im Konkurs, ZIP 1980, 2

*Herbst, Jens/Reiter, Wolfgang/Schindele, Friedrich*, Handbuch zum arbeitsgerichtlichen Beschlussverfahren – Ein praktischer Ratgeber, Köln 1994 (zit.: Herbst/Reiter/Schindele, Beschlussverfahren)

*Hergenröder, Wolfgang*, Rechtsgeschäftlicher Betriebsinhaberwechsel, AR-Blattei SD 500.1, 70. Lfg. November 1999 (zit.: Hergenröder in: AR-Blattei)

*Hergenröder, C.W.*, Anmerkung zu BAG 20.3.2003, AR-Blattei ES 500, Nr. 177 (zit.: Hergenröder in: AR-Blattei)

*Herrmann, Andreas/Homberg, Christian*, Marktforschung – Methoden, Anwendungen – Praxisbeispiele, Wiesbaden 1999 (zit.: Bearbeiter in: Herrmann/Homberg, Marktforschung)

*Hess, Harald*, Insolvenzarbeitsrecht – Kommentar, 2. Auflage, Heidelberg 2000 (zit.: Hess, Insolvenzarbeitsrecht)

*ders.*, InsO – Kommentar zur Insolvenzordnung mit EGInsO, Band 1: Insolvenzordnung, Heidelberg 1999 (zit.: Hess, InsO)

*ders.*, Die Betriebsmittelveräußerung des Konkursverwalters als Veräußerung i.S. des § 613a BGB?, DB 1976, 1154

*Hess, Harald/Fechner, Dietrich/Freund, Konrad/Körner, Friederike*, Sanierungshandbuch, 3. Auflage, Neuwied, Kriftel, Berlin 1998 (zit.: Bearbeiter in: Hess/Fechner/Freund/Körner, Sanierungshandbuch)

*Hess, Harald/Schlochauer, Ursula/Worzalla, Michael/Glock, Dirk*, Kommentar zum Betriebsverfassungsgesetz, 6. Auflage, München/Unterschleißheim 2003 (zit.: Bearbeiter in: Hess/Schlochauer/Worzalla/Glock)

*Hilger, Marie Luise*, Korreferat zu: Henkel, Wolfram, Die Anpassung des Rechts der Betriebsübernahme (§ 613a BGB) an die Insolvenzsituation des lege lata und de lege ferenda, ZGR 1984, 225, ZGR 1984, 258

*Hohenstatt, Klaus-Stefan*, Der Interessenausgleich in einem veränderten rechtlichen Umfeld, NZA 1998, 846

*Holm, Kurt*, Die Befragung 1 – Der Fragebogen – Die Stichprobe, 4. Auflage Tübingen 1991 (zit.: Holm, Befragung)

*v. Hoyningen-Huene, Gerrick/Linck, Rüdiger*, Kündigungsschutzgesetz Kommentar, 13. Auflage, München 2002 (zit.: v. Hoyningen-Huene/Linck)

*Hüttner, Manfred*, unter Mitarbeit von Ulf Schwarting, Grundzüge der Marktforschung, 7. Auflage, München, Wien 2002 (zit.: Hüttner, Marktforschung)

*Kania, Thomas*, Interessenausgleich und Sozialplan in der Insolvenz – Arbeitsrecht in der Insolvenz – Sanierungs- und Gestaltungsmöglichkeiten durch das Insolvenzarbeitsrecht, DZWIR 2000, 328

*Kappenhagen, Markus*, Anmerkung zu BAG 20.3.2003, BB 2003, 2182

*ders.*, Namensliste nach § 1 V KSchG in einem freiwilligen Interessenausgleich?, NZA 1998, 968

*Keller-Stoltenhoff, Elisabeth*, Die rechtstatsächlichen Auswirkungen des § 613a BGB im Konkurs – Untersuchung im Auftrag der Zeitschrift für Wirtschaftsrecht (ZIP), Köln 1986 (zit.: Keller-Stoltenhoff)

*Kittner, Michael/Däubler, Wolfgang/Zwanziger, Bertram*, KSchR – Kündigungsschutzrecht, Kommentar für die Praxis zu Kündigungen und anderen Formen der Beendigung des Arbeitsverhältnisses, 6. Auflage, Frankfurt/Main 2004 (zit.: Bearbeiter in: Kittner/Däubler/Zwanziger)

*Kittner, Michael/Trittin, Wolfgang*, KSchR – Kündigungsschutzrecht, Kommentar für die Praxis zum Kündigungsschutzgesetz und zu den anderen Kündigungsvorschriften, 3. Auflage Köln 1997 (zit.: Bearbeiter in: Kittner/Trittin [3. A.])

*Klebe, Thomas*, Aktuelle Gesetzesänderungen und Betriebsratsrechte, AiB 1996, 717

*Koch, Harald*, Prozessführung im öffentlichen Interesse – Rechtsvergleichende Entwicklungsbedingungen und Alternativen objektiver Rechtsdurchsetzung, Frankfurt am Main 1983 (zit.: Koch)

*Kocher, Eva*, Statt Kündigungsschutz: ein kollektives Kündigungsverfahren – Der Interessenausgleich in der neuen Insolvenzordnung, BB 1998, 213

*Kohte, Wolfhard*, Die vertrackte Namensliste – Der qualifizierte Interessenausgleich im neuen Kündigungsrecht, BB 1998, 946

*Kölner Schrift zur Insolvenzordnung* – Das neue Insolvenzrecht in der Praxis, Hrsg.: Arbeitskreis für Insolvenz- und Schiedsgerichtswesen e.V., Köln, 2. Auflage Berlin 2000 (zit.: Bearbeiter in: Kölner Schrift zur InsO [2. A.])

*Kopp, Ferdinand/Schenke, Wolf-Rüdiger*, Verwaltungsgerichtsordnung – Kommentar, 13. Auflage München 2003 (zit.: Kopp/Schenke, VwGO)

*Kraft, Alfons*, Betriebsübergang und Arbeitsverhältnis in der Rechtsprechung des Bundesarbeitsgerichts, in: 25 Jahre Bundesarbeitsgericht, hrsg. von Gamillscheg, Franz/Hueck, Götz und Wiedemann, Herbert, München 1979 (zit.: Kraft in: 25 Jahre Bundesarbeitsgericht)

*ders.*, Anmerkung zu BAG 17.2.1981, AP Nr. 11 zu § 112 BetrVG 1972

*Kreitner, Jochen*, Kündigungsrechtliche Probleme beim Betriebsinhaberwechsel, Heidelberg 1989 (zit.: Kreitner, Probleme)

*Kretschmer, Egon*, Denkansätze für Gesetzgebung und Rechtsprechung – aus der Praxis eines Konkursverwalters, KTS 1977, 137

*Kromrey, Helmut*, Empirische Sozialforschung – Modelle und Methoden der standardisierten Datenerhebung und Datenauswertung, 9. Auflage, Opladen 2000 (zit.: Kromrey, Sozialforschung)

*Kübler, Bruno M./Prütting, Hanns*, Kommentar zur Insolvenzordnung, Band I, Köln 2003 (zit.: Bearbeiter in: Kübler/Prütting)

*Künzl, Reinhard*, Beendigung des Arbeitsverhältnisses nach dem arbeitsrechtlichen Beschäftigungsförderungsgesetz, ZTR 1999, 3

*ders.*, Besprechung der Kölner Habilitationsschrift: Weth, Stephan, Das arbeitsgerichtliche Beschlussverfahren, AuR 1997, 206

*Lakies, Thomas*, Das Beschlussverfahren zum Kündigungsschutz nach § 126 InsO, NZI 2000, 345

*ders.*, Insolvenz und Betriebsänderungen, BB 1999, 206

*ders.*, Zu den seit 1.10.1996 geltenden arbeitsrechtlichen Vorschriften der Insolvenzordnung, RdA 1997, 145

*Laux, Helga*, Die Antrags- und Beteiligungsbefugnis im arbeitsgerichtlichen Beschlussverfahren, Darmstadt, Neuwied 1985 (zit.: Laux)

*Lohkemper, Wolfgang*, Die Bedeutung des neuen Insolvenzrechts für das Arbeitsrecht, KTS 1996, 1

*Loritz, Karl-Georg*, „Der Tatbestand des § 613a BGB" – Eine Besprechung von J. Pietzkos gleichnamiger Arbeit, ZfA 1991, 585

*ders.*, Aktuelle Rechtsprobleme des Betriebsübergangs nach § 613a BGB, RdA 1987, 65

*Löwisch, Manfred*, Arbeitsrecht – Ein Studienbuch, 7. Auflage Düsseldorf 2004 (zit.: Löwisch) *ders.*, Auswege aus dem Kündigungsschutzrisiko? in: 50 Jahre Bundesarbeitsgericht, Hrsg.: Oetker, Hartmut/Preis, Ulrich/Rieble, Volker, München 2004, S. 423 (zit.: Löwisch in: FS 50 Jahre BAG)

*ders.*, Neugestaltung des Interessenausgleichs durch das Arbeitsrechtliche Beschäftigungsförderungsgesetz, RdA 1997, 80

*ders.*, Das Arbeitsrechtliche Beschäftigungsförderungsgesetz, NZA 1996, 1009

*Löwisch, Manfred/Spinner, Günter*, Kommentar zum Kündigungsschutzgesetz, 9. Auflage Heidelberg 2004 (zit.: Löwisch/Spinner, KSchG)

*Lüke, Wolfgang*, Zivilprozessrecht – Erkenntnisverfahren Zwangsvollstreckung, 7. Auflage München 1999 (zit.: Lüke)

*Mann, Roger*, Die Anerkennungsfähigkeit von US-amerikanischen „class-action"-Urteilen, NJW 1994, 1187

*Martens, Eckehard Christian*, Zur Haftung des Erwerbers bei Betriebsveräußerung durch den Konkursverwalter nach § 613a BGB, insbesondere für Vermögensanwartschaften, DB 1977, 495

*Maunz, Theodor/Dürig, Günter*, Grundgesetz Kommentar, Band VI (Art. 100-146), München (zit.: Bearbeiter in. Maunz-Dürig)

*Moehren, Hans Herbert*, Die Sachverhaltsermittlung im arbeitsgerichtlichen Beschlussverfahren, Frankfurt 1991 (zit.: Moehren, Sachverhaltsermittlung)

*Müller, Reiner*, Das arbeitsgerichtliche Beschlussverfahren nach der Insolvenzordnung – Neue Bedeutung für betriebsbedingte Kündigungen in der Insolvenz nach Wegfall der Fristenregelung beim Interessenausgleich und der teilweisen Rückkehr zur alten Rechtslage im Kündigungsschutzgesetz?, DZWIR 1999, 221

*ders.*, Praktische Probleme der seit 1.10.1996 geltenden arbeitsrechtlichen Vorschriften der Insolvenzordnung, NZA 1998, 1315

*Müller-Limbach, Iris*, Arbeitsgerichtliche Überprüfung betriebsbedingter Kündigungen durch den Insolvenzverwalter (§§ 126-128 InsO) – Das Beschlussverfahren zum Kündigungsschutz, Baden-Baden 2001 (zit.: Müller-Limbach, Beschlussverfahren)

*Münchener Handbuch zum Arbeitsrecht*, Band 2: Individualarbeitsrecht II, Hrsg.: Richardi, Reinhard/Wlotzke, Otfried, 2. Auflage München 2000 (zit.: Bearbeiter in: MünchArbR)

*Münchener Kommentar zur Insolvenzordnung*, Hrsg.: Kirchhof, Hans-Peter/Lwowski, Hans-Jürgen/Stürner, Rolf, Band 2 (§§ 103-269), München 2002 (zit.: Bearbeiter in: MünchKommInsO)

*Münchener Kommentar zur Zivilprozessordnung* mit Gerichtsverfassungsgesetz und Nebengesetzen, Band 1 (§§ 1-354), 2. Auflage München 2000 (zit.: Bearbeiter in: MünchKommZPO)

*Musielak, Hans-Joachim*, Kommentar zur Zivilprozessordnung mit Gerichtsverfassungsgesetz, 4. Auflage München 2005 (zit.: Bearbeiter in: Musielak, ZPO)

*Nerlich, Jörg/Römermann, Volker*, Insolvenzordnung (InsO), Juli 2003, München 2003 (zit.: Bearbeiter in. Nerlich/Römermann)

*Nomos Kommentar – Kündigungsschutzgesetz – Handkommentar*, 2. Auflage Baden-Baden 2004 (zit.: Bearbeiter in: NK-KSchG)

*Ostrowicz, Alexander/Künzl, Reinhard/Schäfer, Horst*, Der Arbeitsgerichtsprozess – Eine systematische Darstellung des gesamten Verfahrensrechts mit einstweiligem Rechtsschutz und Zwangsvollstreckungsrecht, 2. Auflage Berlin 2002 (zit.: Ostrowicz/Künzl/Schäfer, Arbeitsgerichtsprozess)

*Otto, Hansjörg*, Entscheidungsharmonie, Verfahrensökonomie und rechtliches Gehör bei Streitigkeiten mit kollektivem Bezug, RdA 1989, 247.

*Palme, Antonie*, Betriebsübergang nach § 613a BGB in der neueren Rechtsprechung, BlStSozArbR 1977, 386

*Posth, Martin*, Arbeitsrechtliche Probleme beim Betriebsinhaberwechsel (§ 613a BGB), Köln 1978 (zit.: Posth, Probleme)

*Preis, Ulrich*, Arbeitsrecht – Praxislehrbuch zum Individualarbeitsrecht, 2. Auflage, Köln 2003 (zit.: Preis, Arbeitsrecht)

*Preis, Ulrich/Gotthardt, Michael*, Schriftformerfordernis für Kündigungen, Aufhebungsverträge und Befristungen nach § 623 BGB, NZA 2000, 348

*Prütting, Hanns*, Arbeitsgerichtliches Beschlussverfahren in der Insolvenz, in: „Insolvenzrecht in Wissenschaft und Praxis" – Festschrift für Wilhelm Uhlenbruck, hrsg. von Hanns Prütting und Heinz Vallender, Köln 2000, S. 769 (zit.: Prütting in: FS für Uhlenbruck)

*Richardi, Reinhard*, Betriebsverfassungsgesetz mit Wahlordnung, 9. Auflage München 2004 (zit.: Bearbeiter in: Richardi, BetrVG)

*ders.*, Individualrechtsschutz vor Betriebspartnerschaft, NZA 1999, 617

*ders.*, Übergang von Arbeitsverhältnissen bei Zwangsvollstreckungsmaßnahmen im Rahmen einer Konkursabwicklung, RdA 1976, 56

*Ritter, Wolfgang*, Unternehmenssanierung im neuen Insolvenzrecht – Eine Analyse aus Sicht der Kreditinstitute, erschienen in der Schriftenreihe Finanzmanagement, Bd. 3, Kaiserslautern 2000 (zit.: Ritter, Unternehmenssanierung)

*Rosenberg, Leo/Schwab, Karl Heinz/Gottwald, Peter*, Zivilprozessrecht, 16. Auflage, München 2004 (zit.: Rosenberg/Schwab/Gottwald, ZPO)

*Rummel, Hans Georg*, Der Interessenausgleich im Konkurs – Die durch das Arbeitsrechtliche Beschäftigungsförderungsgesetz geschaffene Rechtslage, DB 1997, 774

*Säcker, Franz Jürgen/Joost, Detlev*, Auswirkungen eines Betriebsüberganges auf Ruhestandsverhältnisse (II) – Zur Auslegung des § 613a BGB, DB 1978, 1078

*Schaub, Günter/Koch, Ulrich/Linck, Rüdiger*, Arbeitsrechtshandbuch – Systematische Darstellung und Nachschlagewerk für die Praxis, 10. Auflage München 2002 (zit.: Schaub, Arbeitsrechtshandbuch)

*Schaub, Günter*, Das Arbeitsrecht im Diskussionsentwurf des Gesetzes zur Reform des Insolvenzrechts, ZIP 1989, 205

*Schellhammer, Kurt*, Zivilprozess – Gesetz – Praxis – Fälle, 10. Auflage Heidelberg 2003 (zit.: Schellhammer, Zivilprozess)

*Schiefer, Bernd*, Die Rechtsprechung zu den Neuregelungen durch das Arbeitsrechtliche Beschäftigungsförderungsgesetz – Betriebsbedingte Kündigung/Interessenausgleichsverfahren/ Befristung, DB 1998, 925

*ders.*, Das Arbeitsrechtliche Beschäftigungsförderungsgesetz in der Praxis – Instanzgerichtliche Entscheidungen zu § 1 V KSchG und § 113 III BetrVG, NZA 1997, 915

*ders.*, Anmerkung zu ArbG Bonn 5.2.1997, DB 1997, 1518

*Schlachter, Monika*, Wege zur Gleichberechtigung – Vergleich des Arbeitsrechts der Bundesrepublik Deutschland und der Vereinigten Staaten, München 1993 (zit.: Schlachter, Gleichberechtigung)

*Schlurmann, Christa*, Die Class Action im Recht der USA – Ein prozessuales Konzept nach Interessenstrukturen, Köln 1978 (zit.: Schlurmann)

*Schmidt, Klaus/Schwab, Norbert/Wildschütz, Martin*, Die Auswirkungen der Reform des Zivilprozesses auf das arbeitsgerichtliche Verfahren (Teil 1), NZA 2001, 1161

*Schmitt, Heidi*, Übergang der Arbeitsverhältnisse und Haftung des Betriebserwerbes gemäß § 613a BGB bei Betriebsveräußerung durch einen Konkursverwalter, BB 1978, 1724

*Schrader, Peter*, Übergangsregelungen zum Konkursrecht, NZA 1997, 70

*Schwab, Karl Heinz*, Rechtskrafterstreckung auf Dritte und Drittwirkung der Rechtskraft, ZZP 77 (1964), 124

*Schwerdtner, Peter*, Anmerkung zu BAG 24.3. 1977, SAE 1978, 60

*Sell*, Anmerkung zu LAG Frankfurt 9.3.1948, RdA 1948/1949, 118, RdA 1948/1949, 119

*Smid, Stefan*, Insolvenzordnung (InsO) – mit insolvenzrechtlicher Vergütungsordnung (InsVV), 2. Auflage, Stuttgart, Berlin, Köln 2001 (zit.: Bearbeiter in: Smid, InsO)

*ders.*, Schnell und gerecht – „Beschleunigung" im Arbeitsgerichtsprozess, BB 1986, 2263

*Stahlhacke, Eugen/Preis, Ulrich/Vossen, Reinhard*, Kündigung und Kündigungsschutz im Arbeitsverhältnis, 8. Auflage, München 2002 (zit.: Stahlhacke/Preis/Vossen)

*Statistisches Jahrbuch 2004 für die Bundesrepublik Deutschland*, Hrsg.: Statistisches Bundesamt, Wiesbaden 2004 (zit.: Statistisches Jahrbuch)

*Staudinger, J. von*, Kommentar zum Bürgerlichen Gesetzbuch mit Einführungsgesetz und Nebengesetzen, Zweites Buch – Recht der Schuldverhältnisse (§§ 611-615), Dreizehnte Bearbeitung Berlin 1999 (zit.: Bearbeiter in: Staudinger)

*Staudinger, J. von*, Kommentar zum Bürgerlichen Gesetzbuch mit Einführungsgesetz und Nebengesetzen, Zweites Buch – Recht der Schuldverhältnisse (§§ 616-630), Neubearbeitung 2002 Berlin 2002 (zit.: Bearbeiter in: Staudinger)

*v. Stebut, Dietrich*, Die Rechtsstellung von Arbeitnehmern bei Betriebsveräußerungen im Konkurs oder Vergleich (§ 613a BGB), DB 1975, 2438

*Steen, Wolfgang*, 12 Fragen zum neuen Arbeitsrechtlichen Beschäftigungsförderungsgesetz, AiB 1996, 702

*Stege, Dieter/Weinspach, F. K./Schiefer, Bernd*, Betriebsverfassungsgesetz – Handkommentar für die betriebliche Praxis, 9. Auflage Köln 2002 (zit.: Stege/Weinspach/Schiefer, BetrVG)

*Stein/Jonas*, Kommentar zur Zivilprozessordnung, 21. Auflage Tübingen 1993, Band 1 (§§ 1-90) (zit.: Bearbeiter in: Stein/Jonas, ZPO)

*Stein/Jonas*, Kommentar zur Zivilprozessordnung, 21. Auflage Tübingen 1997, Band 3 (§§ 253-299a) (zit.: Bearbeiter in: Stein/Jonas, ZPO)

*Stein/Jonas*, Kommentar zur Zivilprozessordnung, 21. Auflage Tübingen 1998, Band 4 (§§ 300-347) (zit.: Bearbeiter in: Stein/Jonas, ZPO)

*Thiere, Karl*, Die Wahrung überindividueller Interessen im Zivilprozess, Bielefeld 1980 (zit.: Thiere)

*Thomas, Holger*, Materiellrechtliche Bindungswirkung eines arbeitgerichtlichen Beschlusses auf Individualprozesse im Rahmen des Betriebsverfassungsrecht, Frankfurt/Main 1998 (zit.: Thomas, Materiellrechtliche Bindungswirkung)

*Thon, Horst*, Die Antragstellung im arbeitsgerichtlichen Beschlussverfahren, AuR 1996, 175

*Tretow, Lars*, Personabbau nach der neuen Insolvenzordnung, Kiel 1999 (zit.: Tretow, Personalabbau)

*Tretow, Lars*, Die Betriebsveräußerung in der Insolvenz, ZInsO 2000, 309

*Uhlenbruck, Wilhelm*, Insolvenzordnung – Kommentar, 12. Auflage München 2003 (zit.: Bearbeiter in: Uhlenbruck, InsO)

*ders.*, Anmerkung zum Urteil des ArbG Rendsburg v. 28.1.1975, KTS 1975, 253

*ders.*, Zur Anwendbarkeit des § 613a BGB bei Betriebsveräußerung durch den Konkurs- oder Vergleichsverwalter, KTS 1974, 1

*v. Hoyningen-Huene, Gerrick/Linck, Rüdiger*, Kündigungsschutzgesetz – Kommentar, 13. Auflage München 2002 (zit.: v. Hoyningen-Huene/Linck)

*v. Hoyningen-Huene, Gerrick/Windbichler, Christine*, Der Übergang von Betriebsteilen nach § 613a BGB, RdA 1977, 329

*von Klitzing, Henning*, Ordnungsökonomische Analyse des arbeitsrechtlichen Bestandsschutzes – Eine Untersuchung richterlicher Regelsetzung, Berlin 2004 (zit.: von Klitzing, Ordnungsökonomische Analyse)

*Voßen, Nicole*, Die Rechtsprechung des Bundesverfassungsgerichts zur Rechtsweggarantie des Art. 19 Abs. 4 GG, den Verfahrensgarantien nach Art. 101 Abs. 1 Satz 2 GG, 103 Abs. 1 GG und zum Prozessrecht der Fachgerichte, Frankfurt am Main 2002 (zit.: Voßen)

*Waldner, Wolfram*, Der Anspruch auf rechtliches Gehör, 2. Auflage Köln 2000 (zit.: Waldner)

*Wank, Rolf*, Rechtsfortbildung im Kündigungsschutzrecht, RdA 1987, 129

*Warrikoff, Alexander*, Die Stellung der Arbeitnehmer nach der neuen Insolvenzordnung, BB 1994, 2338

*Weth, Stephan*, Das arbeitgerichtliche Beschlussverfahren, München 1995 (zit.: Weth, Beschlussverfahren)

*Wieczorek, Bernhard*, Zivilprozessordnung und Nebengesetze auf Grund der Rechtsprechung kommentiert, Zweiter Band (§§ 253-510c), 2. Auflage Berlin, New York 1976 (zit.: Wieczorek, ZPO)

*Wiedemann, Herbert/Willemsen, Heinz Josef*, Die Anwendung des § 613a BGB im Konkurs unter besonderer Berücksichtigung der betrieblichen Altersversorgung, RdA 1979, 418

*Willemsen, Heinz Josef*, Die Kündigung wegen Betriebsübergangs – Zur Auslegung des § 613a Abs. 4 BGB, ZIP 1983, 411

*ders.*, Gemeinsame Anmerkung zu BAG 15.11.1978, AP Nr. 14 zu § 613a BGB und BAG 15.3.1979, AP Nr. 15 zu § 613a BGB

*Wittenberg, Reinhard*, Grundlagen computerunterstützter Datenanalyse, 2. Auflage Stuttgart 1998 (zit.: Wittenberg)

*Zeuner, Albrecht*, Zur kündigungsschutzrechtlichen Bedeutung des Interessenausgleiches nach § 1 Abs. 5 KSchG und §§ 125 Abs. 1 Satz 1, 128 Abs. 2 InsO, in: Festschrift für Wolfgang Zöllner – Zum 70. Geburtstag, Hrsg.: Manfred Lieb, Ulrich Noack, Harm Peter Westermann, Band II, S. 1011 (zit.: Zeuner in: FS für Zöllner)

*Zöller* Zivilprozessordnung mit Gerichtsverfassungsgesetz und den Einführungsgesetzen, mit Internationalem Zivilprozessrecht, EG-Verordnungen. Kostenanmerkungen – Kommentar, begründet von Richard Zöller, 25. Auflage Köln 2005 (zit.: Bearbeiter in: Zöller, ZPO)

*Zwanziger, Bertram*, Das Arbeitsrecht der Insolvenzordnung – Kommentar, 2. Auflage, Heidelberg 2002 (zit.: Zwanziger)

*ders.*, Zur Auslegung von § 1 Abs. 5 Kündigungsschutzgesetz – Anmerkung zu ArbG Bonn, DB 1997, 1517 f. und Erwiderung auf Schiefer, DB 1997, 1518 ff., DB 1997, 2174

*ders.*, Voraussetzungen und Rechtswirkungen des Interessenausgleichs mit Nennung der zu kündigenden Arbeitnehmer, AuR 1997, 427

*ders.*, Insolvenzordnung und materielle Voraussetzungen betriebsbedingter Kündigungen – Zugleich ein Nachtrag zu BB 1997, 42 ff., BB 1997, 626

*Zwinkmann, Ines*, Der Interessenausgleich übe die Sozialauswahl in der Insolvenz nach § 125 InsO, IKS Garamond 2000 (zit.: Zwinkmann, Interessenausgleich)

Kolibri 360 GmbH
Ferdinand-Jühlke-Straße 7
99095 Erfurt, Deutschland
produktsicherheit@kolibri360.de

Druck:
CPI Druckdienstleistungen GmbH
im Auftrag der
Kolibri 360 GmbH
Ferdinand-Jühlke-Str. 7
99095 Erfurt